国家社会科学基金教育学一般课题(BIA150100)

U0963387

高校优秀教师教学能力发展研究

张奎明　等著

山东大学出版社
SHANDONG UNIVERSITY PRESS
·济南·

图书在版编目(CIP)数据

高校优秀教师教学能力发展研究 / 张奎明等著. —
济南：山东大学出版社，2021.5
ISBN 978-7-5607-6926-4

Ⅰ.①高… Ⅱ.①张… Ⅲ.①高等学校—师资培养—研究 Ⅳ.①G645.12

中国版本图书馆 CIP 数据核字(2021)第 148388 号

策划编辑 张韶明
责任编辑 张韶明
文案编辑 刘晓燕
封面设计 杜 婕

出版发行 山东大学出版社
社　　址 山东省济南市山大南路 20 号
邮政编码 250100
发行热线 (0531)88363008
经　　销 新华书店
印　　刷 济南华林彩印有限公司
规　　格 720 毫米×1000 毫米 1/16
　　　　 22.75 印张 360 千字
版　　次 2021 年 5 月第 1 版
印　　次 2021 年 5 月第 1 次印刷
定　　价 69.00 元

前　言

本书是我们承担的国家社会科学基金“十二五”规划教育学一般课题“优秀高校教师教学能力发展的理论与实证研究”(BIA150100)的最终标志性成果。全书共分为四个部分:

第一部分是研究概述,包括问题的提出、研究综述、主要研究问题、研究的思路和方法等四方面内容。主要回答的是为什么要对高校教师教学能力发展这一问题开展研究,主要研究哪些问题和如何开展研究。其中选择这一问题进行研究的缘由有三:一是国家对这一工作的重视,二是高校教师教学能力发展存在诸多的问题,三是当前研究的不足。研究内容包括三个方面:一是对高校教师教学能力的内涵、结构、时代特征、发展的内在机制、方法论等的理论研究。二是对高校优秀教师教学能力素养及其发展过程的实证调查研究。三是对与高校教师教学能力发展的专门机构的研究。研究方法主要采用理论研究法、个案研究法、比较研究法等。

第二部分是关于高校教师教学能力基本问题的理论研究,涉及主题包括高校教师教学能力的概念内涵、结构、时代特征、发展取向、过程与机制、方法等。第一,通过“种加属差”的概念定义方式,将高校教师教学能力界定为“高校教师通过指导和教学有效促进大学生发展中所表现出的个体素质的有机组合”。指出大学生的发展包括继续社会化和实现专业发展两个相互联系的方面,通过教学促进学生两个方面和谐统一发展,是每个大学教师的基本职责和教学能力的集中体现。认为高校教师教学能力素质结构包括“愿教”“能教”“知教”“会教”“善教”五个方面。在此基础上,结合新时代我国经济社会发展对高级专门人才素质发展的要求,提出了当代高校教师教学能力的五个时代特征。第二,总结概括了当前我国高校教师教学能力发展的研究与实践中主要存在的五种基本取向，分析了各种取向的基本主张、合理性及其存在的问题和不足。第三，从教师实践性教学知识发展的视角探讨了高校教师教学能力发展的内在过程与机制。指出教师的实践性教学知识是教师教学能力的知识形态，教学能力的发展过程可以看作是教师实践性知识不断丰富、改善、提升的过程。依照层次和明晰化程度，实践性教学知识可以大致分为经验层面的实践性教学知识和理论层面的实践性教学知识。教师实践性教学知识是从教学准备到教学实施和教学后反思的过程中生成的，它既可能是一个循环往复的过程，也可能是螺旋上升的过程。关键在于教师如何对待每个环节以及每个环节完成的质量。理论性实践教学知识的生成需要教师在教学设计中以一定的理论为依据，创造性地将各种知识与教学要素有机结合，在此基础上开展反思性教学，最后再课后反思。第四，探讨了大学教学学术与教师能力的发展的关系。指出大学教学学术可以有广义和狭义之分。广义的教学学术应包括有助于改善教学效果，提高教学质量的所有研究性、探索性、反思性活动。教学作为一个相对独立的研究和实践领域，它同时需要博耶提出的四种学术，除了传播的学术，还应包含探究知识、整合知识和应用知识。只有这样全面地理解教学学术，才能从整体上提升教学学术的水平，为教学学术赢得应有的学术地位。狭义的教学学术是以教师为主体，以改善教育教学质量为目标而进行的探索性、创造性的活动。作为一种教学学术的教学，是将教学作为一种严谨的学术研究来对待，把教学作为一个探索性、研究性、创造性的过程。教学学术的成果可以是一个教学设计、一个教案、一节课、教师的教育叙事、教学研究案例、教育行动研究报告等。

第三部分是对高校教学名师教学能力发展的实证研究。包括两个部分：一是对国家级教学名师案例材料的文本分析，二是对部分国家级教学名师、高校青年优秀教师教学能力发展的个案研究。高校教学名师是高校教师中拥有出色教学能力的杰出代表，他们每个人身上都隐含着为何优秀的“基因”和“密码”，在他们成长的背后隐藏着一部部如何成就卓越的成长发展史、实践史。基于这种假设，我们首先通过文本分析的方法，对近百位获得国家级高校教学名师的样本材料进行了比较、整合、归纳、分类，发现他们的教学能力素养及其发展路径具有的共性和个性化的一面。他们的教学能力素养集中体现在教育理念、专业知识、专业能力和师德风范四个方面，而坚持终身学习、教学与科研相统一、教学研究与实践反思是实现教学能力素质发展的基本路径。其次是对高校教学名师教学能力发展的个案研究。通过对四位高校优秀青年教师教学能力发展的研究发现，影响他们教学能力发展的因素包括教师个体因素、他者因素与外部环境等三个方面。其中教师个体因素是影响教师教学能力发展的根本性、关键性因素，他者因素与外部环境因素作用的发挥建立在个体因素的基础之上，三者共同影响教师教学能力的提升。教师教学能力的提升并非一蹴而就，需要教师个体多方面的长期努力。需要端正态度，做乐教者；致力于实践，做勤教者；勤于反思，做会教者；开展研究，做善教者。通过对三位国家级教学名师获得者的个案研究发现，他们的专业成长具有长期性、层次性、阶段性和个体性特征。他们的专业发展过程中并没有经历明显的平台期或高原期。影响他们发展的因素分为个人因素和环境因素。其中教师个人努力程度和教师主动寻求发展的愿望，是教师专业成长的根本动因。影响高校教学名师专业成长的外部因素包括国家政策和尊师重教的社会氛围、学校内部环境和个人家庭环境等。他们发展的途径和方式可归为四个方面：一是坚持终身学习和科学研究；二是坚持教学反思和开展教学研究；三是加强交流，同伴互助；四是坚定理想，执着坚守。

需要特别说明的是，尽管两类研究都以实证调查为基础，但他们的目的和重点是不同的。文本分析的目的在于发现一些共性的、一般性的结论，个案研究的目的是揭示真实丰富的发展过程，为学习者提供生动的案例。

第四部分是对高校教师教学能力发展的支持平台的研究。主要选择了美国三所大学的教师发展中心为研究对象，对其机构人员设置、运行机制、服务方式等进行了较为全面深入的研究，在此基础上，提出了优化我国高校教师发展中心建设和完善服务的启示和建议。

综上所述可以看出，围绕高校教师教学能力发展这一核心问题，以上四部分构成了一个相对完整、逻辑较为严密的结构体系。成果较为丰硕，不少观点和内容富有新意，对于推进我国高校教师教学能力建设，帮助广大高校青年教师实现高水平的教学能力发展等都具有重要的借鉴和参考价值。

本书的研究者、著作者共有五位。分别是：第一至六章，张奎明；第七章，季新洁；第八章，陈琪；第九章，杨柳青；第十章，高玉鑫。全书由张奎明负责全文统稿。

本书能够顺利完成并得以出版，首先要感谢全国教育科学规划办的指导和经费等方面的大力支持；其次感谢山东大学出版社在出版方面给予的帮助；再是感谢课题组的所有成员和我的研究生们，他们为课题研究和本书成稿作出了重要的贡献。

最后，我要把这本书献给我已故的爱妻晓秀。她生前是一名优秀的法官，始终热爱着她的法律事业，在平凡的岗位上作出了出色的成绩。生病期间，她还不忘关心支持我完成课题。芳踪已逝，思念永存，以此纪念！

张奎明

2021 年 3 月于曲园

目　录

第一章　绪　论

一、问题的提出

（一）国家对建设高素质高校教师队伍的重视

百年大计，教育为本；教育大计，教师为本。为实现建设高等教育强国、培养大批高素质高级专门人才的目标，近年来，国家高度重视高校教师队伍建设，相继颁布和出台了一系列政策和重大措施，为高水平教师队伍建设提供了重要的政策和制度保障。2010 年 7 月 29 日颁布的《国家中长期教育改革和发展规划纲要（2010～2020 年）》强调，应"以中青年教师和创新团队为重点，建设高素质的高校教师队伍"①。2011 年 7 月 1 日，教育部印发的《教育部、财政部关于"十二五"期间实施"高等学校本科教学质量与教学改革工程"的意见》中提出，为进一步深化本科教育教学改革，提高本科教育教学质量，应"创新中青年教师培养培训新模式，形成有利于中青年教师学术发展与教学能力提升的新机制"②。2012 年 8 月 20 日，国务院制定印发的《关于加强教师队伍建设的意见》中提出"到 2020 年形成一支师德高尚、业务精湛、结构合理、充满活力的高素质专业化教师队伍"的总体目标。③ 2012 年 9 月 20 日，教育部、中央组织部、中央宣传部、国家发展改革委、财政部和人力资源社会保障部六部委联合印发的《关于加强高等学校青年教师队伍建设的意见》中强调了高等学校青年教师的重要

① 《国家中长期教育改革和发展规划纲要（2010～2020 年）》，2017 年 10 月 26 日，http://old.moe.gov.cn/publicfiles/business/htmlfiles/moe/info_list/201407/xxgk_171904.html。

② 《教育部、财政部关于"十二五"期间实施"高等学校本科教学质量与教学改革工程"的意见》，2017 年 10 月 26 日，http://old.moe.gov.cn/publicfiles/business/htmlfiles/moe/A08_zcwj/201107/122688.html。

③ 参见《国务院关于加强教师队伍建设的意见》，2017 年 10 月 26 日，http://www.gov.cn/zhengce/content/2012-09/07/content_5390.htm。

地位，提出应从青年教师思想政治素质和师德水平、选聘和人才储备机制、青年教师专业发展能力、传帮带协作机制、学科带头人建设、制度环境、工作条件和组织领导等八大方面进一步加强高等学校青年教师队伍建设。[①] 2015 年 10 月 24 日，国务院印发《统筹推进世界一流大学和一流学科建设总体方案》，明确提出应加快建成一批世界一流大学和一流学科，并从建设、改革两方面安排了 10 项重点任务，其中任务之一是建设一流的师资队伍。[②] 2017 年 10 月 18 日，习近平总书记在党的十九大报告中指出，应“优先发展教育事业”，要“加强师德师风建设，培养高素质教师队伍，倡导全社会尊师重教”。[③] 2018 年，为深入贯彻落实党的十九大精神，造就令党和人民满意的高素质专业化创新型教师队伍，落实立德树人根本任务，培养德智体美全面发展的社会主义建设者和接班人，全面提升国民素质和人力资源质量，加快教育现代化，建设教育强国，办好人民满意的教育，为决胜全面建成小康社会、夺取新时代中国特色社会主义伟大胜利、实现中华民族伟大复兴的中国梦奠定坚实基础，中共中央、国务院印发了《关于全面深化新时代教师队伍建设改革的意见》。这是自新中国成立以来首次以中共中央的名义发布的关于教师队伍建设的纲领性文件。综上所述可以看出，加强高校教师队伍建设，提高教师专业素质和教学能力，已成为一项自上而下的国家战略和重要的政治任务。深入开展高校教师队伍建设的相关理论研究，深化教师管理和培养等的制度和实践改革，是积极响应国家号召，创办一流高等教育，培养各类高素质创新型高级专门人才的必然要求。

（二）高校教师教学能力的发展存在诸多问题与不足

2012 年以来，伴随着高等教育的跨越式发展，高校教师队伍结构也发生了历史性变化，青年教师数量持续增长，占据了高校教师队伍的半壁江山，如表 1-1 所示。青年教师的教学能力与素质成为影响我国高等教育实现“内涵发展、质量提高”转变目标的关键。总的来看，当前我国高校教师尤其是青年教师的教学能力总体不高，主要原因包括以下方面：一是入职前教育教学能力培养的欠缺。高校入职的新教师主要是博士、硕士毕业研究生，而现有的研究生培养

---

① 参见《教育部、中央组织部、中央宣传部、国家发展改革委、财政部、人力资源社会保障部关于加强高等学校青年教师队伍建设的意见》，2017 年 10 月 26 日，http://old.moe.gov.cn//publicfiles/business/htmlfiles/moe/s6994/201212/145681.html。

② 参见《统筹推进世界一流大学和一流学科建设总体方案》，2017 年 10 月 26 日，http://www.gov.cn/xinwen/2015-11/05/content_5005301.htm。

③ 习近平：《决胜全面建成小康社会 夺取新时代中国特色社会主义伟大胜利——在中国共产党第十九次全国代表大会上的报告》，人民出版社 2017 年版，第 45～46 页。

方案主要是以培养学者、研究者为目标的，缺少对他们进行教育教学能力和素质的专门培养培训。

表 1-1　我国普通高校师生数量统计表　　单位：万人

	本科在校生数	专任教师数		
		专任教师总数	40 岁以下青年教师数	青年教师比例
2012 年	1427.09	144.03	87.69	60.9%
2013 年	86.69	1494.44	149.69	57.9%
2014 年	1541.07	153.45	87.26	56.9%
2015 年	1576.68	157.26	87.86	55.9%
2016 年	1612.95	160.20	88.09	55.0%

资料来源：根据中华人民共和国教育部“教育统计数据”整理。

所以新入职的高校青年教师尽管学历层次较高，具备精深的学科和专业理论知识与较强的科研能力，但许多人缺乏相关的教育学、心理学知识，也不知道如何开展有效的教学。二是高校在招聘新教师时没有对教学能力提出明确的标准和要求。在“科研为王”的大背景下，高校新教师的入职考察主要看其所取得的科研成果，只要科研成果多，层次足够高，展现出较强的学术能力就会被聘用。尽管面试过程中也会设置讲课环节，但讲课成绩对于他们能否被聘用并不具有实质性的影响。在很多情况下，并不需要他们真正的讲课，面试专家只要求应聘者谈谈他们的研究，只要教师思路清晰，表达清楚，就认为他们拥有基本的教学能力。三是新教师的入职教育效果不明显。现有高校教师入职教育采取的是教师自学、专家授课和考试相结合的形式。新教师们只要记住参考书中的相关内容，参加并通过一次较为简单的考试就可以获得高校教师资格证书。这种培训基本等同于走过场，难以使新教师的教学素养和能力得到实质性的提升。四是缺乏必要的指导和帮助。许多高校普遍存在师资紧张的情况，所以多数的新入职教师从一入职就被委以重任，常常在没有老教师指导的情况下独立承担一门以上的专业课程教学。尽管各高校根据教育部的要求都建立了教师发展中心来帮助青年教师提升教学能力。但受多种因素的影响，不少中心师资力量欠缺，教师培训的体制和机制也不健全，形同虚设，难以发挥应有的作用。所以，多数新入职青年教师只有通过在教学中学习教学的方式，在实践逐渐摸索和积累自己成功的教育教学经验。五是教师对教学的敬业精神不够，对教学投入的时间和精力不足，主动提升自身教学能力的意愿和动力欠缺。主要原因是现有高校的教师评价体制和职称等晋升标准对教学不够重视。

除以上因素外，社会对人才需求类型和质量的变化使高校传统的以讲授为主的单一教学方式面临合法性危机。包括许多教学表现优异的老教师在内,他们面对社会对创新型高素质人才等的需求,处于一种普遍“失能”的状态。因此,如何顺应持续变化和要求不断提高的社会人才需求,提升高校教师的教育教学能力是保证高等教育质量的必然要求。

(三)高校教师教学能力的研究有待拓展和深化

受传统“大师”观念、精英化教育等影响,高校教师教学能力问题长期没有得到应有的重视和关注。进入21世纪以来,受高等教育规模扩张、高校青年教师数量激增、国家和社会对高等教育质量、高校本科教学关注度提高等因素影响,高校教师教学能力问题开始受到来自国家政府、高校领导、高等教育理论研究者的关注,高校教师教学能力逐渐成为高等教育研究的一个热点问题。近十几年来,高校教师教学能力的研究文献总体呈逐年上升趋势,研究问题领域日趋广泛,研究者群体的构成趋于合理,研究成果发表的期刊层次有明显提高。但我们也清楚地注意到,多数的研究出现在国家相关政策出台之后,说明研究对国家改革的先导性不够,总体存在滞后于国家政策、依赖政策的驱动等问题,意味着我国研究者的主体意识、问题意识、先导意识等需要加强。另外,现有研究本身存在诸多的问题和不足:第一,对一些基本的概念没有很好的梳理和科学严格的界定,存在混用、滥用等情况,如什么是教学能力?教师的教学能力与教师的教学素质之间是怎样的一种关系?教学经验、教学知识、实践性教学知识等概念各自的内涵是什么?彼此之间的关系是怎样的?概念不清、关系不明,容易导致逻辑的混乱,也会影响深度和系统的思考。第二,对一些重要的基础性理论问题没有得到应有的关注和深入的研究。如教师教学能力形成发展的内在机制和过程是什么,教师的教学经验与教学能力之间是怎样的关系,教师的实践性教学知识与教学能力、教学经验等之间的关系是怎样的,实践性教学知识与学科教学知识是什么关系,等等。第三,对现有实践模式缺乏深入系统的分析。如当前我国在促进高校教师教学能力发展等方面主要实践模式有哪些,这些模式是如何形成的,有哪些合理的因素,存在的问题是什么,等等。第四,关于高校教学名师、优秀教师等的研究还不够全面和深入。在我们看来,高校优秀教师不仅仅是一种名誉和身份,在每个优秀教师背后都隐藏着一部如何成就优秀的成长发展史、实践史,其中既有他们独特的个性的一面,也有作为一个优秀教师成长共性的一面,深入挖掘和探究他们的成长发展历程,展示他们鲜活的成长过程,发现其中所蕴含的成长规律,具有重要的理论意义和实践价值。

二、研究的主要问题

本书的核心问题是“如何提升高校教师的教学能力”。研究主要围绕以下几个部分和具体问题展开：

1. 什么是高校教师的教学能力？高校教师教学能力概念的主要内涵是什么？这种能力的构成要素应是什么？各要素之间的内在关系是什么？我国经济社会的发展对高校教师教学素质要求是什么？其时代特征有哪些？

2. 从理论的视角看，高校教师教学能力是如何发展的和应如何发展，包括三个方面的问题：一是当前高校教师教学能力发展研究与实践的基本范式和理论取向有哪些，这些取向存在的优缺点和问题是什么。二是教师教学能力发展的内在过程与机制应是怎样的。三是如何通过开展大学教学学术提高教师的教学能力。其中最重要的问题之一是：应如何理解大学教学学术？怎样的大学教学学术有助于提升教师的教学能力？

3. 从实证的视角看，高校优秀教师中的教学名师拥有怎样的教学素质结构？他们是通过怎样的途径和方式方法发展和提升自身教学能力的？包括两个部分：一是高校教学成绩优异的青年教师是如何发展自己的教学素质，提升教学能力的？二是国家级高校教学名师是如何发展自己的教学素质和提升教学能力的？

4. 高校教师发展中心是高校促进教师教学素质发展和教学能力提升的专门机构，当前我国所建立的高校教师发展中心大多处于一种“形同虚设”状态，难以发挥应有的作用。如何完善我国高校教师发展中心，我们需要积极借鉴国内外成功的经验。基于这种思路，我们的研究问题是：国外高校教师发展中心建设的成功经验有哪些？中心的运行机制是什么？他们是如何服务教师教学能力发展的？

三、研究现状述评

（一）国外相关研究

1. 概述

国外关于教师教学能力发展与培养的研究起步较早、研究问题涉及领域广泛，成果较为丰富。根据研究的重点和方法论不同，可以大致分为两个阶段：20世纪80年代以前，主要从实证主义、科学主义和技术理性的立场和视角去探求一般化的有效教育教学技能、程序和方法，在教育实践上，注重系统教育学理论的学习和教学技能与方法等的训练。20 世纪 80 年代以后，随着个体理论、建构主义思潮的兴起和教师专业化运动的开展，研究的重点转移到教师专业发展的理念、内容、机制、方法等方面来。其中一些重要的具有广泛影响的研究包括关于教师专业化、教师专业发展理念的研究，舒尔曼等对教师知识的研究，舍恩等对“反思性实践者”的研究，伯顿和休伯曼等开展的教师专业发展阶段研究，斯腾豪斯等对教师作为研究者的研究，博耶、舒尔曼等对大学教学理念的研究。这些研究深刻改变了人们对教学、教师发展等的认识，对包括高校教师在内的教师教育实践和个体教学素质与能力发展产生了广泛而深远的影响。

2. 关于高校教师教学能力专门研究

(1)高校教师教学能力的构成研究

教学能力是教师各方面能力的综合体现，如蒂格拉(Dineke E. H. Tigelaar)等将教学能力定义为：在不同的教学情境中，为进行有效教学所需要的个人特征、知识、技能和态度的整合。[①] 由于教学是一项高度复杂性、形式过程多样性的活动，这导致了人们对教学能力及其结构的认识很难达成统一，容易出现仁者见仁、智者见智的局面。这一状况从表 1-2 中可以清楚地看出。在这种看似杂乱无序、各叙己见的背后，我们可以看出一些一致性的观点，如绝大多数学者都将教学设计(备课)能力作为教学能力的关键要素。另外，是实施教学的能力，只是在表述上存在很大的不同，包括教学能力、课程实施能力、师生交往能力(强调教学中的师生互动)、微观教学能力等。另外，不少学者将课堂管理能力、教学评价能力作为教学能力的要素。也有少数学者将专业知识作为教学的要素。由此我们可以推断，西方学者在对教师教学能力的认识上还有着相当的一致性，观点的差异在很大程度上可能是因研究的层次、视域的不同、教学观的差异等造成的，如有些只关注教学过程，有些则关注影响教师教学的相关因素(如雷纳德)。另外，有意思的是，日本学者是其中唯一一个把教师的人格作为教师教学能力的要素，这反映出不同文化在教师能力方面的差异。

---

① Dineke E. H. Tigelaar, Diana H. J. M. Dolmans, Ineke H. A. P. Wolfhagen & Cees P. M. Van Der Vleuten, "The Development and Validation of a Framework for Teaching Competencies in Higher Education", *Higher Education*, Vol. 48, No. 2, Sep., 2004, pp. 253-268.

表 1-2 国外学者对教师教学能力构成因素的划分

	教师教学能力的构成因素	维度
小山悦司	技术侧面：专业技能、智谋技能、交际技能 人格侧面：个性(狭义)、动机①	二维度
杰克森 (P. W. Jachson)	行动前：教师备课、评估并选择教学方法与教学材料的能力 行动中：课堂实施中的能力②	
毛利那尔 (W. M. Molenaar)等	教学维度：开发—组织—执行—指导—评价—评估 组织水平：宏观领导力、中观协调力、微观教学能力 能力：知识、技能和态度③	三维度
克拉克(C. W. Clark)等	教学行动前+行动中+行动后(教师的课后评价能力及对下一阶段进行教学决策的能力)④	
曼宁 (Renfro C. Manning)	制订教学计划的能力、教学活动能力、课堂管理能力、知识传授能力⑤	四维度
狄芬科 (L. Dee Fink)	专业知识、课程设计能力、师生交互能力、课程管理能力⑥	
斯垂夫 (Philip A. Streifer)	计划能力、教学能力、正式评估学生的能力、专业知识、专业职责⑦	五维度
辛普森 (Ronald Simpson)等	学术能力、计划能力、管理能力、表达和交流能力、评估和反馈能力、人际交往能力⑧	六维度
米勒 (Douglas R. Miller)等	思考和计划能力、导入能力、质疑能力、探究能力、鼓励能力、学习能力⑨	

① 参见钟启泉：《教师的"教学能力"与"自我教育力"》，《上海教育科研》1998 年第 9 期。

② P. W. Jachson, *Life in Classrooms*, New York: Holt, Rinehart, and Winston, 1968, p. 58.

③ W. M. Molenaar, A. Zanting, P. V. Beukelen, W. D. Grave, J. A. Baane & J. A. Ustraan, et al., "A Framework of Teaching Competencies across the Medical Education Continuum", *Medical Teacher*, Vol. 31, No. 5, 2009, pp. 390-396.

④ C. W. Clark & P. L. Peterson, Teachers thought Processes, in M. C. Wittroock, *Handbook of Research on Teaching*, New York: Macmillan, 1968, pp. 255-296.

⑤ 参见王宪平：《课程改革视野下教师教学能力发展研究》，华东师范大学博士学位论文，2006 年，第 113 页。

⑥ L. Dee Fink, *Creating Significant Learning Experiences: An Integrated Approach to Designing College Courses*, San Francisco: Jossey-Bass, 2003, pp. 175-190.

⑦ Philip A. Streifer, "The Validation of Beginning Teacher Competencies in Connecticut", *Journal of Personnel Evaluation in Education*, Vol. 1, No. 1, 1987, pp. 33-55.

⑧ Ronald D. Simpson, Kathleen S. Smith, "Validating Teaching Competencies for Graduate Teaching Assistants: A National Study Using the Delphi Method", *Innovative Higher Education*, Vol. 18, No. 5, 1993, pp. 133-146.

⑨ Douglas R. Miller, Gary S. Bilkin & Jerry L. Gray, *Educational Psychology: An Introduction*, Wm. C. Brown Company Publisher, 1982, pp. 512-519.

2. 高校教师教学能力的提升策略研究

国外提高教师教学能力的举措大致有以下几种：一是设置教学发展中心。如美国密歇根大学的学习与教学研究中心（Center for Research on Learning and Teaching）、哈佛大学的博克教学和学习中心（Derek Bok Center for Teaching and Learning）、迈阿密大学教学促进中心（Center for the Enhancement of Learning and Teaching）、英国剑桥大学的教职员发展项目、诺丁汉大学的教职员发展机构、利物浦大学的职业生涯和学术实践中心等。二是通过对"准教师"进行职前培养保障新教师质量。如美国大学和学院委员会（the Association of American Colleges and Universities）与研究生委员会（the Council of Graduate Schools）联合发起的"美国未来教师培养计划"（Preparing Future Faculty）。① 澳大利亚政府则明确将教师的"职前经历"作为教师培养计划的重要组成部分。三是导师制的建立，美国建立了一套规范化模式，从选择与培训导师、到导师与新教师的配对以及导师的指导模式等都作了系统规定，保证导师作用的切实发挥。四是美国、英国、澳大利亚等国家广泛采纳校本培训来促进在职教师的持续发展。这是基于本校教师的实际水平与发展需要，结合本校现实资源而制定的针对性培训方式，在保障教师质量、提高教师教学能力方面发挥着重要作用。

3. 大学教学学术研究

大学教学学术的研究始于20世纪90年代。针对美国大学普遍存在重科研轻教学和教学质量不高等问题，时任卡耐基教育基金会主席的博耶提出了"教学学术"的概念。他认为教学应成为一种学术，呼吁高校应给予教学与发现的学术、综合的学术、应用的学术同等的地位。在继任主席舒尔曼等的持续努力和推动下，发展大学教学学术成为高等教育研究的一个重要领域和持续的热点问题。人们围绕大学学术概念、标准，大学学术发展的途径和方法，发展大学学术所需要的大学哲学基础等进行了广泛和深入的研究，产出了较为丰富的理论成果，探索创建了一些实践模型。不无遗憾的是，由于这些研究更多地关注如何使教学成为一种学术、得到学校的认可，而缺乏对学术与优质教学之间关

① 参见郑艳芳：《美国"未来教师培养"计划研究》，华中师范大学硕士学位论文，2009年，第1页。

系的研究，所以，尽管从观念上改变了人们对教学的认识，也从一定程度上为教学赢得了一定的学术地位，但对于帮助教师提升教学能力和开展优质教学等方面的启示和作用并不大。

4. 大学优秀教师教学素质及其成长发展研究

除围绕大学教学学术开展的研究外，也出现了一些针对高校教师教学能力的专门性研究。如史蒂芬森博士主编的《非常教师——优质教学的精髓》(中国轻工业出版社 2002 年版)、贝恩《如何成为卓越的大学教师》(*What the Best Teacher Do in College*)(北京大学出版社 2004 年版)等都是研究如何成为优秀大学教师的。其中，前者是一本文集，是由美国佐治亚大学 36 位梅格斯奖得主结合自身成长的经验就如何成为一名优秀的大学教师和进行优质教学撰写的。由于这些文章是优秀教师们基于个体成长的成功经验、典型事例的回顾和反思写成的，尽管理论水平并不一定有多高，但对于高校青年教师的成长和发展无疑具有重要的借鉴和参考价值。后者是一篇调查研究报告，是基于对美国数十位优秀大学教师的访谈写成的。该书视角新颖、观点明晰、个案鲜明、理论扎实、分析深入透彻，是一本关于如何成为优秀大学教师的难得的好书。该书获得 2004 哈佛大学“教育与社会”年度好书奖，被翻译成包括中文在内的 6 种语言出版。该书最突出的特点是从如何促进学生深度学习的视角来研究教师如何去教。该书中的研究视角、观点和方法对于我们开展本课题研究具有重要的启示。

(二)国内相关研究

1. 研究概况

从 1977 年恢复高考到 20 世纪末的 20 年间，由于高等教育长期处于精英教育阶段，高校教学和科研的矛盾不突出，对高校教师专业素质的认识不够全面和深入，高校教师教学能力问题长期没有得到应有的重视和关注。国内将“高校教师教学能力”作为一个专门概念并对其进行专题性研究始于 20 世纪 80～90 年代，较早的文献有王照奎的《高等学校教师教学能力评估初探》(1989)、李森《试论高等院校教师的教学能力》(1992)、余杨的《教师教学能力的发展研究》(1994)和周长明的《公安院校教师教学能力探究》(1998)等。总体来看，这一阶段高校教师的教学能力问题开始引起研究者的关注，但文献数量较少，研究也不够深入，研究人员多以高校管理人员、学科教师为主，说明学界对这一问题的关注度总体不高，也没有引起高等教育专业研究者的重视。

进入 21 世纪以来，受高等教育规模迅速扩张、高校青年教师数量激增、国家和社会对高等教育质量、高校本科教学关注度提高等因素影响，高校教师教学能力问题逐渐受到来自国家政府、高校领导、高等教育理论研究者和广大教师的普遍关注，国家层面先后颁布多项政策要求加强本科教学，促进教师素质的提升。在国家政策的导引和高校教学改革需求的强力推动下，高校教师教学能力迅速成为高等教育研究的一个热点问题。近十几年来，高校教师教学能力的研究文献总体呈逐年上升趋势，在中国知网总库中以“高校教师教学能力”和“大学教师教学能力”为题名进行检索，1998 年至 2017 年 4 月期间，共发表各类论文 936 篇，其中期刊论文 861 篇，硕博士论文 52 篇，会议论文 20 篇，报纸文章 3 篇，尤其是 2013 年以来，年均都在 100 篇以上(见表 1-3、1-4)。硕博论文是高等教育专业研究领域研究重点的重要标识，最早的硕士论文出现在 2006 年，近五年硕博论文的数量为 37 篇，占总数的 70%。从出版的著作情况看，在亚马逊网站以“高校教师教学能力”为关键词检索到的专著共有三部，最早的是于畅 2001 年出版的《高校青年教师教学能力发展研究 》，另外两部出版于 2016 年，分别是李四清的《高校外语教师教学自主能力研究》和熊华军的《高校青年教师教学能力发展研究：基于西北民族地区 17 所高校的调研》。另外，还出版了一些介绍高校国家教学名师事迹的图书，如由教育部高教司组编的《名师颂》，该书迄今已出版 4 卷。

表 1-3 近 20 年高校教师教学能力研究文献数据

年度	2017	2016	2015	2014	2013	2012	2011	2010	2009	2008
篇数	33	166	175	124	103	84	58	53	41	30
年度	2007	2006	2005	2004	2003	2002	2001	2000	1999	1998
篇数	11	19	10	8	3	6	6	5	1	0

表 1-4 近 10 年以“高校教师教学能力”为题的硕士、博士学位论文

年度	2016	2015	2014	2013	2012	2011	2010	2009	2008	2007
篇数	6	10	10	6	5	2	2	4	1	2
年度	2006									
篇数	4									

从以上文献的梳理中可以发现，这一时期的研究总体呈现出如下趋势和特点：一是研究问题涉及领域日趋广泛，包括高校教师教学能力内涵、结构发展机制等研究；特定学科、领域教学能力研究；高校青年教师教学能力研究；高校教师教学能力的现状问题与对策研究；国外高校教师教学能力发展；教学能力的评价研究等。二是研究方法多样，既有理论研究，也有实证研究，既有大样本的调查研究也有个案研究，另外也有不少经验总结介绍性的研究。三是研究视角多元，如以特定类型学校、某类学科或科目、某种新的教学模式为背景出发来研究教师的教学能力，譬如《教学型高校青年教师教学能力“三阶段四协同”发展模式的探索》《高校思想政治理论课教师实践教学能力研究》《高校外语翻转课堂中的教师教学能力研究》等。还有基于不同的理论视角，如《研究型大学教师应具备怎样的教学能力？——基于扎根理论的质性研究探索》《高校教师教学能力提升的制约因素与解决对策——基于 WSR 方法论的解读》《基于教师发展理论的高校青年教师教学能力提升策略探索》等。四是研究者群体的构成趋于合理，其中高等教育理论研究工作者、学科教学论教师、教育类专业研究生、学科教师和各级教育教学管理人员都是其中的骨干力量。五是成果发表的期刊层次有明显提高。一些研究成果发表在《教育研究》《比较教育研究》《高等教育研究》等国内核心期刊上，说明这些研究成果的理论层次和质量达到较高水平。

2. 主要观点和研究结论

(1)高校教师教学能力的内涵研究

广义的教学能力强调在教学活动中体现出来的综合能力，它指向教学目标的实现并以教学效果的提升为准则。如陈顺理认为：教学能力是教师完成教学活动直接有效的可能性心理特征。① 罗树华、李洪珍认为：教学能力作为教师工

① 参见陈顺理：《教学能力初探》，《课程·教材·教法》1988 年第 9 期。

作中最基本、最重要的能力,是指教师运用特定教材或采用其他特定方式从事教学活动、完成教学任务的能力。[①]

狭义的教学能力聚焦于某一特殊方面,如赵菊珊等认为:教学能力仅指教师在课堂这一特定场域中具备的一些能力。[②] 尽管这种定义方式将教学能力限于课堂,但其细化分类也不可避免涉及课堂之外的教学活动。

(2)高校教师教学能力的构成研究

从表1-5中可以看出,我国学者也因视角、关注点以及对教学能力概念内涵认识的不同,对于教师教学能力构成要素的划分也存在一定的差异。这些差异性的观点,对于我们全面认识教师教学能力实际上是有益的。

表1-5 国内学者有关教师教学能力构成要素的划分

	视角	教师教学能力的构成要素
陈顺理	教育要素视角	对教学对象、教学影响与教师自我的调节、控制和改造的能力[③]
唐玉光	教学活动视角	教学选择能力、教学设计能力、教学实施能力、教学评价能力、教学创新能力[④]
申继亮	心理学视角	教学认知能力、教学操作能力和教学监控能力[⑤]
余承海	综合素质视角	知识更新能力、驾驭学科能力、学术研究能力、培养学生终身学习的能力、哲学思辨能力、计算机能力、有效获取外文资料及阅读理解能力[⑥]

(3)高校教师教学能力的发展现状与制约因素研究

已有调查研究显示,我国高校教师尤其是青年教师的发展现状不容乐观:一是教学能力不足,如教学内容把握不够、教学手段不得法、多媒体使用不当、

① 参见罗树华、李洪珍:《教师能力概论》,山东教育出版社2001年版,第22~23页。

② 参见赵菊珊、马建离:《高校青年教师教学能力培养与教学竞赛》,《中国大学教学》2008年第1期。

③ 参见陈顺理:《教学能力初探》,《课程·教材·教法》1988年第9期。

④ 参见唐玉光:《教师专业发展与教师教育》,安徽教育出版社2008年版,第77~82页。

⑤ 参见申继亮、王凯荣:《论教师的教学能力》,《北京师范大学学报》(人文社会科学版)2000年第1期。

⑥ 参见余承海、姚本先:《论高校教师的教学能力结构及其优化》,《高等农业教育》2005年第12期。

教学研究开展较少等。① 二是缺乏对教育事业的热爱和敬业精神,职业道德与职业信念亟待提高。② 三是存在发展"高原期"的现象,没有形成持续提升的发展理念。③

研究者认为,导致上述问题存在的原因主要有两方面:一是外部保障措施不够完善,如教师聘任制度不合理、缺乏教师职业培训机制、教学评价存在问题等。二是教师的自主发展意识不强,由于科研能带来更直接的反馈与更显著的效益,无形中提高了教师对科研的关注度,造成教学投入不足。④ 内外部因素的共同制约导致高校教师的教学发展面临重重壁垒,寻求突破途径成为研究者竞相关注的话题。

(4)高校教师教学能力发展的途径与策略研究

为促进教师教学能力发展,研究者提出了多种提升策略:一是完善相关制度,如改革完善教师的职前、入职与职后培养模式⑤,健全激励与评价机制⑥,完善老中青"传帮带"机制⑦等。二是提倡设置教师教学能力研究与促进中心,目前北京理工大学、上海交通大学、东北师范大学等已建立起相关组织机构。⑧ 三是重视完善教育法规与政策,营造重视教师教学能力的文化氛围。⑨ 四是培养教师的自主发展能力,这是青年教师提升教学能力的根本途径。

---

① 参见佘远富:《地方高校青年教师教学能力的现状考察与对策思考》,《高等工程教育研究》2010年第5期。

② 参见韦忠良、李栋:《浅谈高校初任教师教学能力的培养》,《教育理论与实践》2010年第10期。

③ 参见李亚文:《高校教师教学能力"高原期"现象新思考》,《辽宁师专学报》(社会科学版)2001年第6期。

④ 参见毛洪涛:《高校教师教学能力提升的机制探索》,《中国高等教育》2011年第23期。

⑤ 参见何阅雄、蒋云良、马志和、朱礼敏:《教学型高校青年教师教学能力"三阶段四协同"发展模式的探索》,《高等工程教育研究》2013年第6期。

⑥ 参见王长文、王舒然:《高校教师教学能力现状分析及相关对策探究》,《黑龙江高教研究》2014年第6期。

⑦ 参见李春燕、林海、袁虎廷、姚丽英:《推进高校教师专业发展,提高教师教育教学能力》,《中国大学教学》2013年第4期。

⑧ 参见佘远富:《地方高校青年教师教学能力的现状考察与对策思考》,《高等工程教育研究》2010年第5期。

⑨ 参见张志明:《当前高校青年教师教学能力现状及提高策略》,《邢台学院学报》2010年第3期。

（三）简评

综上所述，对于高校教师教学能力及其发展问题，国内外学者们已经开展了较为广泛和深入的研究，产出了许多具有奠基性、开创性的理论和实践研究成果。但在文献的梳理中我们发现，仍有大量的问题需要进行更为全面和深入的研究，也有不少问题领域也有待拓展。其中关于高校教师教学能力发展的一些基本问题，如什么是高校教师教学能力，其基本的能力结构是什么，教师教学能力提升与发展的内在机制是什么，有效方法论有哪些等。这些问题有些已经被研究过，但不够全面和深入。有些还没有得到足够的关注和重视。另外，有关高校优秀教师教学能力发展的研究还不够全面、深入。如缺乏从纵向的视角来研究和分析教师个体成长是如何提升教学能力的。对高校教学名师所呈现出的教学能力素养以及他们有效成长途径和方法等的研究也不够。

同时我们也注意到，多数的研究出现在国家相关政策出台之后，说明研究对于国家改革的先导性不够，总体存在滞后于国家政策，依赖政策的驱动等问题，意味着我国研究者的主体意识、问题意识、先导意识等需要加强。另外，高校教师能力发展研究的主要目的是提高一线教师的教育教学能力，这最终需要教师个体通过开展教育行动研究和基于实践的反思、问题导向的学习才能完成，但文献中有关基于个体发展实践和反思性的研究较少，可能的原因至少有两个：一是出版界尤其是专业期刊对这类研究成果不认可，二是一线教师参与该类教学研究的人员少。前者反映了当前出版界仍然主要采用的是一种科学主义范式和标准，对基于个体的实践性探究和反思性研究的认识和意义重视不够，不利于引导和鼓励一线教师开展基于自身实践的反思性、探究性研究。

四、研究的基本思路与方法

（一）研究的基本思路

教学领域被许多学者形象地比喻为学术的“低洼地”，是一个较为典型的“结构不良”的认知领域，因此，对这一领域相关问题的研究需要从多视角、多维度和运用多种方法对其进行探索，也必然经过“百折千回”的过程。在我们看来，高校优秀教师不仅仅是一种名誉和身份，在每个优秀教师的身上都隐含着为何优秀的“基因”和“密码”，在他们成长的背后隐藏着一部部如何成就优秀的成长发展史、实践史，其中既有他们各自独特的个性化的一面，也有作为优秀教师成长共性的一面，深入挖掘和探究他们的成长发展历程，展示他们独特而又鲜活的成长过程，发现其中所蕴含的成长规律，都具有重要的理论意义和实践价值。本书课题将遵循从理论到实践，再由实践到理论，理论再回归实践的整体研究思路。基本过程如下：

1. 首先对现有相关研究成果进行全面分析、梳理，全面把握当前有关高校教师教学能力及其发展的相关理论、研究结论，进而确立本课题相关问题研究的出发点和研究重点。同时，为下一步调查研究提供基本的理论假设和分析框架。

2. 对优秀高校教师的教学能力及其发展过程等进行实际调查研究。分为两部分：一是对已有文献进行文本分析研究。这是一个从个体到一般的归纳过程，通过对国家教学名师诸多个案之间的比较分析，发现教学名师所拥有的共同性的素质和能力，总结教学名师们成长发展的一般途径和方法。二是对高校教学名师和优秀教师开展个案研究。这类研究有两个目的：一是揭示他们提升自身教学能力所经历的独特而又丰富的成长过程，并通过叙事的方式尽量详尽地展示这一历程。二是以一定的理论为依据分别对他们的成长经验进行分析讨论，揭示其内在的合理性，同样达到由特殊到一般的回归。

3. 对国外高校教师发展中心的建设的相关经验、管理运行机制开展比较研究。

4. 在以上研究基础上，对高校教师教学能力发展的哲学基础、基本取向、内在过程、机制、方法论等问题进行一般性的理论探讨。对影响我国高校教师教学能力发展的外部环境、学校文化中存在的问题开展思辨性的探索。

5. 基于以上研究成果，结合我国高校教师教学能力发展中存在的各种问题，提出相应的解决对策和实践改革建议。

（二）研究对象

本课题实证调查研究的对象分为三部分：

1.文本分析的对象

获得我国第三届、第四届高校国家级教学名师荣誉中的80名高校教师。他们的事迹材料来源于教育部高等教育司《中国高等教育》编辑部组编的《名师颂》3、4卷。

2.个案研究的对象

研究对象包括5位获得国家级教学名师荣誉的高校名师和4位获得省级、校级教学一等奖的青年教师。

3.比较研究的对象

选择了美国康奈尔大学、卡内基梅隆大学和印第安纳大学教师发展中心的研究对象。他们共同的特点是:建立时间较长,影响大,服务质量好。

(三)主要研究方法

1.理论研究法

具体包括归纳法。是在比较分析的基础上,对调查资料进一步进行有系统的思维加工,目的在于从典型性的个案中获得一般性的结论。如本课题中对高校国家级教学名师素质结构、发展路径的分析,以及我国高校教师教学能力发展取向分析等就是运用的这类理论分析法。另外,包括演绎、分析和综合方法。如对高校教师教学能力概念等的研究、高校教学文化的研究、教师教学能力发展的方法论的研究等。

2.个案研究法

个案研究法是指追踪研究某一个体或团体的行为的一种方法。它包括对一个或几个个案材料的收集、记录,并写出个案报告。本课题对几位国家级教学名师和青年教学能手的研究就是运用的这种方法。

3.比较研究法

比较研究法就是对物与物之间和人与人之间的相似性或相异程度的研究与判断的方法。本课题中对高校国家级教学名师、青年教师教学能手的研究以及对国外三所高校教师发展中心的研究就是运用的比较研究法。

第二章　高校教师教学能力的概念与时代特征

高校教师教学能力是本书的一个核心概念，当前对这一概念的内涵并没有权威的、统一的认识，为保持概念的相对统一和研究问题的前后一致性，有必要首先对其进行界定。

一、教学能力概念的现有定义分析

从现有的文献分析来看，多数研究者并没有把“高校教师教学能力”作为一个统一的具有特定内涵的概念来看待，原因大致是认为高校教师与中小学教师在教学能力的本质内涵上差异较小，因而只要讨论和界定他们的共同部分“教学能力”这一概念就够了。[①] 总体来看，国内学者对于“教学能力”概念的界定具有很大的相似性（见表 2-1）。尽管在表述上不尽相同，但在基本内涵的认识上具有很高的一致性，认为教学能力是教师为顺利完成教学活动所表现出的一种心理特征或个体心理特征（能力）。主要差别体现在对教学目标、教学活动过程、构成要素、功能、作用机制等的不同认识上。如在教学目标上，多数学者强调顺利或高效完成教学任务为目标，也有少数研究者强调以促进学生的发展为目标；在对教学活动过程的看法上，有学者从教学学术的视角将教学活动看作是一个运用教学学术开展教学实践和研究的过程；在教学能力的构成上，多数学者认为教学能力是由多种能力构成的综合能力，等等。

① 参见徐继红：《高校教师教学能力结构模型研究》，东北师范大学博士学位论文，2013 年，第 33 页。

表 2-1 “教学能力”概念的相关界定

研究者	定义
李春生①	教学能力是教师为达到教学目标，顺利从事教学活动所表现的一种心理特征
余承海、姚本先②	教学能力是顺利完成教学活动所必需并直接影响教学活动效率的个体心理特征；是通过教学活动将个人智力和教学所需知识、技能转化而形成的一种职业素质，它依托于一定的智力，是以认识能力为基础，在具体学科教学活动中表现出来的一种特殊能力
唐玉光③	“教学能力是指教师达到教学目标、取得教学成效所具有的潜在的可能性，它由许多具体的因素所组成、反映出个体顺利完成教学任务的直接有效的心理特征
王宪平④	教学能力是指教师在一定的教学情境之中，基于一定的教学知识和教学技能，促进教学目标的顺利高效达成，促进学生生命发展所表现出来的个性心理特征
罗树华、李洪珍⑤	教学能力主要是指各科教师普遍具有的运用特定教材从事教学活动、完成教学任务的能力
李庆丰⑥	教学能力是教师认知、理解、掌握和运用教学学术开展教学实践和研究的能力，即识别、提取和解决如何有效开展课程知识的选择与组织（课程与教学设计）、教学内容的呈现与传递（课程与教学实施或课堂教学）、教学效果评价（课程与教学评价）以及对整个知识传递过程的反思、监控和改进等方面的教学问题而形成的实践与研究两方面的综合能力
徐继红⑦	教学能力是一种特殊的能力，是指教师为促进学生发展，顺利开展教学实践活动所应具备的多方面特征的综合

① 参见李春生：《中国小学教学百科全书·教育卷》，沈阳出版社 1993 年版，第 185 页。

② 参见余承海、姚本先：《论高校教师的教学能力结构及其优化》，《高等农业教育》2005 年第 12 期。

③ 参见唐玉光：《教师专业发展的研究》，《外国教育资料》1999 年第 6 期。

④ 参见王宪平：《课程改革视野下教师教学能力发展研究》，华东师范大学博士学位论文，2006 年，第 69 页。

⑤ 参见罗树华、李洪珍：《教师能力学》，山东教育出版社 2005 年版，第 3 页。

⑥ 参见李庆丰：《大学新教师教学能力发展研究：核心概念与基本问题》，《中国高等教育》2014 年第 3 期。

⑦ 参见徐继红：《高校教师教学能力结构模型研究》，东北师范大学博士学位论文，2013 年，第 33 页。

显然在逻辑学上，以上对教学能力的界定属于"属加种差"的定义方式，所谓属概念是被定义概念所隶属的概念，属概念的内涵是被定义概念应有的内涵。如"人"的概念所隶属的概念是"动物"，人必须具有动物的所有内涵。"种差"体现的是种概念之间的差别属性，一般来说，种差可以是事物的不同方面，如性质、功用、发生、关系等。[①] 但他们都必须能够反映概念所对应事物区别于同属其他事物所具有的本质性特征。如"人是理性的动物"这一界定中，理性是人区别于其他动物的本质特征，是人与其他动物的种差。如果能够证明除人以外的其他动物也具有理性，说明理性这一种差还无法将人与其他动物区别开来，所谓定义过宽，需要进一步增加属性，譬如"人是一种有理性且能使用工具的动物"。

依照这种理解来分析以上对"教学能力"概念的界定可以看出，多数学者将"能力"或"个体心理特征"作为教学能力的属概念，在种差的认识上也有很高的一致性，如从性质、功能和关系上认为教学能力是教师为达到教学目标，顺利从事教学活动所表现的综合能力或综合个性心理特征或个体特征等。即教学能力是基于教师所拥有的一些潜在能力或个性心理特征，他们可以是教师的一般能力，如记忆力、想象力等，也可以是教师的经验、理念、知识、技能、品德、人格等要素，但他们并不就是教师的教学能力，只有这些能力或要素直接作用于教学并有助于顺利或有效完成教学任务时才能称之为教学能力。这些限定揭示了教学能力"产生"或"显现"的条件，有助于帮助人们理解教学能力与个体一般能力和素质的区别与联系，具有一定合理性。

但这样的界定中也存在一些明显的问题：一是将"能力"作为"教学能力"的属概念是否适当。因为"能力"概念本身就是一个有多种含义的概念，在阐释教师素养时我们常常将"能力"与"知识"等概念并用，而我们清楚地知道教师拥有的知识和经验是教师教学能力的重要组成部分，因此容易产生歧义，引起理解上的混乱，从逻辑学上看也不符合"定义项不能包含被定义项"的原则。二是将被定义项"教学"概念作了简单化的处理，将其作为一个不言自明的概念，没有对其作进一步的界定，在逻辑学上也同样违背了"定义项不能包含被定义项"的

① 参见孙显元：《简明逻辑学辞典》，安徽人民出版社1991年版，第45页。

规定。教学作为一种社会实践活动，其目标、对象、内容、方式等会随着社会的发展、教育需求的变化、教育观念的变革而发展变化。教学并没有一个固定不断的模式，教学的方式不仅仅是课堂教学，还包括游学、专业实践，教学的场所可以是课堂，可以在实验室，也可以在某个社会和自然的场景。课堂教学也并不意味着教师的讲、学生的听，可以是学生的学与教师的导，也可以是师生共同的研讨等。不同的教学目标、对象、内容和方式、不同的教学模式对教师的教学能力要求也是不同的，因此有必要对教学的本质特性予以揭示。三是对教学能力呈现的限定条件或种差的描述过于宽泛和模糊，没有揭示出主要是哪些能力和素质对教学活动具有直接影响，致使概念的外延模糊不清。

因此要对教师的教学能力概念进行更合理的界定需要明确以下问题：一是寻找一个适当的属概念，它能够将教师的经验、知识、能力等影响教学效果的个体特质涵盖其中；二是确立一个适当的种差，能够反映出教师的教学能力与其他能力之间的本质区别，同时能够囊括不同类别和情形的教学；三是应将教学和能力等要定义的概念排除到定义之外；四是教学作为一种社会实践活动必然会随着社会的变化而变化，外部社会对教师教学能力的要求一直处于变化之中，因此定义教师的教学能力必须处理好本质属性与时代特征的关系。教学能力的本质属性是古今中外属于这一概念范畴所共有的、稳定的、不变的，时代特征是在特定时代和社会中所独有的，体现了时代社会与人的发展对教师素质提出的特定要求。从实际应用的视角看，界定教师的教学能力既应揭示其本质属性也应反映其时代特征。

那么，“教学能力”的适宜的属概念应是什么？一个可行的方法是对其上位概念“能力”的属概念进行分析。当前关于“能力”概念的界定有个性心理特征说、要因组合说、特质整合说等。心理特征说认为：能力是人顺利完成任务过程中直接起调节作用的个性心理特征。个体心理特征主要包括能力、气质、性格等，它并不能涵盖影响教学工作的诸因素中的专业精神、理想、信念、价值、情怀等。因而用其作为教学能力的属概念会使概念定义过窄。要因组合说将“能力”界定为：“准确、快速、有意识地完成某种实践性或思维活动所必需的诸要因的组合。”[①]特质整合说认为能力是在一定实践环境中为达到一定绩效的个人特质的整合。[②] 要因组合说的属概念是诸要因，特质说的属概念是个人特质，尽管表述不同，但都是指个体所具有的影响活动绩效的内在素质。关于素质界定有很多，这里我们探讨的是人的素质。就“素质”的本源意义而言，人的素质最初表现为先天遗传生理基础，但其生成和发展主要是在后天环境影响下，在个体与环境的互动中实现的。所以可以将其界定为：个体基于先天生理的基础之上，在社会环境的影响下，经过后天的生活、教育和实践而形成的相对稳定的生理、心理品质。这一“素质”概念足以能够将教师的经验、知识、能力等影响教学效果的个体特质涵盖其中，适合作为“教学能力”的属概念。因此，素质概念足以能够将教师的经验、知识、能力等影响教学效果的个体特质涵盖其中，适合作为教学能力的属概念。

教学能力适当的种差属性是“有效促进学生发展”。古今中外的教学无不是以促进学生的发展为根本目标，因此“有效促进学生的发展”是教师教学能力的集中体现。这一种差属性没有指明何种形式的教学，但它能够囊括不同类别和情形的教学活动。无论是课堂集体教学还是个别施教，指导学生开展专业实习还是进行田野研究，只要能够促进学生发展的活动都认为是教学活动，这种对教学的宽泛认识对于全面看待和正确认识教师教学能力是必要的和有益的。重要的是，它能够将教师的教学能力与科研能力等很好地区别开来。在高等教育研究中两种能力常常纠缠在一起说不清道不明，按照这种种差的标准，如果教师的科研能力直接作用于或有助于有效促进学生发展，它也属于教师的教学能力。

基于以上分析，我们可以将教师的教学能力界定为：教师在有效促进学生发展中所表现出的个体综合素质或素质的有机整合。按照这种界定，教师的教学能力是一种专门的能力，是相对于促进学生发展的这一目标和任务而言的，是在这一特定的实践活动中形成和表现出来的。由于学生发展的目标是多维的，因而对教师的个体综合素质的要求也是多维的。另外，根据促进学生发展的途径和

---

① 刘晋伦：《能力与能力培养》，山东教育出版社2001年版，第2～3页。

② 参见徐继红：《高校教师教学能力结构模型研究》，东北师范大学博士学位论文，2013年，第17页。

方式的不同，教师的教学能力又可以分为课堂教学能力、实践指导能力、人格示范能力等。最后，教师教学能力作为一种促进学生发展的实践能力，其内涵、标准和要求会随着人才培养目标的变化而变化，会因教育对象的不同而存在较大的差异。如古代教师的教学能力与今天教师的教学能力在内涵和要求上都存在巨大的差异，一个大学优秀教师不一定就能胜任幼儿园和小学的教学。

另外有必要将教师教学能力与教学素质等概念区别开来。高校教师的教学能力是一项专门的能力，是教师在教学中有效促进学生的学习和全面素质发展所表现出的综合素质的有机组合。教师的教学能力是一种实践能力，是通过教学实践形成和发展起来的，它与教学素质既有联系又有区别。教学素质是教学能力的基础，教学能力是教师在教学中将自身所拥有的各种教学素质综合运用形成的。一个拥有良好教学素质的教师，如果没有真正经历过教育实践，只能说他的素质好，但不能说能力强。就如一个身强体壮且又掌握游泳理论知识的人，如果没有经过在水里的切身实践，他依然不会游泳。就如我们新近招聘了一名青年博士，他在面试时表现出良好的专业素养，但在聘用后给本科生上课时却遇到了不能驾驭课堂、无法与学生进行基本的互动等问题。所以，教师教学所需要的一般素质，如语言表达能力、思维能力、专业知识、教学理论知识、人格特质等可以独立于教学实践而发展，其中的一些素质的发展始于生命之初，贯穿整个职前和在职发展的始终。教师教学能力的真正形成是始于他们的第一次亲自的教育实践，围绕学生的发展目标、课程教学、课堂教学目标，将教师的各种素养整合起来通过一定的方式作用于学生，进而获得第一次亲身的经历、经验、挫折或教训。其中成功的经历和经验是教师教学能力的最初的形态，而经历的挫折和教训是教师教学能力改进的重要指向。由此，我们可以认为，教师的“教学能力”与教师的“教学实践经验”以及我们后面要讨论的“实践性教学知识”等属于含义相同或相近的一组概念。

二、高校教师教学能力的内涵与素质结构

（一）“高校教师教学能力”概念

“高校教师教学能力”是由“高校教师”和“教学能力”两个概念构成的复合

概念。按照上文对“教学能力”的理解,“高校教师教学能力”可以界定为:高校教师在有效促进大学生发展中所表现出的个体素质的有机组合。其中的“高校教师”是指高校中承担各类专业人才培养的教师的统称。大学生的发展主要包括两个相互联系的方面,一是继续社会化,二是实现专业发展。所谓继续社会化目标是立德树人,是在大学生前期社会化基础上,在思想政治素质、道德品质、观念、知识、能力、身心素质、人格等方面按照社会对高素质公民的要求进一步发展和提升的过程。专业发展是指按照专业人才培养的要求在专业理念、专业情怀、专业知识、专业能力、职业道德、专业人格等方面的全面发展与提升。二者都是我国大学教育的核心任务,二者既相互联系又存在差别。继续社会化的重点在于培养大学生的完善的人格、高尚的品德、良好的身心素质、优良的思维品质,以优秀民族文化为根基广泛吸收世界先进文化融合形成的宽厚合理的人文科学修养,以及合理的人际关系认知与适当的行为方式等。这些是一个高素质社会公民应有的素质,也是实现专业发展的重要基础,是提升专业学习水平的根本动力。大学生的继续社会化有很多途径和方法,譬如大学所营造的文化对学生的社会化,同学之间的日常交往,参与社会实践,等等。但最重要的途径仍然是教师指导下的专业学习与实践,教师所传授的专业知识、营造的课堂环境、提出的教学要求,师生关系,教师的工作态度、敬业精神,等等,它们不单影响学生的专业发展,同时也对学生品德等个体社会化产生巨大的影响。由此,通过教学促进学生两个方面和谐统一发展,是每个大学教师的基本职责和教学能力的集中体现。

(二)高校教师教学能力素质结构

结构是事物的构成要素及要素间的关系和组合。高校教师教学能力结构是指构成高校教师教学能力的诸要素及其相互关系和组合状态。从教学能力构成的要素看,当前对高校教师教学能力结构的研究存在多种视角和观点。第一类观点将关注重点放在知识的更新和学术研究上。如潘懋元先生认为,大学教师教学能力包括两个方面:一是要具备不断更新知识和调整知识结构的能力，二是具有研究治学规律、寻求最佳治学方法的能力。[①] 显然，这类观点将教学看作是知识的传授和指导学生开展学术研究，所以强调教师应具备不断更新自己的知识和掌握治学规律与方法的能力是不难理解的。但在当前高等教育逐渐普及化的背景下，高校教学不仅要培养知识渊博、治学严谨和研究能力强的学者，更要培养具有创造能力的各类专业人才，教师不仅要博于学精于研，还要懂专业技术，拥有实践经验，知道如何去教，知道如何围绕学生的主动学习而进行教学设计和指导。第二类观点依照教学过程环节或教学任务来看待教师的教学能力，认为教师的教学能力应包括教学设计能力、教学组织能力、教学反思和教学评价能力等。除此之外，在此类观点中，越来越多的人还强调教师应有教学研究能力，还有人强调信息沟通能力、操作计算机的能力、培养学生自学的能力、培养学生终身学习的能力等。显然，这类观点基于反思性教学的理念，将教学看作是一个设计、组织、反思和评价的过程，因而认为教师应具备完成这些工作的相应能力。第三类观点关注教学内容、方法和技术这三个要素，认为教学能力包括更新教学内容的能力、创新教学方法的能力、熟练运用现代教育技术手段开展教学的能力。[②] 第四类观点从社会学的视角认为，教师教学能力还应包括：促进班级的集体参与、相互作用及和睦关系的能力，在课内外对学生个人做出适当反应的能力，唤起学生兴趣、刺激其卷入学习和做出反应的能力，教师继续自我教育能力以及适应国际化、信息化等社会变化的实际能力。第五类观点从教师胜任教学所应具备的素质的视角认为，高校教师教学核心胜任力由教学能力、专业能力、调控能力、职业素质、工作态度、人际沟通、育人能力、成就动机等八个维度组成。[③] 以上观点，因视角、视域的差异和对教学理解的不同而各有侧重，又有一定程度的相互补充。这些研究和观点对于我们理解高校教师教学能力都有一定的参考价值。但似乎存在的一个共同问题是不够全面，如普遍忽视了教学能力的情感和价值维度，另外所列出的能力结构的各要素之间缺少内在的联系。

显然，对于教学这样一个结构不良的问题领域，雷特曼（W. R. Reitman）从

---

① 参见潘懋元：《高等学校教学原理与方法》，人民教育出版社 1996 年版，第 330～338 页。

② 参见李晓静、刘劲：《论高校教师教学能力素质》，《当代教育科学》2006 年第 1 期。

③ 参见宋晓芳：《高校教师教学胜任力模型研究》，华中科技大学硕士学位论文，2007 年，第 34 页。

认知心理学的角度将问题区分为结构良好问题和结构不良问题。前者是指那些初始状态、目标状态和算子都很明确的问题，而后者则是上述三者至少有一个没有明确界定的问题。① 显然，教学作为一个结构不良问题的典型领域，对于教师的教学能力结构问题来说，也许并不存在一个绝对科学的教师教学能力结构模型，但基于研究的需要，我们还是试图构建一个较为全面、更具包容性、容易为人们接受和理解的模型。我国台湾学者林瑞钦曾将教师的教学能力归为三个方面：所教学科的知识、教育专业的知识和能力以及教育专业精神。② 张应强教授将其归结为能教、会教和愿教三个部分。受此启发，结合我们对国家高校教学名师的考察以及我们自身对教学能力的体悟，我们提出一个高校教师教学能力的五维结构："愿教""能教""知教""会教""善教"。

一是"愿教"。所谓"愿教"就是愿意为师，愿意从教。愿教的最高境界是乐教，如孟子以"得天下英才而教育之"为乐。愿教是教学能力的情感价值维度，是教学能力的情感基础，一个教师只有愿意从教，他才会心甘情愿地为之付出努力，才能在实践中不断提高自己的教学水平和能力，才能在辛劳中逐渐体验到教学的乐趣，进而从愿教到乐教，达到至高的教学境界。一个教师如果没有从教的意愿，缺乏对教学的热爱，即使他学识渊博，精于研究，也就无所谓教学能力。现在高校中很多青年教师学历很高，拿到了博士学位，但不会教学，教学水平低，教学能力差，其中的一个很重要的原因是没有强烈的从教意愿，在现有重科研轻教学的制度导向下，很多人甚至厌恶教学，整天忙于写文章、搞课题，不愿意将时间和精力用在教学上，所以他们的教学能力和水平也自然难以提升。这种状况往往使他们陷入一种恶性循环——他不愿意教学，所以教学水平提高不上去，学生们不愿意听他的课，他由此获得一种挫败感，更难以获得教学的快乐，进而更加地厌烦教学。实际上，在我们对优秀高校教师案例的考察中了解到，并不是所有的优秀教师在职业的初始就愿意当教师，如在 20 世纪五六十年代，我国高校教师中的不少人是被安排做教师的，有些人是没有别的选择不得不做教师的，后来他们所以能够成为优秀的教师，源于他们对工作的热情、

---

① 参见李同吉、吴庆麟：《论解决结构不良问题的能力及其培养》，《华东师范大学学报》（教育科学版）2006 年第 1 期。

② 参见叶澜等：《教师角色与教师发展新探》，教育科学出版社 2001 年版，第 230 页。

强烈的事业心和责任感，在当时“干一行爱一行”的时代职业精神激励下，他们以极大的热情，将全部的身心和精力投入到教学工作中，他们的努力得到了回报，他们的教学受到了学生们的欢迎，也由此获得了巨大的成就感，体验到了作为一个教师的快乐，由此更加激励他们更好地从事教学。这个例子说明，愿意做教师的情怀可以从教学实践中孕育和培养。如果一个人在入职之前就对做教师拥有浓厚的兴趣，这是一种较为理想的状态，它也可以在教学中进行培养，而后者对于许多教师来说具有重要的方法论意义。另外，也说明了，一个教师要维持“愿教”的状态需要持续不断地来自教学实践的正向的回馈。现实中与上面相反的例子也有很多，一些人因喜欢而选择教师职业，但当了教师后才发现教师工作劳累、繁琐、待遇不高，教学不努力，缺乏工作的热情，所以得不到学生的认可，最终变为了“厌教”“烦教”。所以对一个教师来说，“愿教”是一颗种子，而能够使其茁壮成长变为“爱教”“乐教”，需要持续不断地来自教学的那些正向回馈来浇灌，而要获得正向的回馈和激励离不开教师的奉献精神、工作的热情、使命感和责任心。正如第斯多惠所指出的：“真正的永不消失的教学热情必须建立在对教师职业的热爱上，对教师工作的心驰神往，必须建立在对发展儿童世界事业的热爱的基础上。”①

二是“能教”。“能教”是指教师拥有为师和教学的基本素质，如人们熟知的“学高为师，身正为范”。“学高为师”就是要求为师者掌握渊博精深的学科知识和专业技能，无论在哪个时代，这都是教师教学能力的重要组成部分。从古代的孔子、老子、柏拉图、亚里士多德，到我国汉代以来太学的“五经博士”以及欧洲中世纪大学医学、神学、法学教师们，直至今天国内外形形色色的大学教师们，他们都有着共同的特点就是学识渊博。另一个特点是持续不断地学习和无尽探究的精神，也就是上文中潘懋元先生提出的不断更新知识、调整知识结构的能力和研究治学规律、寻求最佳治学方法的能力，正是因为他们拥有这种持续学习的热情和无尽探究的精神使他们能够不断拓展自己的知识领域和思想边界，丰富和完善自己的思想和理论体系，从而始终站在学科和理论的前沿。这一点，对于当代的高校教师来说尤为重要。随着科技进步、知识拓展和更新

---

① [德]第斯多惠：《德国教师培养指南》，袁一安译，人民教育出版社 1990 年版，第 56～57 页。

速度的不断加快，要始终站到学科、理论、技术的前沿，需要高校教师持续学习和勤于钻研。除此之外，随着专业教育的发展，高校教师还要拥有相应的丰富实践经验、临床经验，如作为一个临床医学的专业教师，自身必须拥有丰富的临床经验，否则他就不能算是一个合格的教师，因为如果他讲的东西缺乏临床的验证或实验支撑，学生成为医生后依照他所讲授的知识为病人治病将会是一件非常危险的事情。今天专业类(含职业)高等教育要求专业教师拥有“双师”资格的依据正是源于此。

“身正为范”是指教师能够做学生为人、做事、处世的表率。如孔子说：“其身正，不令而行，其身不正，虽令不从。”即所谓的“上行下效”。教师与学生朝夕相处，教师的言行举止都会对学生产生影响，因而教师的人格和言行也是教师教学能力的一部分。尽管大学生已经是成人了，与中小学生相比他们初步形成了相对独立的人格和自我判断能力，但教师依旧能对他们产生巨大的影响。国家级教学名师、北京大学的陆俭明先生在谈到自己的成长时说：“教授们在学术、学风、为人上的一言一行，对刚进入大学的本科生都有着极大的影响。”①当年孔子去世后，他的弟子为其守孝三年，正是因为他的学识、为人、行事、处世深深赢得了学生发自内心的尊重和敬爱。我们认为，对于今天的大学教育来说，教师的“身正”除优秀的个人品德外，还应体现在积极奉献的人生观、终身学习的态度、一丝不苟的学术精神、爱岗敬业的职业精神等。很多人在谈到自己的授业老师时，谈论最多的往往不是他们的学问，而是他们为人、处世、为学、工作中所表现出来的理想人格和职业态度等优良的品质，这些优良的品质会伴随着老师的音容笑貌一起，成为一个个鲜活的榜样，持久留在学生们心中，对学生们的做人、做事、生活、工作产生持续影响，即使他们所教授给学生们的知识已经被遗忘，但这些影响将保留终生。人们常说三流教师教知识，二流教师教方法，一流教师教做人。在我们看来，一流的教师需要做到三者的统一，而所谓的“教做人”，不是教出来的，而是教师的人格影响所致，即所谓的“桃李不言下自成蹊”。真正伟大的教师，如我国的孔子、西方的耶稣，他们都能够达到“高山仰止，景行行止”的境界，从而在学生中产生了“虽不能至，然心向往之”的强大感

① 陈浩主编：《名师颂》第1卷，教育科学出版社2007年版，第2页。

召力。

三是“知教”。所谓“知教”，简而言之是指掌握如何教的相关知识。主要包括教育教学目标的知识、学生的知识、教师自身的知识、教育教学的基本理论与方法等。教学作为一项有目的的活动，作为一个教师显然应知道自己所从事的教育教学的目的是什么，主要目标有哪些。它们是一个教师开展教育教学的基本前提、出发点和最终归宿。学生是学习的主体、发展的主体，教师教育教学的目的在于促进学生的发展，这需要教师了解学生的原有知识基础、思维特点、学习习惯、学习态度等。这些关于学生的知识是教师开展有效教学的必不可少的前提性依据。除了解学生外，教师还需要了解自己，即教师对自我的认知。一方面，教师品德、人格等个人素质是学生学习和效仿并能够影响教育教学效果的重要要素，为完善自身人格和形成良好的职业道德品质，教师需要依据一定的标准进行持续地自我监控和对照反省。另一方面是教师在教学中对自我行为、语言、思维等的认知，它是实现教学有效性的重要保证。依照反思性实践理论，最后是关于教育教学的基本理论与方法论的知识，这是教师教学知识的核心，是教师实施有效教学的理论和方法论基础，是开展研究性教学设计的理论和方法支撑，是经验整合、提升、反思的重要依据和框架。也许有人会说，多数大学教师并没有学过教育教学的理论还不是照样当教师，有不少人甚至成为名师。也有人说，不少教育学专业的教师教学也好不到哪里去。这是否说明对于大学教师来说教育理论并不是必要的？是否掌握教育理论并不重要？这里的问题比较复杂，我们可以用旅行来做个比喻。我们到某地去旅行，走着和利用交通工具都可以到达目的地，但这并不意味着交通工具就没有用。有些人知道可以利用交通工具，但他却不会用或不愿意用，所以也就跟不知道有交通工具而走着的人的进度差不多。这里的交通工具就好比教育理论和方法，不了解教育理论与方法的教师就如没有地图和交通工具的旅者，要提高自己的教学水平和教学效能是相当缓慢的，需要经历一个长期实践探索和总结过程。但现实告诉我们，并不是所有教师都能够实现教学水平的显著提升，不少高校教师教了一辈子学，他们的教学水平几乎是在原地踏步，他们说不清楚为什么这样教，道不明教的依据是什么。就如遇到了“鬼打墙”的旅者，他们看不清前进的路，不知道如何破解遇到的困境。相反，如果掌握了一定的教育理论和方法，他们可以以这些理论和方法来指导自己的实践，少走弯路，当他们在实践中遇到困境和问题时，他们可以依据理论和方法找到突破的方向和路径，犹如旅者有了地图、指南针、旅行指南。

四是“会教”。所谓“会教”是指教师能够真正地开展实施有效教学，能根据专业人才培养的目标，进行适当的课程设计、实施教学与评价，有效促进学生专业素质的发展，这是教师教学能力各方面素质的集中体现。一个教师拥有强烈的从教意愿，丰富的专业知识和教育教学知识，表示他拥有了从师的良好素质和教学潜能，但这不意味着他会教了，要做到会教，还需要通过真实的教学实践。一个完整的教学过程包括教学设计、教学实施、教学评价、教学反思四个基本环节。教学设计是根据课程标准的要求和教学对象的特点，将教学诸要素有序安排，确定合适的教学方案的设想和计划。一般包括教学目标、教学重难点、教学方法、教学步骤与时间分配等。一个好的教学设计必须做到目标清晰明确，应有一定的教育理念、方法论或有效的经验为支撑，应能够激发学生学习的兴趣，发挥学生学习的主体作用。教学实施是教师依据教学设计开展教学的过程，它是教学设计的动态展开，但又不能完全拘泥于教学设计，有效的教学需要教师在教学中边观察、边反思、边调整。教学评价包括对教学目标达成度的评价、对自我教学的评价、对教学设计方案的评价等。有效的教学需要知道教学的目标是否达成，达成的程度如何。为此教师需要知道评价的标准以及方式方法。另外，通过教学实践和目标达成的评价可以反映出教学设计、教学中的优缺点。教学反思包括两个部分：一是在教学中的反思。做到外观学生，内观自己。外观学生的反映以调整教学的进度、方式和方法，内观自己的观念和思维以更好地掌控自己。二是教学后的反思，即以整个教学过程作为反思对象，反思教学设计、教学过程、教学中的自我，以巩固教学经验，探索其中存在的问题和不足，完善教学设计和改进教学。从知识生成的角度看，通过这一过程教师将知识进行整合，生成了学科教学知识和实践性教学知识。学科教学知识是学科知识、专业知识与一般教学知识、学生知识有机融合形成的知识。教学设计可以看作是学科教学知识生成的过程。形成的教学设计方案就是学科教学知识。美国学者舒尔曼认为：是否拥有学科教学知识是区别学科专家与教学专家的标志。实践教学知识可以看作是经过实践检验了的学科教学知识，教学实施过程和反思过程就是实践性教学知识形成的过程。实践性教学知识是在真实教学实践情境下教师所掌握的学科知识、教育教学知识与方法、教育实践能力的统一，是教师教学能力的集中体现，教师的实践性教学知识的质量和水平代表着教师教学能力水平的高低。

五是“善教”。一名优秀的教师，不仅要热爱教育、懂得教育，还要善于实施教育，善于将崇高的教育信仰与教育理想满怀深情地落实到坚实平易的教育实践之中，善于将教育规律、教育原则的遵循与把握体现在细致入微、润物无声的教育生活之中。所谓“善教”，无疑应当追求上乘的教学境界。教师的教学过程，是一个以文化人的过程，是一个以人育人的过程，是一个引导个体生命觉醒并迈上自我成长之路的过程。在这让人“成为一个人”的过程中，一位善教的教师，无疑是一位富有教育机智的教师，是一位以身立教、为人师表的教师，是一位向往和追寻教育终极价值的教师。

三、高校教师教学能力素质的时代特征

高校教师教学能力作为一种对象性的专门能力，必然要随着社会对高级专门人才需求的变化而变化。今天社会已经进入一个全球化的时代，一个快速变革和发展的时代，一个各领域竞争日益加剧的时代，一个科技驱动发展的时代，一个教育与社会发展紧密结合的时代。高等教育因其具有的人才培养、科学研究和社会服务的职能，在经济社会发展中发挥着越来越重要的作用。我国正在迈入建设中国特色社会主义的新时代，中国的高等教育的根本任务是为一个正在建设中的新时代中国特色社会主义社会培养各级各类高素质专门人才，培养德智体美劳全面发展的社会主义建设者和接班人。作为合格的社会主义建设者和接班人应拥有坚定的理想信念、深厚的爱国主义情怀、高尚的品德修养、丰富渊博的学识、较强的综合能力和创新思维、奋斗不息的精神、健康的体魄和健全人格、较强的审美能力，富有劳动精神等素质。一个新时代的中国高校教师需要以实现中国特色社会主义伟大胜利和中华民族伟大复兴为使命，以培养高素质创新型社会主义建设者和接班人为己任，不断提升自身的人格境界和专业素养，探索和创新教育教学模式，培养一代又一代拥护中国共产党领导和中国特色的社会主义制度，立志为中国特色社会主义奋斗终生的有用人才。基于我

国高校教师所应肩负的时代使命和教育职责，依照高素质创新型专业人才成长发展的规律和教育教学规律，高校教师教学素质和能力应具有如下一些特征：

（一）坚定的理想信念、深厚的爱国情怀与使命感

2014 年 9 月 10 日，习近平总书记在与北京师范大学师生代表座谈会的讲话中指出：尽管好老师没有统一的模式，可以各有千秋、各显身手，但有一些共同的、必不可少的特质，那就是他们“有理想信念，有道德情操，有扎实学识，有仁爱之心”。

理想信念是人们追求的目标和坚持。习近平总书记指出，理想信念是相辅相成的统一体，理想是人们追求的目标，信念是人们朝着这个目标前进的意志和定力。古往今来，遍览中外，高等教育都是为特定时期的国家政治、经济、文化、社会、军事和宗教等目的服务的，这是高等教育存在和发展的合法性依据。在当前我国建设中国特色社会主义的新的时代历史背景下，我们的高等教育是中国共产党领导下的为人民服务、为中国特色社会主义服务、为改革开放和社会主义现代化建设服务的、为实现中华民族的伟大复兴的“中国梦”服务的，作为一个新时代的高校教师，需要依照党和人民需要，以培养大批高素质的、创新型的、德智体美劳全面发展的社会主义事业建设者和接班人为自己的教育和人生理想，始终把立德树人作为自己的根本任务。坚信只有坚持中国共产党的领导才能更快实现中国特色社会主义强国的建设目标，才能更好实现中华民族的伟大复兴梦想。坚信中国特色社会主义制度和走中国特色社会主义道路是适合我国国情的，是有利于国家强盛、民族复兴和人民幸福的历史的、必然的选择。坚信中国特色社会主义理论体系的科学性、真理性和正确性。相信中华厚重灿烂的民族文化所具有的无与伦比的巨大价值，相信在弘扬民族传统文化基础上富有时代特色的中国特色社会主义文化的先进性、合理性。

爱国主义是人们对自己的国家、民族深厚的感情。无论在哪个时代、国家和民族，爱国主义都是社会的主流价值观和行为准则，通过教育传播爱国主义精神，培育下一代的爱国之心、报国之志都是学校教育的重要任务，高校教师作为文化的传承者、人才的培育者自然应热爱自己的国家，具有浓厚的爱国主义情怀，才能在教育教学中自觉履行这一职责。尤其是当前和未来一定时期，我

国正处在复兴之路的关键时期，需要每一个中国人将个人的命运和祖国的命运紧密地联系在一起，为国家强盛、民族复兴贡献自己的力量。作为新时代高校教师，应主动承担起实现中华民族伟大复兴的光荣使命，深植爱国主义情怀，认清西方国家所推行的“自由”“民主”“人权”等“普世价值”的本质和伪善的真面目，相信我们中国特色社会主义理论的正确性和制度的优越性，相信博大精深的中华民族文化是世界优秀文化的杰出代表，深入领会和全面贯彻社会主义核心价值观，为培育高素质的新时代中国特色社会主义新人，为推进我国人文和科学研究水平的全面提升而不懈努力，持续贡献。

（二）宽厚精深的专业知能和良好的科学文化素养

我国的高等教育已经从精英教育阶段过渡到大众化、普及化阶段，由此带来了高等教育人次培养规格和类型等的多元化，高校不仅要培养从事基础科学研究的学术型人才，还要培养各行各业所需的各类专业型人才。每个高校教师除应具备宽厚的学科知识和出色的研究能力外，承担专业型人才培养的教师还需具备相应的专业工作的知识和相关能力，如培养临床医生的教师需要拥有临床的经验和相关技能，培养软件工程师的教师自身应该是软件工程师（也就是我们常说的“双师型”教师），并能够始终在软件开发前沿开展工作，或至少是了解软件开发前沿和未来发展动态。另外，各行各业都把创新素养作为人才的核心素质，为培养学生的创新素质，教师自然需要有较强的创新素质和能力，除具备创新思维、问题意识、探究的方法外，双师型教师还需要具有行动研究的意识和能力。关于行动研究，它是一种工作、研究和创新高度融合的一种工作研究范式，是创新型人才工作和研究相结合的一种理想模式，我们在后面几章中会对其作重点介绍。

除精深的专业知能和出色的创新素质与能力外，教师还需要有良好的科学文化素养。良好的科学文化素养对于高校教师自身发展和教学能力提升的意义至少表现为以下几个方面：

一是良好的科学文化素养是高校教师形成高尚人格、崇高思想道德境界、正确的世界观、人生观、价值观的前提条件。俗语讲“腹有诗书气自华”，良好的科学文化底蕴可以帮助教师提高自身的人格魅力、影响力、感召力。

二是有利于教师成为学生追真求知的楷模。大学是知识的殿堂，而大学教师是知识的化身。当代大学生求知欲旺，知识面广，好奇心强，兴趣广泛，思想活跃，常常会向教师提出各种各样的问题，要想较好地回答这些问题，教师必须具备广博的知识素养。事实证明，只有那些知识渊博、认识深刻、有独特见解，能高屋建瓴的教师才会让学生真正信服，带给学生以人生、社会和知识等的深刻启迪，成为他们追求知识和真理的楷模。

三是有利于教师合理知识结构的形成和实现高水平的专业发展。首先，今天的人文、社会科学、自然科学学科等都是从古代统一的知识体中分化出来的，这些知识之间本身存在密切的联系，不同学科知识之间可以互鉴互惠。古代历史上那些著名的教师无不是百科全书式的人物，依照今天的标准，他们常常集哲学家、科学家、社会学家等于一身，如古希腊曾培养出亚历山大大帝的亚里士多德，其代表作就有《工具论》《物理学》《形而上学》《伦理学》《政治学》等，在每个领域，这些著作都代表着那个时代的人类认识的巅峰。我国被尊为“至圣先师”的孔子，整理编撰了《诗》《书》《礼》《乐》《易》《春秋》，由于“乐经”遗失，其余“五经”成为之后两千多年人们研读、学习的经典。进入近现代后，随着研究的日益细化和纵深化，学科分化不断加剧，已经很难出现历史上这种百科全书式的人物了，但这一时代的大学名师们无不具有宽厚的文化科学底蕴。当今社会，学科在继续向纵深化发展的同时，出现了交叉发展的趋势，为顺应和推进学科的发展，当代的大学教师们的知识结构更应建立在多学科知识基础之上。其次，高校教师的首要职责是教书育人，教师的专业发展不仅是科研能力的提升和学科知识的更新，更包括教育教学素养的全面提升，他们不仅要教授学生科学知识和方法，同时还要引导学生树立正确的世界观、人生观、价值观，确立一种远大的职业和人生志向，形成积极的研究态度、工作态度、生活态度等。而要做到这一些，没有良好的文化科学素养和丰富的人生体悟等是难以做到的。

（三）优良的人格与职业道德修养

人格又称“个性”，在心理学上，人格是个体带有倾向性的、本质的、比较稳定的兴趣、爱好、能力、气质、性格等心理特征的总和。一个人的人格表现在知、情、意等心理活动的各个方面，包括个人的认知能力的特征、行为动机的特征、情绪反应的特征、人际关系协调的程度、态度和信仰的体系、道德价值的特征等。[①] 教师的人格是教育的关键要素，其对学生人格的形成和发展具有重要的影响。所以教师的人格有适当不适当之分。教师在教育过程中应按照教育的需要展现自身适当的人格，尽量遮蔽那些不适当的人格。优良的教师人格可从以下三个方面分析：一是符合社会主义核心价值观的要求。依照社会主义核心价值观，教师的性格应是宽厚、平易、友善，能够支持和信仰社会主义民主，能平等对待他人，做事公正，诚信，守规矩，有爱心，热爱自己的祖国，关心社会，关爱学生等。二是符合专业人格培养的要求。每个行业都有适合的职业（专业）人格特征，这些人格特征有些是共同的，如高度的责任心、团结协作、认真细致、勤奋好学、坚毅自信、严于律己等特点，这是商品经济社会要求每一个从业人员必须具备的基本性格特征。而每一种特定的职业又要求从业者具有适应职业特点的职业性格。如服务行业要求从业者具有耐心、礼貌、热情大方等性格特征，如果缺少了这些性格，或与这些性格格格不入，就很难胜任这项工作。领导岗位需要性格坚韧、大度、心思缜密等，管理岗位适合的性格包括精细，富于耐心，自制力强，善于处理错综复杂、繁琐无趣的事物。理想的教师人格是拥有如培养的专业人才适合人格相一致的人格，至少能够向学生展示这些人格。三是与从事学术工作相适应的人格。所有的高校教师都必须从事学术研究工作，作为一个学者应保持开朗、直率、亲切、温厚的性格，做到心思单纯，追求自我实现，坚定不移，专心致志，自律严格，有条不紊。

教师职业道德通常又被称为“师德”。师德可以有广义和狭义之分。广义的师德包括教师个人的品德、社会公德和教师职业道德三部分，是处于人才培养的需要对教师应有的个人品德、遵守的社会公德和践行的职业道德所提出要求的总和。狭义的师德是教师在从事教育工作中所遵循的行为准则。它是社会职业道德的有机组成部分，是教师行业特殊的道德要求。是调整教师与教师，教师与学生，教师与学校领导，教师与学生家长、教师与自我，以及教师与社会其他方面关系的行为准则，是一般社会道德在教师职业中的特殊体现。我国现行的《高等学校教师职业道德规范》是由教育部、中国教科文卫体工会全国委

---

① 参见时蓉华：《社会心理学词典》，四川人民出版社 1988 年版，第 11 页。

员会于2011年12月30日颁布的。该《规范》分为爱国守法、敬业爱生、教书育人、严谨治学、服务社会、为人师表六个部分。对于当代中国高校的教师来说，这六个部分都是必须严格遵守的，任何一个部分或方面做不到，就不能称得上是一个合格的高校教师。

《规范》的第1条是爱国守法。该条是规范教师与国家、人民、执政党关系的，它要求每个高校教师应热爱祖国，热爱人民，拥护中国共产党领导，拥护中国特色社会主义制度。遵守宪法和法律法规，贯彻党和国家的教育方针，依法履行教师职责，维护社会稳定和校园和谐。不得有损害国家利益和不利于学生健康成长的言行。这一规定并不难理解，教师是育人的，承担着为国家培养爱祖国和人民，拥护共产党领导和中国特色社会主义制度，遵纪守法公民的责任，为此教师必须首先要做到。当前我国一些大学生、公派留学生发表辱华言论等现象与我国高校教师群体在这一方面存在的诸多问题不无关系。随着我国的改革开放，一些高校教师受西方资产阶级自由化思想、西方政治制度、民主生活方式等的影响，否定我们的社会主义制度、否定共产党的领导、否定我们的民主制度，仇视生他、养他、培育他的国家，对我国取得的伟大成绩和巨大进步视而不见，他们怀着极端自私的心理和偏执的心态，在课堂上公开丑化我们的民族文化，否定我们的领导体制、政治与民主体制，宣扬西方的自由、民主与法制，在学生中造成了极坏的影响。这种现象如果不能根除，将对我国民族振兴大业和中国特色社会主义强国建设目标的实现产生难以估量的损害。因此，这一条规定应是一个合格教师的底线，如果做不到，就不配做一个中国高校的教师。

《规范》的第2条是敬业爱生。是用来规范教师与从事的教育事业、与职业对象的关系的。在"敬业"方面，它规定高校教师应"忠诚人民教育事业，树立崇高职业理想，以人才培养、科学研究、社会服务和文化传承创新为己任。恪尽职守，甘于奉献。终身学习，刻苦钻研"。这里包含三层意思：一是要求教师对教育事业忠诚，爱岗敬业。二是教师承担四项主要任务，即"人才培养、科学研究、社会服务和文化传承"。三是要求教师应"终身学习，刻苦钻研"。关于第一点爱岗敬业是干好所有工作的前提条件，对于教师工作自然也是如此。但与一般工作不同的是，教师要干好工作需要有职业理想，这种理想不是挣更多的钱来养家糊口，而应该是以为国家兴盛、民族振兴，为学生的全面发展和人生幸福，为自身人生价值的实现等为目标。教师承担的四项任务是依据高校的职能确立的，是对教师的一般要求。但教师应清楚这四项任务的地位和重要性程度是不同的，其中“人才培养”应是核心任务。因为只有培养出高质量的人才，才能真正推动科学的进步，为社会提供高质量的服务，实现文化的传承。当前我国高校在复杂因素的影响下存在“科研至上”的现象，教学作为人才培养的主要工作被严重边缘化，不少教师在利益的驱动下，只关注科研，热衷社会服务，教学实际上成为一项无足轻重的工作。这种以损害人才培养质量为代价的做法，虽然在近期内可以取得科研数据的提升，但最终损害的将是科研发展的潜力。在爱生方面，《规范》要求教师应“真心关爱学生，严格要求学生，公正对待学生，做学生良师益友。不得损害学生的合法权益”。“关爱学生”被人们称为教师职业道德的核心要求，原因是教师只有关爱学生才能取得好的教育成效。教师的教育教学是通过师生互动的方式进行的，教师是否关爱学生影响师生关系，影响学生对课程学习的热爱，影响学生人际关系的认知与建构，影响学生人格的发展，所以要强调教师应关爱学生。之所以特别提出要“真心”，因为只有真心才会赢得真心，虚情假意的“关爱”不但无法赢得学生的认可，还可能适得其反，遭到学生的厌恶和鄙视。真心关爱学生是基础，在此基础上，对学生的严格要求就容易被他们接受。

《规范》第 3 条是教书育人。是针对教师所承担的人才培养的职能而提出的，要求教师“坚持育人为本，立德树人。遵循教育规律，实施素质教育”。这一点，我们在教师能力结构的“知教”和“能教”部分已经作过分析。需要进一步指出的是，这里的“育人为本”是强调“育人”为本位，而不是“科研”；是强调教师应促进学生素质的全面发展，而不是逼迫学生死记硬背掌握那些看似重要实际却无用的“知识”。为了做到高质量地育人，教师需要遵循教育规律，做到科学施教、因材施教。之所以强调“实施素质教育”，并不是否定专业教育，而是强调应以学生观念的更新、知识结构的改善、创新思维与能力的发展、终身学习能力的培养等为教学目标。这种定位是由当代科技快速发展、知识更新速度日益加快的现实背景决定的，先进的观念、良好的知识结构、出色的创造性思维和能力、终身学习能力是当代专业人才核心竞争力的重要体现。

《规范》第 4 条、第 5 条分别是严谨治学和服务社会。学术是学者的生命，是教师更新知识的主要途径，要做好学术，需要教师拥有科学精神，勇于探索，追求真理。需要团结合作，协同创新，恪守学术规范。当前受功利主义思想和学术环境的影响，我国学界不断爆出抄袭等各种学术失范和学术不端行为等问题。

服务社会是要求教师“勇担社会责任，为国家富强、民族振兴和人类进步服务。传播优秀文化，普及科学知识。热心公益，服务大众。主动参与社会实践，自觉承担社会义务，积极提供专业服务”。在我们看来，服务社会的核心和关键是拥有使命感和责任感，也就是说，作为一个高校教师必须关心国家、民族、人类的未来，关心社会和大众，为国家富强、民族振兴和人类进步服务是这个特殊群体应有的职责。但这种服务更多的应是通过高质量的人才培养和学术研究来实现的。

《规范》第 6 条是为人师表。它是对教师德行的要求。教师与学生朝夕相处，教师的人格、品德、言行举止等都对学生产生深刻影响。所以要求教师应学为人师，行为世范。作为学者，高校教师应以不断探索创新为旨趣，淡泊名利，志存高远。作为人才培养者，教师应树立优良学风、教风，以高尚师德、人格魅力和学识风范教育感染学生。作为一个有较大影响力的公民，教师应模范遵守社会公德，维护社会正义，引领社会风尚。言行雅正，举止文明。自尊自律，清廉从教，以身作则。自觉抵制有损教师职业声誉的行为。

（四）先进的教育教学理念和卓越的教育知能

所谓“高素质人才”是能够满足社会当前和未来发展需要的人才。为培养高素质人才，教师首先需要知道自己所培养人才的目标是什么，也就是说，要把他们培养成什么样的人，拥有怎样的素质和能力等。为此，教师需要基于国家所确立的高等教育目的和要求，依据所在专业所对应行业和职业人才素质现实需求和未来发展趋势进行确立。一般来说，专业人才目标会在专业人才培养方案中作出规定，但这不能替代教师自己的专业判断。另外，教师需要根据专业人才培养目标和自己所教授课程的性质、任务，确立课程教学目标。课程目标应符合和服务于专业人才培养目标。在这些目标中不能忽视对学生思想、政治、品德的培育，每一门课程都应该依照立德树人的总的要求，只有每个教师都承担起这一职责并为之付出努力，学生思想品德教育才能形成合力，落到实处，见到成效。另外，应将终身学习能力、创新能力、合作意识和能力等的培养作为课程教学目标。此外，教师还应将激发学生的求知欲、学习热情、探究精神等作为重要的目标，因为他们都是当前和未来社会发展对人才所提出的共同要求。

其次是拥有先进的教育教学理念。时代科技迅猛发展、知识更新速度的加快、社会与产业变革的日新月异，要求高校人才培养应转变教育教学理念，从传统教师的教和系统的知识传授转变到学生的学和主动发展上来。教师要围绕学生的学而教，为促进学生主动地学而教，为促进学生思维的发展和学习、研究能力的提高而教。改变以考察学生对知识记忆为主要目标、以终结性考试为单一形式的教育评价观，建立以促进学生学习能力、研究能力发展的过程性(形成性)评价与注重考察学生综合知识和能力的终结性评价有机统一的评价观。依照“教、学、评”相统一的原则，突出学生日常课业评价。

最后是关于教学设计和组织教学的知能。教学设计是根据课程教学目标和教学对象的特点，确定合适的教学方案的过程。尽管教学设计并没有一个固定的模式，但基于“立德树人”的根本任务和时代人才素质发展的目标和成长规律，一个好的教学设计应符合以下一些要求：一是应全面体现时代的教育目标，如前面提到的对学生进行思想、政治、品德培育的目标等。相对于知识和能力等显性目标，这些目标在专业教学中常常是隐性的，需要教师进行精心的设计，让学生在不知不觉中受到影响获得感悟。如教师可以通过平等的、民主的课堂教学文化的营造让学生养成敢于质疑、勇于表达的勇气和习惯，从中体悟相互尊重、平等、民主的观念和行为方式。再如，教师可以通过对理论和观点的多维审视引导学生理解真理的相对性，树立敢于创新、追求真理的勇气等。二是应体现以学生主动学习为主的教育理念。迄今起止，我国高校主要采取的是一种单向灌输的教学模式，教师将系统的知识灌输给学生，学生是单纯的听者、接受者，这种教学难以真正发挥学生学习的主体作用，不利于培养学生的学习能力，难以促进学生对知识的深层次加工和知识结构的优化。根据美国哈佛等名校经验，教师的教是建立在学生学的前提和基础上，教师要求学生在上课之前必须首先学习和研读了相关学习材料，教师在教学中的任务是引导学生进行深入和广泛的探讨。三是挑战学生的已有认知、观念、思维方式和知识结构。教师在教学过程中不但要传授给学生先进的理念、知识、技术、方法，还要能在此过程中对学生已有认知提出挑战，使学生产生认知（道德）失衡，发生认知冲突，出现“预期失效”等，这样才能促使学生突破自己原有观念和认知，真正实现观念和思维的转变，改善和拓展认知方式。四是要精心设置课后作业。课后作业是课堂教学的延续，好的课后作业不但能巩固课堂所学，提高课堂教学效能，还能够促使学生更深入地学习和思考。

（五）不断超越自我和提升教学水平的能力

随着社会快速变革与发展、知识科技创新速度的日益加快，各领域竞争的不断加剧，以提高质量为目标，持续不断地推进和深化高校人才培养的改革，将是未来一定时期内高校教育改革的重点领域。教师作为人才培养任务的主要承担者，无疑应成为改革的主体，应自觉关注外部社会人才需求的变化，积极探索教育教学改革，不断推进教育教学创新，提升自身的教育教学水平。为此，教师需要以教学的改革者、研究者的身份对待教学。把教学看作是一项开放性的、学术性的、探究性的活动，一项由教师与学生共同合作开展的、围绕促进学生全面发展的教育实验，探索出有效的人才培养模式、教与学的方式方法，为中国特色社会主义强国建设目标的实现培养出大批高素质创新型人才。另外，教师教学专业素质的提升和能力的发展是贯穿教师职业始终的，教师需要在不断总结经验的同时，及时发现自身已有经验和教学中的局限、问题和不足，通过持续的实践反思和基于问题的学习等不断完善和超越自我，从一个成熟教师成长为教学专家，从教学专家成长为教育教学的大师。最后，教师不断超越自我和提升教学水平是实现教师职业成就感、幸福感的需要。事业的成就感、幸福感是促进个体专业发展的不竭动力，是实现职业和人生双丰收的重要前提。教师获得职业成就感和幸福感的重要来源是高质量的教学，因为只有高质量的教学获得学生的认可和爱戴，才能获得管理者和同行的认可，而要开展高质量的教学必然要求教师不断超越自我，提升教育教学水平。

第三章　我国高校教师教学能力发展取向研究

尽管人们对高校教师教学能力作为一个核心范畴进行研究的时间并不长，但这并不意味着在漫长的教育长河中它没有受到关注。恰恰相反，无论在哪个时代，社会都会对承担人才培养任务的高等教育教师的素质提出要求，学者们也会就对如何成为一名合格的“大学”教师进行一定的思考。如我国古代夏商周时期的大学教师被称为“国老”的必须是一些德高望重、学识渊博的人。《论语》中多处谈到为师的条件，如“温故而知新，可以为师矣”。作为教师应“学而不厌，诲人不倦”。韩愈在《师说》中基于孔子“三人行，则必有我师”的思想，提出“达者为师”的观点，所谓“道之所存，师之所存也”。这些观点中就包含着我们所讨论的“教学能力”及其如何发展的理解和思考，尽管不够系统和全面，但其中不少的观念为后世继承和发展并延续至今。所以理解和研究高校教师的教学能力及其发展问题有必要从历史的纵向维度对其予以考查。另外，教师的教学能力与其所承担的职责和时代对人才培养的具体要求是分不开的，这是考察教师教学能力的横向维度。

依照这一框架来分析当前我国有关高校教师教学能力发展的研究与实践，可以发现主要存在五种基本的取向，分别是“学术—经验”取向、“知识—应用”取向、“实践—反思”取向、“行动—研究”取向和“文化—生态”取向。每种取向都对应着一定的高校教师教学能力观、发展观和相应的实践模式或主张。深入分析和研究这些取向，对于理解和把握当前我国高校教师教学能力发展的理念，分析存在的问题与不足，探求和确立更为合理的教师教学能力发展理路和实践模式具有重要的理论和实践价值。

一、"学术—经验"取向

"学术—经验"取向的教师教学能力的发展将学识、学术能力、品格和教学经验作为教学能力的核心素养,把教师教学能力的发展等同于教师的学科专业理论素养的丰富与改善、学术研究能力的提升、教学经验的积累和人格与品德的完善。这一取向至少源于两个传统:

一是我国传统的教育观、教师观和教师发展观。自古以来,在"修身、齐家、治国、平天下"这一内圣外王的人才观念影响下,我国高校教师的根本任务就是"立德树人",教师责任除"传道、授业、解惑"外,还要在品行方面做学生的表率,因此要求教师不但要拥有丰富的学识,更要拥有适当的品行,以达到"不令而行"的教育效果。所以要成为一个合格的教师,需要时刻不忘修身,做到"每日三省","见贤思齐,见不贤而内自省",要注重广泛学习和借鉴,应"志于道",不断"问道""闻道",为此应"读万卷书,行万里路","学而时习之","学思结合",应积累教育的经验,注重教育的时机和方法,如做到"不愤不启,不悱不发",实施因材施教等。这些观念自其生发之日虽已过去两千多年,但他们作为我国教育和教师文化的"民族基因",依然随处能够发现他们的影响和存在,是人们思考和研究教师问题的重要传统文化基础。

二是源于现代大学制度。我们知道,现代大学制度始于19世纪初的普鲁士。与英国红衣大主教纽曼为代表的注重博雅教育的传统大学教育观念不同,洪堡在创建柏林大学时提出了"由科研而达修养"的人才培养观,主张教学科研相统一,从而使教学实际上变为在教师带领下师生共同开展学术研究的过程。也因而使教师的教学能力本质上等同于他们的学术素养和研究能力。[①] 由此,教师集教学和科研的责任与一身,他们既是学者又是教师,成为学者是作为教师的必要或者是充要条件。教师教学能力的提升与学术能力的发展本质上是一致的。为提升学术能力,他们强调学术自由的原则,主张教师不受外部权力和利益等的制约而开展研究,基于自身闲逸的好奇而开展学术研究。这一制度

① 参见朱宇波、谢安邦:《洪堡的"教学与科研统一"原则及其在美国现代大学中的改造》,《教师教育研究》2012年第2期。

和教育思想由蔡元培等先达们引介到我国，并以此为指导改革北大，并使其成为我国近代史上第一所真正意义上的现代大学。100多年来，蔡元培及他的北大改革作为一面旗帜对我国的高等教育改革发展产生着持续不断的影响。尤其是近20多年来，随着我国以建立现代大学制度为目标的高校改革的不断深入，科研早已成为我国高校的重要职能，教学科研相统一的思想已深入人心。现代大学制度已经成为考察我国高校教师的现实制度基础。

由上分析可以看出，这两个传统在对教师的要求上存在较大的差异，我国在建立自己的现代大学制度过程中，对教师的要求一方面继承了我国重德的传统，要求教师拥有高尚的品德，做到行为世范，同时要关心国家、社会和民生，另一方面吸收了西方现代大学制度中的精髓，鼓励教师追求真理，潜心学术。同时，在教学和科研相统一理念的影响下，高校教师的学术理论素养和研究能力被认为是教师教学能力的核心，所谓"学问做得好，教学就不会差，而学问做不好，教学再好也有限"。在相当长的时间里，教学并不被认为是一种专门性的学问和能力，从20世纪的最后40年发表的学术论文的情况可以看出，有关高校教学的论文相当有限。另外，直至今日，高校教师的培养主要是通过学科专业理论知识的学习和严格的学术训练来实现的。高校教师的入职主要凭借他们所取得的学位和研究成果，并没有对教学经历提出相应的要求。高校教师的在职发展首重的也是学术能力的提升，教学能力没有作为一个独立的问题而得到应有的关注。在很多人看来，即使"教师的教学能力"是一种有别于学术的专门性的能力，这种能力的发展也主要是通过个体在实践中不断尝试和积累经验而实现的。

这一取向有其内在的合理性，也存在明显的问题。合理性主要体现在三个方面：其一，教师的学术素养与研究能力确实是其教学能力的重要组成部分。教师的教学能力可以分为"能教""会教"和"愿教"三部分[1]，其中"能教"就是教师需掌握所教授的学科知识与方法，也常被称为"教什么"的知识，通过常识我们就知道，一个教师只有深入理解和熟练掌握了所要讲授的内容才可能教好学。另外，学术研究能力是教师不断更新和发展学科知识的前提和基础，也是

① 参见叶澜等：《教师角色与教师发展新探》，教育科学出版社2001年版，第230页。

教师向学生传授“获得知识之法”，“很难想象一个缺乏研究经验与成果积累的教学者能成为出色的教师”[①]。其二，教师经过系统的专业训练和严格的学术训练，积累了丰富的学习和研究的经验，掌握了一定的科研方法论，如果单从培养学者或研究人员的视角看，这些经验和方法基本能够满足他们通过学徒制方式培养人才的需要。其三，教师从一个教学的新手到成熟，确实需要在教育实践中不断磨炼、体悟、探索和总结经验才能实现。

这一取向存在的问题主要有三个：一是对教学的简单化理解和对教学复杂性认识不足。把教学等同于讲课、向学生系统传授知识，将学习看作是记忆和体悟、观察与模仿。没有认识到教学是一个复杂的文化和社会实践过程，应是一个师生有效互动的过程，所以教师仅仅拥有学科知识和科学研究能力是不够的。二是过度依赖经验，不重视教育科学理论与方法的学习和指引，仅仅依靠个体在实践中摸索，难以快速提升教师的教育教学能力，改善教学效果。尽管教师的教学经验是教师教学知识的重要来源[②]，但正如美国学者舒尔曼所指出的：“事实上，从经验中学习是一件非常情景化、有局限性，并带有个人经验色彩的事情。从个体经验中学习不足以指导提高任何实践性职业的工作质量，也很少能提供职业者进行判断的环境与土壤。”[③]由于个体在早期教学实践中难免存在的偏颇性、狭隘性和个体局限性，所以获得的经验中会有许多的错误认识和不当做法。也就是说，仅靠教师个体实践和经验积累来发展教学能力会是一个“良莠并生的过程”。三是难以满足时代高素质人才培养的需要。科技发展带来了生产方式的快速变化，推动了高等教育的大众化、普及化，高校不仅要培养能产出新思想、新观念、新知识、新方法的学者型、科学家型人才，还要为社会培养大批的服务于不同行业的各类专业技术与管理人才。为此，需要高校从以知识和科研为本位的人才培养模式，转变为以学生的创新思维能力、问题解决能力、实践动手能力等为本的新的人才培养模式，要适应这一转变，教师只靠所学的学科专业知识和研究能力是不够的，还需要“会教”，知道“为何而教”“如何施

---

① 阎光才：《大学教学成为学问的可能及其现实局限》，《北大教育评论》2017年第4期。

② 参见范良火：《教师教学知识发展研究》，华东师范大学出版社2003年版，第211页。

③ 易凌峰：《职业领域中的教学和教师教育——舒尔曼在38届Charles W. Hunt纪念会上的讲演》，《教育发展研究》2000年第3期。

教”“因何而教”和“如何改进”等。

二、“知识—应用”取向

“知识—应用”取向又常被称为“理智—技术”取向。它强调教师通过学习和掌握教育科学理论与技术并在实践中应用来实现教学能力的发展。该取向并不否认教师的学术素养和研究能力对于教师教学的重要性，但它着重强调教育科学理论知识是教师教学能力的核心组成部分。与“学术—经验”取向中强调教师的教学经验不同，这一取向的研究者将教学看作是一门有别于学术研究的相对独立的科学，需要大量的理智性的知识和技术作为支撑。他们相信通过对教育教学的科学研究，能够揭示教育教学的一般规律，确立普适的教育科学理论和教学法则，构建一套普适的、合理的技术体系。教师只要掌握这些规律、理论、法则和技术，并在实践中加以应用就能够不断提高教学能力。

这一取向源于一种教育的理智主义或科学主义传统，它始于夸美纽斯的《大教学论》(1632)、赫尔巴特的《普通教育学》(1806)。前者确立的目标是“阐明把一切事物教给一切人们的全部艺术”，后者旨在建立一门教育的科学。在此后的200多年来，人们沿着科学和技术两条路线不断探索，建立起了庞大、较为完善的教育学科体系，积累了丰富的研究成果和实践经验，为这一取向的教师教育实践提供了条件。从19世纪后期开始，随着世俗的师范教育体系的建立、普及与发展，教育学、心理学、教育技术学、教学法等逐渐成为教师职前培养和职后培训的重要内容。这一取向最初主要集中在基础教育领域，在高等教育领域出现较晚。如美国学者博耶在20世纪90年代初才提出大学“教学学术”概念，倡导应将教学看作是一门不同于“发现学术”之外的一种独立的学术。我国自20世纪90年代末，才开始要求接受岗前培训的高校教师学习“高等教育学”“高等教育心理学”等课程。近年来，随着国家对本科教学问题的重视和基于对教学规律、合理教学技术的信仰，“知识—应用”取向的高校教师培训正成为高校促进教师教学能力发展的主要形式。

“知识—应用”取向的教师教学能力发展的合理性在于它重视教育科学理论和教学技术的学习对教师教学能力提升的作用。第一，依照马克思主义哲学，任何事物都有其内在的本质和发展的规律。教育教学作为一种社会实践活动自然有着与其他活动所区别的本质属性和内在规律，把握它的本质和规律，可以使教师在繁杂的教学活动中做到“删繁就简，以一驭万”，更好地驾驭教育教学，并取得科学的、理论性的教育经验。第二，有助于教师较快实现高水平专业发展。如果教师教学能力的提升仅靠教学经验的积累，它将是一个良莠齐生的过程，个体积累的经验中真知与错误并存，且代价较大，进步缓慢。而通过教育科学知识的学习可以更好地帮助教师更快、更全面和更深入地理解教育教学，提高教学的合目的性和有效性，进行高水平的教学反思等。如叶澜先生所指出的，这种理论知识的学习能够使教师将个人的实践与经验与人类业已形成的知识、他人的经验和实践联系起来，实现个人认识和实践经验的自我超越，形成创造新的未来教学实践的能力。“这是只有个人对象性实践，没有个人学习实践的人所不能具有的。”[①]第三，在教师培训方面，这一取向的优点是便于组织和实施，如通过专家报告的形式为教师系统讲授教育教学知识，可以让教师们在较短的时间内及时了解最新的教育教学理念和研究成果。

这一取向存在的问题和不足主要有四个：一是对教育理论与教育实践关系的认识不全面。在这一取向的研究者看来，教育理论和教学技术对于教育实践是一种上位的存在，这些一般性的理论和技术对于教育实践具有普遍的指导作用和广泛的适用性。所以教师只要掌握了科学理论和技术就等于拥有了教学的万能钥匙，就学会了教学。这一认识的不全面性首先在于教育理论并不能完全涵盖和回答教育实践中的所有问题，所以并不是所有的教学问题都能够从教育理论中找到解决问题的思路和答案。二是过度强调教育理论及其研究者的作用，轻视教师的个体教育经验，将实践一线教师排除到教学知识生产者之外，使教师成为教学知识与技术的被动接受者、应用者。教育实践作为一项高度复杂性的活动，教育理论作用于教育实践需要以作为实践主体的教师为中介，教师即使依照理论为指导开展教学，也不能机械地照搬照抄，而是需要将理论内化为个人知识并在教学实践中创造性运用。另外，教师在教学中会形成自己的个体知识或理论，这些个体知识和理论是他们在实践中生成的并证明对于他们

---

① 叶澜：《思维在断裂处穿行——教育理论与教育实践关系的再寻找》，《中国教育学刊》2001 年第 4 期。

的教育教学是有效的。三是教育理论本身存在的问题。一方面教育理论成果良莠不齐，许多理论研究者为发表而写文章，他们不了解实际，闭门造车，理论空乏，无病呻吟。这些所谓的“理论”无法对教师教学能力的提升发挥真正的作用。另一方面是理论的时限性。教育教学具有鲜明的时代性和对象性。时代发展和人才培养目标的变化，必然要求教育教学随之进行改变，进而要求教育理论进行更新。在很多情况下，教育理论往往落后于教育的变革。四是教育培养培训的效果不明显。如很多参加过教师入职培训的青年教师认为，尽管自己已经很好地掌握了培训的内容，但仍然不知道如何进行高效的教学。

三、“实践—反思”取向

“实践—反思”取向又称为“反思”取向。这一取向的研究者认为教学应是一种反思性实践，主张将教师的教育教学实践和基于实践的反思作为教师专业发展和教学能力提升的基本途径。与强调教育科学知识和技术学习的“知识—应用”取向相反，这一取向的研究者认为：教师之成为教师，更多的是“自造”(self-made)，而不是“被造”(be-made)的。教师专业发展不能仅仅仰仗“学科知识”的学习或“正规的”教育理论的学习，而更大程度上要依赖于教师的“自助”。[①]

这一取向兴起于 20 世纪 80 年代。西方社会经历了后现代思潮的冲击和洗礼以及建构主义思想的兴起，一种反理性的强调个体知识建构和个体知识合理性的认识论思想占据主导地位。美国学者唐纳德·舍恩在《反思性实践家——专家如何思考实践过程》(1983)中提出了反思性实践概念。在舍恩看来，在社会专业领域盛行的、占主导的“技术性实践”是以在任何情况下都有效的科学技术与原理为基础的，它已经无法有效应对和解决现代复杂的综合性问题，需要以缄默知识为基础和通过“活动过程的省察”为主要特征的“反思性实践”作为新的实践性认识论基础展开工作。[②] 尽管舍恩的“反思性实践”并不是以教育为对象而展开论述的，但在数年后，这一理念成为推进教师教育与教学

① 参见周钧：《技术理性与反思性实践：美国两种教师教育观之比较》，《教师教育研究》2005 年第 6 期。

② 参见[日]佐藤学：《教育方法学》，于莉莉译，教育科学出版社 2016 年版，第 89～91 页。

研究范式转换的主要动力。这一理念于21世纪前后受到我国学者的关注，卢真金于2001年发表了《反思性实践是教师专业发展的重要举措》一文，对反思性实践及其对教师专业发展的意义进行了初步介绍。[①] 此后反思性实践成为我国教育理论研究和教师专业发展实践探索的一个热点。

在“实践—反思”取向的研究者看来，教师的教学是一项高度复杂性的活动。真正的教学过程不是一个严格按照理性和技术作出安排并机械实施的过程，而是教师在一定的教学设计基础上，师生围绕一定的学习内容频繁互动中生成的，其中会伴随着大量不可预知、偶发性的状况和问题。教师的教学知识是在教学实践过程中伴随着持续不断地反思形成和发展的。这些知识具有默会性、情境性、个体性、独特性等特征，是教师教学知识的实然形态。因此，在教师教学能力提升的方法上，与“知识—应用”取向强调教育科学知识的掌握和技术的“武装”不同，这一取向重视教师的个体经验、实践和反思，注重从教师的个体经验出发，基于杜威“教育就是经验的改组和改造”的理念，通过个体对教学实践的持续省察以及创造性的实践和基于实践经验的反思，来不断改组、改造和丰富教师的教育教学经验。

“实践—反思”取向的教师教学能力发展将教师的个体经验、个体教学知识、实践性教学知识作为能力发展的核心，是对教学知识本质认识的一种回归，为教师教学能力发展的研究和实践提供了一个更为合理的目标和方向。对于教师、教学、课程、课程发展采取实然的对待态度，尤其对于教师不作“黑箱”处理，有助于为改革提供一个比较可靠的现实基础；它将教师个体放在了决定自身能力发展的主体位置上，为教师在自己的专业发展中确立一席之地，改变了“知识—应用”等传统取向中教师“被改造”的客体地位，有助于调动和发挥教师发展的主动性、能动性，提高发展的效能。[②] 另外，它将基于实践的反思作为教师能力发展的核心机制，有利于将教育理论、教学实践和个体经验进行持续整合，实现理论、实践和个体经验的有效融合，从而有效改善个体的经验品质，提升理论素养。最后，教师的专业发展宜以某种方式与教师的日常工作结合起

---

① 参见卢真金：《反思性实践是教师专业发展的重要举措》，《比较教育研究》2001年第5期。

② 参见卢真金：《反思性实践是教师专业发展的重要举措》，《比较教育研究》2001年第5期。

来。大量的研究和教师个体实践表明,反思确实是促进教师发展和能力提升的有效途径与方法。

这一取向在理论和实践中都存在一定的问题、缺陷与不足,至少表现在以下三个方面:一是对于教育理论知识在指导个体教学实践和反思等的意义和作用重视不够。致使教师主动学习和运用教育科学理论知识的主动性欠缺,教学实践与反思多集中在个体或团队经验层面,不利于个体经验的理论化和教学水平的高质量提升。二是现有的针对教师专业发展的许多反思措施,没有在"实践"与"反思"之间建立起应有的密切联系,仅仅止于"反思本身"。① 三是在高等教育领域这一取向还更多地停留在研究和理念层面,高校教师通过持续、系统反思来总结教学知识,提升教学能力的主动性不高,缺乏必要的文化、制度等的支持。

四、"行动—研究"取向

"行动—研究"取向的教师教学能力发展主张教师通过开展教学行动研究来提升教学能力。这一取向的核心理念是教师成为课程或教学研究者,成为教育行动研究者,成为个人教学知识的生产者和公共教学知识的重要贡献者。

目前,这一取向的思想和理论基础至少有三个:其一是教师成为研究者的理念。它最早是由英国课程专家斯腾豪斯在 20 世纪 70 年代提出的。他认为教师专业拓展的关键在于专业自主发展的能力。教师成为研究者是通向专业自主或课程解放的有效途径。其二是教育行动研究理念。教育行动研究是基于社会学中的行动研究理念而提出的一种新的教育研究范式,《教育大百科全书》中称其为"一种教育学研究范式及教学模式"②。不同于传统的教育科学研究范式,它有三个鲜明特点:一是为教育行动而研究;二是在教育行动中研究;三是由教育行动者来研究。其三是反思性实践理念。为使教师作为研究者成为可能,研究者将教学反思理念纳入教学行动研究之中,并将其作为开展行动研究的重要途径和方法。20 世纪 90 年代以来,在持续性的教育改革和教师专

---

① 参见胡惠闵等:《教师专业发展》,华东师范大学出版社 2014 年版,第 50 页。

② [瑞典]胡森:《教育大百科全书:教学、教师教育》第 8 卷,西南师范大学出版社、海南出版社 2006 年版,第 15 页。

业化运动推动下，教师作为行动研究者的观念逐渐被人们认识和接受，成为教师角色发展的新期待。“行动—研究”取向成为促进教师专业发展的又一重要理念和策略。这一取向最初主要针对中小学教师，近年来，随着大学“教学学术”理念的传播，高校教学学术研究逐渐得到重视和加强，高校教师基于行动研究的理念开展教学学术研究，成为提升教师综合教学能力的新趋势。

总体来看，“行动—研究”取向的研究者主张教师应将自己的教学看作是一个研究的过程，是一个针对一定的教学问题或任务进行“研究设计（教学设计）—实施研究和收集信息（实施教学和在教学中收集信息）—检验结果和总结分析（检查教学效果和反思分析设计与教学中的问题）”的过程。与传统授课模式不同的是，作为一项研究性的教学，要求教学设计应当力求做到科学合理，目标、过程、方法都有清晰的理念和经验为支撑，对教学结果或学生发展的目标有较为明晰的设定，拥有一定的检验方法等。实施教学过程中应尽量严格按照教学设计展开教学，另外需要通过观察和反思收集课堂和教师内在的信息。课堂教学结束阶段应通过一定的方式就教学目标的达成度进行检验。课程结束后，教师需要依据收集到的信息、教学效果和目标的达成度等对本次教学的设计、教学实施等进行全面系统的分析与反思，对其中发现的问题找出可能存在的原因。在此基础上，进一步研究、修改和完善教学设计等。这是一个完整的研究性教学过程的结束，同时也是下一个研究性教学过程的开始。由此，教学成为了一个无止境的探索活动，这种研究性的教学可以无限地循环开展下去。

显然，如果教师能够依照这种方式开展教学，它对教师教学能力提升的意义和作用是巨大的。一是可以显著提升教师的教学设计能力和对课程教学的全面驾驭能力。二是有助于不断形成和发展教师的个体学科教学知识与实践性知识。教师在教学设计中将一般教育学理论与教学内容等进行系统整合就是产出学科教学知识的过程，而按照教学设计开展教学和对教学的全面反思则是教师实践性教学知识产出的过程。三是有助于不断改善和提升教师的教学质量。四是能够防止教师因长期重复授课而产生的职业倦怠，使教师成为教学改革的主动参与者和积极推动者。五是有助于教师将教学与研究有机结合在一起，解决教学与科研的矛盾。教师将每一个完整的教学行动研究过程按照研究报告的规范较为全面科学合理地描述出来，就是一个个教学学术研究的成果，从而解决以教学为主教师因主抓教学导致研究成果不足的问题。另外，这一取向克服了前三个取向中存在的不足，汲取了“实践—反思”取向中的合理化观点和做法，找到了将教育理论与教学实践有机融合的适宜切入点。

尽管如此，这一取向在推行和实践中也会遇到一些不容忽视的问题：一是对教师的要求较高，实施起来有一定难度。除教学之外，高校教师一般都承担着繁重的科研任务，开展教学行动研究需要教师投入大量的时间和精力。二是很多教师没有经过系统的教育教学训练，缺乏开展教学行动研究所需的必要知识、理论和技能，也没有认识到开展教学行动研究的必要性。三是缺乏适宜的鼓励和支持教师开展教学研究的管理制度、教学文化、学术文化。如教师自主进行的教学研究在评聘职称等方面基本得不到认可。正如舍恩在《新学术需要新的认识论》一文中所指出的：当前的大学建基于一种实证主义方法论。这种方法论虽然对于科学研究有很高的价值和意义，但在处理教学实际问题时，如进“沼泽低地”，毫无办法。他认为，发展大学的教学学术，促进反思性行动研究，需要拓展原有的认识论，增加一种新的认识论，否则，教学学术很难在大学中得到认同、执行和落实。[①]

五、“文化—生态”取向

“文化—生态”取向主要是从“文化学”和“生态学”的视角来研究和促进教师的专业发展与教学能力的提升。当前开展的高校教学文化建设、相关人事制度、教学管理制度、教研制度等的改革与建设属于这一取向。

这一取向依据的两个理论基础是教育文化学和教育生态学。前者从文化学的视角来研究教育和教育中的文化问题，后者从生态学的理论和视角出发来研究和分析教育中的生态问题，如高等教育体系中的高校个体生态和群体生态，高校中教师群体的生态等。每个高校都有自己相对独特的学校文化，包括精神文化、物质文化、制度文化、行为文化等，核心是精神文化和制度文化，其中高校占主流的价值观念、制度安排和基本的行为方式等是文化的主要内涵。高

① D. A. Schon, “The New Scholarship Requires a New Epistemology”, *Change*, Vol. 27, No. 6, 1995, pp. 26-34.

校文化一旦形成，就会对活动其中的人们产生潜移默化的影响，具有导引、激励和约束等作用。任何一个高校教师的专业发展和教学能力提升都是在特定的高校文化背景下进行的，受到高校文化的影响和制约。这些影响对于教师教学能力的提升来说，并不都是正向的、积极的，常常是负向和消极的。譬如，近些年来，在各种因素的综合刺激下，我国高校不断强化科研的重要性，形成了以科研为实际核心的奖惩制度和人事考评与职称晋升制度，将教学置于一种边缘化的境地，这些导向和制度安排显然不利于提高教师从事教学的积极性，无法激励教师们提高教学能力和水平。尽管在制度的硬性规定下教师不得不从事一定的教学工作，但不少教师会采取一种敷衍的态度。再如，在社会强烈呼吁应以学生的创新能力培养为重点的时代背景下，我国高校仍然延续着以知识的系统授受为核心的教学文化，重视教师对知识的系统讲授、学生对知识的简单、准确记忆和单一的考试为主的评价，由于这种文化将教学的重心放在知识的授受上，学生处于被动学习的地位，难以激发学生学习的主动性和内在学习动机，无法显著提升学生的自主学习能力、创新能力和改善思维品质。如果不对其进行深入全面的改革，这种过时的主流教学文化将继续存在并对新教师们产生影响，并通过他们使这些文化得以继续传承下去。

这一取向的研究者、支持者认为，要有效地促进教师教学能力的发展，需要深入剖析高校文化和教师生态中存在的问题，创新和营造适宜的学校文化和教师生态。一是真正将高校教学和人才培养作为学校的核心工作，以此建立起一套互为支撑、相互协调、有机统一的学校管理制度文化。引导教师重视教学，热爱教学，积极投身教学，形成一种以悉心教学为荣，以敷衍教学为耻的氛围。营造一种教学和科研并驾齐驱，主从教学的教师和主从科研的教师同样受到尊重和平等对待的一种学术生态和教师生态。二是倡导教学学术，打造新的教学文化。以深化人才培养模式改革，鼓励教学创新为教学文化建设的导向，通过广泛宣传、建立制度、完善机制等方式，改变当前教学就是教师讲授和学生记忆的传统落后的教学观念，以培养品德高尚和较强创新能力的专业人才为目标，倡导、鼓励和支持教师开展教学研究，探索以教师引领和学生主动自主学习为中心，以发展学生的学习能力、探究能力、思维能力、批判意识等为主要目标的教学模式的变革。新的管理制度应认可教师的教学探索是与科学研究同样重要的学术性活动，将教师在教学探索中形成的教学课件、教学大纲、编制的教材、课程教学过程都作为重要的学术成果，成为教师工作绩效评估、奖惩和职称晋升的重要依据。

由以上分析可以看出，这一取向的教师教学能力发展与前四种取向之间是一种并列和互补关系，前者主要从教师教学能力的本质认识和发展的内在机制出发探索教师应如何发展，后者关注的是教师教学能力发展的外部环境、制度和条件等，是教师实现内在发展所不可或缺的外部环境。

六、结　语

综上所述，当前我国高校教师教学能力发展的研究和实践中存在多种取向，有些是有悠久传统的，但依然被普遍采用的，有些是新近提出的，主要是从国外引荐过来的，尚处在理论研讨和个体实践探索阶段，缺少普遍的应用与实践。无论是传统的还是新近提出的，都有其合理性的成分，也分别存在一定的偏颇、问题与不足。我们认为，要探索和构建符合我国国情和高校实际的教师教学能力培育及发展模式，需要分别对它们进行扬弃，汲取其中合理化的部分，并进行有机整合。依照上面的分析，我们首先应重视教师学术素养和研究能力的提升。无论时代和社会怎么发展，高校承担人才培养和科学研究的职能不会变，科研和教学相互促进的关系不会变，重视教师学术素养与能力既是履行科研任务的需要，也是提升教师教学能力的内在要求。需要注意的是，从培养各类人才的视角看，这里的学术不仅仅是发现知识的学术，按照美国学者博耶的观点还应包括致力于知识整合的学术、应用的学术、教学的学术。按照各类人才培养的需求，引导教师提升各类学术能力，是培养科研人才、技术等各类应用型人才的必然要求。其次要重视教师的教学经验、教育理论和教学实践的整合。经验是个体认识世界和开展各种实践的结果，又是开展下一步认识和实践的前提和基础，因此重视教师的内在经验，尤其是教育教学经验是提升教师教学能力的逻辑和实践起点。为突破教师个体教学经验的狭隘和不足，需要利用一定的教育理论对其进行引领和滋养，有效的方法是引导教师主动地学习和持续不断地反思。只有教师主动地学习和自主地反思才能使教育理论与原有知识和经验有机融合在一起，实现经验的理论化，开展基于理论化经验的实践。

为使个体教育经验、教育理论和教学实践有机整合，应将开展反思性教育行动研究作为教师教学能力提升的主渠道。最后，要相应地改造学校的文化和学术生态。需要围绕人才培养和教学改造我们的学校文化，打造更为有利的学术生态。概言之，就是应在重视教师学术素养与研究能力、教育理论与技术素养培育和发展的基础上，以开展反思性教育行动研究作为教师主要的实践教学模式和能力发展途径，同时建立和完善与此配套的学校管理制度，营造适宜的教学文化和教师生态，创建出一套具有中国特色的，集教师职前、职后培养培训一体化的高校教师教学能力培育体系和以人才培养为核心的政府与高校协调一致的教师管理体制。

第四章　教师教学能力发展的内在过程与机制

教师的教学能力是指教师通过教学有效促进学生发展，达到预期目标所需要素质的有机整合。教师实践性知识是教师在实际教育教学情境中所表现或使用的知识，是教师专业发展的主要知识基础。[①] 教师的实践性知识可以看作是教师教学能力的知识形态。教师教学能力的发展过程实际上就是教师实践性知识生成、发展、丰富、提升的过程。因此，关于教师教学能力的发展的内在过程和机制，可以通过分析教师教学实践性知识生成发展过程和机制来作一回答。

一、教师实践性知识的内涵及特征

由于教师实践性知识本身的复杂多样，目前学术界对于其定义尚未形成统一的观点。最早对教师实践性知识概念进行界定的是以色列学者艾尔贝兹(F. Elbaz)，他认为教师实践性知识是“教师以独特的方式持有和使用的知识”[②]，这类知识以具体情境为导向，整合了教师的学科理论和其他各领域理论而成为教师个人信念或价值观念。此后加拿大学者康纳利(F. M. Connelly)和柯兰迪宁(D. J. Clandinin)采用叙事研究进一步丰富了教师实践性知识的内涵，将其称之为“教师个人实践知识”(personal practical knowledge)，他们认为，教师知识是教师个人经验的全部而不是独立于教师之外被习得的东西，“个人实践知识存在于教师以往的经验、现时的身心和未来的行动之中”，突出强调了教师知

① 参见陈向明:《实践性知识:教师专业发展的知识基础》,《北京大学教育评论》2003 年第 1 期。

② F. Elbaz ,“The Teacher's ‘Practical Knowledge’: Report of a Case Study”, *Curriculum Inquiry*, Vol. 11, No. 1, 1981, pp. 43-71.

识的“个人经验”。[①]

在国内，辛涛、申继亮和林崇德从知识的功能出发，将教师知识结构分为本体性知识、条件性知识、文化知识和实践知识，其中的实践知识就是“教师在面临实现有目的的行为中所具有的课堂情景知识以及与之相关的知识”[②]。陈向明则认为教师实践性知识是“教师真正信奉的，在其教育教学实践中实际使用和(或)表现出来的对教育教学的认识”[③]，此后，陈向明又进一步完善了该定义，认为教师实践性知识是教师对自己的教育教学经验进行反思和提炼后形成的，又通过自己的教学实践反复践行和验证过的对教育教学的认识。[④]

我们认为，所谓教师实践性知识是教师在教育教学实践中实际运用的知识。它是教师为完成特定的教学实践任务面对特定的教学对象、具体的教学情境，将个人已有的经验、教育观念、教学知识、学科知识等综合运用到实践中形成的。因而，它是一种综合性的有机整合的知识。最初表现为一种过程和经验，需要经过教师的回顾与反思、总结与提炼才能生成。

相对于理论性知识，教师实践性知识具有五方面突出特征：一是它的情境性。实践性知识的生成需要以具体的教学情境为支撑，缺乏了各种课堂情况和事件对教师原有认知结构的刺激，实践性知识就难以在头脑中建构。二是它的整合性。教师实践性知识是以“整合的方式”发展起来的知识形态，学科知识、教育教学知识、情境知识等一系列知识与教师个人经验、教育信念整合在一起内化为教师的实践性知识。三是它的缄默性。实践性知识大部分难以言传，甚至是无意识的，大多数情况下持有者也意识不到自己拥有这种知识，教师在课堂中经常将其归于自身“直觉”和“经验”。四是它的动态生成性。实践性知识的生成离不开教师在实践情境中的多次反思和行动，只要教师还处在真实的教学环境，其实践性知识就处于不断建构的状态。五是它的个体性。它是教师通

---

① 参见［加］迈克尔·康内利、［加］琼·柯兰迪宁、何敏芳：《专业知识场景中的教师个人实践知识》，《华东师范大学学报》(教育科学版)1996 年第 2 期。

② 参见辛涛、申继亮、林崇德：《从教师德知识结构看师范教育的改革》，《高等师范教育研究》1999 年第 6 期。

③ 参见陈向明：《实践性知识：教师专业发展的知识基础》，《北京大学教育评论》2003 年第 1 期。

④ 参见陈向明等：《搭建实践与理论之桥——教师实践性知识研究》，教育科学出版社 2011 年版，第 230 页。

过自身的教学实践和反思生成的，因而具有明显的个体性特征。

二、教师实践性知识的构成要素

（一）内容维度

整合性决定了教师实践性知识不是单一型知识，而是由多种类型知识组成的复合型知识体，内容维度的划分是为了方便阐释教师的实践性知识具体包含了哪些类型。艾尔贝兹通过对女教师萨拉（Sarah）的研究指出教师实践性知识主要包括五大内容：（1）关于学科内容的知识；（2）关于课程的知识；（3）关于教学法的知识；（4）关于自我的知识；（5）关于环境的知识。这五类知识相互联系产生了实践而又被实践所塑造。① 陈向明教授将教师实践性知识划分为教育信念、自我知识、人际知识、情境知识、策略知识和批判反思知识六大内容。实践性知识需要教师以教育信念为统领来支配其他几类知识，所以将“信念”也放入“知识”。② 潘丽芳以艾尔贝兹的研究为参考框架，提取库柯莱恩等人的学科教学法知识以及陈向明的本土化成果后自编教师实践性知识调查问卷，该问卷包含了七个维度：课程知识、学科内容知识、学科教学法知识、自己所处环境的知识、自我知识、学生知识、教学知识。③ 以上学者对实践性知识的内容研究我们发现许多共同因子，如学科知识、教学知识、情境知识等。

笔者认为，实践性知识与理论性知识并非对立而是相互联系的，教师实践性知识是学科专业知识、教育学科知识等理论性知识与课程知识整合为学科教学知识后，进入实际教学情境与自我信念融合形成的一种知识形态。从其生成来看，实践性知识主要包含七大类：学科内容知识、教育学科知识（教育学、心理学知识，学生及其学习知识，教的知识）、学科教学知识、课程知识、情境知识、自我知识、批判反思知识。

---

① 参见姜美玲、王赛凤：《理解教师实践性知识》，《全球教育展望》2004 年第 11 期。

② 参见陈向明：《实践性知识：教师专业发展的知识基础》，《北京大学教育评论》2003 年第 1 期。

③ 参见潘丽芳：《教师实践性知识构成的调查研究——以上海市小学教师为例》，《开放教育研究》2014 年第 2 期。

（二）层级维度

教师实践性知识的生成不是一蹴而就的，其在教师日常实践中的表现形态也难以捕捉，把握教师实践性知识的层级维度，就是要用动态视角考察教师不同阶段实践性知识的不同形态和表征程度。张立忠、熊梅从纵向视角将教师实践性知识的构成分为理论公共知识、信奉的实践性知识、大脑中的实践性知识和实践中的实践性知识。[①] 杨彦军和童慧认为上述划分对几种知识之间的区别较为模糊，难以有效解释实践性知识的生成过程，并在此基础上从动态生成的视角将其发展划分为公共知识、信奉的理论、成熟概念、实践性知识或个人理论等几种不同知识形态。其中的“公共知识”，也称为“公共理论知识”，即教师群体所共享的知识；“信奉的理论”是教师将公共知识内化到头脑中的知识形态；“成熟概念”是教师将“信奉的理论”与具体情境结合形成的观念形态知识，还没有经过实践检验；“实践性知识”是“成熟理论”经过多次实践、检验后形成的，并在进一步总结的基础可以提升为“个人理论”。[②] 其中的“成熟概念”类似于舒尔曼所提出的“学科教学知识”，学科教学知识是教师从组织教学的角度出发，根据头脑中已有的理论知识和经验来理解和建构课程内容以适应学生学习的知识形态。[③] 学科教学知识形成于教学准备或教学设计阶段，此阶段的教师在头脑中将自身所掌握的学科内容知识、教育学科知识与课程知识、课堂情境相结合，以指导教师下一步的课堂实践，帮助学生理解概念和解决学习中的难题。基于此，笔者认为从动态生成的视角，教师实践性知识的发展会经历学徒期经验与认知、公共理论知识、信奉的知识、学科教学知识、实践性知识和个人理论等几种形态。

三、教师实践性知识的生成过程与机制

尽管教师实践性知识是在教师的个体教学实践中形成的，但支撑教师个体

---

① 参见张立忠、熊梅：《论教师实践性知识的内涵与结构》，《课程・教材・教法》2010 年第 4 期。

② 参见杨彦军、童慧：《面向信息化的教师实践性知识发展机制研究》，《电化教育研究》2013 年第 12 期。

③ L. S. Shulman, “Knowledge and Teaching: Foundations of the New Reform”, *Harvard Education Review*, Vol. 28, No. 7, 1987, pp. 4-14.

实践的各种知识与经验的获得却经历了一个长期的发展与积累过程。根植于教师成长、学习、实践的各个阶段。学生时代的长期的教育观摩、理论学习、教育实习，教师阶段的职前培训、课堂设计、课堂实践、教学反思等都对实践性知识的生成产生了重要影响。在这一过程中，教师实践性知识实现了从公共理论到个人理论、从显性到隐性再外显的转化，基于野中郁次郎提出的显性知识与隐性知识转化模式、加涅的信息加工模型以及哈瑞的社会建构主义学习环路模型，我们构建了教师实践性知识的内在生成机制（见图 4-1）。第一阶段学徒观摩。学徒期观摩为内化，主要发生在学生时代与教师的职前培训阶段，显性的公共理论知识转向个人头脑中信奉的知识。第二阶段为转化，发生在新手教师的课堂设计环节，教师所信奉的知识与课程知识、具体情境相结合在头脑中形成学科教学知识。第三阶段为外显化，发生在课堂实践环节，教师将头脑中设计好的学科教学知识实践到了课堂教学中，形成实践经验知识。第四阶段为系统化，发生在一个成熟教师的身上，教师在实践中基于已有的经验对课堂教学进行多次反思，实践经验知识升华为实践性知识。第五阶段为个人化与社会化，发生在专家型教师的身上，教师通过不断地内省将实践性知识上升到个人理论层面来指导自身教学或将其以团体反思等形式转化为公共知识分享到集体。

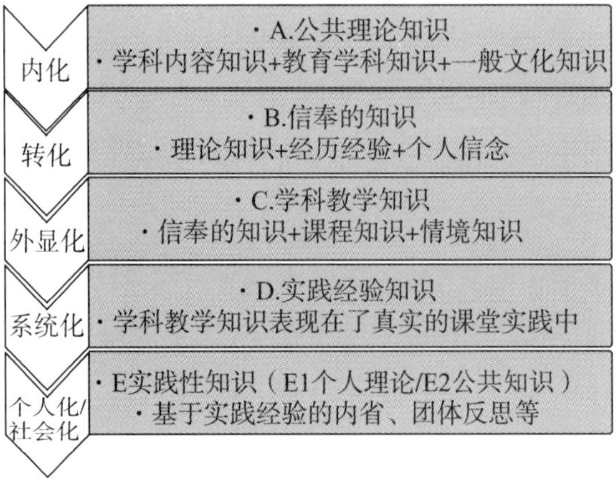

图 4-1 教师实践性知识的内在生成机制

(一)内化:公共理论知识向个体间接知识转变

在建构主义者看来,学生不是空着脑袋进入教室,在进入课堂之前已经积累了丰富广泛的经验和背景知识。职前教师在进入师范院校开始理论学习之前,已经具备了一些个人经验,有学者认为,职前教师的先前经验主要源于中小学时期和个人生活史的关键事件和重要他人。教师在学生时期的某一阶段、某一节课、某一个老师都可能对职前教师产生重要影响,如职前教师可能在高中时期,因为某一位任课老师讲课风趣幽默、善于启发诱导、对自己关怀备至,从而对教师职业产生向往,这也让该职前教师在头脑中留下了关爱学生的教育理念。对该职前教师坚定从事教师职业的那节课就是"关键事件",那位任课教师就成为了"重要他人"。

步入师范院校之后,职前教师带着大量先前经验走进课堂开始理论学习,这是"公共理论知识"内化为"信奉的知识"的第一步。建构主义学习理论认为,学习就是在原有认知结构的基础上对外界信息进行加工和编码,从而建构自己的理解的过程。师范生的先前经验作为原有认知储存在大脑的长时记忆中,当他们开始学习公共理论知识时,头脑中相关的经验和认知就会被提取出来对公共教育理论知识进行选择和编码,那些与师范生原有认知和经验的相符合的理论知识会被统合到原有知识结构中,此时原有散乱的知识和经验被理论化并得到进一步的强化。另外,有很多的公共理论知识与师范生原有的认知和经验相冲突,导致师范生的认知的失衡,解决冲突和重新找回认知均衡的方法是实现认知及其结构的重构,如找到与新理论相关的事实并改变和调整自己的认识。还有一些理论对于学习者是全新的,既不存在一致性,也没有冲突。要掌握这些理论,学习者需要在理解的基础上记住他们。通过以上方式的学习,师范生将公共教育理论知识内化为自己的个体知识。此时的个体知识虽然部分与师范生的原有经验相结合,但主要还是以间接知识为主。要成为师范生个体直接知识或经验,还需要将这些理论与现实互动实现结合,需要在实践中实现融合。

(二)转化:个体间接知识向个体直接知识经验转变

这一阶段开始于师范生的教育实习至成为成熟教师。师范生的教育实习阶段是实现这一转变的第一步，师范生在导师的指导下进行教学设计和实施教学，获得初步的教学经验。在此过程中，师范生所掌握的个体间接知识是进行教学设计的基础和依据，而能否真正运用自己所掌握的间接知识是实现转变的关键。在现实情况中，由于实习生实习时间较短，真正教学实践的机会较少，教师的指导又不够得力，学生独立进行教学设计的能力较差，个体间接知识向个体直接知识经验转变的效果并不明显。由于师范生将自己所掌握的间接知识融入教学设计中的能力有限，所以他们获得的教学经验与个体间接知识之间的关系常常并不紧密。

真正的转化是从他们真正成为一个教师开始。从师范生成为教师完成了一个身份的转变，同时也获得了大量的开展独立教学的机会，教师的个体间接知识和经验开始不间断地向个体知识经验和知识转变。根据新手教师所依据的间接知识的不同，大致可以分为两类：一是仿效过去教授他们的教师所采用的教学方式和自己认可的学习方式开展教学，他们更多的是关注教学的形式和方式方法，而对于其中的道理并不清楚，这样获得的教学经验可以看作是观摩所获得的间接教学经验向个体经验的转化。二是在借鉴原有观摩经验的同时能够尝试将自己所掌握的教育理念、信念融入教学设计中，他们不但知道如何教，还知道为什么这样教，其中的理由不仅仅是因为教他们的老师是这样教的，更是基于他们在职前专业教育过程中所获得的对教育教学的信念、理论和知识，基于这种教学设计开展教学所获得的个体直接知识和经验是个体原有间接知识和经验的全面和深度的转化。

这两类转化所获得的知识和经验的性质、功能是不同的，前者因为知其然而不知其所以然，所以所获得教学经验的质量总体不高，主要停留在经验层面，如果不能做出根本性改变，可能会造成教师机械应对教学环境，缺乏创造性，不利于教师自身发展。[①] 后者因为融入了理论等的支撑，所以获得的教学经验中的知识含量更高，属于理论负载的教学经验，从形成教师自身教学风格等教师发展的角度看，质量更高。无论这两类转化形成的个体知识和经验质量如何，

---

① 参见李海霞、蔡春：《从经验到实践智慧：教师经验升华的必要性及实现路径》，《当代教育科学》2018 年第 12 期。

他们都是新手教师所获得的实践性教学知识。

(三)成熟:形成有效的个体实践性教学知识

按照教师发展阶段理论,新教师经过持续大致5年左右的不断的教学实践基本可以成为成熟的教师。这5年也是教师的个体实践性教学知识不断累积、修正的过程。在这个过程中,他们的教学逐渐得到了学校的同事、领导尤其是所教学生们的认可,并开始形成了自己的教学风格,这也就意味着他们已经掌握了证明为“有效”的实践性教学知识。这里所谓“有效”的判断主要源于外部的评价和教师自身的认知和感觉,如在同行听课和评议中得到同事们的认可,学生们对教师的教学并没有负面的反应,甚至得到一些学生的喜爱和赞誉,教师自己对教学过程中自我的整体表现感到满意,由此教师会认为只要按照现有的经验和方式方法进行教学就可以了。对于很多教师来说,此时他们所获得的教学经验或实践性教学知识是此后教学的基础和主要依据,如果没有遭遇大的教育变革,没有来自外部的强制要求他们必须作出教学改变,他们会一直按照这些实践性教学知识开展自己的教学实践。

显然,如果一个教师的实践性教学知识只是止步于此,在此后的教学中没有得到质的改善和全面提升,即使到职业的终结也只能算是一个合格的教师,无法成为一个教学的专家,更难以成为一名真正的教学大师。其中的原因之一是教师所获得的实践性教学知识的质与量的问题,依照上一段中的分析,教师们所获得的实践性教学知识在质上可能存在较大的差别,一些教师所获得的主要是经验层面的知识,即使经历了5年左右的反复实践,他们也是只知道如何教,但不清楚这样教的道理,如果他们不能主动地开展基于实践的反思、发现不了自身教学中的问题和不足,他们也就永远无法了解其中的道理,即使经过再多轮次的教学也难以有效地提升水平。另一些教师所获得的知识可以称之为“一定理论负载的经验性知识”,其理论性可能来自把掌握的间接理论知识应用于实践,也可能是源于对自身教学实践的理性反思,这类实践性知识在质上要优于单纯的经验性知识,因为他们知道如何教,也知道如何教的道理。因而这些教师,他们不但会关注教的形式和效果,更关注教学的内在机制和依据。但由于这些教师教学实践的时间还较短,他们把更多的精力放在准确地传授知识和课堂驾驭等方面，教学经验也不够丰富，对教学的理性认识还不够全面、系统和深入。要成为教学的专家，还需要对教学实践进行全面和深入的探索，形成更为丰富的、立体的、系统化的实践性知识。

（四）超越：形成丰富的系统化的实践性知识

达到成熟阶段的教师要进一步发展自己的实践性教学知识，形成丰富的系统化理论知识，需要教师以不断超越原有经验和提高认识和教学效能为目标，主动地探究、持续地学习和不断反思。所谓的“主动探究”意味着主动总结和发现自身教学中的问题和不足而进行相应的改进，也意味着不满足当前的经验和教学，主动探寻和尝试新的教学模式和教学方式方法。这种主动的探究需要与持续的学习相结合，这里的“学习”主要是指以任务或问题为中心的理论知识的学习。不同于大学阶段以学科为核心的学习，教师阶段理论知识的学习应基于任务或问题而展开。举例来说，一个教师不满足自己长期以来满堂灌的教学方法，认为这种方法不利于激发学生学习的积极性，学生的学习效率不高，因此想进行教学改革。他确立的改革的目标是在教学中能够充分激发和调动学生的积极性，同时能够培养学生的创新思维能力。为此，教师需要查找和学习关于创新思维能力及其培养，以及如何调动学生学习积极性的相关理论和知识。依照这些相关知识和理论，教师就可以进行相应的教学设计并实施教学。按照建构主义理论，教师学习的理论知识是与特定任务或问题联系在一起的，后者成为前者的记忆之锚，因而记忆得更为牢固，不易遗忘。更为关键的是这些理论知识被教师用来指导自己的教学实践，从而实现了理论与实践的有机融合，并作为一个整体凝结在教师的教学经验中，使教师获得了理论负载的实践性教学知识。除这种以任务和问题为导向的理论学习外，教师也可以进行一般性的相关理论学习，但在学习过程中应时刻关注与现实和自身的实践实现勾连，促进理论与现实实践的双向建构。从改善和应用于实践的视角看，这种学习的效果不如前者立竿见影，但它有助于拓展教师建构现实与实践的理论知识领域，在个体认知结构中建立理论与实践之间更为丰富的、立体的联系，所以从长远来看，对个体实践性知识的整合、拓展、层次的提升等有很大的帮助。

除探究和学习外，要实现自我的超越还需要坚持持续不断的反思。正如研究者们所指出的，教师的教学经验或实践性教学知识更多的出于一种“默会”状态，教师常常是按照自己的已有经验和习惯进行教学，但自身又对这些经验、习惯并没有清晰的意识，因此，教师要实现自我的超越必须首先对自身的行为、习惯和支撑他们的观念、信念等有清楚的认识，这就需要反思。美国学者唐纳德·舍恩强调在实践中反思，他指出，行动中反思是各类专家们在面对复杂情境处理问题时的一种惯常的思维状态，他们通过反思来监视自己的行为和思维，调动自己所有的知识和经验来判断和处理问题，调整自己。① 从认知发展的视角看，舍恩的实践中的反思使实践者将自己的行为、思维以及情境的信息反馈都统御在自己的意识监控之下，成为被意识到的存在，因而会被记忆到大脑的深层记忆区中。另外，如果事后进行回忆或实践后反思，整个过程和主要的信息都容易被记起，使事后反思成为可能。实际上，反思的功能和意义不仅仅是信息的记忆和回忆，更重要的是个体所的知识、经验、信息等的整合、凝练和层次的提升。

（五）个体化与社会化：实践性知识向个人理论与公共知识转变

随着教师个体实践性知识的不断丰富、结构日益合理，教学实践效果日益显著，教师逐渐成为了专家教师。专家教师实践性知识是明晰的、立体化和个体化的。所谓明晰是指教师清晰知道的并能够清楚表达的，这是通过主动探究和持续反思达到的结果；立体化是指实践性知识结构中包含理念层面、方法论层面和方式方法等多层面的知识，其中出于最高层次的理念的知识也可称为“教师个体的教育理念”，这些理念是教师开展教育教学的观念基础，对教师的教育教学实践具有全面指导作用，如一个教师的教育目标观是教书育人，认为教书的本质是育人的，他就会把这一观念运用到自己所有教授课程的教学中。但需要指出的是，专家教师的这些知识是与具体的教学情境、过程和实践中的体验等融合在一起的，是从实践中获得和在实践中反复验证的，与专注教育理论的教育学家的知识结构存在本质不同。最后的个体化是指教师的实践性知

---

① 参见[美]唐纳德·舍恩：《反映的实践者——专业工作者如何在行动中思考》，夏林清译，教育科学出版社2007年版，第59页。

识具有鲜明的个体特征，这非常容易理解，教师实践性知识是个体在实践和学习过程中获得的，是教师基于自身已有经验和知识主动建构的过程，个体经验、教学实践、教育情境、教育对象、教育问题等的个体性、独特性决定了建构的结果的个体性和相对独特性。要形成这样的实践性教学知识只靠经验的积累、知识领域的拓展和一般性的反思是不够的，需要善于哲学思考，善于归纳、总结和提升。哲学思考就是在学习和实践中应对教育的本质性问题，包括教育的目的、意义、教学的本质等相关问题进行不断追问和细思。归纳、总结和提升就是将自己获得的实践性知识进行系统的归纳、总结，提升到一般性的理论和认识层面。

系统整理个体实践性教学知识不仅可以知识结构，提升品质，还有助于将其个体知识变为公共性知识。如可以将自己成功的教学实践开发成教学案例，也可以如苏霍姆林斯基等教育家一样将自己的教育实践经验和所思、所想写成著作。

第五章　大学教学学术与教学能力发展

近年来，随着重视高校教学呼声的日益高涨，“教学学术”作为解决高校教学困境，平衡教学科研关系，提高教学地位和提升教师教学能力的一种新的理念开始受到人们的关注。这里，我们将围绕如何通过教学学术促进高校教师教学能力这一问题和目标出发，探索和分析应如何理解教学学术理念，应确立一种怎样的教学学术观，以及如何通过教学学术促进高校教师教学能力的发展。

一、大学教学学术的现有理念剖析

众所周知，大学教学学术的理念最早由美国前卡耐基教育基金会主席欧内斯特·博耶(Ernest L. Boyer)提出，他在向卡尔基教学促进会提交的《学术水平反思：教授工作的重点领域》报告中指出：“学术不仅意味着探究知识、整合知识和应用知识，而且意味着传播知识，我们把传播知识的学术称之为‘教学的学术’。”[①]需要注意的是，当时博耶提出这一概念的目的在于改变当时美国大学中奉行科研至上，而教学地位低下，无人愿意问津的局面，他试图通过赋予教学新的身份，给教学“以新的尊严和新的地位”[②]来改变教学在大学中的不利地位。博耶在报告中并没有为教学学术确立一个具体的内涵和标准，由于他不久后去世，致使他没有机会对这一理念进行系统和详尽的进一步阐释。也为后继者们留下了一系列的问题：其一，教学是否能称得上一种真正的“学术”？是否只是为了提高教学的地位才称其为“学术”，还是教学本身就是又或应该是一种学术？其二，如果教学是一种学术，那么它是怎样的一种学术？其基本的内涵是

---

① [美]欧内斯特·波伊尔：《学术水平反思——教授工作的重点领域》，国家教育发展研究中心编译，人民教育出版社1994年版，第22～32页。

② 魏宏聚：《厄内斯特·博耶“教学学术”思想的内涵与启示》，《全球教育展望》2009年第9期。

什么？标准有哪些？如何进行评价？其三，教学学术与卓越教学的关系是怎样的？其四，开展教学学术与教师教学能力的提升与教学质量的提高是怎样的一种关系？

关于第一个问题，多数研究者们似乎心照不宣地接受了博耶关于教学是一种学术的观点，并没有在这一问题上提出过多的质疑和展开讨论。其中的原因很可能是博耶的观点似乎暗合了人们心中长期持有但没有能够清晰表达的认识和观念。主要的研究和讨论集中在后面几个问题。关于教学是怎样的一种学术，代表性的观点是舒尔曼的教与学的学术观。作为继博耶之后的卡耐基教育基金会主席，舒尔曼从教学包括教师的教和学生的学两个相互联系而又相对独立的活动出发，将教学学术界定为教与学的学术。这种观点纠正了博耶之前仅仅将教学看作是“知识传播”的片面的观点，符合教学活动的实际，有助于将教学学术引入正确的轨道。但这种表述仅仅是将教学学术这一复合概念中的部分概念进行了调整，似乎也并没有说明教学学术的基本内涵是什么。作为一种替代，他提出了“教学学术”应该具备三个特征：一是可以公开的；二是能够被批判和进行评价的；三是能够进行交流并可被同行使用的。他认为教学像其他形式的学术一样也是一种成果。当教师将工作公开、接受同行评价和批评并与所在专业社团的其他成员进行交流时，反过来又加强了自己的工作，这时教学就变成了教学学术。

显然，舒尔曼的这种教学学术的特征是基于将教学作为一种能够为人们进行公开评价的“学术”成果而提出的，注重教师教学知识的外化和同行的评价与知识的交流，这对于教学领域知识的增长、教师个体知识的综合与提升等具有积极的意义。但大量的研究表明，教师所拥有的大量的教学知识属于“默会”知识，这些知识是他们通过主动的学习、教学反思和实践探究形成的，如果他们不把这些知识表达或发表出来，他们的这种探索教学的过程是否就不能被认可为教学学术？另外，实践已经反复证明，教师发表期刊论文、会议演讲稿、教科书等成果并不能保证为教学赢得真正的学术地位，因为人们对于教育类的论文的学术含量常常持一种怀疑的态度，尤其是这些研究成果和提升教师的教育教学质量之间并不存在明显的关系，有些发表论文较多的教师，他们的教学却是一塌糊涂。另外，它容易将教师工作的重点引到作研究和发论文上去，而对教学产生负面的影响。

另一个问题是教学学术与“教学卓越”(excellence in teaching)有什么关系。一种观点是将教学学术等同于教学卓越，教学学术的水平体现在教学获奖、教学评价中的杰出表现、学生评价和同行评议的结果。这种观点以教师教学的表现和结果来看待教学学术，有利于将教学学术的发展引导到改善教学和提升教学质量上来。但这一观点会使讨论陷入一个怪圈，将教学学术发展还原到大学已有的教学评价上来，这些原有的评价模式已经被长期的实践证明，他们无助于至少是不能单独以此来解决大学中教学学术地位不高等的问题。其中的核心问题是，尽管这些评价可以区分出哪些教师是“教学卓越”的，但是却无助于帮助那些教学不够好的教师达到卓越。因为即使那些“教学卓越”的教师也不完全清楚自己是如何做到卓越的，依照克莱伯(C. Kreber)的观点，他们在成就教学卓越的过程是一个不断尝试、选择、否定的过程。另一种观点则是持相反的态度，认为教学学术不能等同于卓越教学。卓越教学是指运用合适的教学方法达成既定教学目标。这个过程可以通过学生满意度、同行评议或反思性档案袋等途径来评价。但教学效果良好的教师不一定从事学术活动，而从事教学学术的教师需要将教学视为一种专业，将关于教与学的知识视为发展学术能力的“第二学科”，他们能反思自己的教学，能使用课堂评价技术，能与同事讨论教学问题，能阅读和应用有关本学科的教学研究文献。与这种绝对的“对立”观点不同，舒尔曼认为，教学学术不能等同于卓越教学，它需要教师系统地建构和研究与学生学习相关的问题，教学学术不仅需要关注提高课堂教学的质量，还要关注教室以外的实践活动。教学学术是一种机制，是实现优秀教学的条件，它能促进教学本身的发展。[①] 显然，舒尔曼将教学学术与卓越教学看作是机制与功能或手段与目的的关系，教学学术是为开展卓越教学而进行的系统化研究，卓越教学是基于教学学术成果而展现的实践成果。对于这种观点，从前面的论述中我们已经谈到，教学研究与卓越教学之间并一定存在必然的联系，教学卓越的教师并不一定是从事这样的教学学术。所以，假设教学学术有助于实现卓越

---

① 参见王玉衡:《让教学成为共同的财富——舒尔曼大学教学学术思想解读》,《比较教育研究》2006 年第 5 期。

教学,需要进一步讨论的是,这应是怎样的教学学术,谁在开展教学学术等。

最后一个问题,开展教学学术与教师教学能力是怎样的一种关系?不少研究者认为,开展教学学术是提升教师教学能力的有效途径或必由之路。但这些研究者对于教学学术的看法存在很大的差异,如有人将教学反思作为教学学术的主要形式,有些将教学学术等同于开展教育行动研究,也有人将教学学术看作是教师将教育理论和研究应用于自己的教学实践。[①] 实际上,这些促进教师教学能力提升的主张早已有之,只是这些活动在这里被冠以教学学术之名或纳入教学学术的范畴中罢了。因此,关键问题是这些活动是否属于教学学术,这样讨论又回到了原点,即什么是教学学术的问题上来。

综上所述可以看出,尽管教学学术理念或命题的提出已经近 30 年,但对其研究和讨论仍然在基础阶段,其中包括核心概念在内的一些基础性问题远没有达成一致性的认识,这一状况与教学作为一个高度复杂的领域直接相关,也符合社会学实践领域命题研究的常态。因此,要开展下一步的讨论,我们仍需要从基本概念的讨论着手。

二、应如何理解大学教学学术

我们认为,理解和界定教学学术,一种适宜的思考方式和取舍准则是它应该符合“学术”的一般含义,即它应是一种探索性的活动,另外教学学术具有明确的目的性,即它以实现提升教学的学术地位、提高教学质量和教师教学能力等为目的。由此,教学学术可以有广义和狭义两种理解。广义的教学学术应该包括有助于改善教学效果、提高教学质量的所有研究性、探索性、反思性活动。如胡博(M. T. Huber)等所指出的:“在教与学的学术研究中,可以清楚看到有发现、整合和应用的元素,因为这项工作通常涉及课堂探究,综合来自不同领域的观点,以及改进实践,所有这些都在同时进行。”[②]其中既包含基础性的研究,如对高校教学规律的一般性研究,创新教学方法和高水平教材的编写等,又包含应用性的研究,如将某种理念或方法应用到教学中去以改善教学质量。既有

---

① 参见侯定凯:《博耶报告 20 年:教学学术的制度化进程》,《复旦教育论坛》2010 年第 6 期。

② Mary Taylor Huber and Pat Hutchings,“Surveying the Scholarship of Teaching and Learning”, http://archive.carnegiefoundation.org/scholarship_teaching_learning/CASTL_highed.html.

专业教育学者开展的一般教育理论研究，也有个体教师基于自身教学实践开展的个体性实践研究。这些研究对于提升教学质量和教学学术地位都是必要的。按照这种理解，教学实际上应该看成是一个相对独立的研究和实践领域，它同时需要博耶提出的四种学术，除了传播的学术，还应包含探究知识、整合知识和应用知识。我们认为，只有这样全面地理解教学学术，才能从整体上提升教学学术的水平，为教学学术赢得应有的学术地位。实际上，这类广义的教学学术长期以来一直存在，远可以追溯到我国战国时期的《学记》、夸美纽斯的《大教学论》以及赫尔巴特的《普通教育学》等，近一个世纪以来，此类教学学术的成果可以说是浩如烟海，并逐渐建立起了一个庞大的教育学学科理论和知识体系。可以说，这些广义的教学学术成果是开展教育教学的重要参照和依据。若按照这种理解，教学学术既然已经很发达了，为什么还要重提教学学术？我们认为这并不是因为已有的教育教学研究的学术成果的水平不高，也不是所谓的教育理论脱离教育实际，而主要是因为这些理论没有被广大教师们所接受和掌握，并将这些理论创造性地应用到实践中去。多数教师只是依靠自己的经验开展教学实践，这种教学很难说有多少道理或学术可言。很多人教了一辈子学，最终也不清楚，为什么而教，依何施教，不知道自己教学中的问题，不知道如何发展自己、完善自身的教学。另外，教学是教师和学生在特定的复杂教育情境下互动生成的过程，具有不确定性和情境性等特征，需要教师根据课堂的实际运用教学机智开展创造性的工作。现有的教学学术成果还不足以支撑和指导教师处理所有的复杂教学实践问题。

狭义的教学学术是以实践者的教师为主体，以改善教育教学质量为目标而进行的探索性、创造性的活动。与传统教育学术活动由专业的教育研究人员作为研究主体，将一般性的公开发表的教育科学成果的产出不同，狭义的教学学术把一线的教师作为学术活动的主体，教师开展教学学术主要是围绕改善教学效果，提升教学质量，促进教师自身的发展。该类教学学术的成果可以是一个教学设计、教案、一节课、教师个人教学理念的更新、教学经验的理论化等。教学学术不能完全同等于教学，但教学必然是教学学术核心的组成部分。作为一种教学学术的教学，我们可以称其为学术性教学，与单纯依照经验开展的教学不同，学术性教学是将教学作为一种严谨的学术来对待，把教学作为一个探索性、研究性、创造性的过程。正如舒尔曼指出的："他们和科研一样的，它都要经过问题的选择、查找与问题有关的相关资源，确定解决问题的方案，实施解决方案，并对得到的结果进行分析和反思。"[①]

之所以需要将教学作为一种学术来开展，原因之一是教学作为一项有计划、有目的的活动，要达到目的，离不开系统、科学、周密的设计和实施。教师需要清楚地知道自己的教学目的是什么，要对学生产生哪些方面影响，实现怎样的转变，学生的原有知识基础、思维方式、认知特点等是怎样的，需要设计怎样的教学过程，使用哪些方法，创设什么样的课堂情境和氛围，师生如何互动，如何处理既要面向全体又要兼顾个体，如何进行课堂的随堂评价，如何知道教学目标是否达到，等等。对于这些问题，教师不但要知道怎么做，还要清楚知道这样做的依据和理由。一旦教学没有取得如期的效果，又或说教学目标没有达成，教师应该知道可能的问题出在哪里？需要将教学作为一种学术来开展的原因之二是"教无定法"。俗语说："教学有法但无定法。"任何一堂课都可以有无数种设计方案，再好的教学设计方案都有可以改进的地方，尤其是面对时代的发展和不同的学生，更需要持续不断对教学设计进行更新和调整。将教学作为一种学术性活动的教师都是带着这种永不满足、没有最好、只有更好的态度对待教学的。所以，尽管卓越教学不能等同于教学学术，开展教学学术教师的教学也不一定就是卓越的，但教学学术可以帮助教师最终实现教学卓越。

最后我们还需要对教学学术的成果及其标准作一分析。如上所述，广义的教学学术成果涉及广泛，可以将教育科学研究、教材编写、教育教学软件等都纳入其中，这些成果大多已经被现有高校的学术评价体系所认可。因此，这里我们主要讨论狭义教学学术的成果及其相关标准。上文曾提到，该类教学学术的成果可以是一个教学设计、一个教案、一节课、教师的教育叙事、教学研究案例、教育行动研究报告等。前提是教师需要把教学作为一个探索性、研究性、创造性的过程。教学设计、教案是基于科学严谨的态度和一定的理论或经验而具有一定创造性、创新性的成果。

---

① L. S. Shulman, "Those Who Understand: Knowledge Growth in Teaching", *Educational Esearcher*, No. 1, 1986, pp. 4-11.

综上所述，教学学术是为提高教学和人才培养质量而进行的学术活动，它包含广义的教学学术和狭义的教学学术两个相互联系的部分，其核心是狭义的教学学术。通过以上的分析我们对于狭义的教学学术得出以下结论：其一，它是教师作为学术活动的主体开展的与教学相关的学术性活动和学术性教学。其二，教学学术不同于卓越教学，但它以实现卓越教学为目标，教师开展教学学术有助于教师取得教学卓越。

三、高校教师应如何开展教学学术

从提高教师教学能力的目的出发，高校教师开展教学学术应着重从以下方面并按照适当有效的方式进行。

第一，研制课程教学大纲。教学大纲是根据学科内容及其体系和教学计划的要求编写的教学指导文件，它以纲要的形式规定了课程的教学目的、任务，知识、技能的范围、深度与体系结构，教学进度和教学法的基本要求。大学教育教学是围绕高深知识、前言领域知识进行的，这些知识具有前沿性、专业性、创新性、变化快等特点，大学教师一般都是某一学科领域的专家，因而大学教师的教学具有较强的自主性，多数的学科专业课程一般没有官方指定的教学大纲，需要教师按照专业人才培养方案、课程在整个专业人才培养体系中的功能定位、专业人才发展的课程目标进行研制。教学大纲应是服从和服务于整体人才培养方案的。因此，要研制一个适当的教学大纲，教师不仅要考虑学科和专业领域知识，还要了解专业人才培养的整体方案，了解自己的课程与其他课程之间的关系，以确立自己的课程目标、内容、学习要求、教学内容、教学重点难点等，另外还要对教学方式、评价方式等进行科学合理的设计。教学大纲是教师编写教科书和进行教学的主要依据，也是检查和评定学生学业成绩和衡量教师教学质量的重要标准。

第二，编写教材（讲义）。这里的教材包含教师要讲授的学科知识、专业知识等内容。尽管不少课程都可以找到一些已经出版的质量较高的教材，但由于知识更新速度的加快等原因，教师还是有必要编写自己的教材。通过编写教材（讲义），教师可以更好地掌握教学所需的学科知识和专业知识。教师编写教材的出发点首先是供自己在教学中使用。为此，编写教材既要注重知识的逻辑性、系统性，还要持续不断地更新知识，同时注重理论联系实际，将实际问题、丰富的实践案例、问题解决方案融入其中。教师自编教材通过长期的使用、补充和完善，可以公开出版，以分享成果，接受同行的检验、批评和指导反馈。教师编写出高质量的教材既是教师个体教学学术水平高的体现，也是从总体上提升高校教学学术水平的内在要求。

第三，研究和了解学生。学生是教师教学的对象、学习的主体和发展的主体。要实施有效教学，教师首先需要研究和了解学生。全面掌握学生与课程内容学习和教学目标相关的情况，包括已有观念、知识和经验、认知方式、思维特点、学习态度等。

第四，开展反思性教学行动研究。关于教学行动研究在本章中有专门的论述，从中可以看出，它实际上将教学看作是一个“准实验”的过程，从实验的设计（教学设计）到开展实验（实施教学），再到收集实验信息、检验实验成果（课堂观察、教学效果检验），最后到回顾与反思。各个环节整体构成一个较为严谨的学术探究的过程。其中的教学设计、课堂教学和反思报告都可以看成是一些学术的成果，他们是可公开的、可批判的、可交流的。对于教师的教学能力发展来说，这一过程生成两类知识：一是在教学设计过程中形成学科教学知识，二是通过教学和课后反思形成实践性教学知识。实践性教学知识可以称之为学科教学知识的实践检验和反思加强版。是否拥有丰富的实践教学知识是教师教学能力大小的重要体现。

第五，注重与其他教师之间的合作和经验交流。教师开展教学学术应加强与其他教师的合作，以团队协作的方式进行。因为每个教师都拥有一定的自己的教育教学观，由于经历、经验和知识基础的不同，这些教育教学观念常常存在较大的差异。通过团队合作，产生彼此的观念的碰撞与分享、经验互鉴，容易帮助教师突破“教学孤岛”的状态，超越个体经验等的局限，实现个体观念的拓展或转变、思维方式的改善。另外，教师之间团体合作是建设以教学为中心的“学者共同体”的必然要求。通过团体之间在教学学术方面的交流合作，可以将“个体知识”转变为“团体的知识”。按照舒尔曼的观点，只有按照“学者共同体”的态度和方式来对待教学，将教学从“个人财产”转变为“共同体财产”，教学工作才能真正获得学术界的认可。

四、培育和创设教学学术发展的环境和条件

我国当前的大学学术环境是围绕发现知识的科学研究、应用知识的社会服务和传授知识的教学而逐渐建立和形成的。进入21世纪以来，在功利主义导向和急功近利的管理思想等复杂因素影响下，我国的大学逐渐形成了以科研为实际中心的学术生态环境，以科研课题、论文、科研成果获奖为主要依据的职称晋升制度、高额的科研成果奖励、各种荣誉头衔的获得（包括国家级教学名师的评选）都显示出一种“科研通吃”的局面，科研强则一切都强，科研不行则会举步维艰，如上海交通大学的晏才宏，虽然他的教学深受学生们喜爱，但因为没有科研课题和论文，至死仍是个讲师。[①] 在这种环境下，教师的主要时间和精力被引导到“申报课题”“完成课题”和撰写学术论文中去，科研和教学的关系就如在“人民公社”时期的自留地和集体土地，人们在自己的自留地里精耕细作，不辞劳苦，而对于集体土地的劳动，人们不得不为之，但常常出工不出力。

所以，要鼓励和引导教师积极开展教学学术，提升教师的教育教学能力，首先需要改变大学的学术环境，营造适宜高质量人才培养和鼓励高质量教学的环境，为此，应“坚决克服重科研轻教学、重教书轻育人等现象”[②]，检查和修订相关的各项政策和制度，以人才培养为中心，处理好科研与教学的关系，使科研和教学互为促进，和谐统一。通过舆论营造、精神激励、制度导向、管理服务，引导高校教师将立德树人作为职业工作的核心和根本使命，热爱教学，投身教学。

其次是建立和完善有利于教学学术发展的各种制度。应明确教学学术是一种为了改善教学、通过教学和由教学者为主体开展的学术活动，与传统的以知识发现的学术存在诸多根本性的不同，在制定制度的过程中，不仅仅是把“参与教研活动，编写教材、案例，指导学生毕业设计、就业、创新创业、社会实践、社团活动、竞赛展演等计入工作量”[③]作为职称晋升和评聘等的条件，还必须突出

---

① 参见李柯勇、刘丹：《一位普通大学讲师去世 学生千余篇文章悼念》，2019年1月26日，http://edu.sina.com.cn/l/2005-04-05/109661.html。

② 中共中央、国务院印发《深化新时代教育评价改革总体方案》，2020年11月10日，http://www.xinhuanet.com/mrdx/2020-10/14/c_139439004.htm。

③ 中共中央、国务院印发《深化新时代教育评价改革总体方案》，2020年11月10日，http://www.xinhuanet.com/mrdx/2020-10/14/c_139439004.htm。

结果导向、研究导向、创新导向。鼓励教师不断更新自己的教学理念、教学内容,创新教学、指导、评价方式和方法。

最后引导和建立教学学术研究团队。美国学者舒尔曼一直主张将组建教学学术共同体(社区)作为促进教学学术的必不可少的措施和手段,他认为,只有通过教学共同体才能使教学从私人的变为集体的,教学经验从个人的变为公共的,才能不断扩大教学的影响。发展出台和完善促进教师教学合作研究的相关政策,鼓励教师组建教学合作研究的团队,以团队的形式研发教材,进行教学设计,开展合作教学,相互评课和集体反思。为鼓励合作,高校应对所有成员在集体合作中的贡献予以认可,而不仅仅是承认其中的少数人。①

① 参见王玉衡:《让教学成为共同的财富——舒尔曼大学教学学术思想解读》,《比较教育研究》2006年第5期。

第六章　高校教学名师专业素养结构与成长路径分析

高校教学名师可以泛指那些教学优异、成绩突出者，这里我们主要指的是由教育部评选出的获得国家级教学名师奖的教师。国家级教学名师奖是教育部颁发的教学类奖项，旨在表彰那些既具有较高的学术造诣，又能长期从事基础课教学工作，注重教学改革与实践，教学水平高，教学效果好的教授 。本部分是基于对获得该奖项的近百位名师事迹材料的分析、比较、提炼和概括形成的。相关事迹材料主要源于由教育部高等教育司组编的《名师颂》(3、4 卷)(教育科学出版社 2008、2010 年版)和李有增等编写的《名师谈教学》(人民出版社 2014 年版)等。主要的研究目的是从教学能力的视角发现和总结教学名师专业素养及其发展所具有的共性特征与成功经验、有效做法。研究的基本思路和方法是扎根理论对样本材料进行反复阅读、筛选，提取出能够描述刻画他们专业素养的关键材料，进而对关键材料进行整合、归纳、分类得出相关结论。

一、高校教学名师专业素养的结构分析

通过文献的梳理和分析，在高校教师专业素养方面可归为 4 个一级维度和 15 个二级维度。4 个一级维度分别是教育理念、专业知识、专业能力和师德风范这四个方面。接下来将从这四个维度展开详细说明。

（一）教育理念

理念是人们对于某一事物或现象的理性认识、理想追求及其所形成的观念体系。[①] 可以分为两个大的部分：一是对事物所具有的本质特性等的理性认识；二是对事物“应然状态”的追求。教育理念是教育者在基于自身的成长、学习和教学实践经验而形成的一种相对稳定的、具有指向性的教育思想观念。既包含教师个体对教育、教学、教师、学生等要素本质特性的认识，也包含对教育应是什么、好的老师应是怎样的、应如何处理师生关系等的观念和看法。这些理念经过教师的反复实践可以成为他们的教育信念。教育理念是教师开展教育教学实践的观念基础，没有教育理念的实践是不可想象的。因此，我们可以说，每个教师都拥有自己的教育理念，但这并不意味着每个教师都清醒地知道自己的教育理念，现实中很多教师的教育理念处于“缄默”状态，譬如，现实中教师总是按照一定的方式处理与学生的关系，如果问他这样处理师生关系的理念是什么，他很可能说不清楚。另外，教师所拥有的教育理念并不都是正确的和适当的。我们认为，一个优秀教师与平庸教师之间的重要区别之一是是否拥有清晰和正确、合理的教育理念。我们从高校教学名师案例文本材料的分析中也充分证明了这一观点。通过对样本材料的归纳整理，我们发现国家级高校教学名师都拥有着较为明晰、正确的、与时俱进的教育理念。这些理念大致可以归为三个层面：理论层面的教育理念，方法论层面的教育理念和实践、技术层面的教育理念（见表 6-1）。

① 参见韩延明：《理念、教育理念及大学理念探析》，《教育研究》2003 年第 9 期。

表 6-1　“教育理念”方面的编码示例

原文节选	一级编码	二级编码	归类
让学生学会学习，让学生学会超越	教育目的、目标	理论层面教育理念	教育理念
“要使学生终身受益”	教育功能、目的		
你要影响他，不单是学识，还要影响他的人格和品格，将来到社会上才有用	教育目的		
“教会学生思维与创新”	教育目标		
应注重激发学生的问题意识	教学目标		
本科生的教学工作重在传授法律基础知识，培养他们的法律思维能力和法律职业伦理道德	教学目标		
以能力培养为核心的“知识、能力、素质”协调发展	教育观	方法论层面教育理念	
教育者要克服“教”而不“育”，学习者要克服“学”而不“习”	教育观、学习观		
“以生为本”；以学生发展为本	教育方法论		
教书以育人为本：通过我们的教学，用我们自身的人格魅力来影响学生，在传授知识的同时，对学生进行科学素质的教育，在学习上给他们正确引导	如何教学育人		
“因材施教，分流培养”	方法论		
‘课堂讲授，不能只画句号不留问号，要应用启发式教学，将喂食的教授方式转变为吊胃口的方式’注重教改		技术层面教育理念	
跳出单一框架，建立全景教学	教育方法		
教师要了解他们的实际情况、他们的现有基础、他们理解问题的难点，要让学生能真正把所讲的知识变成他们自己的知识，这才是成功的教学	如何进行成功教学		
与学生共同参与、共同论证	合作教学		
教学设计要假设学生不怎么会，从零开始；哪些知识点、基本规律至关重要就深入一点，别的地方附带而过	教学设计方法		

1. 理论层面的教育理念

理论层面的教育理念，是一种以抽象的理论形式存在的教育理念，它的形成与发展离不开教育工作者对教育问题和教育现象的科学研究，离不开他们对教育实践经验的总结、概括和升华。[①] 理论层面的教育理念将真实的实践经验、认识升华到教育理念的高度，反应的是教育的本质、目的、特征、规律和原则等。尽管教学名师们对相关教育理念的表述不尽相同，但总体呈现出很多一致性的观念和信念。一是都把“育人”作为大学教育教学的根本目的，重视学生思维能力、学习能力等的培养。如“讲课，不是教书，是教人”，要让学生积极思考、善于思考、学会思考：“答得对不对没关系，重要的是让我知道他们在思考，这样我会很高兴。”[②]“教育者必须克服‘教’而不‘育’，学习者必须克服‘学’而不‘习’。”[③]“教师要在教学过程中对学生负责，让学生学有所得，不仅传授知识，更重要的是授以思维方式。”[④]“作为老师，重要的不是向学生灌输多少知识，而是培养学生的学习能力，学到的知识会过时、贬值，但只要是‘会’学习的人，就永远不会被淘汰。”[⑤]“教师应坚持引导学生们以宽广的视野敏锐地感知国际学术前沿，鼓励学生不断汲取新的学术营养，是我们在教学活动中孜孜以求的目标之一。”[⑥]“所谓教育，应当在于当学生在学校学习的知识全部忘光，仍留下的那部分东西。”[⑦]二是都将教师作为一个神圣的职业，主张以身示范。如认为“教师这一职业是神圣的，催人向上的，具有创造性的，最能体现人生价值的，让人永葆青春的”[⑧]。所以教师应行为世范，“教师是学生的榜样，你的修养、作风、谈吐、仪表，甚至穿着都会潜移默化地影响学生”[⑨]“言传不如身教，教师一定要做学习、为人的模范。”[⑩]“作为一名教师，其基本要求是热爱教师岗位，爱岗敬业这是作好教师工作的前提。”[⑪]三是把学生看作社会未来的栋梁、发展的主体。如“大学生作为未来国家建设的栋梁，肩负着历史的重任”。主张教师应向学生学习，“学生

① 参见张宁：《高校教师专业发展论》，吉林大学出版社 2012 年版，第 21 页。
② 教育部高等教育司：《名师颂》第 3 卷，教育科学出版社 2008 年版，第 6 页。
③ 教育部高等教育司：《名师颂》第 3 卷，教育科学出版社 2008 年版，第 31 页。
④ 教育部高等教育司：《名师颂》第 3 卷，教育科学出版社 2008 年版，第 41 页。
⑤ 教育部高等教育司：《名师颂》第 3 卷，教育科学出版社 2008 年版，第 45 页。
⑥ 教育部高等教育司：《名师颂》第 3 卷，教育科学出版社 2008 年版，第 14 页。
⑦ 教育部高等教育司：《名师颂》第 3 卷，教育科学出版社 2008 年版，第 17 页。
⑧ 教育部高等教育司：《名师颂》第 3 卷，教育科学出版社 2008 年版，第 52 页。
⑨ 教育部高等教育司：《名师颂》第 3 卷，教育科学出版社 2008 年版，第 17 页。
⑩ 教育部高等教育司：《名师颂》第 3 卷，教育科学出版社 2008 年版，第 17 页。
⑪ 教育部高等教育司：《名师颂》第 3 卷，教育科学出版社 2008 年版，第 261 页。

身上有很多鲜活的东西，总能给我活力。学生提出的有些问题是教师提不出来的。要相信学生与你一样聪明，教学相长，他们也是你的老师”。倡导“以学生为根本，以教师为中心”等的理念。

2.方法论层面的教育理念

方法论层面的教育理念，是一种指向解决现实教育实践问题的一般方法的教育理念，它是教育工作者面向教育实践进行理论思考而形成的系统的理论认识，方法论层面的教育理念主要阐述了关于“如何进行教育”的问题，对具体的教育实践有着指导功能和服务作用，主要包括人本化教育、主体性教育、愉快教育等。正如中央财经大学教授李健提出的，大学学习最重要的不是知识本身，而是获取知识的能力，因此她坚持“以教为主，教学相长”的教学理念，以“教”为主转向以“学”为主，以培养学生的创新能力为目标，强调教学的指导性和学生的主体性。上海师范大学教授卢家楣在教学理念上提出了“以学生发展为本，以情优教”的教学理念，倡导形象生动的教学新格局。他密切关注当代大学生的心理特点，坚持以情育人、平等施教、创设了平等民主的教学氛围。他语言铿锵有力，生动有趣，妙语连珠，注重发挥学生学习的主体作用，同学们的学习情趣越来越浓厚，真正做到了“寓育于教，寓育为乐”。中国人民大学龙翼飞教授强调教师应了解学生，站在学生角度思考问题，如“只有了解学生，才能给予他们正确的引导”，“老师应与学生多交流，设身处地地为学生着想，而不仅仅站在教育的角度考虑问题”。北京大学的张恭庆教授主张应循序渐进地开展教学，他说：“你不能站在楼上对学生喊‘上来’‘上来’。要帮他们搭梯子，让他们一步一步走上来。”①

3.技术(实践)层面的教育理念

技术(实践)层面的教育理念，是以某种模式、方法与操作范式的形式表现出来的教育理念，它是理论型和实践型教育理念的具体化。操作型教育理念是可以在具体学科的教育活动中直接进行运用的和操作的，不仅更加指向教育实践，对教育问题提供了基本的操作方法和技术，对教师而言技术型教育理念更具有借鉴的价值和意义。主要包括问题式教学、启发式教学、研究性教学、案例

① 教育部高等教育司：《名师颂》第3卷，教育科学出版社2008年版，第6页。

式教学等。华东理工大学教授房鼎业基于多年的教学经验，提出了“掌握原理，联系实际，学会分析，提高能力”教学理念。他注重理论联系实际，将自己的科研成果变成课堂上一个个生动的案例，运用案例式教学将学生所学的知识加以巩固和升华。北京师范大学教授王静爱树立问题式教学的从教理念，善于用提问的方式加强学生们的问题意识和研究学习的能力。在课上，她会竭尽全力地用提问的方式让学生开动脑筋；课下，还会留给学生思考题，课程网站上有问题模块，师生论坛上也有很多问题。正是在这种被问题包围的情境中，学生们的问题意识越来越强烈，逐渐开始探索如何解决问题，相应的科研成果也就应运而生了。

（二）学科专业知识

广义上说，知识是人类认识结果的统称。学科是知识分化形成的专门性的知识领域，如物理学、化学。专业是具有特定职业取向的高校人才培养单位，如化工专业是培养化学工程师的，物理学专业是培养物理工程师的。专业人才的培养需要多个学科的支撑，如培养一个高素质的物理工程师不但需要物理学科为支撑，还需要人文和社会学科的支持。相应的，学科知识和专业知识的性质并不一样，专业知识是培养专业人才所需要的知识的总称，尽管它以某个主干学科为支撑，但也需要多种学科的知识。并且其中的许多知识是跨学科的知识。这里的高校教师的学科专业知识既包括教师教学要“传授”给学生的知识。还包括教师为提升自身的专业素养和人格品质所需要的知识。[①] 另外，要培养高素质的人才，不但要知道“教什么”，还要知道“如何教”。最后，要育人，为社会培养人才，需要了解社会及其对人才能力和素质的需要，需要人的成长经验和相关知识。基于对国家级教学名师文本材料的分析整理，我们将高校教学名师的专业知识分为四类：精深的学科专业知识、广博的科学文化知识、系统的教育科学知识和丰富的成长发展经验与阅历（见表 6-2）。

① 参见顾远明：《教育大辞典》第 1 卷，上海教育出版社 1990 年版，第 44 页。

表 6-2　“专业知识”方面的编码示例

原文节选	一级编码	二级编码	归类
多数的名师都参与编写和出版教材，并被评为国家规划教材；“讲好一门课，首先需要一个好的‘脚本’，就是教材，没有好的教材，就成为无源之水”。“根据课程改革总结经验、编写教材是我们教研组的优良传统。”	精深、娴熟的学科专业知识	学科专业知识	专业知识
在课堂上，他娓娓道来；枯燥的法律条文变为真实的案例，精辟的分析，鞭辟入里地为学生们分析正在处理的复杂案件……让学生们将原理性的知识与法律的实际应用结合起来	专业知识与现实问题融合的专业知识		
内容的准确和丰富是一堂课的生命，要有渊博的知识与合理的知识结构，不故步自封，在多年的教学科研中，不断拓展自己的领域	不断更新的专业知识		
博士期间去英国访问，广泛涉猎西方经典著作	广博的专业知识		
抓住一切时间广泛涉猎，博览群书	宽广的知识面	科学文化知识	
日常生活中喜爱看科教、探索方面的片子	兴趣广泛		
喜欢阅读教育方面的书籍和文章	教育理论知识	教育科学知识	
经常发表关于教学改革、教学经验的文章	总结教育教学的经验		
高校教师不应是象牙塔中的牧师，而应当去积极参与社会实践，关注社会发展，服务社会公益，再把从社会实践中获得的鲜活知识运用于教书育人，提升教学效果。	社会知识和实践经验	丰富的生活经验和阅历	
特殊的基层工作经历，使他有了不同寻常的远见卓识和非常丰富的人生阅历。“文化大革命”期间的广泛自由读书，对日后从事学术研究工作大有裨益	丰富的人生阅历		
海外访问的学习经历使他深深体会到，模仿传承的方法已不适用于现代设计教育，培养学生的思维能力、分析能力和动手能力此时至关重要的	体悟异域文化		

1. 精深的学科专业知识

高校教师是大学生专业知识学习和能力与人格发展的指导者，必然要求高校教师拥有系统、扎实的专业知识。不仅能够全面掌握学科的知识和理论体系，熟悉本学科的逻辑起点和发展的历史，还要掌握学科和专业最新的发展动向和未来的发展趋势。掌握精深的学科专业知识，形成良好的知识结构，这是教师能够发挥最佳教学效果的前提条件，在教师的整体的专业素养结构中占据重要地位。深厚的学术底蕴，广泛的学术视野，能够使教师在教学知识上居高临下，驾轻就熟；能够正确地使用教材，合理地进行设计教学。在教学上能够做到得心应手、游刃有余。

据统计，国家级教学名师大致通过以下几种形式完善自身的专业知识结构。一是通过提升学历的方式完善自身的学科专业知识，中国人民大学教授方福前在安徽大学完成自己的本科学业，其后又在武汉大学、中国人民大学陆续完成硕士和博士学位。长达 30 年的学习、研究使方福前教授具备了丰富的专业知识积累。二是抓住外出学习的机会，外出访学时学习大量的专业知识，完善自身的知识结构。江西财经大学胡援成教授被公派到挪威学习深造，为了利用好这千载难逢的机会，他放弃了自己休息的时间，废寝忘食不断进行学习和研究，在短短的一年时间里，系统完整地学习了 5 门专业课程，并完成自己的学业论文，受到导师和专家的一致好评。三是注重阅读专业书刊，广泛阅读教科书和参考书，以期能获得对专业知识不同的见解。黑龙江中医药大学教授段富津早在年轻时就有“书到用时方恨少”的烦恼，为此他如饥似渴地读经典著作，凡是他读过的书都写满了批注、心得体会和读书笔记，吸收了不同先贤的见解使得他在教学和工作中博采众长，别具新意。中国人民大学教授王珊在每讲一门课之前，会阅读几本不同版本的教材，他还注重对国内外各种经典著作进行归纳提炼，吸收其中的知识点和精髓。正是由于教学名师一直不间断地学习专业知识，才能使他们各自在自身的教学岗位上熠熠生辉。

2. 广博的科学文化知识

高校教师承担着教书育人的职责，教师工作的对象是有待进一步塑造的人，因此教学工作兼具“人文性”的特征。这就要求教师不仅要掌握精深的学科专业知识，还需要广泛地学习和了解其他相关学科以及其他文化知识。国家级教学名师深知事物是普遍联系的，任何学科都不是孤立存在的，为了能够出色完成教学任务和科研工作，需要借鉴、移植、吸收其他学科领域的相关成果，不断完善自己的知识结构。他们深知要给学生一碗水，自己要有一江活水。要做到这一点，就必须涉猎广泛，博览群书。因此，几乎所有的教学名师都有爱读书的习惯。南京师范大学教授徐士进读书的习惯来自良好而严格的家教。家中藏书丰富，且多是唐诗宋词、历史故事等文史书籍，严格的家训加之宽松的教育，让小小年纪的他在开卷有益中自由汲取着知识的营养。[①] 北京大学的温儒敏教授提倡自由阅读、淡化功利色彩的阅读、阅读经典，他认为经典作为一种文化积淀存在物对于民族精神建构有极端重要性。他说自己的广泛自由读书，对日后从事学术研究工作大有裨益。[②] 吸取了广泛的知识在教学中可以如庖丁解牛般游刃有余，左右逢源，融会贯通。哈尔滨医科大学教授李璞讲授的内容不拘泥教材，多是一些奇闻轶事、闻所未闻的东西，每一节课都使学生耳目一新，开阔眼界。他知识渊博，爱好广泛，是学生们眼中的"百科全书"，在办公室伏案读书的背影，令学生们印象深刻。广博的知识、丰富的经验是取得学生信任的最好方式。天津大学教授王其亨家里书橱上装满了各种藏书，不仅有专业书籍，还有很多科技文化类的专著。正是因为多年来孜孜不倦的学习和阅读，王其亨教授的见识和课堂令学生折服。他讲课时旁征博引，深入浅出，用文科的思路化解工科的知识，让学生们知其然，更知其所以然。西安电子科技大学教授刘三阳在读书期间，除了上课和休息时间，剩下的时间都泡在图书馆里，除了阅读专业书刊外，还广泛阅读了科学哲学、自然辩证法、人物传记、科普等方面的书籍。总之，高校教学名师不仅在其专业知识上系统深刻，在其他相关学科与领域等也见识广博，这无疑有助于引领学生扩展他们的精神世界，实现教育的文化功能。

3. 系统的教育科学知识

教育科学知识是教师知识素养的基础与关键。《学记》中提出："君子既知教之所由兴，又知教之所由废，然后可以为人师也。"因此高校教师要想搞好教学还必须掌握丰富系统的有关教育学、心理学等方面的教育科学理论知识。这不仅有利于了解学生，认识和掌握教育教学规律，促使教学工作朝着科学性的方向发展，也有利于教师完善自身的道德修养，调控自身的情绪和心理状态，促进教师自身的发展。尽管如此，在文献分析中我们发现，只有少数名师将系统

---

① 参见教育部高等教育司：《名师颂》第3卷，教育科学出版社2008年版，第49页。

② 参见教育部高等教育司：《名师颂》第4卷，教育科学出版社2010年版，第4页。

的教育科学知识的学习和开展教育教学研究作为自己专业发展的成功经验。如西安科技大学孙肖子教授多年来一直坚持翻阅教育类重要期刊，汲取最新的教育教学研究成果。另外，她十分关注国家对教育教学改革的新部署和国内外关于教改的新动向，并琢磨如何在教学实践中结合。清华大学教授华成英教学之余喜欢阅读教育方面的文章和著作，在阅读中把握教育的思想和内核。对于教育，他认为不仅要教会学生知识，更要教会学生思考问题的方式和方法。而多数的国家级教学名师拥有的是丰富的实践教学知识，这些知识更多不是从刻意关注系统的教育科学知识的学习中获得，而主要是通过学生时期的师承和观摩学习、个人长期的教学实践经验积累与持续不断的反思、科研方法的迁移以及对国外教学经验的借鉴等获得的。如北京师范大学的王昆扬教授，一直从事数学学科的学习和教学，并没有系统进行过教育科学理论的学习。他的发展一是得益于他导师的影响。“做学问，我是跟孙永生先生学的；做人，他对我的影响是至关重要的。他兢兢业业的敬业精神、至死不渝的事业心给我留下了不可磨灭的印象。”二是长期的教学实践积累了丰富的教学经验。“他一直坚守在教学第一线，兢兢业业，讲授本科基础课程，同时承担着研究生的教学工作和大量科研工作”。三是勇于创新和实践探索。“他在继承前人传统的优秀教学方法的同时，不断创新，总结出了富有特色的教学思想和方法，课堂上与学生互动‘王老师在教学上有自己的特点，很有想法’。”他对学生因材施教、分流培养等。① 清华大学柳冠中教授海外访问的学习经历使他深深体会到，模仿传承的方法已不适用于现代设计教育，培养学生的思维能力、分析能力和动手能力是至关重要的。② 这些例子说明，教学实践经验的积累、教学探究和国外的先进教学方式的借鉴等都是教师教学知识的重要来源。

4. 丰富的成长发展经验和阅历

在我们文本分析的 70 人中，40 年以上教龄的有 17 人，30 年以上教龄的有 47 人，占总数的 67%。他们中的一些人出生在战火纷飞、民不聊生的旧社会，体验过人生百态，尝尽人生百味，世事艰难，他们又都经历过“文化大革命”，有些人受过错误的批斗，蹲过牛棚，接受过强迫劳动，许多人经历过上山下乡，在广大的偏远农村接受劳动改造。改革开放后，他们进入新时代，迎来了发展的

① 参见教育部高等教育司：《名师颂》第 4 卷，教育科学出版社 2010 年版，第 34～36 页。

② 参见教育部高等教育司：《名师颂》第 3 卷，教育科学出版社 2008 年版，第 22 页。

机遇，有机会上大学、攻读研究生和出国访学进修等。可以说，这种丰富的人生经历使他们形成了对世界、人生、社会、事业、教育等独特的体悟和看法，成为他们指导学生树立正确的世界观、人生观、价值观的宝贵经验财富和依据。他们在艰难困苦中能够保持乐观向上、积极进取的精神和持之以恒、不懈努力的性格以及知行合一的行为态度代表着中华民族优秀的传统品格和时代精神。这使他们自身成为学生们学习和效仿的一本本优秀的活的教材。名师中教龄不足 30 年的“年轻”教师们，他们大都出生在新中国，青年时赶上了国家改革开放的新时代，顺利考上大学，获得读研、读博和出国进修的机会，他们比老一代幸运，没有过多受到人生苦难的磨砺，但他们拥有着老一辈难以获得的人生经历和丰富阅历，他们都在名师们指导下接受了系统化的教育和科研训练，可以长期在没有外部干扰的环境下从事自己所喜欢的科研和教学工作，更容易获得出国进修和与国外同行合作研究的机会，更多服务社会、了解社会的机会等。这样的一些经历塑造了他们自信、独立、乐观、开放、严谨、积极进取等优良的品格，使他们拥有更为开阔的眼界、渊博的学识、国际的视野、出色的研究能力。所以和老一代名师一样，他们同样成为学生学习和效仿的榜样，成为学生学术和人生的出色的导师。古语讲“读万卷书，行万里路”，从名师成长案例的分析也清楚地证明了这一点，对于既要成为“经师”又要作为“人师”的教师来说，丰富的人生阅历、体悟和经验无疑是成为名师的必不可少的基础。这对于广大青年教师的启示就是，不但要做好学问，还要注意增加阅历，体悟人生，关注和了解社会。就如第三届国家级教学名师龙翼飞教授所指出的：“高校教师不应是象牙塔中的牧师，而应当去积极参与社会实践，关注社会发展，服务社会公益，再把从社会实践中获得的鲜活知识运用于教书育人，提升教学效果。”①

（三）专业能力

能力，是以人的一定的生理和心理为基础，在认识和实践活动中形成、发展的完成某种任务的能动力量。② 当今大学的职能为培养人才、发展科学和服务社会。高校教师作为大学履行各种职能的主要承担者，自然应具有与完成职责所

① 教育部高等教育司：《名师颂》第 3 卷，教育科学出版社 2008 年版，第 16 页。

② 参见罗树华：《教师能力学》，山东教育出版社 2000 年版，第 7 页。

需要的能力和素质结构。这里的专业能力主要是指与教师的教育教学工作、人才培养、科学研究和社会服务相关的能力。通过对70位国家级教学名师材料的文本分析，我们发现这些名师的能力结构大致可以归为以下方面：教育教学的能力、科学研究能力、协调处理好教学与科研关系的能力和服务社会的能力（见表6-3）。

表6-3 “专业能力”方面的编码示例

<table>
<tr><th>原文节选</th><th>一级编码</th><th>二级编码</th><th>归类</th></tr>
<tr><td>逻辑严密；信息量大却让学生不感吃力；引经据典，讲求实证</td><td>教学设计能力</td><td rowspan="5">教育教学能力</td><td rowspan="10">专业能力</td></tr>
<tr><td>恰当运用现代化教学手段，利用“图形＋实物＋多媒体”的教学方式，使教学内容变得通俗易懂</td><td>运用现代教学手段的能力</td></tr>
<tr><td>把深奥的知识讲得清晰易懂，引人入胜</td><td>语言表达能力</td></tr>
<tr><td>捉住“魔鬼”中的“鬼”，探索发现法教学</td><td>教学经验总结能力、研究能力</td></tr>
<tr><td>柳老师常常带着本科生和研究生进入生产一线，让学生在亲身感受和比较中理解设计规律</td><td>课外实践指导能力</td></tr>
<tr><td>70位高校教学名师中发表学术论文的数量，30～100篇的有20人，占总人数的28.57%，发表100篇以上有38人</td><td>知识创新能力</td><td rowspan="2">科学研究能力、发明创造和应用设计能力</td></tr>
<tr><td>他以稀土钼取代了工作温度高、脆性大及放射性污染的钍钨阴极，首次成功制成了实用型镧钼阴极的电子管</td><td>创造发明能力</td></tr>
<tr><td>大学教师应积极从事教学工作和科研能力，并及时将科研和教研成果转换为教学和教材内容，实现教学和科研的相互促进</td><td>将教学科研有机结合相互促进</td><td rowspan="2">处理好教学与科研关系的能力</td></tr>
<tr><td>在教学实践中确定科研目标，在教学工作的空闲之余，挤出时间和精力投身于科研</td><td>高效利用时间投身科研</td></tr>
<tr><td>2003年，“非典”疫情大范围暴发。他挺身而出，带头站在“非典”防治第一线。他依靠科学，解疑释惑，充分发挥自己的专业优势，大力宣传防治“非典”的科学知识</td><td>运用自身专长服务社会</td><td>服务社会的能力</td></tr>
</table>

1. 教育教学能力

《教育大词典》将“教学能力”定义为：“教师为达到教学目标，顺利从事教学活动所表现出的一种心理特征，由一般能力和特殊能力组成。”这里我们将“高校教师的教育教学能力”定义为高校教师通过课堂教学和课外指导影响学生发展的能力。从文献梳理中我们发现，每个国家级教学名师都拥有着出色的教育教学能力，这从学生们对他们的赞誉和记忆犹新的学习回忆中得到直接的认证。通过对文献资料的分析归纳，国家级教学名师的教育教学能力集中在教学设计能力、运用现代教学手段的能力以及语言表达能力等方面。

(1)教学设计能力。国家级教学名师把教学看作一门艺术，经过多年的教学实践拥有卓越优秀的教学设计能力。任何一件优秀的艺术作品都是人为精心设计的结果，教学也是如此。一节精彩的课堂源于教学前的充分备课，研究表明，国家级教学名师每次上课前都认真备课，精心设计每一节课。这其中包括如何开头、如何突出重点、哪些内容重点讲解、在哪些地方设计思考问题启发学生的思维等。武汉理工大学教授刘泉每次上课前总是推掉所有的事务，集中精力备课。不管这门课有多熟悉，她备课与讲课的时间比例一直保持在 4∶1 左右。在她的课上既注重专业基础理论、技能与方法的传授，又能结合本学科的发展，不断注入新鲜的理念，讲解新的学习方法，并且时常用生活中的案例加以解释和比喻，使教学饱含着丰富的人文和科学精神。

首先，卓越的教学设计能力要有讲好开头的本领。俗话说：一个好的开头就等于成功了一半。清华大学教授华成英认为一堂好的课开始于一个好的绪论，讲好绪论，可以引导学生快速的入门。绪论课可以阐明本门学科的学科背景、历史渊源、课程的特点，也可以讲本课程的学习方法、学习中需要注意的事项、作业以及考试方法等。哈尔滨工业大学教授蔡惟铮认为绪论课应该生动活泼、图文并茂，应该巧妙运用多媒体给学生留下强烈的印象，激发学生的兴趣，为以后的学习打下良好的基础。

其次，在讲课时注重讲授内容的逻辑性，知识点之间的联系和前因后果。设计的教学内容符合学生的认知和发展的规律，设计的环节与问题能够激发学生的求知欲，以此改变原有的思维模式，使学生处在一个自然批判的学习环境和氛围中。北京化工大学教授励杭泉在上课时设计的环节逻辑严密，一推到底，一节课之间或者课与课之间没有逻辑的中断。对于一门课来说，单元与单元之间、小节与小节之间也有严密的承接关系，使所有的教学内容构成一个逻辑严密的信息流。天津大学教授汪波在教学中注意抓住学科的演变规律和思维特征以及模块间的整合关系，在讲出学科的研究方法和创新思维后讲出自己的见解、心得体会，注重基础知识的应用和创新，充分调动学生学习的积极性。

再次，在教学过程中注重启发学生的思维。在讲授专业知识的同时，重视学生人文精神的熏陶，恰当运用人文思想和哲学思想诠释专业知识，体现出事物之间的相关性和和谐性，进而促进学生在知识、能力等各方面的协调发展。北京交通大学教授陈后金在教学过程中充分体现其具有鲜明时代的教育理念，在教学过程中时常与学生互动交流，注重原理、方法和应用的有机结合，理论联系实际，激发学生的学习兴致。

(2)运用现代教学手段的能力。借助现代教学手段，将复杂难懂的教学内容变得通俗易懂，使枯燥的课程变得生动有趣，形成一种良好的教学环境，同时并不过分依赖现代教学手段。国家级教学名师具有很强的前沿意识，据了解早在20世纪，电子信息技术刚刚传入高校的时候就有许多教师开始积极探索并逐步将这一技术运用到教学中。成都理工大学教授黄润秋为了更好地表达课堂内容，在20世纪90年代中期就开始采用多媒体辅助教学。在当时教学设施条件还不先进的情况下，他主动将自己的科研经费拿出来用于制作幻灯片和投影胶片。在短短几年的时间里，在他的课堂上陆续出现了300多张幻灯片和200多张投影胶片，这些有效地提高了教学的质量。① 现如今在课堂教学中都用到多媒体，多媒体课件可以把问题由浅入深地迅速展开，从不同的视角研究处理问题。哈尔滨工业大学教授蔡惟铮认为使用多媒体授课的原则是："控制播放的速度，板书与播放相结合，给学生留有足够的思考时间，加强师生的交流。"对于多媒体课件的制作，要遵循"分层显示、动态感强，师生交互，多种媒体有机结合，便于修改"的原则。在充分考虑教育教学循序渐进的规律下控制多媒体的播放速度，加强与学生的语言互动，调动学生参与学习的积极性和主动性。②

此外，还有很多教学名师潜心研发教学手段的现代化，推动教学改革的进

① 参见教育部高等教育司:《名师颂》第3卷，教育科学出版社2008年版，第424页。
② 参见李有增、谢新水:《名师谈教学(方法篇)》，人民出版社2014年版，第55页。

程，最大程度发挥教学效果。武汉大学教授石云霞紧紧跟上科学技术发展的潮流，早在1993年就率先组织教研室的同事制作电脑试题库。[①] 在没有资金和技术的情况下，他抓住在上海读交大的儿子学习编电脑程序的机会，经过反复试验和艰苦奋斗，终于成功研制一个先进的、操作简单的电脑试题管理系统，这个题库后来被全校推广，其他高校也纷纷效仿。华南理工大学教授詹怀宇积极应用现代教育技术，与教学团队里面的教师一起制作与课程相关的电子教案，建立了课程的动画资源库，全过程采用多媒体教学，除了自己制作外，还引进国外的电子教材，吸收了国外电子教材的直观、清晰和形象性，提高了教学内容的科学性、先进性和趣味性。

(3)语言表达能力。语言是教师在培养学生、传授学生知识技能、交流师生感情的重要工具。正如苏霍姆林斯基说："教师的语言修养在很大程度上决定着学生在课堂上的脑力劳动的效率，高度的语言修养是合理利用时间的重要条件。"[②]国家级教学名师在语言表达上准确简明，富有师范性；形象生动、富有幽默感；条理清晰，富有层次感；情绪饱满，富有启示性。讲课是一门艺术，不仅要有足够的知识储备，而且要知道如何去传授和表达知识。山东大学教授王育济在讲解史学中，清晰地勾勒出史学的宏观脉络，精辟地剖析一些历史微观的细节，适时地、灵活地转变讲解视角，灵活穿插精彩历史典故，师生间进行思想交流，遇到疑难问题时进行启发式提示，使整个课堂的教学浑然天成、引人入胜。因为课堂上讲授的知识是学生未知的，所以教学语言如何才能吸引学生的注意力是至关重要的。郑州大学教授李梦如认为讲课的过程中必须给学生一个思考、喘息的机会，因而语速应适中，不亦过快。[③] 讲课的重点应多重复几遍，要让学生跟着你的思路听懂。语言应事先做好准备，尽量简练而准确，语调应有起伏，抑扬顿挫，好低有致，避免平铺直叙，此外应诙谐幽默，生动有趣。这里的语言还应包括肢体语言，肢体语言也是与学生保持沟通的有效手段。华中农业大学教授郑用琏善用肢体语言，因此他的课堂充满了磁力。在讲到蛋白质的降解机制，他会做出手势模拟蛋白质降解过程；讲到细胞死亡，他会表情肃穆，声调

---

① 参见教育部高等教育司：《名师颂》第1卷，教育科学出版社2007年版，第361页。
② [苏]苏霍姆林斯基：《给教师的建议》(下)，教育科学出版社1981年版，第289页。
③ 参见李有增、谢新水：《名师谈教学(素养篇)》，人民出版社2014年版，第108页。

也随之下降。[1] 所以说，他的课堂不仅语言精练，且更富有感染力，在他的课堂上，大家会被他精彩的表演深深吸引，他会牢牢抓住学生的心，让学生的思维紧紧跟随。

2. 科学研究能力

自现代大学制度确立以来，科研成为大学的重要职能，先成为一个学者是成为一个大学教师的前提条件。所以大学教师拥有较强的学术研究能力是自然的事情。我们的研究也证明了这一点。我们分析的 70 位名师分布在哲学、文学、法学、教育学、历史学、经济学、理学、工学、农学、医学、管理学等十一个大的学科门类。其中具有理学、工学的学科背景的名师人数居多，占总人数比例的一半以上。但不论是在那个学科，他们都表现出超强的科学研究能力。统计表明，70 位名师中发表学术论文 30～100 篇的有 20 人，占总人数的 28.57%，约有一半以上的名师发文量在 100 篇以上。另外，其中的不少人还有发明专利，一些人在工程设计等应用研究、智库等方面成果丰硕。现实告诉我们，一个科研能力强的教师并不一定是一个好的教师。但一个真正优秀的高校教师必然是一个优秀的研究者、创造者、设计者。其中的原因是高校要培养的是科学家以及各领域高级专门人才，如果教师本身不具有这样的素质，缺乏相应的能力和经验，就无法完成这一任务。就如职业技术院校需要他们的专业教师是双师型教师是一个道理。但这里需要注意的是，尽管教师的科研能力、创造能力、设计技能可以迁移或等同为教学能力，但这些仅仅是教学能力的一部分，尤其是在本科教育阶段，教师在培养学生专业能力的同时，需要促进学生德智体美等全面素质的发展。所以要成为一个优秀的教师还需要拥有专门的教学能力。最后，受当前过度功利主义的办学取向和不合理的教育评价体制影响，教学和科研彼此分离，发展成为一种对立的关系，如何处理和协调好二者的关系，是一个教师成长为名师面临的挑战。

3. 协调处理好教学与科研关系的能力

高校教师长期肩负着教学和科研两大职能。在教学和科研任务日益增加

---

① 参见教育部高等教育司：《名师颂：记第一届高等学校教学名师奖获得者》，教育科学出版社 2007 年版，第 384 页。

的情况下,如何处理好二者的关系是高校教师面临的现实挑战。我们在对样本材料的内容分析后发现,国家级教学名师都具有协调处理好教学与科研关系的能力:科研上,坚持不懈,始终站在学术研究的制高点;教学上,持之以恒,坚持站在教学一线。面对科研和教学的繁重的工作和巨大的压力,他们惜时如金,追求高效率地完成科研和教学工作,并努力找到科研和教学的契合点,平衡好教学与科研的关系,妥善安排好教学和科研的时间。关于如何处理好这二者的关系,主要是从以下几个方面着手。

首先,保持乐观积极的状态。良好的心态能使人工作更加积极向上。如上海交通大学教授王如竹性格乐观开朗,在教学、科研、管理工作的巨大压力下,他始终保持良好积极的心态。不管工作有忙,总要保持适度的放松,用劳逸结合的方式愉快地进行工作和生活。

其次,勤奋认真,保持高效工作。“一勤天下无难事”,在西安交通大学教师何雅玲的日程表上,没有上下班之分,没有节假日之分,也没有白天黑夜之分。她常常是在工作和生活中任意切换,将所有零碎的时间都用来工作。北京大学教授丘维声在面对科研和教学时间上的冲突时,他用“勤奋+效率”的方式促使这个矛盾趋于缓和。面对巨大的工作量的时候,他总是用“投入”来作为他前进的动力。对待科研和教学工作勤勤恳恳,甚至连除夕夜都用于教学和科研的规划。

再次,科学分配好时间,惜时如金。一位教师只有成为时间的主人,才能抓住时间有效利用。北京理工大学教授梅凤翔深有体会:作为一名高校教师应该保证科研和教学都不中断。在一个时期,当教学任务少时,可以适当增加科研工作;在另一时期,当教学工作多时,可适当减少科研工作。

最后,善于团结合作。在当代社会中,合作既是一种素质,也是一种智慧。通过交流与合作,参与到学术工作的分析与研究之中,实现优势互补。宁夏大学教授王玉炯善于与同事合作。在工作方面从不贪功,总是善于为他人着想,尽可能地发挥每位同事的长处,取长补短,妥善安排好工作计划。在他的带领下,新老教师能够互帮互助,团结一心,超额完成了很多教学和科研上的工作。

4. 服务社会的能力

作为高校职能之一的社会服务,是指高校从满足社会的现实需要出发,利用自己的智力与能力优势，直接为社会、经济和科技发展提供的一系列活动。[①]随着高等教育与经济社会发展之间关系的日益密切，高校直接为社会服务的职能逐步得到重视。运用自己的科研、知识等专长服务社会成为高校教师重要的职责和义务。国家级教学名师在服务社会方面具有模范带头的作用，具体体现在：一是运用自己公众的身份，积极发声，唤醒大众的意识。清华大学教授钱易作为环境工程的教授，早在20世纪90年代初在经济形势一片大好的形势下看到了中国环保问题的巨大隐患。为此，她经常以科学家和人大代表的身份在众多的学术会议和公共场所发声，呼吁政府和大众重视环境的问题。此外，她在清华大学还开设了关于环境保护的公共选修课，重视培养大学生的环保意识。二是利用自己在本学科的优势，致力于将自己所学的知识转化为对社会的贡献，帮助国家完成一些重点项目，解决当下的一些难题。江西农业大学教授杜天真在搞好自己课题研究的同时，将自己在实践研究中的科学知识惠及社会。在数十年的研究中，始终保持“学以致用”。他应用自己的所学，对江西省“山上办绿色银行”林业发展工程之宏伟蓝图建言献策。[②] 三是积极投身社会公益项目和救援活动，为社会贡献一份力量。上海师范大学教授卢家楣在汶川地震发生后，积极参加志愿者活动，并主动要求为当地的骨干教师培训，听过卢教授课的老师纷纷赞叹他上课时的旁征博引、深入浅出。

（四）师德风范

师德是高校教师的灵魂，是高校教师的生命。做一名真正优秀的教育工作者，首先要有良好的师德风范。师德风范是“教学名师在日常工作、学习、生活高风亮节的精神面貌”[③]。高校教师的师德将直接影响大学生的价值观、人生观、世界观的形成和发展，对提高人才培养的质量有着举足轻重的作用。通过对样本材料的分析，高校教学名师的师德风范既表现在对职业信仰、职业道德规范以及个人个性修养与品德的认知与理解上，更体现在将这些认知与理解付

---

① 参见曹如军：《高校教师社会服务能力：内涵与生成的逻辑》，《江苏高教》2013年第2期。

② 参见教育部高等教育司：《名师颂：记第二届高等学校教学名师奖获得者》，教育科学出版社2008年版，第294页。

③ 教育部师范教育司：《中国师德风范总卷》，华中师范大学出版社2005年版，第5页。

诸实践并产生积极效果的行为上。具体体现在爱岗敬业、关爱学生、教书育人、为人师表、淡泊名利这五个方面(见表6-4)。

表6-4　“师德风范”方面的编码示例

原文节选	一级编码	二级编码	归类
从事过许多职业后发现自己内心真正喜欢的职业是教师,把从教和治学当作自己的生活方式	热爱教师职业	爱岗敬业	师德风范
上课如同应考,学生和课堂是检验教师学识和人品的考官与考场,几十年来,不管天气和交通出现任何意外,他从未发生迟到或缺课等教学事故	认真对待教学工作		
为贫困学生送去温暖	爱护学生	关爱学生	
无时无刻不在给学生答疑解惑	帮助学生		
利用休息时间给学生举办知识讲座,用实事求是的科学精神熏陶学生,用博学多闻的知识引导学生。	富有奉献精深	教书育人	
做学问如做人,唯勤勤恳恳,踏踏实实,兢兢业业,方得成功之道	勤奋、认真	为人师表	
名师之名,其实只是一个符号和载体,是众多人的积累和支撑在自己身上的体现,我们其实是一个团队。	谦虚、富有团队精神	旨趣高远、淡泊名利	
“我什么也不要”:在此感召下,人性中固有的攀比习惯不见了,代之以敞亮的工作环境和人文气场。拒绝、远离想用礼品拉近距离的人,自我要求要无愧于良知,在人世间不失尊严	宁静致远		

1. 爱岗敬业

爱岗敬业,是教师职业道德的起点,也是教师事业生涯的基点。教师只有始终将自己的神圣职责牢记,志存高远,忠诚于人民教师事业,树立崇高的职业理想，才能在教师的岗位上发热发光，让自己的教师生涯走向辉煌。[①] 国家级教学名师在爱岗敬业上主要体现以下三个细节：尊重职业、精通职业和献身职业。爱岗敬业，首先要尊重职业。作为一名高校教师，要敬重高等教育事业。热爱教师这个职业，把教学当作自己的一项终身事业，在敬业中感受教师职业的幸福。如北京师范大学教授王静爱每次提到学生总是一脸的幸福感。幸福感源于心态，而心态源于对自己职业的追求：将教师当作一项伟大的事业。尽心、尽力、尽责地研究教学、培养学生、坚持科研，在有限的时间内带给学生最好的知识，费时给力，对学生负责到底。其次，精通职业。在自己的工作岗位上刻苦钻研，勤勤恳恳，不断提高自己的专业素养，成为优秀的教学名师。中山大学教授王金发多年来工作一直兢兢业业，使得教学、科研双丰收。在教学研究方面主持参与了教育部多项教学研究项目，同时发表了多篇教学研究论文。在科学研究方面密切追踪本专业的前沿，掌握最新的学术动向，不断探索本学科的新知识、新技术，努力争占本学科的制高点，积极推动本专业的发展和进步。最后，献身职业，以忘我的精神献身职业，不断增强自身作为教师的责任感和使命感。石河子大学教授曹连莆自毕业以来在新疆从教 40 余年，把自己的青春和岁月都献给了边疆的教育事业。曹教授这种牺牲自我、甘于奉献的精神感染了更多的青年教师扎根边疆，建设边疆的教育事业。

2.关爱学生

没有爱，就没有教育。热爱学生，是做好教育工作的基础和前提，是教师教育智慧赖以生长的土壤，是教师献身教育事业的精神支柱。[②] 国家级教学名师将“关爱学生”当作一切教学行为的准则。一是关爱学生，对学生的关爱既体现在课堂上，也体现在生活中。既关心学生的学习，也关心他们的生活：学习上，对学生的指导毫无保留；生活上，爱生如子，事无巨细。就像辽宁师范大学教授杨丽珠，善于用心灵与学生沟通。节假日总是请学生到家里吃饭，以此来了解学生的情况，学生生病时体贴入微给予精神鼓励和物质资助；关心学生的学习和思想进步，经常与学生谈心。二是了解学生，掌握他们的情况。了解学生是

① 参见杨鼎家：《教师职业道德规范与素质修养》，中国言实出版社 2012 年版，第 43 页。

② 参见柳立新、梁建中：《教师职业道德》，中国科学技术出版社 2004 年版，第 88～90 页。

教师培养师生感情的基础，是教师开展因材施教的前提。上海财经大学教授陈信元认为了解学生最有效的途径是提问。“只有学生提问我才能了解到他们哪里不懂，如果学生有疑惑而不问，而导致我有些内容没讲，我觉得是很可惜的。”[①]他注重学生与教师之间的互动，不仅鼓励学生在课堂上大胆提问，提出自己想法，甚至可以对老师教授的内容提出质疑。课下，也通过电子邮件的方式解答学生的疑惑。此外，走进学生的生活，深入学生的内心世界也是了解学生很有效的途径。湖南师范大学教授石欧经常跑去学生的宿舍，与学生讨论学习和生活，谈人生聊理想，也经常把学生带到自己的家里，与学生一起联欢。因此，在整个教学过程中，要想培养学生的综合素质，就必须要“吃透学生”，了解他们的兴趣爱好、个人的追求理想、家庭背景。只有充分了解他们，倾听他们内心的声音，才能指引和帮助每一位学生构建适合他们自己的发展目标和策略，达到自我教育、自我发展的轨道。三是对学生“严爱交融”，“严在当严处，爱在细微中”。武汉理工大学教授刘泉就是这样的人。她不仅帮助学生的学习，也十分关注学生的思想和心理健康，帮助陷入困境的学生排除心理障碍。在学习和工作中，首先对自己要求严格。作为学科带头人，刘泉的工作很忙碌，但是他依旧奔波在教学和科研的两条路上，一心扑在上面。其次，对学生“做人”的要求严格。她坚持对学生进行思想道德教育，要求学生从小事做起，把做人和学业发展相结合。最后，她对学生的学习要求严格。指导学生的论文永远都是按照“高要求和一丝不苟”的标准来严格要求学生。

3. 教书育人

《礼记·学记》中提出：“师者，教之以事而喻诸德者也。”我国伟大的教育家陶行知先生也曾提出：“千教万教教人求真，千学万学学做真人。”这些观点指出了教师职业的真谛。教书育人是教师职业道德规范的根本，是教师的天职和使命，也是衡量教师专业素养的重要维度。真正意义上的教育不只是一个传授知识技能的过程，也是教师与学生之间心灵沟通、情感交流与思想碰撞的过程。它意味着“一棵树晃动另一棵树，一朵云推动另一朵云，一个灵魂唤醒另一个灵魂”。国家级教学名师都把教书育人作为自己的根本职责。如他们说，“塑造

① 教育部高等教育司：《名师颂》第1卷，教育科学出版社2007年版，第234页。

人，成就人，乃师之天职"，"教书就是育人"。他们十分注重用自身的文化涵养和行为教化学生。一方面，以自己的专业知识和能力，教育学生如何做事、做学问，掌握为国家、社会服务的本领；另一方面，以自己的品德和行为习惯、治学态度，言传身教，引导学生找寻生命的意义、实现自身的价值追求，塑造完美的人格。中国矿业大学教授于洪珍身体力行，用爱滋润学生的心田，用实际行动培养学生优良的品德和勇于探索的精神。不管工作多忙，身体有多疲惫，于洪珍教授总是坚持不懈地给学生上课，她始终将育人放在第一位，对于经济条件有困难的学生，她通过各种方式鼓励学生重新燃起对学业的信心。心灵的感应、艺术的熏陶能够使人产生强大的共鸣。中北大学教授王爱玲爱好广泛，这些爱好不仅使自己受益终身，更重要的是可以让学生受益匪浅，悔人于无形。她热爱音乐，喜欢运动，这些爱好不仅有助于陶冶情操，提高素养，开发智力，更有助于激发学生的创新能力。

4. 为人师表

教师承担着传光明之道、授立业之命、解人生之惑的崇高使命。[①] 高校教师在社会中承担的特殊角色和职责都要求教师要为人师表。为人师表，能够促进自身发展，激励学生进步，净化社会风气。国家级教学名师在为人师表方面是高校教师行为的楷模，在"其身正，不令而行，其身不正，虽令不从"的理念指引下，他们思想先进、道德高尚、表里如一、以身立教、严于律己，在思想、道德、工作、生活等各个方面是教师和学生的表率，激励学生良好品德的养成。首先，品行端正、严以律己，在学问和品德上成为学生学习的榜样。就像华南师范大学教授莫雷一直将"敬人、容人、为人"的做人准则贯穿于自己的工作和生活中。他对待师辈谦恭有礼，时刻保持自己学习的状态，认真听取他人的意见；对待同辈以诚待人，总是主动赞美他人的成果；对待学生晚辈，保持平等交流，尊重他们的意见和观点，从不把自身的观点强加于人。在团队工作中，总是以宽容的心态包容他人的缺点和冒犯，从不苛责；时刻考虑他人的利益，设身处地为他人着想，与团队成员分享科研成果并为他们争取有利于自身发展的条件。可以说，莫雷教授的种种行为体现了一代学术大家谦恭、克己、宽容、为人的风范。

---

① 参见唐凯麟、刘铁芳：《教师成长与师德修养》，教育科学出版社 2007 年版，第 96 页。

其次，衣着整洁，举止端庄，通过自身的仪容、修养、一言一行去潜移默化地熏陶和影响身边的人。中国医科大学教授石玉秀十分注重为人师表。每次上课前都注意整理自己的仪容：认真梳理自己的头发，穿上整洁的大衣。干净整洁的外表加上充满激情的授课，不但吸引同学们的目光，更激发了学生对本学科知识的渴望。

5.淡泊名利

淡泊名利是教师为人师表、教师育人的内在力量，同时也是高校教师成为教学名师的潜在特征和条件。国家级教学名师虽然身上的荣耀和光环众多，但他们都为人低调，生活简朴，淡泊名利，志存高远。正是有了这份心态，才能在坚守在教师岗位上心无旁骛的工作，才能在学术研究中坐得了"冷板凳"，才能对学生倾注更多的爱与关怀。黑龙江中医药大学教授段富津淡泊名利，从不在意个人得失。身为有名的专家，他从不让医院挂特诊专家号。每年到他那里免费治疗的患者不计其数。这种无私奉献、淡泊名利的精神也深深影响着学生。东北农业大学教授王洪斌时刻把握好自我，他深知自身只能搞教学与学术，便在行政工作步入正轨、事业蒸蒸日上的时候毅然决然的辞去院长职务，回到教学科研的一线。辞去行政职务的王洪斌教授，在教学和科研上有了更多的精力和时间，对待工作更加踏实认真。黑龙江大学教授张奎良的廉洁作风在黑大有目共睹。在生活中廉洁简朴，从不铺张浪费。虽然衣着简朴，但是干净整洁，精神抖擞。他出差时总是将开销省到最低，看到同事在花销上稍有奢侈，便主动去教化他们养成节约的习惯。这种淡泊平淡的、不慕名利的性格使张奎良教授能经受更大的诱惑，潜心搞好自己的教学和学术工作，不被外界的纷纷扰扰所干预。

二、高校教学名师专业素养的生成路径分析

俗语讲，世上没有无缘无故的成功，国家级教学名师们能够从数以百万计的高校教师中脱颖而出，可能源于其过人的天赋、良好的机遇，但都离不开长期不懈的努力。基于这种认识，我们试图从高校国家级教学名师案例材料分析的基础上，探寻其成长、发展的路径和规律，以为广大高校青年教师学习和借鉴。我们从分析他们各自不同的成长经历和实践活动着手，在具体的文本材料的描

述中挑选出促进他们专业素养生成的关键材料内容，从微观层面分析总结为终身学习、教育教学研究、教学与科研互动和自我实践反思这几个方面，归纳概括为“终身学习”“教学研究”“教研互动”“实践反思”这四个关键词（见表6-5）。通过对关键词展开作具体分析和举例，有理有据地刻画高校教师专业素养的生成路径。

表6-5 高校教学名师专业素养生成路径关键词统计

项目	关键词	关键材料描述	人数	频率
生成路径	终身学习	始终抓住任何求学的机会，孜孜不倦地上下求索	70	100%
	教学研究	教学要以学生为中心，带领学生“猜规律”	67	96%
	教研互动	以教学带科研，以科研促教学	46	66%
	实践反思	在长期的教学实践与反思中，逐渐形成自己的教学风格	54	77%

（一）终身学习

古人云：少儿好学，如日出之阳；壮而好学，如日中之光；老而好学，如秉烛之明。一个卓越的大学教师，一个希望自身专业持续发展的大学教授，就应该是一个不断进取的求学者。学无止境、终身学习是完善教师专业素养、促进专业发展的必由之路。终身学习是人一生中所需要的知识、技术，包括学习态度等如何被开发运用的全过程。[①] 研究表明，70位国家级教学名师都坚持终身学习，不断进取。充分利用各种机会，去更新、深化、进一步充实原先获得的专业知识、具备的教育理念和专业能力，不断提升自身的专业素养。可以说，终身学习贯穿在教学名师的整个生命历程中，学习的维度大致分为三个方面：向他人学习、自主学习和在实践中学习（见表6-6）。

① 参见吴遵民：《现代国际终身教育论》，上海教育出版社1999年版，第16页。

表 6-6　"终身学习"方面的编码示例

原文节选	一级编码	二级编码	归类
出生自教师家庭，从小耳濡目染	向父母学习教师的品格	向他人学习	终身学习
读研时期向老师学习"只争朝夕"的敬业精神	向老师学习敬业精神		
注意学习其他优秀教师的成功经验	向其他优秀教师学习		
在与学生的交流讨论中发现不同的研究视角和独特的观点	教学相长，向学生学习		
"文化大革命"期间仍不忘坚持学习，想方设法抽时间学习	抽时间学习	自主学习	
认真研读原著，善于从以往的研究中发现问题	阅读书籍学习		
经常下工厂做调研，搜集最新的资料和数据，并虚心向一线的技术人员学习请教	深入实践学习	在实践经历中学习	
15 年的助教经历为以后的学术打下扎实的理论功底	从特殊的学习经历中成长		

1. 向他人学习

(1)向父母学习，耳濡目染中塑造优秀的品格。父母是孩子的第一任教师，父母对孩子的影响深刻而持久。在许多高校教学名师的成长中，早年良好家庭环境的影响，父母的言传身教等为他们后天的发展奠定了重要的基础。他们从父母和周围人的身上汲取他人的优点变成自己的特质素养。有些教师生在诗书之家，从小受父母的影响，受家庭氛围的熏陶，喜欢读书、热爱学习。如北京大学教授邓小南的父亲是中国古代史的大师邓广铭先生。她女承父业，不仅继承了父亲的学问，更学习了父亲在人品上的正直磊落；在学问上的一丝不苟、孜孜以求。西安电子科技大学教授刘三阳的父亲知书达理，哥哥勤奋好学，因此从小就受到父亲和大哥的影响，养成了爱读书、爱写作、爱学习的好习惯。他说:“我们兄妹喜欢读书,我从小对教师和有学问的人有一种本能的崇敬。”[①]有些教师生于艰难岁月,年少时家庭条件贫困,但他们从父母等老一辈身上学习和习得了艰苦奋斗、吃苦耐劳、积极乐观的精神和坚韧不拔的品质。如钱易老师尽管是国学大师钱穆之女,但童年生活充满了艰辛。抗战爆发时,一家人生活靠当小学教师的母亲支撑。母亲的坚韧不拔精神更多地影响了她,使她养成了不怕困难的性格,也让她从小喜欢上了教师这个职业。[②]

(2)向老师学习,树立崇高的职业理想和奋斗精神。名师在其成长的过程中,不同阶段的老师带来不同层次的启迪:中小学阶段,向老师学习对职业的热爱和敬业精神;大学阶段,向老师学习专业知识和对教师职业的执着、热爱;研究生阶段以及在外求学阶段,向老师学习更多的是一种对待学术和教学工作的孜孜以求的奋斗精神;成为老师以后,学习专家和前辈的学术精神和对待教学工作的经验。河北师范大学教授路紫还是一名中学生时,偶然的机会接触了一名地理学教授,他深深地被这位老师的博学和社会责任感而打动,暗自下定决心日后也要当一名地理学老师。正是有了这份偶然和特殊的经历,决定了他一生为学的选择和追求。电子科技大学教授彭启宗,从学生到老师一路走来一直在学习。在小学、中学、大学以及异国的老师他们身上,他既学习到了前辈们对教学和学生的执着和热爱,也学习到了教师对育人工作的经验和方法。南京师范大学教授夏锦文上大学时,老师的言传身教、因材施教、爱生如子的形象深深感染并影响着他,他立志以后也要成为老师这样的人,他是这么想的也是这样做的,后来,成为了一名卓越的高校教师。北京师范大学教授王昆扬在读研期间深受自己恩师的影响。如他深情地说:“做学问,我是跟孙永生先生学的;做人,他对我的影响是至关重要的。他兢兢业业的敬业精神、至死不渝的事业心给我留下了不可磨灭的印象。”[③]中国农业大学教授刘庆昌在日本留学时深受导师严谨的治学作风和谨慎的科研态度影响,这些深深影响了他未来的教学和科研工作,使他受益终身。在清华大学华成英教授眼中,“教研组里童诗白等老一辈教师是她学习的榜样。”当华成英还是一名刚毕业的年轻教师时,就跟着老一辈学讲课、批作业、做辅导。童诗白先生直到去世前仍念念不忘修订教材的情

---

① 教育部高等教育司:《名师颂》第4卷,教育科学出版社2010年版,第473页。

② 参见教育部高等教育司:《名师颂》第3卷,教育科学出版社2008年版,第25页。

③ 教育部高等教育司:《名师颂》第4卷,教育科学出版社2010年版,第34页。

景,令华成英始终记忆犹新”[1]。

(3)向同伴学习,博采众长。向同伴学习多发生于教师间的合作学习,教师间的合作是指学习者与他人有共同的学习愿景和目标,相互信赖、共同研究、交流与协作来解决和探究某些问题的一种学习方式。国家级教学名师注重与教师成员之间的合作,在与同事之间的探讨和交流中进步。在校内,通过开展学术研讨会和教学研讨会相关的活动,博采众长,逐步形成自己的教学风格。在校外,积极观摩学习其他学校的优秀教师;参加教学论坛,与同行探讨相关的教学问题。如成都理工大学教授黄润秋积极参加教研室开展的教学方法交流、师范教学、集体备课、听课评课等活动,并传授自己的教学经验。注意学习其他优秀教师的成功经验,并结合自身特点在实践中提炼和升华自己的教学品质,形成独特的教学风格。浙江大学教授夏锦文每学期都会组织教师集体备课,与教师讨论、充实课程的内容,不断听取学生的反馈信息等。在他的带领下,逐步形成了一支结构合理、教学与科研并重、学术水平高、勇于改革创新、教学质量好的教学团队。在团队中,成员之间互动交流教学经验,吸取各自的优点,大大促进了教学效果。电子科技大学教授彭启宗深知学无止境,在从教的这些年里,经常参加国内外各种教学研讨会、教学论坛和学术论坛等,和各国的著名专家,尤其是国内的同行学者们探讨和交流各自关于教学和科研的心得体会。

(4)向学生学习,教学相长。“学然后知不足,教然后知困”,在教与学的过程中,教师的教能促进学生的学,学生的学也能促进教师的教,教师在教与学的过程中不断学习,不断进步。南京大学教授徐士进对“教学相长”深有体会,在指导自己的学生论文时,由于该生的论文底蕴深厚、见解深刻,使得徐士进在撰写评语时写出生平最下功夫、最注重情感的一篇评语。可见,学生的成长与发展也能为教师的专业发展提供动力与契机。北京理工大学教授梅凤翔也是如此。在编写专著时让自己的两名硕士生参与编写工作,师生三人分工合作,边学边编。在编写过程中,学生和老师一起学习,一起成长。华南师范大学教授莫雷经常与学生开设“质疑会”,由学生报告研究的最新情况,然后师生间 起对这项研究进行拓展和质疑,形成新的研究思路和方案。[2] 在这项活动中,学生敢于提问题,善于发现问题,师生间思想的火花不断碰撞,灵感不断涌现,形成

① 教育部高等教育司:《名师颂》第3卷,教育科学出版社2008年版,第20页。

② 参见教育部高等教育司:《名师颂》第3卷,教育科学出版社2008年版,第337页。

了很多创新型的成果。这不仅拓展了教师获得独特的研究视角和观点，也极大锻炼了学生的逻辑思维和研究能力。

2. 自主学习

高校教学名师的自主学习基本发生在个体成人后，学习不再是被动接受外部的信息，而是个体建立在已有的知识经验的基础上与外界环境进行频繁互动，主动建构和完善知识结构的过程。教师作为成人，从其以往的成长经验中逐渐形成了成熟的自我概念，对自己的能力、性格、态度等具有清晰的认识，从而对自己学习的原因、目标等具有准确的把握。[①] 因此，此时教师的自主学习的价值取向是着重经验的养成和注重生成新的认知，产生学习的需求也多源于问题和需求等方面的因素。据材料表明，国家级教学名师善于抓住各种机会，基于自身的认知和需求广泛吸收国内外先进的思想，洞悉学术领域的各种问题，拓宽自己研究的领域。中国医科大学教授石玉秀为了能够胜任教学工作，在条件艰苦、恶劣的环境下自学日语。由于日语成绩出色，她抓住了教育部出国留学的机会，去日本研修了一年半。在国外研修期间，利用一流的设备条件，努力学习探讨国际先进的技术，发表了许多高质量的论文。北京师范大学教授邓小南经常利用到世界各地讲学的机会，参与国际间的学术交流，不断学习、汲取学术前沿的最新成果，使自己的学术常做常新。华南师范大学教授莫雷的治学之道是："只认可头脑中的逻辑，不畏惧任何权威。"[②]因此，他敢于用怀疑、质疑的批判精神作为科研的原动力，通过自己细心地研读原著，善于从以往的问题中发现别人看不见的问题，找到独树一帜的研究方向。厦门大学教师张馨曾多次以高级访学者的身份访学欧美国家的很多名校。在此期间，他刻苦学习、认真钻研西方的基础理论，这些对以后的治学和教学产生了深厚的影响。在他身上，科研和教学再也不是两张皮，而是水乳交融、相得益彰。

3. 在实践经历中学习

由于成人的学习更加注重实用性、职业性，学习的动机大都与他们职业的发展、个人的进步以及社会的服务相联系。国家级教学名师懂得如何在逆境中发展自我，厚积薄发；注重在实践中积累知识与技能，不断完善自我、超越自我。

---

① 参见裴淼、李肖艳：《成人学习理论视角下的"教师学习"解读：回归教师的成人身份》，《教师教育研究》2014 年第 6 期。

② 教育部高等教育司：《名师颂》第 3 卷，教育科学出版社 2008 年版，第 375 页。

学识源于积累，阅历决定眼界。华中师范大学教授胡亚敏的求学和学术的经历十分丰富。年轻时下乡当知青，闲暇之余就广泛阅读各种杂志、小说。后来，在攻读研究生时，被学校派去香港访学，在那里阅读了很多西方经典著作并接受了很多新知识新观点的冲击，由此碰撞了学术上的很多火花。北京理工大学教授梅凤翔大学毕业后一直从事助教工作，为了成为一个合格的助教，他牺牲所有的时间苦练基本功。在助教期间经历了“小四清”、“文化大革命”、下厂等，但他一刻都没有停止学习。15年的助教经历为以后的教学和学术工作打下了坚实的基础。华南理工大学教授詹怀宇为了给自己的新书增添最新的资料和数据，经常下工厂做调研。他与企业界的技术骨干交流学习，了解最新的研究动向，谦虚地向一线技术人员学习。同时，也将自己掌握的最新研究成果跟大家交流探讨，为企业存在的技术问题出谋划策。西安电子科技大学教授刘三阳在读研期间的代课经历，使得他比其他人掌握了更多的实践经验。为了出色地完成教学工作，他注意学习观察，注重吸收正反两面的教学经验。可以说，学生时期的代课经历为以后成为教学名师奠定了良好的基础。

（二）教育教学研究

“研究是教师产生新思想、获得支持的最佳途径。”[①]教学研究是教师基于教学活动现实，对发生的教育现象有针对的研究与改革，以期能优化教学活动，提高教学效果的过程。大量的研究指出，高校教师参与教育教学研究是改善教师教学知识结构，提升教育教学能力的有效途径。在对70位国家级教学名师材料的梳理中发现，有96%的人参与了教育教学研究，他们通过长期的教学实践探索，在课程体系、教材建设、教学内容、教学模式、教学方法与学习评价等方面改革创新、锐意进取，成绩斐然（见表6-7）。他们立足于教学实践，创造了许多教育教学成果，引领了高校教育教学的发展。这些关于在教育教学活动上的变革与创新不仅提高了人才培养的质量，也有助于高校教师自身专业素养的重构和升华。

---

① ［美］费奥斯坦、费尔普斯：《教师新概念——教师教育理论与实践》，王建平等译，中国轻工业出版社2002年版，第229页。

表 6-7 “教育教学研究”方面的编码示例

<table>
<tr><th>原文节选</th><th>一级编码</th><th>二级编码</th><th>归类</th></tr>
<tr><td>建立网络化、立体化的课程体系</td><td>创新课程体系</td><td>课程体系开发</td><td rowspan="9">教育教学研究</td></tr>
<tr><td>“编写一部泛函分析的教材的想法我酝酿很久了。”现实中找不到一本合适的教材。他花了大量的时间和精力，一遍遍地修改、试用、再修改、再试用。出版后教材陆续为许多大学所采用</td><td>基于教学需要编写教材</td><td rowspan="2">教材建设</td></tr>
<tr><td>根据课程改革总结经验、编写教材是我们教研组的优良传统。在编写《模拟电子基础》第 3 版时，她研究了 38 套国内外不同教材</td><td>总结经验更新教材</td></tr>
<tr><td>她找到了学生学习困难的症结，为引导学生独立发现和解决问题的目的，创造性地进行“发现法”教学，就是在讲授知识的过程中，从探索的角度模拟科学家发现问题、获得知识、推出结论</td><td>面对教学难题，创新教学模式</td><td rowspan="2">教学模式创新</td></tr>
<tr><td>在实验教学过程中，她采取开放式实验教学，实现以学生自我训练为主的教学模式，使学生得到全方位的科学研究思维方式和研究方法的训练，培养学生的综合实践能力</td><td>基于先进理念，创新教学模式</td></tr>
<tr><td>她具有创新精神并善于打破传统教学模式。在课堂教学中采取启发式、探究式的教学方法，通过提出问题、学生参与讨论等互动方式，使学生融入教学过程，训练了学生发现问题、解决问题的能力</td><td>创新教学方法</td><td rowspan="2">创新教学方法与更新教学内容</td></tr>
<tr><td>每次上课之前的备课，他都要翻阅国外新近出版的教材，查阅权威杂志发表的相关文章，将学科最前言的内容吸收后揉入教学中</td><td>更新教学内容</td></tr>
<tr><td>在考试改革中给学生“松了绑”，重视对学生学习过程的评价与激励</td><td>注重过程性评价</td><td rowspan="2">教学评价</td></tr>
<tr><td>通过局部试点、逐步推广的方式对学生的学习成绩考评方式进行了改革</td><td>改革评价方式</td></tr>
</table>

1. 注重课程体系的研究和课程内容的创新

课程体系是高等学校人才培养的主要载体，是教育思想和教育观念付诸实践的桥梁。[①] 随着素质教育、终身教育理念的不断涌入，在现代课程体系的确定和选择上，高校教学名师注意协调社会需要的外在价值、学科知识的认知实践价值以及学生发展的自身价值三者间的关系。努力将它们辩证、有机地结合在课程体系目标的价值之上，最终促进知识、能力和素质方面的全面发展。

首先，课程注重加强专业教育与通识教育的有机结合并创新通识教育。大学的教育应该是一种整体、均衡的教育。高校教学名师不仅要传授给学生专业知识，还应注重学生广博的知识基础。在以专业课为主导的情况下，也要强调知识的广泛性和基础性，加强通识教育，拓宽专业基础课程，对基础课程实现横向的交叉、融合，使学生具备宽广的视野和独立成熟的人格。厦门大学教授张馨，在他的大力倡导下其所在的院系拓宽了课程体系的覆盖范围，适度增加了人文学科方面相关的选修课程，提供给学生更加丰富的知识结构和更宽广的知识面。武汉大学教授赵林注重对通识教育课程的改革与创新，改变以往分散式的西方文化课程，形成完整的西方文化课程体系。在课程与课程之间注重内在的逻辑联系，由不同学院的教师组成同一个教学团队，在教学过程中互相呼应、相互补充，保证了课程体系的完整性和逻辑性。

其次，课程体系注重开设跨学科课程，适当传授边缘知识。当今时代知识高度分化与综合，许多科研成果往往产生在传统学科的交叉边缘之处，人类社会许多重大问题需要各学科的协同解决，因此跨学科的人才培养日益重要。[②] 华中师范大学教授胡亚敏研究英美高校的课程设置，借鉴成功的经验形成自己的特色。在注重传统文化教育、坚守核心课程的同时注重开设前沿课程，适当增加与时代相关的、非经典的边缘课程。清华大学教授陈信义多年来一直致力于基础教学。在课程内容的选择上，注意将人们容易忽视的、遗漏的基础内容补上，或者运用其他形式予以强化。学生有了扎实的功底，才能更好地掌握更精深的其他专业知识。

---

① 参见崔颖：《高校课程体系的构建研究》，《高教探索》2009 年第 3 期。

② 参见饶燕婷：《美国研究型大学的教育改革与创新——以杜克大学为例》，《比较教育研究》2008 年第 9 期。

2. 重视教材的编写、使用与完善

教材是教师和学生进行教与学活动的重要内容载体。高校的教材是教师依照专业教育目的、目标、课程标准等编制而成的。一本高质量的教材应同时符合先进性、科学性、思想性、专业性、针对性等的特点。加强高校教材建设是国家提高教育教学质量的重要举措。教育部在《关于加强高等学校本科教学工作提高教学质量的若干意见》中指出:“大力提倡编写、引进和使用先进教材。”国家级教学名师都深知先进、优质的教材对于提高教学质量的重要性,他们发挥自己的学术专长,基于高素质专业人才培养的需要,不断总结教学实践经验,开展教材的编纂和研究,产出了很多体现学科最新研究成果和人才培养标准的高质量教材。高校教材建设包括教材的选用与教材的编写两个方面。

首先,注重教材内容的更新和引进、改编国外先进教材。结合高等教育教学目标、课程体系的设置、教学方法和教学手段的改革实际,深入贯彻教材选用的先进性原则。国家级教学名师以教材建设为切入点,积极推进教学内容的重组与更新。具体来说,一是依据学科发展的新成就及时补充、增添新的知识和内容,二是注重引进和改编国外优秀的教材。如北京师范大学教师王昆扬注重精选、更新教学内容,他认为现代的学生整体能力普遍提高,因此在选用好教材的同时改写原有的教材,加深教材的难度,适当精简经典内容,将新思想、新方法渗透到教学内容中。以期能够给学生带来更宽广和深厚的知识面,并启迪学生从事学术研究的兴趣。西北大学教授史启祯认为引进国外教材是改变现状的“催化剂”。选用优秀的国外教材不仅使学生受益,更重要的是教师们可以通过教材了解世界范围内学科的发展动向,零距离接触教材所折射的西方教育理念。通过中西方两种不同的教育理念相互碰撞、融合,进而催生新一代的本土教材。

其次,教材的自我研发与编写。一本好的教材必须在教学实践中千锤百炼,朝着利于学生学习、思考和能力发展的方向不断改进。国家级教学名师在教学实践中基于学科知识的更新、教学效果的反馈和发现的问题不断修改、补充和完善自己的课程教案,在此基础上编著出既能反映学科发展前沿,同时又易教、易学、易懂,集科学性、思想性和专业针对性于一体的高水平教材。如清华大学教授申永胜钟情教学研究与改革,早在 1994 年就开展立体化教材的研究。此外，在编写教材时，尝试将每一章涉及的参考书以及该研究方向最新的趋势和热点以“文献阅读指南”的方式供师生们参考和使用。这一创新方便了学生自学、扩大了知识视野。华中师范大学教授胡亚敏参与教材编写的研究，借鉴、学习英美高校教材的开放性、多样型以及教材编写向感性和愉悦回归的特点。在教材的编写过程中本着以下几个原则：一是在概念和范畴的界定上展现其多义性的性质；二是在提供知识的同时提供对知识的质疑；三是提供一些新的命题和新的知识。[①] 这些变动促使学生们在学习完教材后既能掌握基础知识和基本问题，又能在学习中发现理论的价值和思考的兴趣。

此外，国家级教学名师注重编写辅助教材和教学指导书，帮助学生更好地理解教材。武汉大学姚端正不仅注重在实践经验中编写教材，还编写教学指导用书。全书各章均按基本要求、基本内容、复习思考题、例题分析四个部分编写。[②] 学生通过使用教学指导书上面的例题讲解，在方法和思路上都得到了启发，提高了分析问题和解决问题的能力。

3.重视有效教学模式的探索与构建

教学模式是具有独特风格和某种功效的、相对稳定的教学范式，是就教学过程的程序、结构、方法而言的多维的、立体的、动态的综合性教学模型。[③] 推进和深化高校人才培养模式的改革，构建符合中国特色高素质专业人才培养的有效教学模式是高等教育质量的重要保证。研究表明，在许多高校教学名师的职业生涯中，他们积极主动开展形式多样的教学模式改革与创新，在国家的高校教学模式改革中起着主导和引领作用。在他们的教学实践中，传统的、单一的传授型教学模式逐渐变为研究型、互动型等多样化教学模式（见表 6-8）。这些新型的教学模式致力于学生知识、能力、素质的全面发展，将创新精神与创新能力的培养融入其中，集拓宽知识、培养能力、提高素质为一体，促进学生学习兴趣的发展以及个性品质的生成。这些新型的教学模式具备以下几个特点：

---

① 参见李有增、谢新水：《名师谈教学（理念篇）》，人民出版社 2014 年版，第 215～217 页。

② 参见李有增、谢新水：《名师谈教学（方法篇）》，人民出版社 2014 年版，第 118 页。

③ 参见刁维国：《关于对教学模式的再认识——兼论多元统一的教学模式观》，《教育探索》2008 年第 12 期。

表 6-8 教学模式统计表

	姓名	教学模式
1	王如竹	互动型教学模式
2	黄润秋	实践型教学模式
3	陈信义	研究型教学模式
4	周光辉	合作型教模式
5	杨国荣	学生为主导型教学模式
6	范钦珊	研究型教学模式
7	杨丽珠	双元互动型教学模式
8	李志义	研究型教学模式

首先,重视发挥学生学习的能动性,使学生全身心投入到学习过程中,建构知识、发展智力,进而培养学生自主学习能力与创新思维。研究型教学模式就是典型的代表。清华大学教授陈信义将教学改革的重点放到研究型教学模式的转化上,提高学生更深层次的兴趣进而提高教学质量。主要通过以下几种做法来引导他们的求知欲、创新精神和探索精神:一是在教学设计的各个环节,注重培养学生的问题意识。二是鼓励学生们自己动手实践并撰写小论文。三是在课堂上融入自身的科研体会,使学生对学术研究好奇而向往。四是向学生介绍学科发展历史,增加学生的求知欲。五是开展小班的研讨课。通过在激烈的讨论中得到启发和感悟。[①] 通过这些切实有效的教学活动使学生逐渐形成敢于质疑、乐于探究、勤于动手、善于求知的积极态度,激发他们探索、创新的欲望。再如,上海交通大学教授王如竹为全校的大一学生开设新生研讨课。学生分为若干小组,每个小组根据兴趣或专业负责一个或多个课题,在他的指导下,每个小组准备 1～2 小时的讲课内容。上课采用学生主讲、师生共同讨论的形式,最终形成研究报告。一名学生在反馈中说:"这门课程开阔了我的眼界,给了我很大的启发。我们每个人都成为课堂的主角,让我充分享受到了参与的乐趣。"[②] 在新生研讨会上充分体现了学生在学习过程中的主体作用和教师引导的主导

① 参见李有增、谢新水:《名师谈教学(方法篇)》,人民出版社 2014 年版,第 117 页。

② 教育部高等教育司:《名师颂》第 3 卷,教育科学出版社 2008 年版,第 159 页。

作用。

其次，重视师生的互动和有效配合，发挥教师主导和学生主体的作用。教学包括教师的教与学生的学两个既相互独立又彼此联系的过程。大学教学只有使教师的主导和学生的主学实现有效配合才是一种高效的教学。名师们运用和创造的教学模式都符合这一特点。如辽宁师范大学教授杨丽珠实施课堂教学与社会实践双元互动型教学模式，充分发挥二者的优势，相互促进。在课堂教学方面，通过课前讲演、学生自学、课堂讨论、师生互动等方式激发学生的主动性和创造性。在社会实践方面，利用图书资料、实验基地，让学生学会基本的科研程序；利用节假日为社会服务，搞社会调查，提高学生运用已学知识解决实践问题的实践能力。① 清华大学教授范钦珊鼓励学生"在学习中研究，在研究中学习"②。提倡学生自主搜集、阅读与教学相关的科研和教学的论文。在课外作业方面，在掌握基础知识的前提下鼓励学生研究一些实际问题。

再次，都注重学生学习能力、研究能力、思维能力的培养，致力于提高学生的问题意识、分析问题和解决问题等的能力。任何教学模式都是围绕学生特定素质的发展目标而建立和发展起来的。而学生的素质、发展目标又是基于时代高等教育的目的、专业教育的目标等为主要依据确立的。强调学生的参与性，学生在接受知识的同时，经过各种探究性、自主性、研究性学习，使他们已有知识结构在与新的知识信息的交互作用下重建。③

4. 教学方法

"教学有法，但无定法，贵在得法。"教学方法不仅是方法，更是一门学问。高校教学名师拥有深厚的学识、独特的人格魅力和教学风格，因此他们采用的教学方法形式多样（见表 6-9），风格迥异，但都取得了良好的教学效果，受到学生的欢迎。他们改革教学方法，并不是简单地改变传统课堂中"灌输式"或"注入式"教学方法，而是利用现代教学手段，通过交流、讨论、合作学习等形式培养学生的个体化和乐于探究、创新的能力。

---

① 参见李有增、谢新水：《名师谈教学（理念篇）》，人民出版社 2014 年版，第 63 页。

② 李有增、谢新水：《名师谈教学（方法篇）》，人民出版社 2014 年版，第 24 页。

③ 参见齐平：《高校教学模式改革的现实路径研究——基于创新人才培养的教学管理与教师的视角》，《黑龙江高教研究》2011 年第 9 期。

表 6-9 教学方法统计表

	姓名	教学方法
1	杨孝平	分层次教学法
2	朱传喜	目标教学法
3	于洪珍	启发式教学法
4	王育济	“以点带面”式教学法
5	莫雷	“倒立金字塔”教学法
6	励杭泉	“全景式”教学法
7	黄希庭	“散步式”教学法
8	李璞	讨论式教学法
9	房鼎业	实例教学法
10	周益春	互动式教学法
11	柳礼泉	“五结合”教学法
12	姚端正	互动式和趣味式教学法
13	赵林	互动式教学法

南京理工大学教授杨孝平积极开展教学改革措施，努力让更多的学生得到个性化的发展，在其学院大力开展分层次教学法。大一新生来到学校后根据学生的基础、个人志愿以及专业方向将全校学生分为培优班、A、B、C 四个层次的教学班级。[①] 根据不同的班级分别选用不同的教材，实施不同的教学进度和教学方式，因材施教。南昌大学教授朱传喜潜心研究教学，创立“目标教学法”。具体来说，先根据学生的成绩以及各人的作业情况，拟制订出他们本学期期末要达到的标准。[②] 每次制定的目标都要比上次高点但是又在学生可承受的能力范围内，符合最近发展区的规律。这种目标教学法能够激发学生的个人潜能，从而达到最佳的教学效果。中国矿业大学教授于洪珍多年来一直致力于教育教学研究与实践，主持的启发式、创新型教学研究获国际级教学成果二等奖。她总结了十大启发式教学法：联想式启发、由浅入深式启发、谈论式启发、关联

① 参见教育部高等教育司：《名师颂》第 3 卷，教育科学出版社 2008 年版，第 207 页。
② 参见教育部高等教育司：《名师颂》第 3 卷，教育科学出版社 2008 年版，第 257 页。

式启发、思考性启发、实践性启发、回顾式启发、总结式启发和多媒体教学启发。[①] 采用这些具有创新性、启发性的教学方法调动了学生的积极性和主动性，使课堂教学充满活力。华南师范大学教授莫雷著名的"倒立金字塔教学法"，一直让学生们印象深刻。每门课程的教学，首先讲解教材的"目录"，即讲解该课程的核心体系，将学科最核心的知识内容放在最底层，构成倒立金字塔的顶端。[②] 通过这种建构式教学，使学生们在学习之初就建构了整个课程的知识框架，随着课程深入，慢慢往里增添知识，逐渐形成自己的知识框架。更重要的是学生学会了如何去学习一门课程，如何把握学科体系。北京化工大学教授励杭泉在教学中不仅灵活地使用多种教学法，还自创了"全景式教学法"。具体做法有：一是通过"视角轮换法"将同一个知识点进行正向、逆向、侧向传输。二是通过转弯递进对同一个知识点不断递进、升华，层层逐渐递进。

5. 学习评价

高等教育的质量以大学生学习为最终落脚点，学习评价是提升高等教育质量的关键切入点。大学生学习质量是学生认知、情感以及行为等内容的组合体。[③] 通过构建多元化的学习评价体系促进学生的主体发展是高校教学名师对大学生学习评价的终极逻辑。多元化学习评价体系是对学生知识、能力、素质综合评价的多元系统，反映在评价的内容、过程、方式、方法、手段及其管理等环节的多样性。[④]

首先，评价过程注重过程性评价。清华大学教授申永胜改革评价体系，致力于给学生创造宽松和谐的学习氛围。重视学生在学习过程中的评价与考核，将学生平时的课堂表现、作业、实践活动、讨论课、小论文的分数都计入最终成绩。平时成绩优异的同学可以获取期末免考的资格。此外，期末考试采取开卷考试的形式，考试题目没有标准。这些评价改革使学生重视平时的学习，调动学习的热情和积极性。

其次，评价方式注重多样化。浙江大学教授陆国栋成功实践了"自主命题、

---

① 参见李有增、谢新水：《名师谈教学（方法篇）》，人民出版社 2014 年版，第 32 页。
② 参见教育部高等教育司：《名师颂》第 3 卷，教育科学出版社 2008 年版，第 376 页。
③ 参见杨院：《大学生学习评价的逻辑、实现与优化》，《中国高教研究》2015 年第 8 期。
④ 参见潘菊素：《构建多元化学习评价体系的探讨》，《中国大学教育》2004 年第 6 期。

自我测验、自行评价”的“三自”新模式。[①] 学生自主命题，自行给出标准答案和评分标准，写出出卷和学习过程的心得体会并以PPT的形式讲解，新型的评价方式将传统的两个小时的考试变成两天、两周甚至更长时间，帮助学生更好地把握基础知识、重难点，提高学生平时听课的质量和学习的效果。

再次，考核内容注重综合化。东华大学教授郁崇文一直探索综合性的评价方式。他着力研究在课程中如何将大作业、小论文、课堂讨论、课程设计、小组合作等多种形式的考核内容有机综合化，使考核的内容有利于培养学生的知识创新和应用。湖南大学教授柳礼泉构建立体化的学习评价体系。学生成绩评定除了采用传统的闭卷考试、开卷考试等评价方法外，还逐步形成了参观体会评价法、课程论文成绩评价法、知识竞赛获奖免考法、论文比赛获奖加分法等新的考评方法。[②]

（三）教学与科研互动

教学和科研是大学的两大职能，两者缺一不可。没有科研的教学犹如“一潭死水”，教师也无法从固有的经验中获得专业素养的提高；反之，紧靠科研的单线发展则会成为“无本之木”，背离了大学培养人才的最终目标。科研对教学名师的成长起着不可或缺的作用，学术研究的广度和深度影响着教师的教学效果和水平，因此科研与教学互动是高校教师获得专业发展、提升专业素养的途径。研究表明，在70位国家级教学名师中，有66%的人强调通过坚持科研来促进教学，实现二者的相互促进作用，在实际工作中将科研与教学协调发展，使两者处于良性互动的关系（见表6-10）。

---

① 参见教育部高等教育司：《名师颂》第3卷，教育科学出版社2008年版，第263页。

② 参见教育部高等教育司：《名师颂》第3卷，教育科学出版社2008年版，第263页。

表 6-10 “教学与科研互动”方面的编码分析

	科研对于教学的意义	教学对科研的促进作用	实现良性互动的方式方法
将教学与科研有机结合是搞好教学工作的重要环节	科学研究帮助掌握学科前沿和教学内容更新	教学有助于科研的系统化与理想化	在潜心教学的同时也努力搞科研
科研和教学是一种相互补充、相互促进的关系	教师带领学生做科研也是一种教学的方式方法	教学为科研培养后备人才	将学科领域发展的最新动态信息和成果、科研体会和问题，及时补充到教学中
搞好教学并不等于放弃科研，只有教学科研并进，才能更好地教书育人			开放重点实验室和先进的设备资源，吸纳学生进入课题组

1. 坚持科学研究

我国著名的科学家钱学森曾说过：“不会搞科研的教师不是合格的教师。”科研是高校教师的重要职责，搞好科研是高校教师的职责所在，同时科研有助于提高教师的教育教学水平。教师的科研活动不仅能不断更新教师的知识体系，也有助于驱动教师将科学的思想方法、治学态度向教学转化，从而提高教学水平。国家级教学名师对科研事业始终饱含热情，吃苦耐劳、坚持不懈，一路走来硕果累累。随机抽取 18 位国家级教学名师的资料，列举他们主要的科研成就（见表 6-11）。不难看出，正是因为国家级教学名师在科研上始终坚持，才取得了诸多的科研成就和成果。

表 6-11　科研成就统计表

	姓名	科研成就
1	汪波	发表国内外学术论文 200 篇，其中核心刊物 100 多篇；完成的课题获国家奖一项，省部级奖 5 项；主编、参编教材 4 部等
2	王珊	主持承担国家科技攻关项目、“863”高科技项目、国家自然科学基金重大项目；科研成果获国家科技进步二等奖、电子部科技进步特等奖等多项奖励
3	杨国荣	先后独立承担或主持 10 项科研项目；出版学术著作 10 余部；发表学术论文 150 余篇
4	郁崇文	承担国家“863”项目、国家技术创新项目 20 多项；主编国家级和部委级教材 5 部；获得教学成果奖多项等
5	陈后金	承担国家和省部级项目 15 项；合作研究美国 NIH 基金项目；发表重要学术论文 50 多篇；获得 10 多项省部级以上的教学成果奖
6	王爱玲	负责国家级、省部级科研课题 30 多项；负责的科研攻关项目曾多次获省、部级科技进步奖；发表学术论文 100 多篇
7	徐士进	先后承担国家自然科学基金、部委攻关课题多项；发表学术论文 70 多篇；出版著(译)作 4 部；获教育部科技进步奖等
8	刘泉	承担国家自然科学基金重点项目和国际合作重大项目；获两项国家发明专利；发表学术论文 90 篇等
9	莫雷	主持 20 多项国家级、省部级重点科研课题；出版学术著作 40 多部；发表研究论文 200 篇；获得 10 多项省部级优秀成果奖
10	梅凤翔	出版专著 13 部；发表学术论文 300 篇；获得国家教委科技进步甲类一等奖，国防科技二等奖
11	段富津	学科建设成果多次获奖；先后承担国家科研课题 4 项、省部级课题 6 项；发表学术论文 40 多篇；获省政府科技进步奖等
12	胡援成	发表论文 108 篇；出版专著及主编、参编教材 21 部；主持国家课题、国际课题、省级课题 24 项等
13	石云霞	发表教研、科研学术论文百余篇；主编教学和科研研究专著、教材 20 余部；承担国家级和省部级教学、科研项目 10 多项；获得省部级以上教学、科研奖 10 多项等

续表

	姓名	科研成就
14	王昆扬	发表学术论文60余篇，学术专著两部；获国家教委科技进步奖和国家自然科学奖；主持国家自然科学基金自由申请项目
15	王洪斌	先后主持国家、省部级科研项目22项，其中有国家"863"计划项目、国家"863"示范项目等；主编、副主编21世纪课程教材和全国统编教材等10部；发表论文100余篇
16	王如竹	主持了国家自然科学基金4项、国家"973"课题1项、科技部攻关项目2项和科技支撑项目1项等；在中国国内外核心期刊上发表论文300余篇，其中国际期刊论文200余篇；获得国家发明专利20项和实用新型专利15项等
17	张馨	先后主持10余项国家级和省部级科研项目的研究；正式出版著作28本；在国内各类学术刊物上发表论文和文章130余篇
18	刘三阳	主持国家自然科学基金项目3项，承担国家"863"计划项目、教育部博士点基金等10多个科研项目；在国内外刊物发表学术论文300多篇

透过这些科研成就我们发现，国家级教学名师在科研道路上都有自己的制胜法宝。概括来说有以下几点：第一，科研注重持之以恒。科学研究本就是一项艰苦的探索性工作，因此需要坚持不懈的、不间断的学习与积累。华南理工大学教授詹怀宇一路走来总是"勤"字当头、从不懈怠。即使在周末或者假期，也基本都在办公室或实验室度过。面对自己诸多的科研成就，他总是谦虚地说："其实我的科研成绩并不大，但是我一直都在坚持。"[①]可见，勤奋与执着是高校教学名师在科研事业道路上的前进动力。第二，科研注重求实创新。西南大学教授黄希庭总是带着问题意识去进行科学研究，在别人不经意发现的或忽视的问题上发现重要的具有学术价值的课题，并能根据自己已有的研究，创造出有价值的结论。在平时的教学中，无论是课题的选择、实验的设计、结果的分析等等，都能体现他别具一格的创新。此外，他并不局限于在自己研究的领域，而是不断拓展创新，尝试跨学科的研究。正是这种坚持不懈的探索精神和强烈的问题意识，使他的研究成果始终走在学科的前沿。第三，科研注重团队合作，依

① 教育部高等教育司：《名师颂》第4卷，教育科学出版社2010年版，第203页。

托团队力量。高校教师的工作既繁忙又琐碎，因此要想完成教学和科研的双重任务，紧靠个人的努力是不够的，必须依靠团队的力量，同事之间相互配合、取长补短、共同进步。湘潭大学教授周益春在对待教学、科研、管理三方面工作时，除了自身的努力和全身心的投入外，团队的力量是他的依托。在科研方面，周益春教授很注意将团队的力量整合集中，在确定目标和方向后，大胆放手让团队的其他教师和学生做，让他们参与其中，同时也锻炼了他们的科研能力。

2.科研与教学互动

材料表明，国家级教学名师谙熟科研与教学相辅相成、互相促进的关系，在教学和科研的关系中处理的游刃有余，并且有自己的见解和认识。一方面，科学研究可以将多门学科的理论和方法综合运用于解决问题的创新转化过程；另一方面，科研成果为教学提供新的教学素材、案例，为教学带来新的理念和模式。

(1)立足科研前沿，对教学内容及时更新，融入最新的前沿知识。科研促进教学内容的更新，运用科研案例补充教学内容，引进科研成果和最新的科研知识能够完善教学知识体系。北京师范大学教授王静爱在教学内容中善于将科研成果增添其中，自己亲身参与的科研实例讲解起来会更深刻，对学生的启发会更直接。此外，在教学内容上经常引入一些一线研究专家的报告，倾听专业、权威的报告，使学生与研究者零距离接触，更好地让学生了解前沿知识，掌握现实需求，学以致用。西安交通大学教授何雅玲每讲一次课前都会认真组织教学内容。她注意吸收学科领域的新成果并结合自己在科研过程中遇到的问题和心得体会，精心雕琢教学内容。此外，在课堂上善用“科研案例法”的教学方法，将本学科的理论知识与科研中的实际问题相结合。向同学们阐述这些在科研中的实际案例，极大地促进了学生的科研积极性。青岛理工大学教授王燕注重实例教学，在科研工作中留心积累教学素材和案例。每次参加专家会都会带回先进的、新型的成品和模型，供学生在课堂传看。此外她经常亲自实地考察，全程跟踪拍摄，获取大量细节资料，制作编辑成教学课件。天津大学教授汪波一直走在学科前沿，理论密切联系实践，将自己曾经主持过的课题编写成教学案例并汇编成册，印发给学生供学生参考。宁夏大学教授王玉炯开放重点实验室和先进的设备资源，吸纳学生进入课题组，培养他们的科学素养和科研能力，使学生在知识、能力、素养三位一体的教学体系中全面发展。湖南师范大学教授石欧善于把科研资料运用到教学中，将大量的著作、学术会议和讨论中的第一手资料作为他教学中的案例。这样一来，教学中引用的数据不仅有说服力、实例清晰，还使得他的讲课内容具有前沿性、科学性、新颖性，调动了课堂的气氛。东华大学教授郁崇文一直坚持“以教学带科研，以科研促教学”。注重将研究成果进行利用、转化，服务于教学。例如由他主持设计制作的已用于教学的纺纱系列小样机、喷气涡流纺纱机等都包含了他的最新研究成果。[①] 华东师范大学教授杨国荣总是将自己在科研上的研究心得和成果拿出来与学生分享，学生们可以在课堂上听到他已经写好但还未正式出版的书里面的内容，他会积极与学生分享书中自己的最新观点和科研成果。

(2)科研教学相统一，通过一系列的科研活动培养学生的科研能力。华南师范大学教授莫雷指导学生从事科学研究。他指导学生进行科研的要求是：“立足前沿，挑战权威，努力创新。”[②]他与本科生、研究生组成课题组，要求学生按照科研的需要密切追踪国际前沿的研究，阅读国际前沿重要的文献资料，了解该研究领域的研究情况，通过“区域联防”和“盯人防守”两种措施跟踪国际研究前沿。此外，他还会定期召开“碰撞会”，让学生阐述最近的研究，其余人则对这项研究提出质疑或拓展，形成新的研究思路和方案。对研究课题前沿方向的准确把握以及对已有的研究不断质疑，锻炼了学生的逻辑能力和研究能力，提高了学生的科研水平。中国矿业大学教授于洪珍在教学之余组织参加第二课堂和大学生科技训练。学生可以采用招标的方式自愿参与，公平竞争，通过第二课堂的学生可以继续参与大学生科技训练和课件制作相关的科研课题活动。学生通过参与课题研究，为以后从事相关的研究工作打下了基础。

(3)开展教学学术研究优化教学，教学学术就是以教育教学中的问题为研究对象，通过研究来优化教学。如上海师范大学教授卢家楣一直秉承着“以科研促教学的理念”。他从事的研究与教学实践紧密结合：从当前学校教

① 参见教育部高等教育司：《名师颂》第4卷，教育科学出版社2010年版，第193页。
② 教育部高等教育司：《名师颂》第3卷，教育科学出版社2008年版，第377页。

学中重知轻情的现状出发，研究如何运用情感因素优化课堂教学。[①] 通过研究和实证调查，提出了很多实用、可操作性的优化教学效果的具体措施，这些措施能有效地作用于教师的教和学生的学的各个环节，推动教育教学研究的改革。

（四）自我实践反思

美国心理学家波斯纳提出的教师成长公式“发展＝实践＋反思”，这反映了实践与反思的重要性。反思的内涵涉及多个方面，我们所指的自我实践反思是指教学名师在实际的教育教学环境中，对自己的教学行为积极主动地通过反思不断调整、改进，以此来逐步提高自身的教学能力和专业素养的过程。根据已有的研究，反思的程序结构大致分为四个部分：实践、行为回顾、分析与评价和重建。[②] 丰富的教学实践是成为教学名师的前提条件。研究表明，有 77％的国家级教学名师在教学上形成了成熟的教学风格的基础上不甘于现状，勇于反思自身教学经历，调整自身的授课模式来适应新环境。正是基于反思性的教学实践，教师将面对真实的自己、寻求真实的发展空间、获得思维方式和观念系统的自我更新。[③]

1. 反思性教学实践

教学实践是实践知识和教育智慧的源泉，教师专业素养的生成是在教学实践与反思中逐步养成的。反思教学实践实际上就是在教学中发现问题并解决问题的过程。国家级教学名师多年来一直立足教学实践，在实践环境中塑造教师角色，通过多种途径来达到反思教学的目的。

第一，通过观摩专家或同事的教学行为反思教学实践。中国科学技术大学教授程福臻组织课程组参与教研活动。大家聚在一起探讨教学中需要解决的问题，通过观摩教学行为、交流探讨互相诚恳地提出工作中的优缺点，以此来反思和改进自身的教学实践。中国科学技术大学教授陈国良通过倾听大师的讲

---

① 参见教育部高等教育司：《名师颂》第 4 卷，教育科学出版社 2010 年版，第 198 页。

② 参见吴金辉：《教师专业发展的理论与实践》，中国传媒大学出版社 2006 年版，第 84 页。

③ 参见方建华：《名师专业成长的规律、影响因素与机制——基于名师成功人生的解读》，《教育发展研究》2011 年第 2 期。

课来反思自身的教学行为。他曾聆听华罗庚先生的课堂教学，对其深入浅出的授课形式十分钦佩，意识到“一缸水舀一瓢水”的教学真理，因此每次上课前总是花大量时间备课，反思自己的教学，使自己的教学内容常讲常新。西安电子科技大学教授傅丰林组织参加教研室针对教师开展的教学业务考试。通过揣摩、学习其他优秀教师独特的教学形式和教学上的人格魅力，以他们为榜样在内心反思自己的教学行为。这种既当教师又当学生的双重身份，带给他在教学上更加丰富和立体的体验。

第二，通过阅读理论文献来反思实践。江西财经大学教授胡媛成多年来一直坚持理论学习，持之以恒。他阅读了很多教育、哲学、经济名著，学习到了先进的思想和理论，并结合自身的实践经验反思教学。华东师范大学教授杨国荣将自己所有的研究成果都归功于自身的阅读和反思。通过阅读哲学经典著作，掌握哲学思考问题的方式。在每一个研究阶段确定一个中心问题。这样，就能够顺着自己的轨迹从事理论性的思考。

第三，通过回顾自身的授课经历反思教学实践。武汉大学教授赵林经常听自己上课讲授的内容录音，课后第一时间回顾，反思自己哪些地方做得不好。经过不断的磨炼和思索，他的课堂越来越成熟、信手拈来。

第四，通过学生的反馈来反思教学实践。湖南科技大学教授杨鹏程提高自身的教学水平有“绝招”。在每门课程结束后，以无记名的形式要求学生对自己的教学写一份评价，并要求只写批评的意见和建议。通过学生畅所欲言和对意见的认真整理和反思，从中了解学生们的内需和真实想法，逐步克服教学中的缺点，提高了教学水平。

2.积累教学经验

高校教学名师不断探索教育教学规律，经过多年的教学实践积累了很多教学经验，对待教学工作有自己的心得体会，对培养人才有深厚的认识和方法。湖南师范大学教授石欧在长期的教学实践中逐步形成了自己的教学风格，他总结了四条经验：一是“吃透教材”。找到教材的重难点，实施“范例教学”。二是吃透“学生”。了解学生的个人爱好、兴趣、各自的家庭背景，满足他们对新鲜事物的追求，做到因材施教。三是“不拘形式”，开展形式多样的教学活动。四是

“严格规范”，课堂纪律、作业和考试都有一套严格的标准。[①] 石河子大学教授曹连莆通过长期教书育人的实践，把个人的经验概括为“三式育人”：第一，大水浇灌式，即通过报告、讲座、座谈等形式引导学生学习正确的理论；第二，雨露滋润式，即结合课程寓思想教育于平时的教学中；第三，整枝打杈式，即通过严格的规章制度严格要求学生。北京化工大学教授励杭泉认为教学的最高境界是“简单”：用最简单的语言、最简单的形象比喻把概念讲清楚。[②] 中北大学教授王爱玲经过多年的积累和沉淀，在教学上总结了八字原则，即“新、精、系、用、融、传、活、梯”。“新”是指教学内容和教学手段新颖、前沿，即采用国内外最新的信息融入教学中，运用最新的教学手段；“精”指教学内容的精深和专业；“系”指的是注重教材的系列化、系统性；“用”指的是加强学生的实践教学环节，做到活学活用，提高学生的动手能力；“融”指的将科技成果融入教学实践中；“传”指的是在课堂教学中着重传授学生获取知识和提高自身学习效率的学习方法，培养学生的综合素质；“活”指的是采用梯队化的教学模式，使学生与教师之间互动与交流更密切。[③] 这八字法宝还将继续伴随王爱玲教授的教学研究的不断变革和升华。

多年的教学实践经验使高校教学名师意识到讲好课的关键在于备好课。为了讲好课，国家级教学名师不惜花大量时间备课。华东理工大学教授房鼎业总是“三年一大备，年年必小备”。他的讲稿每隔三年重新整理一遍，把学科中最前沿的信息、内容和实例补充进去，永远保持讲稿的前沿性和含金量。西安电子科技大学教授傅丰林每次上课前总是重新备课，一是更新知识，二是在上一次讲课的基础上总结提高和反思。

此外，国家级教学名师在教学之余善于总结，热爱写作。重视对教学实践经验的总结，及时把教学感悟和心得记录、凝练，在写作中梳理思维，发现教学规律，形成诸多研究成果。清华大学教授傅水银带头组织同事将自身在实践经验中的心得体会汇编成册，仔细研究后在其中发现问题并改进。他在教学和科研的过程中不忘总结，完成了很多教研项目和成果，其教育思想和主张在很多

---

① 参见教育部高等教育司：《名师颂》第4卷，教育科学出版社2010年版，第364页。

② 参见教育部高等教育司：《名师颂》第4卷，教育科学出版社2010年版，第24页。

③ 参见教育部高等教育司：《名师颂》第3卷，教育科学出版社2008年版，第96页。

高校都颇具影响力。清华大学教授申永胜结合教育教学研究成果，在国内核心刊物和国内外学术会议上发表了教育教学研究论文30余篇。[①] 其中部分论文被国家评选为优秀教育科学研究论文。写作不仅是表达，更是思想总结、升华的过程。浙江大学教授陆国栋在教学上精益求精，拒绝循规蹈矩，主动将在教学实践上的经验和成果总结升华，发表了教学学术论文100余篇。南京大学教授朱传喜的业余爱好是写论文，他总是充分利用节假日和课余时间潜心总结教学经验和成果，笔耕不辍。

三、结论与讨论

基于以上分析，关于国家级高校教学名师的素质和成长路径，我们得出以下一些一般性的结论。

(一)关于高校教学名师应具有的素质

1.高校教学名师必须拥有优良的个体品质和良好的师德

教师的个体品质和师德既有区别又有联系，前者主要是指作为一个社会人的品德和素质状况，后者是教师职业专门的道德要求。二者的联系是前者是后者形成和发展的基础，没有良好的个体品质难以形成良好的师德，从广义上说，个体品质是师德的有机组成部分。另外，良好的师德可以促进个体品质的完善。从文献梳理中，所得出的国家级高校教学名师都拥有良好的个体品质和优良师德的结论并不是偶然的，而是具有内在的必然性。他们是每一个要成为教学名师的高校教师应具备且不可或缺的品质。教师的个体品质和师德具有两种基本的功能：一是对外的，包括对学生在内的他人等的影响；二是对内的，对自身发展的影响。关于前者是我国教育、教师文化的传统，为发挥教师榜样示范作用，提高教师的人格魅力，拥有良好个体品质和高尚师德的必要性已有大量的论述。教师优良的个体品质和师德对于教师顺利成长和高水平发展的不可或缺性可从几个方面来看：一是形成良好的人际关系。高校教师的成长与发展需要有一个良好的人际关系环境，而能够拥有这样一个环境的关键是教师的

---

① 参见教育部高等教育司：《名师颂》第1卷，教育科学出版社2007年版，第44页。

个性和品质，所谓“得道多助，失道寡助”。高校教师良好的个性和品德是建立良好人际关系和个人生态圈的关键前提和基础。二是长期保持积极的工作状态。世间万事，要取得成功，除天赋外，最主要的是长期不懈的努力，所谓“百分之一的天赋加上百分之九十九的努力”。高校教师的科研和教学要实现不断进步取得成功同样离不开长期的努力与付出。教师个性中广泛的兴趣，对生活、事业和学生的热爱，积极进取的生活和人生态度，坚韧不拔的意志，持之以恒的精神等都是个体愿意长期努力、付出的个性和品德基础。三是提高学习的效果。个体的成长、事业的进步、成绩的取得都离不开终身学习。而决定学习效果的是个体的品质，如谦虚、认真、积极主动、兴趣等。以谦虚的品质为例。谦虚的品质并不一定来自对自身不足的认识，还可以是来自于一种更为积极的认识论，即人们对事物的认识是无止境的，没有永恒不变的真理，由此得出，自己对某一事物的认识只是诸多认识中的一种，他人与我不同的认识同样可能是合理的。多听听其他人不同的观点可以拓展、丰富和完善自己对事物的认识。拥有这种认识论思想的人，他们会同时拥有自信和谦虚的品质。他们珍惜自己的经验同时能够做到海纳百川的学习。他们会为获得新的认识而欣喜和满足，如孔子的“闻过则喜”“朝闻道夕死可矣”，他们会对这个世界和自己所从事的事业抱着永远新奇的态度。四是有助于事业的厚积薄发。美国两位畅销书作家，丹尼尔·科伊尔的《一万小时天才理论》与马尔科姆·格拉德韦尔的一本类似“成功学”的书《异类》，其核心都是“一万小时定律”，就是不管你做什么事情，只要坚持一万小时，基本上都可以成为该领域的专家。国家级教学名师们之所以能够取得非凡的成就都与他们的执着、持之以恒、高度责任感和积极进取的个性品质直接相关。正是他们拥有良好的个性品质、人生态度、工作态度使他们比常人更容易打通“最后一公里”，到达成功的彼岸。五有助于积极地面对困境与挫折。从国家级教学名师的成长历程可以发现，他们中的一些人曾生于乱世、生活艰辛，一些人经历过“文化大革命”，遭遇学业中断且无书可读的困境，但他们没有悲观和绝望，而是在困境中积极面对生活、主动学习提升自己，一旦机会到来，他们便抓住机遇，“化茧成蝶”。

2. 高校教学名师必须拥有精深的学科专业知识和丰富的教育教学知识

高校教师兼有教师和学者的两种身份和角色，无论是传授知识培养人才还是致力于学术研究发现新知识，拥有专深的学科专业知识都是必不可少的前提条件，也是不言自明的。从上文的梳理中也充分证明了这一点，他们既是活跃在学科前沿掌握学科前沿知识和研究方法的学术专家，同时又是教学一线掌握系统学科理论和丰富专业知识的资深教师。他们之所以能够在不完全相同的两个领域做到如鱼得水，深厚扎实的学科专业知识都是其中的基础。但从文献的分析中，我们也认识到，同样是学科专业知识基础，不同性质的学科专业对教师学科专业知识基础的要求是有差别的。总体来看，基础学科的研究和教学，更为重视和强调教师拥有丰富、精深的学科知识，如自然科学中的数学、物理学，人文社会科学中的哲学等。而应用学科的研究和教学，不但要求教师拥有一定的学科知识，更重要的是要精通专业知识和技能。如医学、工程学、艺术学等学科领域中从事专业教育的教师，他们不但要知道知识是什么、为什么，更要知道如何做。另外，仅从履行教师这一角色的职责看，教师仅单纯地精通学科专业知识是不够的，还需要能够将这些知识与现实事物和实际的应用联系在一起，许多国家级教学名师们能够在教学中做到旁征博引，就是因为做到了这一点。此外还需要围绕教学中学生的发展目标进行知识的组织，如很多国家级教学名师都主持过教材的编写，教材不同于专著的显著特点是前者是围绕教学和便于学生学习而编写的，名师们之所以能够取得骄人的教学成绩与此有内在的联系。

显然，拥有了丰富的学科专业知识还只能算是一名学者，而要成为一名教学名师，能够把自己所掌握的知识有效地传递给学生，同时促进学生能力等素质的发展，还需要丰富的教育教学知识。这里所谓的"教育教学知识"并不能等同于教育教学的理论知识，而是以教师的教育教学经验和在此基础上获得的理论认识等构成的实践性教学知识。关于实践性教学知识，我们在前面的第四章中进行过详细的讨论，从中我们知道，依照抽象程度的不同可以分为理论层面的实践性教学知识和经验层面的实践性教学知识。实践性教学知识不同于抽象的与实践缺少密切关联的教育理论知识，是一种情境性的、整体性的"知识"，是由教师在亲身教育教学实践中获得的，它能清楚地告诉教师应如何去做，如何教才是有效的。从以上国家级教学名师的分析中，我们可以清楚地知道，他们所有的人都拥有的丰富的实践性教学知识，并且他们的知识层次都达到了较高的理论层次。具体来说，他们不但知道如何教，如何有效地教，他们还知道其中的道理是什么，他们能够敏锐地意识到自己教学中的问题。

3. 高校教学名师拥有丰富的阅历和人生体悟

“读万卷书，行万里路”是我国古代先哲人生修行、增进学识的不二法门。作为教师要做到学高为师，身正为范，引导学生确立正确的人生观、世界观、价值观，需要拥有丰富的阅历和体悟。我们分析的国家级教学名师们大都有着丰富的阅历和人生体悟。这里的阅历可以大致分为两类：一类是教育和学术阅历，每个名师都接受过长期的教育，他们中的许多人曾留学海外或就读于不同的学校，见识过形形色色的教师，体验过不同学校文化、学术文化、教学文化和实践模式，这些经历会对他们如何做教师、从事教学和科研产生深远的影响，如不少名师谈到他们遇到的很多好老师是他们科研、教学、做人永远的楷模，他们进行教学模式改革的许多做法和灵感源于他们在国外教育的经历等。除此之外，许多教学名师参加过各种学术会议、承担教学和科研课题、编撰教材等活动。另一类阅历主要是指学术生活之外的人生历练和生活经历。每个名师都有自己独特的人生经历，从中他们形成了自己对世界、社会、人生、生活等的基本观点、看法和态度，这些观点和看法不同于书本上的抽象的道理，而是教师们在反复的生产和生活实践中检验过的，所以他们能够更好做学生的人师，引导学生领会人生之道、生活之道，帮助学生解除心中的疑惑。

（二）高校教学名师成长发展的有效路径

1. 不断进取的、自我实现的人生态度和终身学习的能力

国家级高校教学名师们之所以能够成长为名师，达到事业的巅峰，其中也许不乏一些幸运的成分，但最为关键的是他们始终持有积极乐观的人生态度、自我实现的人生追求和善于学习、终身学习的能力。

俗语讲“人生之不如意十之八九”，人的一生都会遭遇许许多多的困难和问题，要经历很多的挫折，有些人会不断克服困难和问题，从挫折中奋起并最终取得成功，也有很多人会习惯于在困难和挫折面前却步，向命运低头并最终一事无成。名师们之所以能够成为名师，成就事业的巅峰，也是在于他们拥有积极乐观的人生态度，不怕困难，不回避问题，不怕挫折，勇于面对人生的一次次挑

战。他们善于学习，善于向他人学习、向生活学习，善于在应对困难和挫折中学习，把人生的每一次“遭遇”都看作是成长的基石。另外，教学名师们多是一些以自我实现为人生追求的人，他们关注内在的成长胜于物质和名誉。正如美国学者贝恩在描述那些已经取得显著成就的美国优秀大学毕业生所指出的：“他们致力于内在的成长，一种对世界的好奇引领他们去探索人性、艺术和观念的世界。他们不会仅仅着眼于门门功课得‘A’，更关注的是他们能否具有优秀的思维品质，能否不断地适应成长的需要，挑战自我，发现问题，解决问题。他们寻求发展自己的思维能力，让好奇驱动他们的学习与生活，这种诉求成为他们学校教育动机的一部分，超越了名次和荣誉。他们很少去做那些容易产生嫉妒的社会性比较，他们的竞争对手只是他们自己而非他人。对于他们来说，生活就是使自己做得最好，而不是在与他人的竞争中取得胜利。”①正是这样一种内在的成长追求和自我超越，使他们能够淡泊名利，宠辱不惊，不断成长，达到了人生的一个一个新的高度。对于大多数名师来说，成为名师只是因“内圣”而“外王”的一个标志罢了，并非他们的刻意追求。

2. 热爱教育事业，具有强烈的责任感和使命感

热爱是最好的老师，无论从事任何一个职业，没有发自内心地对事业的热爱，都难以达到事业的巅峰。从所有教学名师采访资料中，热爱自己所从事的教育教学工作，真心关爱学生是每个名师共同的特点。因为热爱，所以他们愿意终生从事这一职业，愿意拿出更多的时间和精力投入到工作中，即使辛苦也感觉不到苦。因为关爱，所以他们愿意拿出自己的真心与时间与学生相处，最终赢得学生的尊重和爱戴。从名师的成长事迹中我们也发现，并不是所有的名师在他们的职业之初就对教育拥有这样的情怀，促使他们从“不爱”到“爱”转变的是他们所拥有的强烈的责任感、使命感，基于对学生负责和教书育人的使命，他们努力工作，从大量正面的、积极的反馈中，他们找到了工作的乐趣，体验到了作为教师的幸福，由此，也就逐渐爱上了这个工作。所以，教师对这一职业的热爱是可以培养的，正如我们在第二章中所指出的，如果一个人自小就喜欢教师这一职业，长大后也成了教师，且依然喜欢并热爱这一职业，我们可以称这类

---

① ［美］肯·贝恩：《如何成为卓越大学生》，孙晓云、郑芳芳译，北京大学出版社2015年版，第7～8页。

教师为“天生的教师”,而多数人是因为后天选择了这一职业才产生出的情感,受择业目的、个人素质、努力程度、个人绩效等的因素的综合影响,这种情感可以是爱、热爱,也可能是厌恶、失望。要培养出爱的正面积极的情感,需要努力工作,不断提高教育教学效果,处理好与同事和学生的关系,做到与同事和睦相处,逐渐做到从内心真正喜欢这一工作,并进而热爱这一事业。

3.不断探索和总结教育教学经验

从上面的分析中我们知道,教师要做到有效促进学生的学习与发展,需要具有一定的实践性教育教学知识。从教学名师们成长发展的经历和经验中我们可以得出这样的结论:这类知识的获得与教师是否在职前接受过系统的师范教育没有直接的关系,更多教师是通过长期在实践中积累经验、主动探索与学习的方式获得的。依照第三章我们对实践性教学知识生成机制的分析,备课、实施教学、课后总结与反思是教师个体的实践性教学知识生成的三个主要环节。在名师们的事迹中,课前认真备课是他们的共同的行为特征,那么备课对于实践性教学知识的生成的作用是什么呢?我们将备课形成的教案称之为“前实践性教学知识”或“学科教学知识”,它包含着教学的目标、教学的内容、教学的过程、教学方式方法、师生互动、教学过程评价等要素。其中隐含着这样设置目标、处理教学内容、采用教学行为等的某些依据。换而言之,备课的过程实际上是教师为完成一定的教学目标,针对特定的教学对象,基于自身的经验、认识和所掌握的教育理论对教学过程和行为等进行系统设计的过程。一个教案实际上就是一个行动方案,其中蕴含着“这样做会达到预期的效果”等的行为假设。对于一个认真备课的教师来说,完成了教学设计、形成了教案也就意味着他对将要展开的教学活动及其可能的结果有了全面、系统和整体的认识,这不但是教师全面驾驭教学和进行有效教学反思的基础,也在很大程度上决定着最终形成的实践性教学知识的质量。

实施教学是依照教学设计开展教学的过程,同时也是验证教学设计是否合理有效的过程。这个过程是实践性知识真正形成的过程,教学设计的所有内容、环节、方式方法在这里被付诸实践,各种有效性的假设得到检验。其中实践性知识形成的关键是教师在教学中的观察、判断、反思与内在监控,即观察学生的反应,判断教学的有效性、观念和行为等的适切性,反思和监控自己的行为、内部心理过程、教学中出现问题的原因等。通过教学，教师将教学设计落实到实践中，对教学设计有了更为全面和深入的把握，发现了其中存在的问题和不足以及改进的初步思路，同时获得了大量真实的教学体验，譬如如何控制教学节奏、如何与学生进行良性的互动，遇到突发问题如何应对等。伴随着教学的结束，教师关于本次教学的实践性教学知识基本生成了。此时的实践性教学知识包含着大量的“默会知识”。为提升实践性教学知识的层次和质量，持续改善教学，还需要教师进行课后的反思。

从教学名师有关教学能力发展的梳理中，可以清楚地发现，他们正是从一次次的精心备课、教学和坚持不懈的课中和课后反思中不断获得和积累自己的实践性教学知识，除此之外，他们还非常注意学习教育理论知识和他人经验，以此来指导和改善自身教学。

4. 平衡好科研和教学的关系

从名师文献资料的分析中，我们发现，在高校科研和教学压力普遍较大的背景下，能够不断提升教学能力的秘诀在于能够平衡好教学和科研的关系，不仅如此，很多名师还能够做到教学和科研相互促进，实现二者共同的发展。他们的做法可以归结为两类：一类做法是提高工作的效率，或者是挤出休息的时间用于科研和教学的准备。另一类做法是将科研和教学工作进行有机整合，这其中又有两种做法：一是研究什么就教什么；二是教什么就研究什么。前一种做法历史上有先例，如 19 世纪初柏林大学的学者就是如此。这种做法的优点是，由于教师是所教授课程相关领域的专家，所以对教学内容烂熟于心，并能够把该领域最新的知识、研究动态、研究方法及时传递给学生。这种做法在研究生教育阶段较为普遍，也比较适用和高效。在本科教育阶段，随着高等教育大众化、普及化进程的加速和各类专业教育的兴起，该做法对很多教师来说就不适应了，因为学校学生规模的迅速增加和大量专业课程的开设使教师资源变得日趋紧张，很多教师不得不去开设自己并不是很擅长的课程，所以就有了第二种做法，即教什么研究什么。教学名师中采用这两种做法的都不乏其人，但以前者居多。这两种做法都可以使科研和教学相融合，做到相得益彰。但这并不能完全解决二者的冲突。

实际上，所谓“高校教学和科研存在冲突”并不是两项工作自身造成的，究其原因可能是过高的科研压力，为完成科研任务难以有足够的时间和精力投入教学。如一些高校教师管理中采取的“非升即走”原则，教师拿不出足够的高水平的科研成果就晋升不了职称，进而面临必须调离岗位或者失业的窘境。也可能是因为高校不适当的激励政策，如不少学校科研好则一切都好，做科研有名有利，从事教学基本是无名无利。在这样一些政策和制度导向下，许多教师作出重科研和轻教学的选择也在所难免。解决这些问题，除了国家和学校层面深化改革外，也需要教师保持定力，能够抵住诱惑，坚守教书育人的根本职责，就如很多名师们一样做到淡泊名利，同时付出加倍的努力。另外，在可能的情况下，要善于拒绝做一些自己不够擅长的工作，用毕生的精力专攻一个领域，上好一门或几门与研究领域相关的课程。

第七章　高校优秀青年教师教学能力发展的个案研究[①]

目前，青年教师占据了高校教师队伍的半壁江山，他们的教学能力直接决定着高校教学质量的好坏和人才培养水平的高低。加快培养一批素质高能力强的高校青年教师队伍，是当前地方本科高校面临的一项紧迫任务。青年教师教学能力的发展具有一定规律性，同时又具有鲜明的个体特征，每位优秀青年教师的成长发展历程都是一般规律性与特殊个体性的统一。研究他们身上丰富而又独特的发展轨迹，发现和总结他们成长发展的经验和有效做法，对于完善和优化高校教师队伍建设，帮助广大青年教师快速有效提升自身教学能力等具有重要的借鉴和参考价值。本部分选取了在校级和省级教学比赛中获得过教学一等奖的四位本科高校青年教师作为研究对象，通过课堂观察与个案深度访谈等方式探讨了他们的教学能力发展历程，详细描述了他们的成长过程和经历，概括总结出他们成长发展的成功经验和有效做法，并从一定的理论视角对这些经验和做法进行了分析和讨论。另外，探讨了影响这些教师教学能力发展的主要影响因素。基于以上研究和分析，最后对如何提升高校青年教师的教学能力提出了建议。

一、高校青年教师教学能力发展的理论基础

高校青年教师是一个独特的社会群体和学习者。首先作为成人群体，他们的学习具备不同于儿童的成人学习的特性；其次他们是特殊的成人群体——高

① 本部分节选自本课题组成员季新洁的硕士学位论文《地方本科高校优秀青年教师教学能力发展的个案研究》。全文由张奎明在与季新洁协商基础上作了全面修改。详见季新洁：《地方本科高校优秀青年教师教学能力发展的个案研究》，曲阜师范大学硕士学位论文，2018 年。

校教师，这一职业的发展有别于其他社会职业，是最需要终身学习和实现终身发展的职业；最后，教学与研究是高校教师的两大重要职责，实现教学与研究的有机统一是对每个高校教师必然的要求。基于此，我们确立了成人学习理论、教师专业发展理论以及教学学术理论作为研究的理论基础。

（一）成人学习理论

成人学习理论的发展大致经历了三个阶段：20 世纪 20～50 年代是早期研究阶段，该阶段主要探讨成年人是否有学习能力的问题，并通过研究得出了肯定的结论。20 世纪 50 年代后进入专业化发展阶段，该阶段将成人学习与儿童学习进行区分，注重建构适用成年人的教学方法与策略，探析成人学习理论的特有知识。20 世纪 80 年代起呈现多学科的发展趋势，即成人学习者借助其他学科以阐述对成人学习的理解。该阶段涌现出许多有关成人学习的理论，如成人教育学理论、自我导向学习理论及质变学习理论等。

成人教育学理论作为该领域的里程碑式成果，几经修改与完善，从最初的四项假设最终发展成六项基本假设：学习需要（the need to know）、学习者的自我概念（the learners' self-concept）、学习者经验的作用（the role of learners' experiences）、学习的准备性（readiness to learn）、学习的倾向性（orientation to learning）、学习动机（motivation）。[①] 在这六个方面，成人学习者与儿童学习者之间存在显著的差异。

成人学习理论认为，成人学习的主要方式是自我指导的学习。自我指导学习又称“自我导向学习”，诺尔斯将自我指导学习定义为：“一种没有他人帮助的、由个体自己引发的以评价自己学习需要、形成自己的学习目标、寻求学习的人力和物质资源、选择适当的学习策略和评鉴学习结果的过程。”[②]成人具有的高度自我发展意识是在工作中不断进取的重要条件，教师作为教书育人的成人，往往具有更高的自我发展能力。

成人学习理论中代表性的理论是成人质变学习理论。其中理性质变、社会

① 参见凌玲：《诺尔斯成人教育学理论的形成脉络》，《中国成人教育》2013 年第 13 期。

② 温艳红：《基于自我指导学习理论的成人教育教学设计》，《成人教育》2009 年第 4 期。

质变及个性化质变是质变学习理论中三个主要的流派。理性质变将批判性反思作为成人学习的一个显著特征，认为它是质变的主要动力。社会质变学习理论弥补了理性质变忽略社会因素的弊端，认为成人教育应通过培养学习者的批判意识、发挥学习者的主观能动性，最终促使学习者认识世界、凭借自己的能力推动社会发展与进步。[①] 个性化质变是对理性质变理论中忽视个体情感这一缺陷的补充。个性化质变理论的核心概念是“洞察力”，包括个体的接受能力、认同和悲痛三个阶段，其中悲痛是洞察过程最重要的阶段，这里的悲痛是指原有的认知模式和方法不再相关或有效，此时，个体必须抛弃陈旧的思想、信仰及价值观念的模式，接受或建立新模式。[②]

成人学习理论是研究高校青年教师教学能力发展的重要理论基础。首先，高校青年教师具备进一步发展的潜在可能性。作为成人，高校青年教师已经积累了丰富的经验，同时具有学习的主动性与自制力，为进一步提升自身能力素质奠定了基础。其次，高校青年教师具有进一步学习的必要性。现代社会的迅猛发展和知识的更新换代决定了教师不能囿于已有知识、故步自封，而应不断更新知识体系，为学生提供符合时代发展的知识。最后，高校青年教师不断学习有其重要性。只有经过持续学习与发展，才能促进教学能力最终由量变实现质变。

（二）教师专业发展理论

何为教师专业发展？对此有两种解释：一是“教师专业”的发展，二是教师的“专业发展”。前者强调从社会学视角看待教师群体所表现出来的职业的外在专业性的提升，后者主要从教育学和职业个体发展的角度强调教师个体所表现出来的内在专业化提高。[③] 我国学术界更多将教师专业发展理解为教师的“专业发展”，包括教师个体的专业知识、专业技能、专业情意、专业自主、专业价

① 参见虞村：《成人学习理论发展探究》，《中国成人教育》2016 年第 15 期。
② 参见张伟、刘征：《质变学习理论基础、建构及对成人教育的启示》，《中国成人教育》2016 年第 16 期。
③ 参见唐玉光：《教师专业发展与教师教育》，安徽教育出版社 2008 年版，第 32 页。

值观及专业发展意识等方面由低到高逐渐符合教师专业人员标准的过程。[①] 关于教师的专业结构，其中较具代表性的划分方式有以下几种，如表 7-1 所示。

表 7-1 教师专业结构划分[②]

研究者	教师专业结构
叶澜	教育信念；知识；能力；专业态度和动机；自我专业发展需要和意识
艾伦	学科知识；行为技能；人格技能
林瑞钦	所教学科的知识（能教）；教师专业知能（会教）；教师专业精神（愿教）
曾荣光	专业知识；服务理想
饶从满等	专业理念；专业知识；专业能力；专业态度与动机[③]

以上教师专业结构的划分，从横向揭露了教师专业素质的内涵，具有复杂性、多样性特征。教师专业发展阶段理论，纵向展示出教师教学生涯发展的曲折上升性，其中主要有职业/生命周期理论、心理发展理论、“关注”理论等。这些理论都是从教师专业发展具有不同的阶段为前提假设，从不同的视角或标准来研究教师的专业发展，将教师专业发展划分为不同阶段，揭示不同阶段的特征等。高校教师教学能力的发展属于教师专业发展的范畴，这些理论为我们研究教师的专业素质及其发展历程提供了基本的参考和分析框架。

（三）教学学术理论

20 世纪 80 年代美国大学重科研轻教学的现象严重，如何正确处理教学与科研的关系、恢复教学在大学中的地位，进而保证大学教学质量，成为美国教育界广泛关注的热点。为提高教学在高校中的地位，时任卡内基教学促进基金会主席的博耶在发表《学术水平反思——教授工作的重点领域》报告中，创造性地提出了“教学学术”的概念，他认为大学学术有四个不同而又相互重叠的功能，即发现的学术水平、综合的学术水平、运用的学术水平、教学的学术水平。[④] 由

---

① 参见宋广文、魏淑华：《论教师专业发展》，《教育研究》2005 年第 7 期。

② 参见叶澜等：《教师角色与教师发展新探》，教育科学出版社 2001 年版，第 231～241 页。

③ 参见饶从满、杨秀玉、邓涛：《教师专业发展》，东北师范大学出版社 2005 年版，第 45～55 页。

④ 参见[美]欧内斯特·波伊尔：《学术水平反思——教授工作的重点领域》，人民教育出版社 1994 年版，第 22～32 页。

此教学学术进入研究者的视野。

教学学术的内涵自提出后经历了由博耶所强调的教师中心范式到舒尔曼所强调的学生中心范式，这一理论由此从“教学学术”(Scholarship of Teaching，SOT)发展为“教与学学术”(Scholarship of Teaching and Learning，SOTL)。舒尔曼指出：教学学术必须是对某些或全部教学行为的一种公开表述——视角、设计、实施、结果和分析——允许教师的专业同侪进行批判式评审，并且要经得起考验，可以充分运用在同一社群其他成员未来的工作中。[①] 简言之，舒尔曼认为教学学术应具备“公开、能面对评论和评价、采用一种能够让他人进行建构的形式并且能够对结果进行反思”[②]这三大特征。

教学学术理念为我们看待大学教学和教师能力的发展提供了一种全新的视角和范式，将教学与科研视作不可分割的统一体，有利于平衡科教矛盾，进而复归教学在大学中的核心地位。这里，教学学术理念是我们考察教师教学能力发展的重要视角，也是提出教师发展策略的重要理论支撑。

二、高校优秀青年教师教学能力发展的个案调查

本章主要对选取的四位教师的教学生涯发展分别进行阐述与分析，阐述与分析的依据主要基于深度访谈所获得的信息以及课堂观察所获取的一手材料；阐述与分析的内容从纵向来看涉及职前、职初及在职的各阶段发展，从横向来看蕴含教师观、教学观、学生观等各方面内容。

(一)S老师的教学能力发展历程

S老师，男，37岁，教龄12年，讲师。毕业于师范类高校，发展与教育心理学硕士，现就职于师范类高校。

2006年入职以来，他主讲过“普通心理学”“发展心理学”“实验心理学”“西方心理学史”等14门专业课，并开设了“心理咨询的理论与应用”“心理学与生

---

① 参见霍秉坤、徐慧璇、黄显华：《大学教师教学学术的成长阶段及发展策略》，《清华大学教育研究》2013年第4期。

② 王玉衡：《让教学成为共同的财富——舒尔曼大学教学学术思想解读》，《比较教育研究》2006年第5期。

活”“心理学经典电影赏析”3门公选课。在某高校“青年教师授课大赛”中获第一名，发表文章数篇。S老师以寓庄于谐的教学风格，深受学生们的欢迎。教学中，他将心理学抽象的理论知识与现实生活的鲜活事例相结合，大大提升了学生对理论知识的理解程度。

1. 成长经历

作为一名深受学生喜欢的青年教师，S老师是如何开展不同的课堂活动以达到理想效果的？他有哪些教学能力？这些教学能力是怎样发展的？笔者将结合S老师所开展的专业课教学、公选课教学及成人教学三大方面，总体阐述他职前、职后的教学能力发展，并着重探讨其职后顺利发展期的教学表现，探索上述问题的答案。

(1)职前阶段

技能习得。中等师范学校（以下简称“中师”）的学习经历为S老师的从师道路打下了坚实的技能基础。“我特别感谢在‘中师’那几年练的‘三笔两话/画’，‘三笔’是钢笔字、粉笔字和毛笔字，‘两话/画’是普通话和简笔画。”“三笔”的功底从S老师的板书中便可见一斑；标准、娴熟的普通话使S老师在讲台上谈吐清晰、逻辑鲜明地表达自己的讲课内容；简笔画是其他高校教师很少具备的一项技能，这是S老师课上的重要辅助手段，通过简笔画的形式将心理学实验形象地绘制出来帮助学生直观感知实验的过程，促进理解性学习。

知识积累。在“中师”的突出表现让S老师获得了保送进入大学的机会，此后的大学及研究生学习生涯丰富了S老师的知识储备，使他工作后得以在教学活动中游刃有余地将相关知识融会贯通，帮助学生们获得整体性而非片段式的知识体系，培养了学生联系、整体的学习思维。去蹭S老师课的学生反映：总能在S老师的课堂上获得自己需要的知识，就像老师在给自己专业的学生上课一样。这足以证明S老师对知识的系统把握，也从侧面反映出求学期间知识获取的重要性。

实践锻炼。教师的个体知识如何转化为可被他人接受的外显知识需要经过教师的不断实践。大学期间S老师便明确了从教的职业目标，为此他抓住每次锻炼自己的机会，积极参与学校组织的讲课比赛、辩论赛等。为参加其中一次讲课比赛，他请同学当听众，将讲课过程练习了几百遍，最后甚至精确到几分几秒该进行哪一环节设置、使用何种语言表达。一次次的讲课实战以及辩论赛中对语言表达与逻辑思维的锻炼让他步入教师岗位时能迅速适应角色转换，顺利加入大学教师的行列。

(2)职后顺利发展期

相比其他青年教师而言，S 老师入职后很快适应了身为人师的社会角色，这得益于入职前对教学技能的长时间锻炼，得益于对他而言既是本体性知识又是条件性知识的教育学、心理学与教育心理学知识的学习，可谓是“台上一分钟，台下十年功”的真实写照。教师岗位上的 S 老师表现十分出色：

①全方位备课

尽管已从教数年，S 老师仍坚持认真备课。他坚持自己制作课件，在他看来，从网上下载或直接借用他人的课件使用起来总是“不顺手”。他的课件中很少出现成篇幅的简体汉字，“将 Word 文本的内容直接粘贴到 PPT 中，那学生可以自己看，老师便起不到作用了”，学生的学习兴趣也大打折扣。为此他以繁体字的形式呈现课件内容，一方面让学生接触中华文化，另一方面学生对某些繁体字不认识，这激发起学生的学习好奇心，此时教师的点拨显得尤为必要。生活中 S 老师也不忘为课堂积累素材，上网时遇到与讲课内容契合的图片、音频、视频或新闻等他都会随手保存到专门建立的文件夹中，备课时便能从中抽取，而不用特地去搜索。

此外，学生是课堂的核心，备学生是备课的重要环节。针对不同的学生群体，S 老师课前会设置不同的案例，选择不同的教学方法。如给本专业学生上课时他往往将知识的理论性与实践性相结合，展现知识的实用价值，激发学生学习积极性；开展公共课时则尽量提高知识的趣味性，让学生对心理学知识产生浓厚的兴趣，将因学分而选课转为因学习而选课；成人相对学生而言对社会有直接体会，面对成人群体时，S 更多将社会现象与理论知识相结合。

②寓庄于谐的课堂

笔者曾系统上过 S 老师的“儿童发展心理学”与“西方心理学史”两门专业课，可以说他的课堂实现了传授知识、锻炼能力与塑造人格的巧妙融合。

知识的传播。“教师的职责首先是传道授业与解惑。”其一，S 老师对自身知识有较高要求，“教师的知识量都是比较大的，不同的是知识的系统性与条理性，因此作为教师我比较注重能否把自己的知识融会贯通到一起”。他自身完备、系统的知识体系是培养学生整体性知识结构的重要前提。其二，不同的教学对象要求教师传授知识时灵活选择教学方法。对于本专业的学生，要求他们全面深入系统地掌握心理学知识，这需要教师能够由浅入深地进行讲授。“心理学较为晦涩难懂，尤其是基础心理学，概念十分抽象。针对这门课，我会先举例，再结合相应的概念进行解析，由生活中常见的简单易懂的现象深入到本门课的定义中，进而帮助学生理解。”S 教师对例子的使用有其独特之处，如在讲“再造想象”(指根据语言文字的描述展开想象)这一概念时，S 老师在 PPT 上展现了一幅经典书法作品《天净沙·秋思》，其特别之处在于未呈现最后一句“夕阳西下，断肠人在天涯”，而是请某位学生起来朗读并补充完整。同时，请大家根据这段文字的描述自我想象其描绘了一幅怎样的场景，再请学生分享他们的看法，最后呈现一幅《天净沙·秋思》的情境图。这个过程既引导学生回忆了《天净沙·秋思》，又带领学生切身经历了一次“再造想象”的过程。学生不需死记硬背“再造想象”的概念，却将其深深印刻在脑海里。与专业课不同，公选课的开展目的在于打破专业壁垒，培养学生的广泛兴趣，形成跨学科思考的学习习惯，这对课程的趣味性有更高要求。为此 S 老师开了“心理学经典电影赏析”这门公选课，其课程形式是选取合适的电影，在播放过程中时不时摁下暂停键，“及时讲解电影片段中蕴含的心理学原理，这样学生听起来更有兴趣，同时又更好地理解了知识”。这对于没有心理学基础的其他专业学生而言更易接受，也更能激发学生的学习兴趣，实现了公选课的设置初衷。

能力的锻炼。正如耶鲁学院的教授所言，知识宝库中的东西远远超过大学四年课程的容量[①]，授之以鱼不如授之以渔，传授知识之余更应提高学生的能力。S 老师尤其重视培养学生的批判能力、创新能力以及师范生应起码具备的一些基本功。其一，“在我们的教材中大多是充满浓浓正能量的内容，但也有对现实社会不公平现象的针砭和批判，这就需要学生擦亮眼睛，养成批判性思维，发展批判的能力”。S 老师经常展现给学生正反两面的社会现象与社会观点，引导学生作出自己的判断，锻炼学生的批判思维。其二，S 老师的考试题目中总会

① [美]约翰·布鲁贝克:《高等教育哲学》，王承绪等译，浙江教育出版社 2001 年版，第 6 页。

设置一个或几个开放式问题，“这类题目在书上找不到固定答案，需要学生将这门课的知识融合起来，对问题进行全面探讨，以此锻炼学生的发散思维，培养学生的创新精神”。其三，S老师强调：“作为一名大学生，以后终将是一名老师，即今后作为自己后代的启蒙老师……我个人认为大学期间应该培养学生一些基本的从师技能，这包括很多，如说话的条理性、思维的连贯性、书写等等。”为此，S老师会组织学生自选主题并制作PPT，在课上进行展示与讲解，锻炼学生的表达能力与思维的逻辑性。

人格的塑造。与传统“传授—接受”的教学模式不同，现代教学日益强调学生作为主体的多方面成长，S老师践行了这一理念。举例来说：在心理学中情感包括三种，即道德感、理智感和美感。道德感通俗地说就是“乐于助人、乐善好施”。对此，S老师从感动中国十大人物中挑选一些伟大事迹，“讲完例子之后，学生们理解了定义，也懂得根据道德价值来判断他人。我做不到，而别人做到了，道德真高尚！与此同时，学生们会考虑如果换作是我，我会这样做吗？我能做到吗？这也是一种见贤思齐，见不贤内自省的过程”。这敦促学生在生活中不断向榜样靠近，力求成为一名道德高尚的人。

③持续的课后反思

反思有利于教师审视自我并发现课堂问题，针对问题采取改进措施。S老师经常回顾课堂细节，尤其是感觉某节课“讲得不那么酣畅淋漓”，他便会“琢磨”可能是哪些原因导致，在心里对有问题的地方打上问号。“这时若有一个平行班是最好的，将这些可能有问题的地方进行改进，将这种改进后的教学设计运用到另一平行班中，如果发现有效果，那么证明自己找的问题点是对的，今后就可以避免这类问题了。”除了课后反思，S老师还十分注重课前的琢磨，“可能课前突然又想到了更好的讲解范例”。可以说反思与琢磨已成为他教学必不可少的一部分。

(3)职后遇挫与再提升期

面对职业发展中遇到的问题，S老师坦然说道：“人做一件事情就是这样，可能一开始挺顺利的，但过不了多久就会出现问题，可能会碰壁，而经过这个低谷期之后就会变好了。”工作七八年时由于课程安排太满、薪水问题、自己备课的辛苦程度与他人认可的程度不成正比等原因，S老师出现了职业倦怠，S老师打趣道:“这就像婚姻会出现七年之痒一样。”

职业倦怠给S老师带来新的提升突破口,朋友与同事的情感支持与献计献策;个人不断反思,找寻问题的症结;求助老教师,汲取他们处理问题的经验等都是S老师突破困境的方法。很多教师在遇到问题时就想逃避、放弃,S老师也不例外,但最终还是坚持下来,这一方面得益于他对教学的用心,“当用心去做的时候,教学就不再是一种累赘,相反是一件赏心悦目的事情”。另一方面大量的实践必不可少,与他人交流之后,S老师会及时采取改进措施,将其运用到课堂中观察教学效果,并根据反馈进一步发现问题、继续地改进。例如根据课堂时间与学生的反应及时调整案例的使用与知识点的讲解顺序,在平行班中试用不同的教学方式观察教学效果等。正如S老师所言:“有实践,有问题,有思考,以此才能得到发展。”

2. 小结

S老师的教学生涯大致分为三个阶段,即职前、职初顺利发展期及在职再提升期,每个时期呈现出不同的发展任务与发展特点,如图7-1所示。

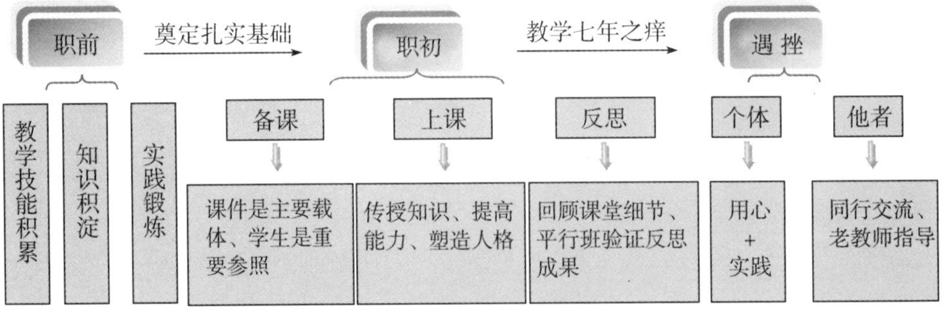

图7-1 S教师教学能力发展历程

(1)从成人学习理论的视角看

首先,S老师的学习动机源于他明确的学习和发展需要。即从教的职业定位促使S老师求学期间通过各种方式锻炼自己,为达到从师的要求而不断学习,如理论知识的积累,注重实践的锻炼。其次,S老师表现出较高的自我指导能力。职前参与讲课比赛时能够通过自我监督发现不足加以改正;面对职后的职业倦怠S老师主动寻求他人帮助,自主制定解决方案并取得了较好的教学效果。从另一角度看,S老师这种自我学习与发展的动机源于成人学习的倾向性,其学习的倾向在于解决职业发展所面临的现实问题，力求提高能力应对实际需要。因而问题的出现有时是教师进一步发展的关键契机。

(2)从教师专业发展理论的角度看

从横向专业结构来说，S 老师表现出“愿教”“能教”“会教”的特质，具备完善的教师专业结构。具体而言，首先，S 老师求学期间已确定了从师的职业理想，入职后将教学视作生活的一部分，用心对待教学工作，享受教学过程，有较强的教师专业精神，即“愿教”。其次，在兴趣导向下，S 老师的学习动机强烈，积极学习专业理论知识，入职后进一步整合自身知识体系，有系统完善的所教学科的知识，具备了“能教”的能力。最后，S 老师职前对教学技能的锻炼与职后的不断摸索，形成了独特的教学风格，较之非师范学校毕业的青年教师具有更好的教师专业知能，掌握了“会教”的技巧。

从纵向发展阶段来说，第一阶段即“中师”与大学期间是 S 老师教学生涯的重要奠基阶段，接受了为人师的初步而关键性培养。第二阶段即入职初期 S 老师较快适应了教学工作并进入第三、四阶段，即能力建构与热心和成长阶段。此时 S 老师将工作重点放在不断提升自身教学水平、关注学生需求等方面，如怎样根据学生特点灵活运用不同的教学方式，如何组织教学内容让学生们更易接受等等，其课堂深受院系领导与学生的赞赏。此阶段 S 老师教学满意度较高，对教学具有十足的热情与信心。工作七年左右，S 老师进入第五阶段即生涯挫折期。面对各种问题，S 老师通过同行互助与自我反思，积极应对困难，最终克服职业倦怠，并重新回到第三、四阶段，开始了新一轮的自我能力提升期。这种螺旋式上升的发展也是大多数教师的实际发展模式，因而需要教师在工作中时刻保持提升意识。

(3)从教学学术理论的视角看

教学学术作为一种需要“公开、能面对评论和评价、采用一种能够让他人进行建构的形式并且能够对结果进行反思”[①]的特殊研究活动，在 S 老师的身上体现不多。他更侧重自我的琢磨与探索，缺乏同行间的进一步交流与评价，供他

① 王玉衡:《让教学成为共同的财富——舒尔曼大学教学学术思想解读》,《比较教育研究》2006 年第 5 期。

人参照与借鉴的公开性成果相对匮乏。另外，尽管他认可教学与研究的共生关系，但还需在实际中进一步将二者融合。

(二)G老师的教学能力发展历程

G老师，女，40岁，教龄17年，毕业于综合类高校，语言学与应用语言学专业硕士，现就职于某师范类高校，副教授。

入职以来，G老师为本科生开设“英语语音学”“英语发音技巧与训练”等课程，同时担任校级精品课程、成人教育特色课程“实用英语语音”的主讲教师。多次获得高校“青年教师授课大赛”一、二等奖，在山东省高校青年教师教学比赛中获得一等奖第一名。承担并完成省级、校级科研项目4项；参与多项省级、校级教学科研项目，发表文章数篇。G老师的课堂充满激情与活力，她的语音课现已形成一套独特的教学体系，被学生们称为“G氏教学法”。

1. 成长经历

已有10多年教龄的G老师着重发展了哪些具体教学能力？又是如何发展的？她教学能力发展的现状如何？我们将按照职前、入职初期及在职的时间顺序对她的成长历程进行阐述，旨在呈现一个相对完整的教学能力发展路径。

(1)职前阶段

G老师在职前阶段已具备了积极的教学情意与一定的从教能力。激发她从教意愿的一个关键他者是她大学的口语老师。“J老师课堂上的风趣与睿智，让我深深感受到大学老师不是只教会你几个词汇、读懂几篇文章，更多的是唤起学生对语言的热爱、激发学生拥有这种语言能力的热情。”正是有这样一些出色的榜样，使她萌发了从教的职业理想。同时，G老师在大学期间热衷于参加各项活动，她曾多次担任学校节目的主持人，舞台的经历极大地提高了她的语言组织与表达能力，也提升了自己站在众人面前的自信心；参与各类教学比赛则锻炼了G老师的教学技能，加之自身的语言天赋，为她能较快适应工作搭建了较高的平台。

(2)入职初期

入职初期是教师今后能否在这一岗位上继续发展的关键时期，此时教师若能顺利适应工作后的生活，克服工作上的困难，平衡理想与现实的冲突，今后的职业发展将较为容易；反之以后的职业发展道路将变得困难重重，甚至导致个体放弃教师职业。

满怀憧憬踏上讲台，理想与现实之间的落差却让G老师认识到教师职业的复杂性。G老师入职后担任“英语语音”课的主讲教师，在她求学期间这个领域的教师非常少，这门课的讲授也不够系统，导致G老师缺少可以直接学习和效仿的现成讲课模式。“备课时遇到各种问题，课堂上发生很多小状况，加上课时量比较多，所以刚入职的老师都会有些疲惫感、无力感。”面对种种落差，G老师积极调适自我，广泛请教身边各门课程的老教师，将他们的经验与自身的实际问题相结合，试图探索适合自己的教学模式。整体来看，G老师凭借着自我调控能力、自我发展意识等相对顺利地度过了最艰难的职初适应期。

(3)职业稳定期

经过职后的研究生再学习与在职10多年的不断实践，目前G老师在教学活动的各个环节都已驾轻就熟，教学能力有了显著提高。

①制定教学目标。作为大学“英语语音”课的教师，G老师在制定教学目标时考虑到了教学对象——大学生的特性，“不同学段对学习的要求不一样，初级阶段以获取具体的知识点为目的；中级阶段以理解性的输入为目的；高级阶段的学习应该是应用实践。可以说，前两个阶段是‘学’，最后是‘习’”。秉承这样的理念，G老师注重引导学生掌握正确发音的方法、激发学生学习语音的热情、培养良好的语音学习习惯，最后应用这些规律方法产出正确的语言，讲求教学目标的层层递进。在整体目标的导向下，G老师同样关注每位学生的不同情况并进行个性化指导与训练。对G老师而言，“学生自身能感受到自己的变化，并且在今后的学习生活中有用，这是课堂持久的魅力”，是她身为人师孜孜不倦追求的目标。

②选择教学内容。教学内容是教学活动开展的载体。与中小学固定的教材不同，大学教材更加灵活，根据不同的教学对象、教学目标选择与再整理教学内容是G老师备课的重点。举例来说：在锻炼学生连读技巧的目标导向下，G老师会选择符合连读规则的词汇并设置相应的阅读语境，更有针对性地锻炼学生的连读技巧。另外，研究成果是G老师组织教学素材的重要来源，“用学生的语料作为研究内容，将这样的研究成果呈现于课堂时，学生都会感同身受”，实

现了教学与研究的互促互进。

③设计教学过程。目前新课程背景下要求中小学与高等院校应共同关注学生的主体地位,设计教学过程要以学生为主体,结合学生的个体差异、教师的教学能力水平与课程类型,构建灵活的教学形式。G老师的课程设计是新课程理念的鲜活案例。语音课的小班额特性与语音课的课程特性决定了师生与生生之间要不断进行发音练习,并根据练习结果适时展开个别指导。例如开展合作式学习模式:首先根据班内学生特点进行分组并指定分工,如组内 student 1 负责 presentation,student 2、student 3 分别负责 point statement,student 4 负责 summary。准备完毕由学生围绕老师指定的主题分别陈述并开展组内、组间互评,G老师针对每位学生的突出问题进行指导最后作出总结性点评。合作式学习有利于每位学生从中找到适合自己的任务,也为每位学生都提供充分的发言机会,是调动学生积极性的良好策略。

④运用教学方法。选用适切的教学方法是顺利达到教学效果的有效保证。"基于学生的个性特点、教学课程的特征以及预期达成的教学目标'三结合'"是G老师选择教学方法的根基。大学生作为成人群体,在学习上有更高的自我指导能力;语音课的课程特点决定了学生自主练习的重要性;每节课、每学期以致整个大学生涯的目标对教学方法的选择也有一定的限制。据此,G老师在课堂上经常使用的教学方法有:一是真人示范,通过展示标准的发音为学生提供模仿对象。二是合作学习,将班内学生分组,通过组内任务分工共同展示某一主题。三是研讨小组,这类方法主要在综合性训练时采纳,锻炼学生对综合性问题表达观点的能力。四是跟踪式教学,使用录音软件录制学生们未经训练的发音,课上训练后再一次录制,对比前后两次发音的波状图帮助学生发现自身问题,进行针对性改进。

⑤评价与反思教学效果。客观全面地衡量与评价教学效果能进一步调整教学进程,同时反思教学不足与教学经验有助于教师探寻教学本质,把握教学规律。G老师评价教学效果主要依据测验分数与学生日常表现两大方面,并以日常表现即过程性评价为重点,这既是对学生学习效果的评价,也是反思自己教学效果的过程。"语音课重训练,所以一个教学活动是否有效在练习过程中就有结果。话题讨论课中讨论气氛是否热烈?学生发言是否踊跃?发言内容

是否 reasonable? 这都能体现教学活动的有效性。(这样)对课堂的自我评估也会比较清楚,知道如何改进。"在对学生与自我的评价中贯穿对教学活动的反思,这是G老师不断发现问题从而实现发展的重要途径。

2. 小结

G老师的教学生涯大致经历了三阶段,由职前满怀憧憬到职初适应困难,通过各种努力最终进入在职的平稳发展期,具体发展历程如图7-2所示。

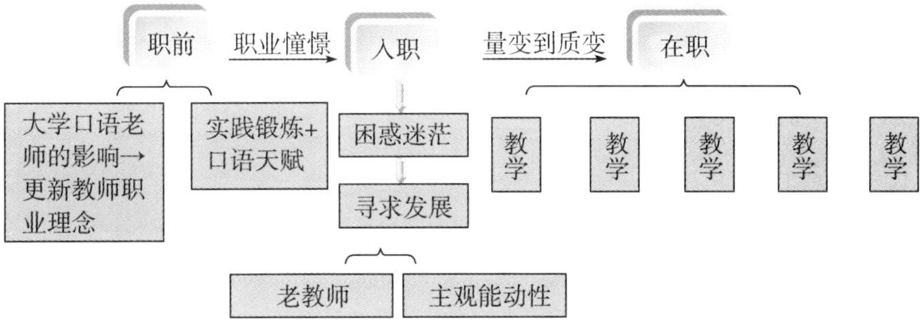

图7-2　G教师教学能力发展历程

(1)从成人学习理论的视角看

与另外三位研究对象相比,G老师入职后的质变历程最为明显,她通过自我指导式发展克服职初迷茫期,这证实困难的存在反而是引发个体产生悲痛情绪,进而实现质的蜕变的关键环节。质变之后G老师进入在职的平稳发展期,她强调大学教师育人的神圣职责,这种坚定的信仰以及对自身能力与素质的提升愿望是督促她前进的不竭动力。在动力支配下,G老师在教学岗位上始终保持发展意识,践行了终身学习、终身发展的理念。

(2)从教师专业发展理论的视角看

G老师呈现出自我更新取向的教师专业发展特性:"虚拟关注"阶段,即师范学习期间对G老师的教师职业发展有重要意义,大学的学习奠定了她从事英语语音教学的知识基础,大学口语老师影响了她从事教学工作的模式与教学理念,这是G老师开启教师职业的起点。职初G老师经历了典型的"生存关注"阶段,面临一系列发展问题,如课时量多压力大、经验不足备课不充分、课堂突发状况难以应对等。这是G老师如何将"准教师"时期的理论知识有效应用于实践活动的关键期。在内外部因素的共同作用下,G老师度过初任期并进入发展较为稳定的“任务关注”阶段。此阶段她在教学岗位上逐渐有所成就，并始终坚持“用心做下去”。经过10多年的教学实战，目前G老师处于“自我更新关注”阶段，职业提升的动力由最初解决具体问题、获得学生认可、追求工作舒适度等外部动因为主逐渐转为注重内在能力提升为主，同时更加注重培养学生学习习惯、塑造学生人格。

(3)从教学学术理论的视角看

以韦斯顿和麦卡尔平提出的教学学术发展三阶段续谱为视角，G老师已具备一定的教学学术能力，但这三阶段在她身上并没有明显的界限划分，也说明教学学术能力的培养是潜移默化的过程。首先G老师始终强调“大学教师的职业既令人羡慕同时又需要承担重大的责任”，“要做好本科教学工作”，她将教学作为自己的本职工作并引以为荣。同时，她并不否认研究的重要性，致力于将学生的语料作为研究内容，并将研究成果作为教学材料呈现于课堂，既有利于学生对学习内容的理解，又解决了教学产生的实际问题。教学与研究对她而言不是互为绊脚石而是互为发力点。在重视自我提升之余，G老师作为英语系主任密切关注其他教师的发展，定期开展同行交流，分享教学心得实现成果共享，是教学学术的实际践行者。

(三)L老师的教学能力发展历程

L老师，男，39岁，教龄8年，讲师，毕业于综合类高校，宪法学与行政法学专业博士，现就职于某工科院校。2010年入职以来，担任过“法理学”“宪法学”“行政法与行政诉讼法学”与“经济法”等多门专业课程的主讲教师。多次参与各类教学比赛并在第二届山东省高校青年教师教学竞赛中荣获一等奖，发表文章数篇。如L老师所言，“我们是革命的一块砖，哪里需要哪里搬”，入职以来他始终兢兢业业，在教学与科研方面均取得累累硕果。

1. 成长经历

“没有风格恰恰是我的风格”，不同情境下不同教学方式的灵活切换让L老师的课堂充满新鲜与吸引力，学生总能在抑或轻松欢快抑或严肃认真的氛围中获得丰富的专业知识。在这期间他付出了哪些努力？教学水平是如何一步步提高的？笔者将通过梳理L老师职前职后的发展历程，探析上述问题的答案。

（1）职前阶段

①获取理论知识。随着高校扩招的全方位展开，师生比进一步降低，教师工作量随之增加，教师知识储备量的重要性日益凸显。本硕博期间对法学知识的深度汲取是L老师从事法学教学的首要基础，深厚的专业知识储备奠定了坚固的教学根基，这大大节省了L老师从教后知识方面的备课时间，“……很多法学课程的知识是比较了解的，这就不太需要在知识方面临阵磨枪。”对知识的熟练掌握使L老师在课堂上能够驾轻就熟地广泛融合相关知识，“我上课不太喜欢按照课本知识来，我喜欢讲自己对知识的理解，倾向于在知识中融会自己的东西，这样学生更容易理解”，克服了照本宣科的弊端。

②实践经验的积累。L老师提到教学工作需要两个功底：“一是说的功底，关键在嘴上；二是文字功底。”二者是相辅相成的：清晰条理的演讲依赖于严谨的文稿，而文稿的写作又可以通过演讲、报告等形式进一步梳理。为锻炼这两方面技能，求学期间L老师抓住各种机会，通过上台演讲、课上作报告、大方接受电视台的采访或者登台唱歌等各种方式来锻炼自己在紧张情况下系统条理地表达个人观点的能力。最初L老师对自己的表现评价很低，但每次都“硬着头皮上”，在不断的登台尝试中逐渐克服自己的不足。然而教学不仅是演讲，“如果说演讲是一个人的表达与一群人的倾听，那么教学是人与人之间的交流与互促”。因而L老师一方面通过演讲、作报告等锻炼自己的语言表达能力，一方面在博士期间通过代课真正体验如何为人师。

③兴趣使然。兴趣是最好的老师。“自己有的东西传授给别人，别人能给你一个好的回馈，‘我能听懂我爱听’。”这种对交流的喜爱与享受使L老师将教学视为乐趣而非工作，这是教师自我发展与提升最可贵的动力源泉。

（2）职初适应期

代课的经验帮助L老师较快适应由坐在讲台下听讲的学生到站在讲台上讲授的教师这一巨大的角色转变，但也出现新的问题：一是代课时的学生与当前学生基础不同，采用以前的教学方式难以取得良好的教学效果。二是公选课上“有些同学始终不爱听，教师是需要有上课激情的，如果学生不听课，自己的上课积极性也会受挫，很多东西都讲不出来了”。对此L老师积极了解当前学生的实际水平，根据不同的学生，改变讲课方式，如尝试将专业性词汇以非专业的语言表述出来，将抽象的专业语言赋予生动的现实意义，大大提高了学生的接受性。

(3)在职发展期

“教学是一种交流，这种交流会让你开心；也是一种倾诉，把自己的经验、自己的理念传授给大家，本来就是一种快乐。”在兴趣导向下，L老师积极参与教学比赛，通过备赛期的集中训练快速弥补自身不足。“个人感觉参加了教学比赛再回来上课会不一样，(备赛期间)经过几个星期的强化训练，自己的进步会比较大。”另外，听课或集体交流能够发现自身问题、更新教学理念。具体表现为：L老师对其他老师的教学方法、教学案例或教学素材等进行批判性学习，结合自己的教学内容等加以改进。L老师重视向老教师学习，他提到有一次听老教授的课，整堂课没有借助任何课件，也没有板书一个字，却讲得酣畅淋漓。L老师被这种“即兴发挥”式的讲法所震撼，对自己的教学理念产生了很大影响。此外院校培训与政策支持是教师进步的重要推动力。L老师所在学校的教学发展中心经常组织教师外出培训、参与比赛或请国家级与省级教学名师为本校教师讲课，“这是一种对我来说帮助很大的方式，因为不逼是不出成绩的。领导关怀并提供各种帮助，教师们的发展热情会比较高”。在自我主动发展与外部政策支持的双重作用下，L老师的教学能力有了明显提高。

①学生是教学的根本出发点。道而弗牵，强而弗抑，开而弗达。L老师以学生为出发点，结合不同的教学内容设计教学以引导学生的思维，启发学生主动思考。例如，给基础知识较为牢固的班级上课，L老师往往采用脱口秀的方式，通过案例、故事甚至笑话将相关知识融会贯通到一起，引导学生运用已有的专业知识分析案例，巩固并运用理论知识。而给刚刚接触法学知识的初学者上课，L老师倾向于采用严谨的授课模式，“严格按照提前制定的课堂目标，课上先展开情境引入，然后讲基本知识，引导知识思考，进行知识拓展，布置课堂作业，这样一堂课讲起来很规整”。这能帮助初学者系统全面地掌握基本理论知识。面对非法学专业的学生，L老师经常将专业性词汇用简单易懂的生活化语言表述出来，提高学生接受度，培养学生学习法学知识的兴趣。

此外，考虑到不同时间段对学生上课状态的影响，L老师特别注意调整课堂结构，将晦涩难懂的知识安排在学生精神状态较好的时间段。同时，L老师时刻关注课堂上学生的学习反应以随时作出调整。“出现学生睡觉的情况，就可以走到他身边用比较幽默的流行语，比如说‘what are you 弄啥嘞？’然后学生们就哈哈一笑，比较不容易犯困。再就是学生积极性不高，提问一个学生他答不出来，那可以请他叫另一个同学来回答，这在一定程度上暴露了他们的关系，便可以按照这个关系提高案例的植入效果。具体来说就是在不伤害学生自尊的情况下，把案例里面甲乙丙丁换成一些同学的名字。这使本来不是很有意思的东西，因为换成了同学的名字，感觉事情是发生在了自己或身边人的身上，学生会更喜欢听。”

保证知识传授的基础上，L 老师更重视学生自学能力的培养，“学生不是要做一个听话的孩子，而是做一个会自主学习的孩子”。这对于习惯了中小学被动学习方式的学生而言是一个挑战。为此 L 老师定期向学生推荐书籍，或以讲座的形式为学生补充前沿知识，为学生提供指导，逐步培养学生自学的意识与能力。

②案例是教学的重要载体。L 老师对案例的选取、引入、深化与拓展等各方面都极为重视，“我备课的大量时间主要是花在对案例的选择、设计上”，通过案例的展开逐层阐述理论知识。例如在讲授“经济分析方法”这一法学方法时，L 老师结合 PPT 动画呈现“王某打假案”，抛出思考问题，由学生表达自己观点，引导学生将带有自我感情色彩或个人价值观的见解上升到逻辑式的理性分析。在理性判断的基础上将经济分析方法中蕴含的“成本—收益分析”这一核心词汇的含义传递给学生，并以专业语言总结升华，最后进一步针对案例提出问题，引导学生的下一步思考，再次通过学生回答引入下一知识点的讲解。这种环环相扣的讲课方式能够保证学生时刻跟随教师的思路，案例的呈现又将晦涩难懂的专业知识以通俗易懂的生活化语言表述出来，提高了知识的可接受性。

③自我反思是进步的途径。一是教学活动结束后，L 老师首先反思知识的讲解效果。L 老师提到自己有时会遗漏一些小知识点，这既与教师自身上课状态有关，也与学生对教师的回应有关。发现问题后 L 老师一方面调整自身兴奋时间，另一方面着重提高课堂趣味性激发学生学习兴趣，通过师生互动活跃课堂气氛。积极的课堂氛围有助于促进教师全面讲解备课中的知识点，还能实现即兴拓展。二是对自己整节课表现的反思。L 老师每次课后都会总结自身闪

光点，在今后上课时更好发挥长处；并强调总结不足，“反思原因，下次上课时有意识克服这些缺点”。

2. 小结

了解发现L老师是位有较高自我调节意识与进取心的青年教师，得益于此，他在岗位上有了长足发展，其教学发展历程如图7-3所示。

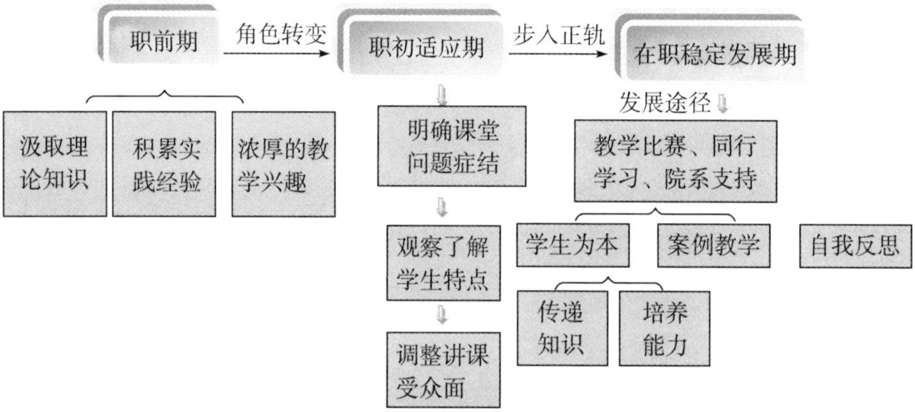

图7-3 L教师教学能力发展历程

(1)从成人学习理论的视角看

内在学习动机与实际发展需求是L老师的首要发展动力，具体而言，他对教学活动的热爱与享受使他具有不断完善自身教学能力的心向，而教学经验不足的现实需要进一步强化了他的发展欲望。在驱动力的导向下，L老师充分运用已有的知识与教学实践经验，借助多样化的发展方式实现能力提升，取得了显著成效。需要注意的是，成人的已有经验既可能成为个体发展的垫脚石，也可能产生负面影响。L老师将读博期间代课的经验运用于工作后的教学活动时发现，当时的教学模式并不为当前学生所接受。这就需要个体批判对待已有经验，取其精华弃其糟粕。

(2)从教师专业发展理论的视角看

首先，L老师拥有完备的教师专业素质结构，他具有正确的专业教育理念、深厚的专业知识、较强的专业能力和积极的专业态度。具体而言，教育教学活动是L老师的乐趣所在，与学生的交流与沟通让他开心；他认为大学教师既要传递知识，更要培养学生的自学能力；强调学生在教学活动中积极配合，以及教师根据学生不同素质水平采取合适的教学策略等，符合现代教育观提倡的教育理念。其次，L老师的知识体系完备，包括精深的学科知识、广博的文化知识、系统的教育专业知识与不断积累的实践知识，同时在工作中不断更新知识体系以适应时代发展的要求。最后，在教学岗位上的时刻进取让L老师的教育教学能力和教学研究能力始终处于动态提升过程。

从教师专业发展阶段来看，L老师大致经历了如下阶段：第一阶段即职前阶段，此阶段L老师广泛汲取专业知识，锻炼实践能力，为第二阶段即入职初期的发展打下了坚实的基础，使他经历了短暂的心理落差之后便迅速发展至第三阶段，开始了新的能力建构期。在第三阶段，L老师经常参加各种教学比赛与教师培训计划，在院校支持与自我提升的共同作用下获得了较大进步。目前L老师处于第四阶段即热心和成长阶段，他对教学活动的享受而非对功利性成就的追求让他在教学岗位上能够踏实工作、平稳发展，这是职业满意度较高的时期。

(3)从教学学术理论的视角看

L老师的教学内容融合了基本理论知识、前沿研究与个体经验三大方面，以案例为支撑将知识深入浅出地传递给学生，初步将教学与研究相结合。在进一步教学实践中，L老师摸索到二者的深层联系，能在课堂教学中寻求研究视角与研究方向，在一定程度上为研究提供新想法。研究成果反过来成为他组织教学内容的重要来源，形成了教学与研究互促的新型关系，体现出较强的教学学术意识与能力。

(四)Q老师的教学能力发展历程

Q老师，男，42岁，教龄14年，教授，毕业于某植物研究所，植物学专业博士，现就职于某师范类院校。

Q老师自参加工作以来积极投身于教学和科研工作，主讲“植物环境生理学”“植物生理学”“生物统计学”与“生命科学进展”等课程，多次获得青年教师讲课比赛奖项及教学成果奖。指导的学生在科研和社会实践活动中表现突出，他也因此获得“优秀园丁奖”和“优秀指导教师奖”。他主持并参加科研课题多项，目前共发表科研论文60余篇，主编或参编多部教学书籍。Q老师的教学热情与过硬的科研能力让他收获了各种教学与科研奖项，也给学生们提供了优秀的教学指导，是学生们的良师益友。

1. 成长经历

10多年的努力与付出，Q老师已探索出一套较为体系化的教学模式，科研也取得累累硕果。职前并未经过充足实践锻炼的Q老师如何在职后短短几年时间便取得各种教学成就？他具备哪些可贵的教学能力？我们将通过描述其成长历程进而探析他的教师观、教学观与学生观，挖掘他的成长秘诀。

（1）职前阶段

首先，Q老师在求学期间尤其是硕博阶段，更多将精力用于科学研究，对教学技能等方面关注较少，但这并未阻碍他胜任教师岗位，反而促进了他的教学与科研工作。其次，求学期间导师的指引对他有巨大帮助："老师的指点能让自己少走很多弯路"，这深深影响了Q老师入职后对学生的关注度，"自己做老师后也经常帮助学生"。此外入职前Q老师参加了高校教师入职培训，相对目前的网络培训，他参加的实地培训效果更显著："主要是教育理论和教学技能的培训，比如幻灯片、Photoshop的制作等，都是在那时学到的。不过现在网上培训越来越普及，这相对于我当时面对面的培训而言效果相差很大。"总体来看，较之前三位老师，Q老师求学历程中的广泛科研训练是鲜明特点，奠定了他入职后将研究与教学结合并指导学生参与竞赛及科学研究的基调。

（2）入职初期

Q老师清楚记得刚步入教师岗位时院系安排给自己的两门课，一门是与自己专业契合度较高的"植物生理学"，另一门是非自己专业所学的"生物统计学"。为保证教学效果，Q老师向院系申请第二年再由他开展"生物统计学"，并在一年的时间内集中准备这门课。为此Q老师阅读了大量统计学相关书籍，并与其他学院开展统计学课程（如"教育统计学"）的老师交流学习。经过集中备课，Q老师初步形成了"生物统计学"较为系统的讲课模式。由于统计学抽象难懂，Q老师便采取浅显易懂的方式，如将教材中专业性案例换为生活中的常见案例，在学生有一定基础后再采用专业性案例。再如Q老师对第一堂统计课尤其作了精心准备，"重视第一节课，第一节课讲好了，这门课就讲成功了一半"。他将"生物统计学"这门课比喻为"一门让你'心中有数'的课，一门让你能够'运筹帷幄'、'实事求是'、'事业成功'、提高'科学素养'、达到'国运民生'、获取'普遍真理'、提高'学习能力'的课"。通过阐述诸葛亮懂统计学知识才得以运筹帷幄;阐述统计学知识有利于我们学会调查、分析与研究,做到实事求是等案例,让学生明确生物统计学的重要性与实用价值,有助于激发学生的学习积极性。凭借着满腔教学热情与极大的精力付出,Q 老师的课程获得了学生的一致认可。

(3)在职发展期

在工作中不乏遇到各种瓶颈与挫折,例如倾心投入教学活动但仍存在各种问题;教学与科研有时相冲突,难以合理分配二者时间等,Q 老师始终坚持在教师岗位上兢兢业业地付出。如今 Q 老师的出色表现归结于如下原因:关键是对教师职业的热爱与兴趣,这是坚持下去的根本动力;老教师的指点帮助自己快速成长;同行之间的交流必不可少,"我有其他院校相关专业老师的很多课件,从上面能学到许多东西;平时多去听课,从中挖掘可借鉴之处"。多方面因素促使 Q 老师形成了独特的教师观、教学观与学生观。

①教学相长型师生关系。"是故学然后知不足,教然后知困。知不足,然后能自反也;知困,然后能自强也。故曰:教学相长也。"Q 老师强调互动式教学,注重学生反馈,"课上我经常提问,而且会将其计入最后成绩,以此管理学生。另外,也是借此方式来检验学生是否听懂,据此调整我的讲课内容与方式"。这种模式培养了学生的思考意识,在学生与教师的讨论中实现教学相长。例如,有学生在一次生物统计学课堂上提出教材中一个公式书写错误,Q 老师专门查阅了 30 本书,发现只有 3 本书中的书写合理,另外 27 种写法都不乏相互矛盾与推导错误之处,为此他与学生围绕这一问题展开研究并共同发表了一篇文章。

通过师生之间的共同学习,学生们不仅在 Q 老师的课堂上获得了系统的专业知识,更锻炼了各方面能力。Q 老师强调:"大学教师的职业并不轻松,大学是学生步入社会的最后一环,作用非常重要,要帮助学生学会自我管理、自我学习等能力。"如对学生自学能力的培养,知识无限与课堂时间有限之间的矛盾决定了提高学生自学能力的必要性。Q 老师采用框架性教学,把握课堂的整体方向,讲解重点知识,剩余部分由学生自主学习,养成学生的自学习惯;另一方面,

Q 老师时常请同学上台讲解，并由其他同学提问问题、展开讨论，最终由 Q 老师进行点评与总结，锻炼学生的自学能力。再如对探究与解决问题能力的培养：随着知识与信息的更新换代，教材难免存在时效性问题，需要学生对其中的问题具备甄别与纠正的能力。举例来说，在生物学中曾经存在的“成花素”假说已经被科学家证实，但课本中仍以假说出现，Q 老师以此为例带领大家学习科学家研究这一问题的思路，培养学生解决、探究问题的能力。再如培养学生的科研能力，Q 老师利用课余时间对有研究兴趣的本科生提供手把手指导，每周定期开展组会，定期指导并帮助学生设计、开展实验，同时指导学生将实验结果以文章的形式写出来加以发表。在他的指导下，有的学生能够在《生命世界》等比较知名的生物学期刊上发表文章，这是对 Q 老师付出的最好回报。

②探究式课堂模式。“知识就是海洋”，知识的无限性要求学生转变死记硬背的学习方式，学会理解性记忆，也要求教师从讲授者转变为指引者。最初 Q 老师上课时班额为 50 人，与学生互动之余还能保证讲解知识的时间，随着班额扩大，单纯的教师讲授难以达到预期教学效果，于是他开始探索更好的课堂模式——探究式教学。借助案例与故事能有效引导学生跟随教师思路展开思考：统计学课堂上，Q 老师选择常见的现实案例，如养殖家畜、打靶训练等，将生活情境引入到课堂教学中，吸引学生的注意力。通过提问引导学生自主思考或交流讨论，共同探究问题的答案。“注重调节课堂气氛，引导学生参与课堂，师生之间进行互动，引导着学生走，学生有呼应、有反馈”是 Q 老师所认可的好课标准。经过课上探究性思维的锻炼，课后辅之相应作业检查学生的掌握与理解程度，帮助学生认识自身不足。同时，Q 老师鼓励学生在课余时间自主找寻感兴趣的知识点，通过查阅资料、开展实验、师生或同学间交流等方式来获取知识。

自我指导式发展方式。学生是教师的一面镜子，从学生身上能够如实反映教师的长处与不足。Q 老师课上经常提问学生，检查学生学习效果的同时也反映出自己的教学问题，进而及时调整讲课方式，并通过平行班来检验教学方式改变后的效果。学期结束时，Q 老师会请学生提建议，“说说他们的感受，或者他们存在的问题，用学生的反馈来帮助自己认识自身问题”，反思并改进不足之处。

谈到自己的进步，Q 老师认为“首先是要愿意干，对教学有兴趣，热爱教学”，这是职业发展面临瓶颈时得以坚持下去的关键。Q老师“特别喜欢教学”，经常一周7天都在加班，利用课余时间听课，主动与本校甚至外校专家交流并分享教学素材。他注重个体知识的更新，深入研读书籍教材，将知识深度内化从而更好地向学生讲解。他合理分配时间，“始终秉承教学为先……作为教师，首先就应该教书育人”，在保证教学时间的同时，开展科研、参与院系工作，全方位提升自身素养。

③联姻式的教学与科研关系。如何恰当处理教学与科研的关系历来是高校教师面临的棘手问题，二者互相争夺教师的时间，消耗教师的精力，让许多教师感到难两全。而Q老师在这方面处理得相对较好。

Q老师的工作时间分配十分规律，三分之一的时间与精力用于教学，三分之一用于科研，另外三分之一用于承担院系工作。在工作量较大时，Q老师常常加班，但从不占用教学的时间与精力来处理院系事务或开展科研。对他而言，教学与科研尽管有时矛盾，但更多的是相互促进：“我的许多文章思路都是源于学生的提问”，《卡尔文循环中的细节问题》一文的发表就是教学促科研的最好例证。另一方面，知识的时效性要求教师应将前沿研究与理论知识合理融合，例如Q老师运用“成花素”假说被证实的研究开展教学，既保证学生把握最新成果，又带领学生学习了如何探究问题、开展科研。Q老师的教学与科研非但没有背离，还很好地合二为一，让课堂教学充满活力，让科学研究更具实用价值。

2. 小结

总体来看，Q老师相比其他三位研究对象的职前实践经历更少，但同样凭借着自我努力逐渐在大学中站稳了脚跟，其教学生涯大致呈现如下三大发展阶段，如图7-4所示。

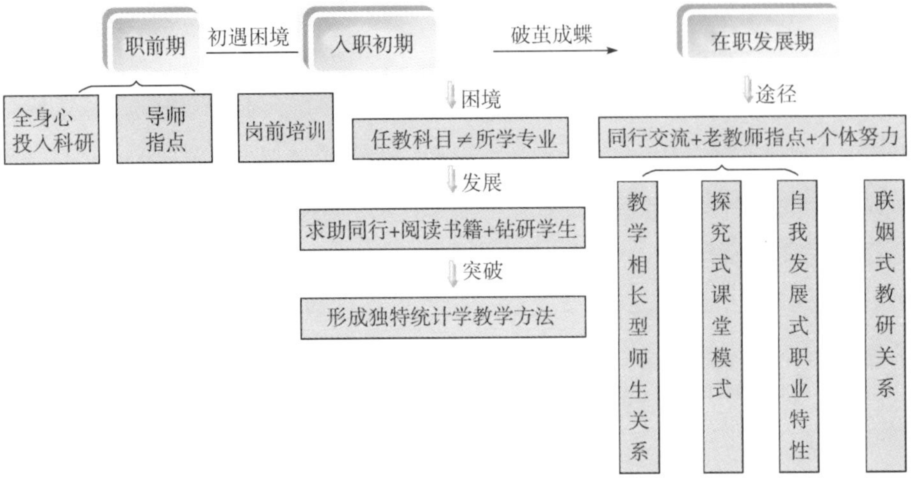

图 7-4 Q 教师教学能力发展历程

(1)从成人学习理论的视角看

Q 老师是典型的自我导向学习的履行者,通过学生反馈与自我反思发现自身不足、分析实际发展需求;结合不同时期的特定需求制定自身各阶段的发展目标,为完成目标而自行制定发展策略,如对教学、科研与院系工作的时间与精力分配,积极寻求同行互促、老教师指导等各种发展途径,充分利用人力与物质资源;最后的学习评价是检验学习效果、进一步发展的必要环节,Q 老师每学年结束都会进行自评与他评,从中发现问题、继续自我提升。

(2)从教师专业发展理论的视角看

Q 老师求学期间对专业理论知识的学习较为系统,精深的专业知识为他成为优秀教师奠定了首要基础。另外,与其他三位教师一样,Q 老师也具备较强的教学热情,他手把手带领学生设计并实施实验,指导学生形成科研成果。与存在学习问题的学生交流谈心,引导学生踏实学习。在积极教学情意的指导下,他全身心为学生提供指导与帮助,是典型的服务型教师。

Q 老师的专业发展大致包括如下阶段:第一阶段即入职后 1～3 年,处于求生与发现时期。Q 老师最初对教学工作的陌生加之开课科目并非自己专业所学,决定了此阶段以适应与求生存为主的发展基调。经过一年的集中备课以及之后 4 年左右边上课边调整教学策略、补充教学内容等,Q 老师才得以对教学工作真正上手。此后进入第二阶段,即工作 4～6 年后的稳定发展期。Q 老师开始关注自身各方面的全面发展，但也不乏出现各种问题。此时有的教师产生自我怀疑进入危机期，而Q老师迎难而上更加有针对性地改进教学问题、改良教学方法，并在时间与精力允许的情况下发展科学研究，目前Q老师仍处于职业志向水平较高的第三阶段。

(3)从教学学术理论的视角看

Q老师是四位研究对象中教学学术能力较高的一位，为其他高校教师提高教学学术能力提供了借鉴范本。从对待教学活动的态度来看，入职以来Q老师始终拥有极高的教学热情，将教书育人视为首要工作；从与同行关系来看，他积极与同行交流教学困惑、请教教学经验、共享教学素材并分享教学成果；从与学生的关系来看，师生之间建立了良好的教学相长式关系，师生共同探究问题、开展实验、发表成果；从教学与研究的处理方式而言，他将教学问题上升为科研选题，将科研成果用于教学活动，建立了"联姻式"的教学与科研关系。Q老师的职业表现很好地达到了舒尔曼所提倡的"公开、能面对评论和评价、采用一种能够让他人进行建构的形式并且能够对结果进行反思"①的教学学术三大特征。

三、高校优秀青年教师教学能力发展的整体分析

四位教师的职业生涯发展历程既闪烁着个性光芒，也彰显出不谋而合的共同智慧和许多相似性的发展特征。本部分旨在根据教师发展的历程，纵向解读研究对象不同阶段的发展状况与发展诉求，以及相应阶段教学能力发展的侧重点；根据教学能力分类，横向把握研究对象目前的教学能力具体表现，总结共性与个性。在纵横分析的基础上，为构建高校青年教师教学能力发展的路径奠定基础。

教师职业生涯发展是一个动态、螺旋上升式的过程，四位教师经历了大致相同的历程，每 阶段面临类似的发展障碍与发展侧重点，并在各自的努力下获得突破，迈向更高层次的提升期。研读教师专业发展阶段的理论成果，结合研究对象的实际发展经历，我们将四位教师的职业生涯发展历程划分为三大阶

① 王玉衡：《让教学成为共同的财富——舒尔曼大学教学学术思想解读》，《比较教育研究》2006年第5期。

段六小阶段，每大阶段对应不同发展特性，其中职前阶段呈现广泛关注的特点，入职初期阶段是磨合调整的时期，在职阶段实现自身能力的螺旋式提升，如表7-2所示。

表7-2 高校优秀青年教师职业生涯发展阶段

	发展特性	发展阶段	发展表现	教学能力发展
职前	广泛关注	进入师范/高等教育前	广泛学习科学文化知识；对教师行为的无意识观察与评价	教学能力的虚拟锻炼
		师范/高等教育至工作前	系统学习专业知识、锻炼科研能力；参与实践活动，积累实践经验；师范生有意识观摩教师行为	
职初	磨合调整	角色调整前期	满腔热血投入教学 vs 现实教学任务繁杂，产生巨大心理落差	教学能力不足的弊端凸显，但适应期力不从心，无暇专注提升教学能力
		角色调整后期	理性审视现实，脚踏实地承担教学工作；客观分析并正视自身问题	解决问题的过程中实现各项教学能力发展
		问题凸显期	平静对待问题的出现，逐渐摸索出解决问题的个体化方式	
在职	螺旋提升	螺旋式提升期	出现问题—制定解决方案—验证解决方案—再调整方案—螺旋式发展	教学能力逐渐形成，教学风格日趋稳定

（一）职前阶段：广泛关注期

本阶段包括进入师范教育或高等教育之前即中小学学习时期，以及进入师范教育或高等教育后、参加工作前的时期，这是今后工作的奠基阶段，但还未正式涉及教学能力的发展。

1. 进入师范教育/高等教育前

中小学对基本科学文化知识的学习是接受高等教育的基础，也是从事任何工作的基本保障。尽管四位教师未明确提及这段时间对自身从教的帮助，但话语的表达中已体现出此阶段的意义所在。四位老师都明确提到,大学教师与中小学教师不同,中小学教师重在向学生传授文化知识,大学教师还需关注学生各方面能力的培养与人格的塑造,并将此作为自己开展教学活动的总则。这种认知的形成在一定程度上源于自身上学期间对教师职业的观察所得。另外,教师不仅需要系统的专业知识,更需要基本的科学文化知识,中小学对基本科学文化知识的获取是教书育人的最原始资本。

2.进入师范教育/高等教育后

这是个体接受专业学习与训练的时期,也是走向工作岗位前的最后阶段。四位教师在这一阶段获得了系统的专业知识,受到了集中的科研训练,经历了各种实践活动的锻炼,职业定位也在有意识观摩教师的过程中逐渐明朗,这些都是胜任教学工作的重要因素。

(1)积累知识,积攒教学素材

上一阶段知识的积累重在广度,这一阶段强调对专业知识的深度学习。四位教师均为研究生或博士毕业,专业知识储备量丰富,这是开展教学活动的首要条件。研究对象提到,此阶段的知识学习节省了备课时对教学材料的准备时间,能将更多精力用于研究学生、选择教学方法、设计教学过程等方面。同时,大学期间养成了良好的自学习惯和能力,为工作后自我发展奠定了基础。但随着时代的发展,社会对教师的学历要求越来越高,研究生学历的大学教师已逐渐不能满足知识更新换代的需求,从后期发展来看,S老师与G老师进一步发展的空间可能会受到学历的限制。

(2)开展研究,强壮教学臂膀

研究对象在求学期间经历了较为密集的科研训练,尤其是博士毕业的L老师与Q老师,对工作后将科研活动应用于教学产生了很大帮助。但需要注意,研究对象在求学期间并非预期到科研活动对今后工作的作用,只是单纯的“在其位,谋其政”,即身为研究生,需要通过参与科研活动、取得科研成果来锻炼自己的科研能力并完成学业,其目的指向当下而非远期的任教需求。因而,并非所有学习活动都是在个体有意识、目标明确的状态下进行的。

(3)参与实践,初尝教学滋味

理论到实践的转变是质的飞跃,求学期间四位教师通过各种方式初步体验了教学活动，为实现质的跨越做出了量的积累。其中S老师在“中师”接受了集中的教学技能训练，进入大学参加教学比赛实际运用了所学的教学技能。在四位教师的职前发展中，S老师是涉猎教学技能与教学经验最多的青年教师。G老师职前的经验主要依靠参与各项实践活动获得，包括教学比赛与担任各项活动的主持人，语言组织与表达能力的锻炼与其工作后担任语音课的教师相契合。L老师与Q老师的实践经验主要通过代课所得。此阶段的实践是对教学能力的“虚拟”锻炼，研究对象并未处于实际的教学环境中，缺乏对各项具体教学能力的深层关注。

(4)观摩教师，追随榜样旗帜

有调查显示，师范生在进入师范教育之前倾向于“按照各自对理想教师的‘直觉式’理解，去塑造自己”[①]。对四位教师的调查发现，他们更多模仿进入师范教育/高等教育之后遇到的教师，此阶段的教师对研究对象的影响更为深刻。G老师出于对大学时期口语教师的崇敬，让她改变了对教师职业的观念，并持续影响了她后来的从教生涯，成为一名兼顾传播知识与激发学生学习热情的大学教师。Q老师在求学期间获得了多位教师的指点，由于自己受益于教师的帮助，工作后他尽自己所能去引导、帮助学生。可见，求学期间的教师对准教师形成自己的教学模式具有至关重要的榜样作用。

(二)入职初期阶段：磨合调整期

这是准教师成为真正教师的角色转变期，也是教师将职前学到的理论知识应用于教学实践的磨合期，其中包括磨合调整初期，即理想与现实的冲突期；而后逐渐理性审视现实，过渡到初步适应的磨合调整后期。为更快胜任教学工作，研究对象在这一阶段开始萌发对教学能力的关注，也由此发现自身教学能力不足的现实问题，但完成教学工作已占用大部分时间，对教学能力的关注显得力不从心。

1. 磨合调整初期

长期接受理论浸润的毕业生进入到实践领域后，才发现实践充满了不可预

---

① 叶澜等：《教师角色与教师发展新探》，教育科学出版社2001年版，第281页。

期的繁琐和复杂性。[①] 研究对象满怀教学热情加入教师队伍却经历了现实的种种冲击，发挥自身价值进行教书育人的憧憬被实际教学工作的繁琐所打破。此时研究对象面临的问题不尽相同，G老师由于缺少本课程的相关老教师而苦于无人请教，初次接触当时是“冷门”课程的语音课让她不知如何开展教学；L老师将代课时的教学模式应用于教学活动却由于学生受众面不同而出现课堂知识可接受性不强的问题；Q老师尽管专业知识系统深入，却在入职之初被安排了非自己专业主攻的课程，对教学内容不够熟练成为他的首要难题。这一阶段S老师的问题并不那么突出，但也并非完全顺风顺水。此时教师们可谓状况百出，让其深刻体验了理论到实践的转换难题。

2. 磨合调整后期

经过短暂的迷茫期，研究对象开始沉淀自己，通过理性审视现实，客观分析自身存在的问题，逐渐摸索解决方式来帮助自身度过工作上的第一次挫折。语音教师少，G老师便广泛与其他相关的老教师请教，在老教师的指点下摸索了一套开展语音课的系统模式。学生的可接受性不强，L老师便以通俗易懂的语言表述专业性词汇，提高学生的理解程度。对开设课程内容不够熟悉，Q老师用一年的时间集中钻研课程，大量阅读相关书籍，并向其他开设过相关课程的教师取经。

研究对象在这段时期的调整表现出一些共性：从职业态度而言，研究对象都具备较高的教学热情，将教学视作自身的事业追求而非谋生手段，这是激发个体克服困难、实现发展的不竭动力源泉。从发展手段而言，研究对象发展意愿强烈，形成了自我指导式发展模式，主动向老教师请教，同行之间及时沟通交流，借鉴他人经验以制定发展计划，但此时的发展手段相对后期而言仍稍显单调。从发展目标而言，将学校所学应用于教学活动、完成教学任务，在大学中站稳脚跟成为此阶段的主要目标。此时研究对象逐渐褪去入职最初的慌乱，静下心来脚踏实地地承担教学工作，慢慢适应身为教师的社会角色，融入大学教师这一职业群体中。

---

① 参见[美]舒尔曼：《实践智慧：论教学、学习与学会教学》，王艳玲等译，华东师范大学出版社2013年版，第4页。

3. 磨合期的教学能力发展特点

这一阶段研究对象的各项教学能力都有待提高。从教学选择能力来看，停留在对教材等教学内容的关注上，容易将教材知识不加甄别地传递给学生，同时缺乏教学方式的灵活选择，更未结合自身优势与学生特点进行全方位备课；从行动中即教学实施能力来看，此时研究对象只是按部就班地开展教学，将教材知识以传统的“传输—接受”形式传递给学生，难以自然恰当地与学生进行交流互动，更不能有效监控课堂学习效果并及时调整教学策略；行动后即课后阶段，研究对象初步体现出对课堂活动的反思评价能力，期望从中发现自身问题，更好地掌控课堂，获得他人的职业认可。

（三）在职阶段：螺旋式提升期

教学是一个需要持续学习的复杂过程[①]，只要教学活动存在，教学问题便必不可少，教师的职后学习与提升便不可或缺。即使四位教师度过了职初的调整阶段，逐渐适应教师应承担的义务与责任，但在职期间问题不断，要想不被大学机制淘汰，就需要教师始终处于发现问题、解决问题的螺旋式提升状态。这是教师教学能力逐渐提升的漫长时期。

1. 问题凸显期

教学活动面对的是几十个甚至上百个具有自我观念与主张的个体，这一工作的复杂性不言而喻，即使经验丰富的老教师也会遇到各种新问题。但每一次问题的出现都是一次提高的契机，呈现发展与挑战并存的特性。而导致问题存在的原因多种多样，如学生的课堂表现、教学目标的制定与达成、教学任务的完成情况等。

（1）教学如婚姻，也有“七年之痒”

面对长期单调的教学工作每位教师都会遭遇到不同程度的教学倦怠，出现职业发展的停滞期与困惑期，正如S老师提到的教学“七年之痒”。归其原因，青年教师作为高校教学工作的主力军担负着繁重的教学课时量，而教学经验不

---

① 参见[美]约翰·古德莱德：《学校罗曼诗：一种教育的人生》，周志平等译，教育科学出版社2010年版，第87页。

足又需要青年教师付出更多的时间与精力准备每一堂课。另外，教学作为一项主观性较强的活动，难以确立统一的评价标准，在职称晋升中所占比例甚微。兢兢业业地付出却得不到政策的激励与支持，容易让教师产生职业怀疑。

(2)学生是镜子，映照出教师面貌

教师与学生是密不可分的统一体。学生的积极回应与反馈是教师进步的动力之一，反之，学生课上注意力不集中，对教学活动不感兴趣，这对教师而言是极大的负面反馈。一部分教师会将其作为调整契机，及时了解学生想法，尝试自我改进以获得学生肯定，另一部分教师可能因此而备受打击，出现职业停滞不前的现象。另外，课堂上的突发状况如难以回答学生问题、引导时效果不佳、自己慷慨激昂而学生并未受到感染等，都是教师可能会面对的窘境。

(3)知识很庞杂，把握是难题

系统条理、重难点突出的教学内容是一堂好课的基本前提。但就像Q老师所言，知识就像海洋，从中梳理出有效的教学内容并不容易，这需要教师具备甄别知识的能力。然而单纯的知识梳理远远不够，教师能否将个体知识与外界知识进行无缝对接，决定了教师的讲课是照本宣科还是精彩的脱口秀。同时，为保证讲课是与时俱进的，研究成果的融入又显得至关重要，单纯讲解既有的理论知识而又不涉及最新信息会让课堂成为“老古董”。如此看来，教学内容的准备是一项任务艰巨的浩大工程。

(4)目标是导向，落实不容易

教学目标是教师教学活动的旗帜，它指引着教学活动的方向，若方向错误那么一切努力便成为徒劳。教学目标的制定需要教师多方面考量，如学生基础如何，学生的学习需求是什么。我希望学期结束学生们有怎样的提高。为实现这一提高，每节课我应该设置怎样的目标。如何实现课与课之间的目标层层递进。在综合多方面因素制定出适切的教学目标后，具体实现教学目标便依靠教师的个体智慧，要根据课堂实际进展随时调整讲授结构与教学方式，这需要教师经过无数次教学实践逐步形成。

2.螺旋式提升期

在各种问题的萦绕下，四位教师表现出积极的迎战状态，一次次突破自我，各方面都有明显进步。

（1）关注点方方面面

①组织教学内容。大学教师对教学内容有很大的自主选择权。研究对象对教学内容的处理方式值得其他青年教师借鉴。首先，对教材批判使用，即并非将教材内容全盘托出，而是在融合多个教材版本的基础上全面而又重难点突出地组织教材内容。其次，为避免生搬硬套，研究对象将教材知识与个体知识融合，达到了讲授者与讲授内容的一体性。再次，对大学课堂而言，将科研成果融入教材是保证教学时效性的必要途径，研究对象对这方面尤为重视。最后，案例作为教学内容的形式之一，备受研究对象喜爱，通过精心选择与组织案例，向枯燥的课堂注入生动的素材，提高了教学内容的可读性与趣味性。

②选择教学方法。如何选择教学方法受制于学科特性、教学内容与教学对象等多方面因素。基于语音课的特性，G老师重视让学生自主练习并对学生进行个别指导，且更依赖语谱图等信息技术的使用。S老师等三位教师的教学方法选择呈现出更多共性。首先，教学内容影响他们对教学方法的使用，如基本理论课，三位教师更多通过教师讲授的方式保证学生对基本专业知识的系统掌握；对于开放性问题，师生或生生之间互动讨论有利于锻炼学生的发散性思维；对于难度水平中低等的知识，学生讲、教师评的方式能发挥学生的主体作用。其次，教学对象也制约他们对教学方法的选择，面对本专业学生，讲授法与小组合作等常规方法更适用；而公选课上需要教师选择更为灵活的教学方式以培养学生的广泛学习兴趣。

③关注学生需求。学生在学习活动中的主体作用日益彰显，全面了解学生的素质基础、学习需求与学习特征等既有特性能够帮助教师“量体裁衣”，制定更合适的教学策略。S老师提到，大学课堂“低头族”越来越多，既是网络科技的发展带来的必然结果，也是教学活动不对学生“胃口”的表现。大学生面临就业，从知识角度而言他们更期望学到具有实践价值的知识，纸上谈兵式的教学内容被大学生归为“学了也没用”型知识。四位教师抓住学生的特殊心理需求，注重凸显课程的实用价值，以此维持学生的学习兴趣。从教学风格而言，学生普遍喜欢讲课风格幽默的教师，期望在轻松欢快的课堂氛围中学习知识，对呆板的理论灌输式方法最为头疼。正如德国学者海因兹·雷曼麦所说：“用幽默

的方式说出严肃的真理，比直截了当地提出更能为人们所接受。”[①]研究对象深谙学生的这种学习特征，在课堂开展过程中经常讲述故事、案例或者史实等，在聊天似的氛围中将教学内容贯穿其中，学生们在“听故事”的过程中习得了系统的专业知识。另外，有了一定知识基础后，研究对象鼓励学生上台讲解某一专题，培养学生自我探索知识的习惯与能力。

（2）提升方式多种多样

老教师“传、帮、带”是四位教师寻求自我发展的首选方式。学习老教师的教学经验，遇到困惑时请老教师指点迷津，能够让自己少走许多弯路。定期听老教师的课是向老教师学习更为直观的方式，通过实际观察老教师的课堂教学能力，能够获得“一手”教学经验。研究对象的学习借鉴同时也反映出，老教师的教学风格并非全部适合自己，要注重在学习借鉴时加以“改良”变成“自己的东西”。

教学是观念交流的活动[②]，通过思维碰撞得以产生教学新点子，闭门造车只会让教师之路越走越窄。四位教师经常开展同行听课评课，日常交流更是必不可少，充分发挥了集体智慧的作用。S老师与L老师听课时侧重点在其他教师选取的优秀案例上，遇到好的案例他们会借鉴到自己的课堂中。而对于教学风格，两位教师都认为这是个人特征使然，适合自己的便是最好的。Q老师有多位校外专家的教学资料，以此不断补充自己的教学内容，如此思维开阔的教师才能培养出创新性思维的学生。G老师作为英语系主任不但重视自身与同行交流学习，还为本系青年教师提供同行交流的机会，帮助青年教师成长。

此外，积极参加教学比赛，从集中训练中获得快速成长；参与院校培训，在政策支持下更具有发展动力。可以说研究对象的发展方式多种多样，有效弥补了单一发展方式的缺陷。然而无论哪种学习与发展途径，最终落脚点都在于自我反思与提升。每学期甚至每节课后，四位教师都会反思自己的教学活动，包括对自己教学表现的评价，如教学内容把握是否恰到好处，教学目标是否已经实现，教学方法使用是否恰当等；也包括对学生的评价，如学生知识的掌握程

① 转引自王升：《如何形成教学艺术》，教育科学出版社2008年版，第2页。

② 参见[美]舒尔曼：《实践智慧：论教学、学习与学会教学》，王艳玲等译，华东师范大学出版社2013年版，第160页。

度，学生的配合程度等，这是对教师教学效果的重要反馈，能帮助教师制定改进方案。形成改进策略并非终点，还需要经过课堂的检验，平行班为检验方案的可行性提供了天然的实验条件，是反馈策略是否有效的重要方式。

(3)发展目标全面而长远

相比入职初期将发展目标定位于适应教学工作而言，此时四位教师有更多精力进行全方位且更长远的发展，期望通过多方面提升最终实现教学能力的持续发展，胜任教书育人的工作。他们开始追求在教学方面有更高的成就，这种成就源于学生对自身的肯定而非外在功利性驱使。他们期望在研究方面也获得提升，并寻求通过将研究与教学合二为一的方式，实现二者的互补。经过了解发现，四位教师在职称评定方面关注较少，是否获得职称晋升并非促使他们投入教学的关键因素，相反，对教学的享受使他们自然而然形成了教学能力的持续发展机制。正是对教学的热情与踏实付出，四位教师获得了各种方式的肯定，这种肯定既包括职称晋升，更包括学生的积极反馈，这反过来成为教师进一步提升自我的动力。

四、结论与启示

通过归纳四位教师在岗位上的发展历程，本章主要梳理他们在走向优秀教师的成长道路上有哪些影响因素，在归纳的基础上，演绎出高校优秀青年教师教学能力发展的实然路径。通过深入探析他们的教学经验，为高校青年教师的教学发展提供启示与借鉴。

(一)高校优秀青年教师教学能力发展的影响因素分析

教学工作的复杂性使之成为一项受多方面因素共同影响、作用的活动，从四位教师的发展历程可以看出，影响教师教学能力发展的因素主要包括三大方面，即教师个体因素、他者因素与外部环境等因素，其中教师个体因素是影响教师教学能力发展的根本性、关键性因素，他者因素与外部环境因素的作用发挥建立在个体因素的基础之上，三者共同影响教师教学能力的提升，其关系如图7-5所示。

图 7-5　高校青年教师教学能力影响因素的作用机制

1. 影响教师教学能力的根本性因素——教师个体

教师个人因素包括经验、实践、反思与情意等 4 个子因素，四位教师积极开展教学实践，时刻进行自我反思，拥有积极的教学态度与日渐丰富的教学经验，这些都为教学能力的提升提供了不竭的内驱力，是影响教学能力发展的根本所在。

(1)已有经验

成人学习理论强调成人的再学习建立在已有经验的基础之上，成人的丰富经验为继续学习与发展奠定了重要条件，使个体站在更高的起点进行自我提升。成人通过有效利用经验的可取成分，同时克服经验带来的思维定式等弊端，将外在的知识、文化进一步内化为个体的内在财富。

育人先育己，教师作为肩负育人使命的成人群体，应尤其重视自我教育与自我发展，包括知识与技能在内的已有丰富经验是教师进一步提升的基础。教师职前是否积累了丰富的专业知识与教学技能对职后能否顺利适应教学工作有重要影响。同时，教师个体如何利用已有经验也至关重要，具体表现为教师个体是否具备对经验的甄别能力，摒弃消极经验并对积极经验加以利用。教师学习依靠于、来自于经验学习的可能性上①，丰富的经验与对经验的有效利用是影响教师个体快速成长的前提因素。

(2)教学实践

教师个体成长需要不断思考与积极实践的共同作用，教学实践是将教师个体知识外化为有效教学行为，进一步内化为个体教学智慧的转化器，其发展转化历程如图 7-6 所示。教师的个体知识需要经过实际的教学活动加以外化体

---

① 参见[美]舒尔曼：《实践智慧：论教学、学习与学会教学》，王艳玲等译，华东师范大学出版社 2013 年版，第 222 页。

现,在不断的教学尝试中,教师逐渐摸索到自己的教学体系,形成解决问题的教学策略,使教学行为逐步提炼升华到教学智慧。

图 7-6 教师智慧的形成历程

教学实践是教师不断试误的过程,不经过实践的磨炼,教师不会发现自身的教学问题,更不用说教学能力的提升。需要注意,在职的教学实践与职前的虚拟性教学实践都对教师形成教学智慧、提升教学能力有不可或缺的作用。

(3)个人反思

1989 年,美国心理学家波斯纳(G. J. Posner)提出了教师成长公式:经验+反思=成长。① 唯有经过反思,个体的实践才能上升为可供自身与他人参考的范例,否则便只是个体的零散经验。盲目追求大量实践而不对实践中出现的问题加以思考,不对实践中的可取之处加以总结升华,就难以实现量变到质变的跨越。需要注意,反思是教师进行教学研究的特殊方式,而教学学术将教学与研究活动视为相互促进的整体活动,可见反思式的教学研究对教学活动的重要影响。

纵观教学名师、优秀教师的成长历程,他们都将自我反思作为发现并解决自身不足的重要途径。教学是一项需要教师边行动边思考的活动,教师是否形成良好的反思习惯,能否从实践经验中学习在很大程度上影响着教学能力的提升。同时,需要注意,反思既是个体行为,依赖于教师个体的自我评价与改进,更应该是集体行为,依赖于教师同僚之间互相评价、借鉴。能够通过多种方式进行反思提升的教师更容易胜任教学工作,更容易形成较高的教学能力。

(4)教学情意

教学情意即教师是否具有"愿教"的专业态度,积极的教学情意具体表现为:首先教师具有敬业品质,对待教学工作认真负责,主动承担教学任务并享受教学过程,将教学视作自身兴趣所在;其次有强烈的发展愿望,期望得到长远发展,并为此自主制定发展规划,根据自身实际需求与发展水平及时调整发展目

① 参见皮连生:《学与教的心理学》,华东师范大学出版社 2009 年版,第 19 页。

标;最后积极为学生提供帮助,密切关注学生的身心发展,做学生发展的引路人。

是否表现出积极的教学情意是决定教师对教学能力发展是否具备认同感与提升意愿的内在保证。正面的教学情意是各种外部保障条件发生作用的前提,反之若将教学视作外部强加给自身的任务,那么任何激励与促进措施都将失去预期的效用,教师缺乏发展积极性是外部发展途径流于形式的根本原因。

2.影响教师教学能力的引导性因素——重要他者

高校教师尤其是初任教师若在职业发展期间无法从教师团体中获取有益的帮助,那么个体的盲目发展将是艰难的探索过程。教师在求学与工作中是否有重要他者的指导与影响,对个体发展至关重要。例如求学期间某位老师的人格特征对自身教学风格产生的缄默式影响,或是工作后有意识学习教学名师所带来的显性影响。同时,学生作为教学活动的另一主体也对教师这一主体有特殊影响。

(1)“潜移默化”重要他者

个体在成长过程中不可避免会受到他人的多方面影响,这种影响有时并未得到个体的注意,即在潜移默化中对个体发展产生了积极或消极作用。求学期间各科老师对学生的影响对其人生发展有重要意义,例如积极向上的老师更利于培养学生发展的主动性,知识渊博的老师能够激发起学生获取知识的兴趣。这种影响或许发生在个体的无意识中,却在个体发展中扮演着重要角色。如大学口语老师的人格特质对 G 老师教学理念的更新;导师指点对 Q 老师发展产生莫大帮助,转而影响了他从教后对学生的关心与引导。反之,若个体在求学期间遇到的教师多对教学敷衍了事,对学生疏远冷漠,这极有可能导致个体在从事教师工作时采取同样消极怠工的教学态度,这就需要个体有意识避免他者的反向影响。

(2)“有意识学习”重要他者

教师是受教育程度较高的群体,相对其他行业而言却经历了更少的职业训练,入职之初面临更多的职业挑战。为更好地适应教学工作,解决教学实践中遭遇的各种难题,教师个体往往需要同行的帮助与支持。首先,老教师的“传、帮、带”是青年教师解决教学困惑的重要方式。反之,青年教师在发展时若缺乏老教师的提点与指导，会让其成长过程更加缓慢。其次，教学活动兼具个体性与集体性特征，既需要教师的个人努力，同时同行的学习交流也必不可少，教师个体积极寻求同行之间的交流讨论有助于及时更新教育理念、丰富教学策略。教师个体的孤独探索会大大减慢个体的发展速度与发展广度，甚至会出现发展的方向性错误。因而，能否置身于共同发展的教师集体中并获得老教师的针对性指导是影响教师发展进程的重要因素。

(3)特殊他者

教学的交互性决定了学生的课堂表现与学生对教师的评价同样会带给教师重要影响。经了解发现，教师普遍希望学生能够积极配合自己的教学活动，活跃的课堂氛围与师生之间的充分沟通更容易使教师透彻讲解教学内容，并即兴扩充相关知识。相反，沉闷的课堂与昏昏欲睡的学生会“传染”教师，降低教师的教学兴趣。另外，对教师中肯、全面的评价能帮助其反思自身不足，并试图通过努力而呈现更好的教师形象。学生对教师恶意中伤与置之不理的态度都会挫伤教师教学信心。

3. 影响教师教学能力的辅助性因素——外部环境

环境为个体提供了发展的多种可能性，其中观念性环境与制度性环境对教师发展起到风向标的作用，影响并调节着教师发展的整体方向。社会与高校营造尊师重教的教学氛围并制定完善的教师发展措施能够激发教师的发展热情，反之教师的自主发展意识必然会大打折扣。

(1)观念性环境

观念性环境主要指社会与高校层面的办学思想、教育观念等形成的教育氛围，是教师发展的软环境。高校与社会重科研轻教学的观念对教育教学活动产生了极大的负面影响，高校教师过度追求科研成果而忽视教学工作一度成为高等教育的一大弊端。形成重视教师个性发展，鼓励教师进行教学创新与教学改革，注重教师之间开展合作交流的高校氛围，有利于教师大胆探索适合自己的教学风格与教学策略，能够促进教师开展合作交流、研究教学问题、推动教学发展。与此同时，具有创新与探索精神、个性化特征鲜明的教师更容易培养出敢于实践探索、敢于创新开拓的学生。因而，社会与高校营造怎样的教育环境，必然会培养出怎样的高校教师，从而进一步影响高校的育人工作。

目前社会各界尤其是教育界愈发关注高等教育的质量问题，学者针对高校教师的教学能力与高等教育质量的提高等开展了大量研究。这在一定程度上影响了教师的教学投入程度，逐渐将工作重点转向提高自身素质与能力，不再一味追求功利性成就。这是社会大环境对教师发展带来的潜移默化式影响，因而软环境的熏陶作用不容小觑。

(2)制度性环境

制度性环境包括社会与高校制定的教师培养与培训计划、教师的激励政策以及教师职称评定体系等各种规范化制度，完善的政策制度是教师发展的有力支撑，反之教师便失去了发展的保障。

职前培养是教师胜任教学工作的前提基础，通过让准教师提前感知工作环境从而减少适应问题，进而对教师在职发展产生重要影响。例如美国的"未来教师培养"项目、澳大利亚的新教师计划等，旨在对未来可能成为教师的研究生进行职业培养，帮助他们提前接触教学工作，这对他们将来更好地适应教师行业有积极影响。我国高校的当务之急是健全职前培养机制，为准教师提供充足的职业训练。

与职前培养机制相配套的是教师的入职培训与在职发展制度，这方面存在诸多问题制约着教师发展。其中典型问题之一是"走程序"，即高校开展一些形式化培训，而教师也是象征性参与，并不期望从中有所收获。培训内容千篇一律且缺乏实践性与针对性，与教学活动的结合性不强，高高在上的理论讲授并不适应教师的实际发展需求。种种弊端的存在已让培训进修成为贬义词，失去了设置初衷，远未发挥促进教师发展的作用。

教师激励机制是调节教师发展方向并给予教师发展动力的主要外部因素。当教师们基于自己的贡献而获得奖励时，教师们是最想提升自己的，这种奖励是基于他们成功地把知识资本传递给了学生。① 针对教师的教学成果给予适切的物质及精神奖励有助于激发教师进一步发展教学能力的需求，这也是马斯洛需求层次理论的规律。通过奖励教师的现有教学成果，能够向教师传递高校关

① 参见[美]舒尔曼:《实践智慧:论教学、学习与学会教学》,王艳玲等译,华东师范大学出版社2013年版,第218页。

注教师发展的信息。反之，高校对教学工作的漠视、对教学成果的忽视极易挫伤教师的发展积极性。

职称评定标准是调节教师发展方向的有力杠杆，制约甚至在一定程度上决定了教师的教学付出程度。以往重科研轻教学的职称评定体系致使高校教师大力投入科研，对教学质量产生了不良影响。基于这一弊端，目前许多高校纷纷采用新的职称评定标准，出现了“教学型教授”。这种职称评定标准的制定，让教师由于自身对教学的贡献与付出而得到与发展科研同样的积极回馈，教师将更加负有教学激情。

（二）对促进高校青年教师教学能力发展的启示与建议

从以上研究和分析中，对于青年教师提升教学能力可以得到如下一些重要的启示，即一个青年教师之所以能够在复杂的教学工作中脱颖而出，绝非偶然，需要教师在长期的学习和实践中持之不懈的努力，这是他们成功的关键。另外需要学校为他们的发展提供适宜的发展环境和机会。借鉴四位教师发展的成功经验，针对当前高校青年教师教学能力发展中存在的困难和问题，我们提出如下建议：

1. 发展教学能力的关键——教师个人努力

教师作为自我教育能力较高的成人群体，是提升自身教学能力的关键力量。教学能力的提升并非一蹴而就，需要教师个体多方面的长期努力。其中包括培养积极的教学情意、致力于从教学实践中汲取教学智慧、不断反思自身教学表现并开展教学研究解决实际问题、结合科学研究提高课堂教学质量等，形成行动与思考相契合的循环过程。

（1）端正态度，做乐教者

态度决定高度，一个人的职业态度决定着他的职业发展进程。所谓“知之者不如好之者，好之者不如乐之者”，教师的教学情意积极，对教学工作充满热情，才能在教育教学活动中充分发挥自身作用，形成教学能力的持续发展。因此，培养并维持积极的专业态度与教学兴趣是青年教师的首要任务。

部分教师出于对教师职业的憧憬而选择步入教师行列，也有教师是考虑到教师工作较为稳定等其他外界因素而选择了从教。不管出于何种原因，为促进教学能力的持续发展就需要培养高昂的教学热情。教师应将自身职业视作与生命个体的交互与共同成长,这能帮助教师体验到付出的价值,享受到教师职业的幸福,这种成就感与幸福感是促使教师不断提升自身教学能力与水平的关键驱动力。教师只有时刻发掘教学中的闪光点,将工作视为乐趣的另一种表现形式,才能始终维持教学情意,保证教学热情。

(2)致力于实践,做勤教者

实践出真知,任何工作都需要经过切实的行动以获取一手实践知识。教学是一项面对数十个各具特征的生动个体的复杂活动,这是教学之所以复杂、课堂易出现突发状况的主要原因,也决定了教师需要经过大量教学实践形成个体化实践智慧,单纯的理论知识获取远远不能达到这种效果。

需要强调的是,并非所有的教学实践最终都将转化为教学智慧。日复一日重复相同的教学模式而对课堂中出现的问题视而不见,这就如同上了一节课,又将它重复了无数遍,显然无益于教师的教学能力提升。因此,教师实践强调在教学过程中观察学生表现,根据学生上课情况随时调整教学策略。同时,需要教师进行个人总结,摸索解决同类问题的规律,将实践经验内化到个体认知中。除日常教学活动外,教学比赛也是进行教学实践的重要形式,这种集中性、有针对性地突击训练是提升教学能力的便捷途径。

(3)勤于反思,做会教者

教学是极富挑战性的工作,它需要教师通过实践来形成个体智慧,也需要通过想他们以前在做什么[①]来发现自身问题加以改善。简言之,教学是行动与思考的结合体。如何进行有效反思是青年教师提高自身教学能力不可或缺的途径,它是各种促进措施发挥作用的中介。

学生的课堂表现与课后对教师的评价为教师开展反思提供了重要依据。教师随时观察课堂上学生的反应,学生对哪部分知识点的学习较为积极,在什么时间注意力容易开小差,这些都是教师需要深入分析与反思背后原因的重要方面。此外,学生作业的完成情况与考试情况是教师更加全面了解班级中每位

---

① 参见[美]舒尔曼:《实践智慧:论教学、学习与学会教学》,王艳玲等译,华东师范大学出版社2013年版,第220页。

学生的学习特征从而进行因材施教的重要参考。教师的上述观察更多针对学生存在的学习问题以调整教学策略,而学生对教师的评价则能够帮助教师认清自我不足。组织并鼓励学生对教师进行客观评价,或请学生描述他们心中的理想型教师形象等,是教师反思自身长处与不足并制定发展目标的有效依据。明确反思的方面后,以何种方式开展反思?反思既可以是个体性反思,它有时是缄默的,即教师个体的内心"琢磨",大有只可意会不可言传的意境。抑或以写反思日记的形式将反思成果加以表露,也有少数教师通过自传的形式回顾自己的教学生涯。同时,反思也是教师的集体活动,教师同行之间针对教学问题展开交流与讨论,共享教学成果等,以发挥集体智慧的功能。

(4)开展研究,做善教者

教学学术理论将教学与研究视作同一事物的两个方面,它的提出为教师处理教学与科研的关系提供了崭新方式。我们调查的四位教师的实际行动进一步证明,教学与研究可以是且必然是不可分割的统一体。本部分涉及的"研究"一词指广义的研究,包括教学研究与科学研究两方面,其中教学研究指教师针对教学活动进行的钻研探究,科学研究即平时所说的科研活动。将研究与教学相结合是教师提高自身教学选择能力、教学实施能力与创新能力的必经之路。

教学研究是成就优秀教师的有效途径。"我从不相信教师是天生的而非造就的……那些擅长教学的人,往往钻研教学。那些不擅长教学的人,往往也不钻研教学。"[①]部分高校青年教师认为教学只是将个体知识传递给学生的简单过程,其实不然,教学活动需要对数十个心灵与生命负责,如何向他们传授有价值的知识、培养他们的学习能力、塑造完善的人格等都是教师的神圣职责。这需要教师将教学活动中出现的问题视作研究课题,采取自我反思、同行交流、参与培训等多种方式对问题进行透彻分析,形成系统的研究成果,通过实际教学加以检验,并开展新一轮的教学研究活动。

"教师是实践者,同时也是教育研究者","没有研究,即无教育"。[②] 科研与教学尽管有时争夺教师有限的精力与时间,但二者的本质关系从来就不是对立

① [美]约翰·古德莱德:《学校罗曼诗:一种教育的人生》,周志平、黄文琴、詹丽琼等译,教育科学出版社 2010 年版,第 96 页。

② 陈永明:《教师教育研究》,华东师范大学出版社 2002 年版,第 47 页。

的矛盾体，而是并行不悖的统一体。教师应培养将教学与研究相结合的意识并实际践行这一理念，一方面将科研成果引入课堂，带领学生了解知识前沿，让学生接触何为科学研究，培养学生的研究能力与创新能力；另一方面学生的困惑或对问题的见解有时是科研灵感的重要来源，通过鼓励学生踊跃表达自己的见解甚至困惑，找寻科学研究的新视角。

2. 中观层面：发展教学能力的保障——政策制度

任何一所期望它的教师教学水平高的学校最好为教师们提供持续学习的条件[①]，给予教师充分的发展机会、提供完善的支持政策、营造浓厚的教学氛围是高校的重要职责。尤其是地方本科高校在社会高校体系中处于劣势地位，培养培训政策有重点的倾斜导致地方高校教师难以享有平等的发展机会与发展资源，这更需要地方本科高校的管理者完善本校培训与激励政策，保障本校教师发展。

（1）建立同行协作体系，迸发集体智慧

学生需要身处学习共同体来实现互相促进，教师同样需要在教学共同体中实现共同发展。如果教师试图学习和改变，就一定需要合作和共同体。[②] 教师个体闭门造车式的孤立发展最终会导致故步自封，限制发展高度。形成教师学习与教学共同体的途径包括由教师员工组织发起的自下而上式的方式与高校管理者组织发起的自上而下式的方式。由于高校教师缺少共同相处的机会，自上而下式由管理者组织形成教师学习与教学共同体，将教师合作学习固定化、正式化并常态化便显得尤为必要。教师学习与教学共同体既是老教师向青年教师提供指导的过程，也是教师同行之间学习合作的过程。

指导式的教师共同体模式：高校青年教师导师制通过针对青年教师的个体问题进行具体化指导，能有效帮助初任青年教师适应角色转变、解决心理落差，弥补统一培训一刀切的弊端。但由于这一机制缺乏考核与评价体系，老教师与青年教师的联系并不十分密切，指导也并不十分上心。因此，高校应将老教师

---

① 参见［美］舒尔曼：《实践智慧：论教学、学习与学会教学》，王艳玲等译，华东师范大学出版社2013年版，第373页。

② 参见［美］舒尔曼：《实践智慧：论教学、学习与学会教学》，王艳玲等译，华东师范大学出版社2013年版，第213页。

的“传、帮、带”规范化，完善这一机制的考评与激励措施，如为参与指导的老教师提供一定的物质与精神奖励，并通过评价与考核的方式保证老教师对青年教师的指导力度，同时制定相关政策文件确保老教师对青年教师的指导时间。

合作式的教师共同体模式：教师之间的合作学习既可以是正式的紧凑型合作，也可以是非正式的松散合作。较为正式的紧凑合作与学习包括教学比赛的举办、交流研讨会的开展、听课评课制度的建立等。例如，目前我国已形成了国家级、省级、校级等多层次的教学比赛模式，教师通过参与教学比赛在高强度备赛的过程中快速改善自身缺陷，在观摩他人表现的过程中实现见贤而思齐、见不贤而内自省也的目的。但有研究发现，过于正式的合作与交流模式容易使教师产生紧张甚至抗拒情绪，降低合作效果。美国高校的圆桌会谈作为一种伴随性教学能力提升的方式深受教师追捧，在轻松的氛围中交流与切磋能大大提高教师参与的积极性。这为我国高校提供了借鉴，可以结合本校发展实际建立教师交流俱乐部、开展习明纳研讨等作为正式合作学习的必要补充。

(2)职前培养与在职培训并驾齐驱

职前培养是被我国高校忽视但对教师发展有重要影响的方面，在职培训尽管为我国高校所广泛采用，但实际效果有待提高。高校应构建职前培养机制，改革并完善入职与在职培训体系，为高校青年教师的发展提供职前职后的“一条龙服务”。

高校可以借鉴国外教师职前培养模式，为准教师提供职前发展保障，保证准教师在理论知识与实践能力两方面共同发展。具体来说，高校可为有从教意愿的研究生提供顶岗实习的机会，或充当导师助教初步体验教师的职责等，通过真正赋予研究生教师角色，帮助他们感受教学氛围，减轻入职初期的适应困难。

对于入职与在职培训，高校首先应完善培训方式。一是远程学习与实地培训的结合。随着信息时代的快速发展，网络媒体成为交流的重要中介，网络式的远程培训以其灵活性与多样化等优势成为教师培训的重要方式。但面对面式的实地培训能够带给教师更浓厚的发展氛围，这是远程学习不可能具备的优势。二是实现短期培训与长期进修的融合。定期开展短期培训能及时更新教师理念、改革教师教学策略，长期进修则能全面提高教师的教学素养与教学水平。三是培训的开展形式要灵活多样，如讲座式、讨论式、小组合作式或学术休假等。通过形式多样的培训激发教师的学习兴趣，避免单一培训方式导致教师麻木。其次高校应注重培训内容的改革。改变以理论培训为主的培训内容，融入更多有关教学实践技能的培训内容，为教师解决实际教学问题提供范本。最后，整齐划一的培养培训政策难以满足教师的多样化需求，这需要高校综合考虑学科特征、年龄差异、教师教学水平、教师发展需求等各方面因素，有层次、有针对性地制定多样化的培训内容，满足不同教师的需求。

(3)完善激励与考核机制，引导教师发展

目前诸多高校纷纷采取多元化的职称评定标准，出现了教学型教授、教学科研型教授与科研型教授等多重教授定位，这是提高教师教学积极性的一大创举。经调查发现教师们对此给予了高度认可，值得高校大力推广与实行。另外，结合高校实际情况定期对教师的教学成果给予一定的物质奖励与精神表彰，有利于时刻保持教师的发展积极性。在积极奖励的同时，也需开展教师考核，考评教师的教学业绩能保证教师完成基本的教学任务，避免放任自流导致教师对教学活动置之不理，形成“下要保底，上无上限”的考核与激励机制。

3. 宏观层面：发展教学能力的导向——重教氛围

重科研轻教学的氛围一度影响了高校教师的工作重心，教学退居次要地位，成为科研的附属品。这需要从国家层面制定重视教学的政策措施，为高校管理提供政策导向。目前国家与政府已认识到教育质量对一国发展的重要性，相继颁布了多项政策，逐渐营造出重视教学的环境，为高校发展提供了方向指引。另一方面高校管理者也应转变管理理念，提高对教师教学成果的关注度，正确认识教学作为立校之本的重要作用，切实落实国家的政策制度。

教师职业的内在享受与欢乐相当一部分来源于社会公众对此给予的认可与尊重。国家与高校理应共同致力于提高社会的重教意识，唯有国家层面的方向引导与高校层面的具体政策落实，才能形成全社会尊师重教的文化环境。正所谓环境是最伟大的教师，在重教的社会大氛围之下，高校教师才有得以发展的沃土。

五、结　语

高校教师教学能力具有多维立体的特征，它的形成并非一朝一夕之事，有赖于个体在不断教学尝试的过程中逐渐积累教学经验，转化为个体的教学智慧，实现量变到质变的飞跃。在教学能力漫长的提升历程中，会受到多方面因素的制约与促进作用，我们将其归结为三个主要方面：教师个体是影响教学能力发展的根本因素，其中包括已有经验、教学实践、个体反思与教学情意等四个子因素；身处教师队伍中，每位教师无疑会受到他者的积极或消极作用，这是影响教师教学能力发展的辅助性因素；外部环境是教师教学能力发展的引导性因素，包括观念性软环境和制度性硬环境，环境的营造左右着教师的发展方向。

分析教师教学能力发展的影响因素有助于对症下药，形成切实有效的高校教师教学能力发展路径。本章构建的路径体系包括教师个人与外部组织两大方面的通力合作，教师个人应培养自身热心进取的专业态度，通过积极参与专业实践，结合专业反思与专业研究解决教学困惑，在克服困难的过程中不断成长。与此同时，高校应为教师组织各种形式的同行学习平台，为思想交流提供充足的机会；构建职前培养模式，形成职前、入职与在职发展的“一条龙”服务，使不同发展阶段的教师都享有针对性的发展渠道；完善考核与激励机制，通过考核确保教师完成基本教学任务，通过激励机制鼓励教师大力投入教学，在高校直至全社会形成有利于教师发展的重教环境。在各方面共同努力下，实现高校教师教学能力的螺旋式持续发展是最终目标。

第八章　高校教学名师教学能力发展的个案研究①

在第五章中，我们基于现有的文献从横向的视角对国家级教学名师进行了研究。从本章开始，我们将通过个案研究的方式，从纵向的教师职业发展过程的视角来探索部分国家级教学名师教学能力发展，揭示这些名师是如何一步步发展自己的教学素养的，是如何从平凡走向卓越的，助力他们成为名师影响因素有哪些？

一、高校教师专业成长的理论基础

（一）教师专业发展理论

教师专业发展理论涉及教师专业发展的内涵、阶段、策略等。对教师专业发展有三种不同的认识：第一种强调教师发展的职业标准，把教师专业发展看作是教师依照专业性职业的标准专业成长的过程；第二种强调教师的培训与学习，侧重于教师教育；第三种认为两者应该相结合。② 尽管学者们对教师专业发展的内涵有不同理解，但均强调了教师自主、自励、能动的发展，肯定教师专业发展是一个持续提升、动态发展过程，将教师的学习与实践、反思与探索作为教师专业发展的主要途径。③ 教师专业发展内容是多层次多领域的，包括知识、技

---

① 本部分节选自本课题组成员陈琪的硕士学位论文《高校教学名师专业成长的个案研究》。全文由张奎明在与陈琪协商基础上作了全面修改。详见陈琪：《高校教学名师专业成长的个案研究》，曲阜师范大学硕士学位论文，2019 年。

② 参见叶澜等：《教师角色与教师发展新探》，教育科学出版社 2001 年版，第 225 页。

③ 参见汪青松：《论高校名师的内涵及其培养》，《广西师范学院学报》2002 年第 4 期。

能、能力、态度、情意的发展。① 对于高校教师的专业发展，具体内容有教师职业价值观念、教师职业教育手段、教师职业道德规范、教师职业个性等。②

对教师专业发展进行阶段性划分是教师专业发展的一个研究视角。国外教师发展阶段研究分别从职业生命周期、心理发展与教师社会化等角度对教师发展阶段进行划分，代表理论主要有以费斯勒为代表的教师职业生命周期论，将教师发展分为职前教育阶段(Pre-survice)、引导阶段(Induction)、能力建立阶段(Competency Building)、热心和成长阶段(Enthusiastic and Growing)、生涯挫折阶段(Career Frustration)、稳定和停滞阶段(Stable and Stagnant)、生涯低落阶段(Career Wind Down)、生涯退出阶段(Career Exit)。③ 利思伍德的教师发展四阶段论认为，第一个阶段教师世界观简单，对事物判断具有绝对性；第二个阶段表现为墨守成规，教师对课堂规则十分明确，必须严格遵守；第三个阶段表现为尽教师的职责，这一阶段教师有较强的自我意识，已经将规则内化；第四个阶段教师具有主见，并能协调好师生关系，课堂更加灵活。④ 莱西教师社会化四阶段论，将教师专业化过程分为蜜月阶段，寻找教学资料和教学方法、危机阶段，应对过去失败阶段。⑤ 国内学者对教师发展阶段的划分比较有代表性的是傅道春对教师职业成熟的三阶段划分，将教师发展分为角色转变期、开始适应期和成长期。⑥ 尽管这些理论主要是以中小学教师为研究对象而提出的，但对于高校教师的研究同样具有重要的参考价值。

教师专业发展理论是本章的重要理论基础。它们是我们确立教学名师专业发展内容框架的基础，是从教师发展历程资料中梳理出教师发展阶段的重要参照，是判定教师发展方式方法合理性的重要依据。

---

① 参见唐玉光：《教师专业发展的研究》，《外国教育资料》1999 年第 6 期。

② 参见饶昊：《高校教学名师专业成长案例研究——以湖南师范大学为例》，湖南师范大学硕士学位论文，2012 年，第 5 页。

③ R. Fessler, J. C. Christensen, *The Teacher Career Cycle: Understanding and Guiding the Professional Development of Teachers*, Boston: Allyn and Bacon, 1992, p. 22.

④ 参见教育部师范教育司：《教师专业化的理论与实践》，人民教育出版社 2001 年版，第 49 页。

⑤ 参见叶澜等：《教师角色与教师发展新探》，教育科学出版社 2001 年版，第 243～254 页。

⑥ 参见傅道春：《教师行为访谈》(一)，黑龙江教育出版社 1995 年版，第 116～117 页。

（二）多元智力理论

传统的智力理论持智力为单一元素的观点，认为智力包含单一的逻辑能力或语言能力。[①] 多元智力理论指出人的智力不是由单一元素构成，美国心理学家霍华德・加德纳（Howard Gardner）认为人的智能是多元的并包含八种智力因素，即语言智能、逻辑数学智能、空间智能、肢体运作智能、音乐智能、人际智能、内省智能、自然探索智能，后来又加入存在智能。[②] 个体同时具有这几种智能，个体的智能是这几种智能不同程度的组合，个体的智能差异在于不同智能的组合方式以及程度，个体的智能结构是全面性与独特性的有机结合。[③] 多元智能理论经过加德纳不断完善，主要观点有：多种独立的智力构成了智力系统，智力系统是一个组合体；智力能力体现在处理现实与为社会提供产品的创造能力两个方面；与传统的智力理论持遗传决定智力的发展观点不同，多元智能理论认为智力的发展受到环境的制约，智力水平可以通过学习来提升，智力是不断发展的能力，在人的各年龄阶段通过文化与环境影响不断发展；智力是由多种能力综合构成的，这些能力在组成智力的各种能力中扮演着同等重要的角色，均对智力的发展有重要作用。[④]

多元智能理论对高等教育多元化人才培养、学生观、课程观、教学观、评价观的发展提供了新的思路。多元智能理论要求教师在教学中转变观念，正确看待学生之间的差异，尊重学生的个性、发展学生的个性，因材施教，发展学生不同的能力，培养多元化的人才。在教学中注重学生的思维能力与创新能力的培养，注重学生学习方法的训练，为学生创设文化与学习氛围，使学生通过主动学习获得智力的发展。在对学生的评价过程中坚持多元评价观，拓宽评价内容，注重学生生成性的评价，评价方式多元化，生成性评价与终结性评价相结合。

多元智能埋论对于研究教师专业发展有重要意义。本章基于多元智能理

① 参见卢小青：《多元智力理论对教育评价的价值与启示》，《中国成人教育》2017 年第 22 期。

② 参见[美]霍德华・加德纳：《重构多元智能》，沈致襄译，中国人民大学出版社 2008 年版，第 49 页。

③ 参见李永梅：《教师角色与行为艺术》，东北师范大学出版社 2010 年版，第 20～23 页。

④ 参见卢小青：《 多元智力理论对教育评价的价值与启示》，《中国成人教育》2017 年第 22 期。

论提出的人的智能可以经过后天的学习而得到发展，从这一角度出发，讨论教师专业发展过程中体现的教师个体智能因素及其提高的过程，为本书以教师为主体的研究视角提供了落脚点。教师职业的特性对教师语言智能、逻辑数学智能、人际智能、内省智能、自然探索智能，存在智能等有一定的要求，教师各个智能的不同组合使得教师的专业发展具有显著的个体特征，多元智能理论所支持的人的智能可以通过后天的不断学习与实践得到发展的观点，为教师能力素养发展的可能性提供了理论依据。本章以此为出发点，观察两位教学名师在学习与教学实践过程中不断发展个人语言、逻辑数学、人际、内省、自然探索及存在等智能的过程与方法，为高校教师专业发展提供借鉴。

（三）成人学习理论

教师作为成人学习者，教师的学习过程符合成人学习的特点与规律，促进教师专业发展，需符合成人学习者的需要和特点。[①] 美国教育心理学家马尔科姆·诺尔斯(Malcolm Knowles)首次将成人学习与儿童学习加以区分，提出了成人学习的基本假设。[②] 诺尔斯的成人学习理论经历了探索期、形成期与完善期三个阶段的发展逐渐形成体系。该理论认为成人学习符合下列特点：成人感到需要和产生兴趣时，才会激发学习动机；成人的学习以生活为中心；经验是成人学习的重要资源；成人有强烈的自我引导学习的需要；成人之间的个别差异随年龄而加大。[③] 成人学习方式以自主学习为主，在学习过程中占主导作用，成人在认知过程中以经验为主，原有经验是成人学习新知识的基础和前提，原有经验帮助成人学习者理解新知识并将新知识同化为学习者掌握的知识，这种经验在个体不断成熟与实践活动不断丰富的过程中不断增加，因而成人之间的个别差异随着年龄不断增加。成人学习的任务在于完善社会职责，进而完善个体的社会角色。成人学习者的学习动机源自自我实现、自我需要的内部动机。

根据成人学习理论研究者的观点，教师学习倾向于自主学习与自我导向学

① 参见叶澜等：《教师角色与教师发展新探》，教育科学出版社2001年版，第270页。

② 参见陈惠惠：《我国成人学习理论研究综述》，《中国成人教育》2016年第4期。

③ M. S. Knowles, *The Adult Learner: A Neglected Species*, Houston: Gulf, 1978, pp. 15-26.

习，教师学习主体意识强，能够主动选择学习方式，学习态度积极。[①] 教师具有独立的自我概念，应重视教师经验的积累和实践知识的获得，教师的学习目标是思想意识、角色等持续变化，学习动力是基于现实需要的内部驱动。[②] 根据成人学习理论，教师在专业成长过程中的学习方式主要是自主学习，应从教师自我实现、自我了解，促进社会角色的完善与实现对自我价值的追求与认同方面入手，激发教师学习目的与学习动力。在成人学习理论指导下，教师学习的模式是以问题为中心的基于经验的自主学习，教师学习的途径主要是在外部协作下的自我学习与发展。在教师教学实践过程中，教师要善于发现、不断反思，在实际教学中发现问题、进行研究，在不断反思与学习中提高专业水平。在教师专业成长过程中，应考虑教师学习的自发性与主动性，从问题入手，重视教师经验与实践知识，激发教师持续学习的动力。教师个人要积极主动开展学习并与同伴交流，学校要为教师自主学习创建良好的氛围，其中学习共同体是教师协作学习的有效方式。

本书借鉴成人学习理论的观点，审视教师在其专业发展过程中的主体性地位，探寻教师主动发展的路径，探究教师专业发展的影响因素，着重考察两位教师在专业发展过程中通过主动学习、实践与反思，学习专业知识、提高教学能力与科学研究能力，为专业发展提供持续动力。研究发现兴趣以及自我提高的愿望是教师专业发展的主要动力，而过往经验在教师学习过程中发挥着重要作用。成为教学名师虽然是各种复杂因素交互作用的结果，其中有一定的偶然事件推动，但也有着必然性，成为教学名师有一定的路径可寻，教师自主发展是教师专业发展的主要途径。

（四）教学学术理论

教学学术（Scholarship of Teaching）是由美国教育家欧内斯特·博耶（Ernest L. Boyer）率先提出的，针对美国二战后受功利主义影响，高校和教师

① 参见林仕彬：《成人学习理论及其教师专业发展的启示》，《广东职业技术教育与研究》2018 年第 2 期。

② 参见裴森、李肖燕：《成人学习理论视角下的"教师学习"解读：回归教师的成人身份》，《教师教育研究》2014 年第 6 期。

重科研、轻教学现象严重，博耶在作了大量调查之后于1990年在《学术反思：教授工作的重点领域》中提出应该包含四种相互联系的学术，即探究的学术、整合的学术、应用知识的学术、传播知识的学术，其中传播知识的学术就是教学学术。[①] 教学学术的提出打破了教学与科研二元对立的局面，提高了教学的地位，体现了多元学术观，为重新审视教学的地位提供了一个新的视角。舒尔曼(Lee S. Shulman)等人发展了教学学术，认为教师的教与学生的学不可分割，应该将学生的学习纳入教学学术中，教学学术应发展为教与学的学术(Scholarship of Teaching and Learning)，舒尔曼还增加了教学共同体的设想。[②]

舒尔曼等人界定了学术活动的特征，认为学术具有知识的创造、成果公开、接受同行评价、在同行中交流的特性，[③]教学具备这三样特点即上升为学术。根据舒尔曼的观点，教学活动是一项探究性的活动，以问题为中心，在整个教学活动中，通过设想、设计、结果、活动、分析几个过程与环节，解决教学问题，教师将问题的解决过程撰写成研究论文，从而产生学术成果，研究者将成果进行发表，供同行间交流与学习，并接受同行的评价，通过这一过程，教学成为学术。[④] 综合不同学者对教学学术的研究，教学学术落脚为研究者针对如何才能更好地传播本专业知识所进行的科学研究的成果。[⑤] 教师在教学中进行的知识积累、教学方法创新和教学改革等探究性活动都具有学术性的特征。[⑥] 作为学术活动，教学学术更强调以问题为中心，注重教师对教学的探究与反思，并将学生的学习纳入研究中，形成教学共同体，师生在教学共同体中相互交流、相互学习，教学相长。教学学术理论的提出对西方学术界产生了重大影响，学者以教学学术的视角研究高校教师教学能力的发展以及教师评价制度的改革。近年来，我国学者对教学学术的研究也渐趋增多，促使我国高校与教师重新审视教学的地

---

① E. L. Boyer, *Scholarship Reconsidered: Priorities of the Professorate*, San Francisco: Jossey-Bass, 1990, pp. 10-15.

② L. S. Shulman, "Taking Learning Seriously", *Change*, Vol. 34, No. 4, 1999, pp. 11-17.

③ L. S. Shulman, "Teaching as Community Property: Putting an End to Pedagogical Solitude", *Change*, Vol. 25, No. 6, 1993, pp. 6-7.

④ L. S. Shulman, *Teaching and Teacher Education among the Professions*, LA: American Association of Colleges for Teacher Education, 1998, p. 12.

⑤ 参见王建华：《大学教师发展——"教学学术"的维度》，《现代大学教育》2007年第2期。

⑥ 参见刘华东：《试论大学教学学术的内涵》，《中国高教研究》2017年第6期。

位，从科学研究的角度改进教学，提高教学质量。

教学学术理论所体现的多元学术观为我们从学术角度看待教学研究，分析两位教师教学科研能力的发展提供了理论依据。从教学能力发展角度看待教师科研能力的发展，为教学与科研相结合提供了研究视角。在对两位教学名师的研究过程中发现，两位教师都具有良好的科研素养，都主持并参加课程改革与教材编写工作，将学科前沿与科研成果融入课堂教学中。对教学的研究对于提高高校教师教学能力，促进教师专业发展，为教师专业发展提供支撑具有重要的作用。

二、高校教学名师专业成长的个案研究

我们的研究对象是两位获得国家级教学名师奖的教师，他们具有深厚的学术功底，长期在教学一线从事本科生的教学工作，注重教学改革与实践，积累了大量的经验，在同行与社会中具有较高的影响力，在学生中广受学子们欢迎。我们主要从他们的成长经历以及专业素质发展方面，叙述其教育信念、教师知识、教学能力、教学科研能力、专业态度与动机等方面的成长过程，探寻其成长为名师的路径。

（一）Y 老师的专业成长叙事与分析

Y 老师 1957 年生，T 理工大学管理学院教授，本科就读 T 大学化工科，硕博士转读管理学科，1982 年大学毕业留校任教。1996 年调入 T 理工大学，从事工程造价学科建设。他主持完成的教学改革研究项目两次获得国家级优秀教学成果二等奖，主持的工程计价学课程被评为国家级精品课，2007 年被评为国家级教学名师。

1. Y 老师的成长经历

（1）主要的学习经历

影响个体职业发展的各种因素中，职前发展阶段是个体素质全面形成发展的关键阶段，它是个体职业发展的前提和基础，可以说个体职前形成的素质影响着职业发展的高度。Y 老师所以能够成为国家教学名师，与其主动学习的意识、自强不息的精神和独特的成长经历、广泛的学习兴趣等分不开。

一是主动学习的意识、自强不息的精神。Y老师少年和青年时代受社会环境影响，学习不系统，学习资源有限，学习条件艰苦。凭借自己对知识的渴望和坚韧，他尽可能收集手边可以找到的书本自学。高中毕业后他下乡插队并在车间里工作了五年，在插队时面对的是落后的生产力，所有的劳动都要由人工完成，他深感提高生产力的重要性。在工厂经历机械化生产后，又使他在对比中对落后和先进的生产力有了深刻认识。他意识到，要促进生产力的发展，关键靠科技和知识，这促使他更加刻苦用功读书。

二是独特的成长经历。机会总是留给有准备的人，在困难的环境中Y老师坚持不懈地学习使他在命运之门敞开之时能够跻身其中。1977年秋季，他参加了高考，并顺利考入T大学化学系有机化工专业。在这里他受到严格的专业训练，教师要求拿试剂时，瓶子的标签必须冲手心，他一直记忆犹新。T大学教师对学术的敬畏也给他留下深刻印象。普通化学系的沈先生对学生的要求很严格，在第一节课上就教他们怎么样来记录课堂笔记。大学毕业后，Y老师留在T大任教，并担任行政管理工作，他感到自己的不足，有了继续深造的愿望，Y老师考入T大学技术经济专业攻读硕士研究生。硕士研究生期间，Y老师大量阅读管理学有影响力的各个学派代表性的著作，并通读名家传记以理解名家理论。他利用在学校接待外宾和到加拿大做访问学者的机会与管理学派名家大师交流，更加深入理解了各派理论。Y老师受到了扎实的基本训练，锻炼了工程学科的思维，其后来管理工作的经验也依赖于在此期间积累的工程基础，这些经验使他在接触工程造价咨询机构的管理问题时触类旁通、举一反三。后来于L大学攻读经济学博士，他紧跟学科前沿问题，深入学习各种经济学理论，包括信息经济学、制度经济学、契约经济学等。总之，在这近20年的学习旅程中，每一个时期他都在不断学习、不断充实自己。但给Y老师留下最深印记的还是他本科阶段的经历。跨学科教育经历对他的管理学工作影响深远，为他积累了扎实的学科知识，拓宽了他的研究视角。三是广泛的学习兴趣。他注重文学素养的提高，阅读兴趣广泛，上大学前看了很多文学名著，深受鲁迅及毛泽东犀利文风的影响，文笔得到了提高。书中无产阶级的浪漫情怀令他十分感动与向往，是激励他的精神源泉。他后期还研究了马克思主义哲学和存在主义哲学，这些都为他积累了深厚的人文素养。

（2）入职初期的适应与发展

1982年，Y老师本科毕业留校任教，并担任行政管理工作，1987年担任学校技术经济及系统工程系副主任，这期间他同时在本校攻读管理学硕士。入职初期教学管理工作在适应中平稳发展，渐渐步入正轨。Y老师迎来的挑战是由一个学生到教学工作者角色的转变。这一转变过程的完成较为顺利。靠着深厚的学科功底、扎实的专业知识，Y老师在教学内容的准备上得心应手，初为人师，面对台下一张张鲜活的面孔与一双双渴求知识的眼睛，Y老师感到责任深重，也被学生对知识的渴求感染，干劲十足。对于课堂教学，他说起初还是有一些经验不足的地方，自己以为的难点对于学生来说并没有太大困难，而以为很简单的知识学生在理解中却出现了困难，这使他认识到了解学生的重要性。通过课堂观察和课后与学生交流、学生的作业反馈以及课后反思，他渐渐了解了学生的学习程度与思维方式，课上观察到学生有困难，就会停下来引导学生一步步思考，通过举例等方式帮助学生理解。他认为自己在这一时期的授课方式更多的是对自己以前上学时老师的模仿。

（3）事业发展的转折

Y老师事业的转折是1996年，应工程造价专业奠基人X教授邀请到当时的T理工学院（后来改名为T理工大学）任教，参与创办全国第一个工程造价专业。这一选择要冒很大的风险，离开稳定的环境，来到当时各方面力量薄弱的T理工大学，事业之路由顺遂变得艰难。但他认为，如果没有这样的选择，也就没有他后来的诸多成就。对于Y老师来说，做这个决定一是因为X教授的信任，另一个也是为了理想与坚守。他说："就是我们的老师和我们这个学科的奠基人X教授给我的一个嘱托。他到这个学校来当院长，当时就是相当于校长。他觉得我能帮他忙，非得让我过来，我没有任何条件，过来了。"

（4）在曲折中完成学科建设

X教授定下造价工程师执业资格考试大纲框架，但在1997年10月就因病不能工作了，但是他放心不下正在进行的工作，临终前他让Y老师坚守工程造价学科建设，他答应了。Y老师说："我觉得我很大程度上是为了这么一个嘱托。一个学科有它的内涵和外延，内涵即这个学科是什么，外延是这个学科包括什么。他把内涵定了，我把外延做出来了。"

这期间也几经曲折。由于工作需要，Y老师考取L大学经济学博士继续深入学习经济学理论，通过职后的继续深造提高自己。1999年，Y老师完成博士答辩后生病住院一个多月，学业的压力，工作的艰辛，对教学工作的牵挂，使Y老师备受煎熬，身体不堪重负，但团队成员还在等着他的决策，在生病期间他坚持工作，带领团队将造价工程师培训中心（TCCCE）落实为实体单位，这是首批全国注册造价工程师执业资格考试师资培训单位和学员考前培训单位。2000年，他成为管理学院院长，当时整个队伍师资和水平都达不到一流学科的要求，他在全院大会上立志10年把管理学院带到T市排名前三的位置。2003年，T理工大学开办了国家首个工程造价全日制普通高等学校本科专业。这一时期Y老师课堂教学得心应手，他关注的重点转移到对学生的培养与课程改革上，也逐渐形成了自己的教育教学理念。Y老师于2007年被评选为国家级教学名师。

他主讲的课程"项目价值的提升艺术——工程造价"被教育部批准为国家级视频公开课、"工程计价学"被教育部评为国家级精品资源共享课。他还拟将所讲课程改造成双语教学，争取达到世界工程造价教学一流水准。2012年，在Y老师的积极倡导下，管理学院成立了学习中心，与英国皇家特许测量师学会（RICS）洽谈合作，引进其资源，全面与世界接轨。2013年，工程造价专业列入全国普通高等教育专业目录中的基本目录专业，管理科学与工程学科获得博士学位授权，开始招收第一届公共投资与工程造价的博士研究生，建立了T理工大学工程造价专业本硕博人才培养体系。工程造价学科的建设任务基本完成，Y老师实现了对X教授的承诺。随着不断培养出人才，逐渐改变了我国工程造价咨询高端业务只能依靠国外咨询公司的局面。

（5）迎接挑战，开辟学科建设第二战场

创新的思想往往具有数百年的历史，创设一门学科要经过过去许多代人的努力，过去的思想则是捐赠给今天的思想的遗产。学术这一术语具有明显的历史联系的特点。[①] 随着学科建设工作基本完成，Y老师又跃跃欲试，迎接新的挑

---

① 参见[美]伯顿·克拉克：《高等教育系统——学术组织的跨国研究》，王承绪等译，杭州大学出版社1994年版，第16页。

战，有了新的目标。对于未来的发展方向，Y 老师根据当前行业发展趋势作出分析，他认为不能再靠力气和勇气搞学科建设，要努力学习用巧力气，利用重点大学都去争一流的机会，明确 T 理工大学的定位与培养目标，在空出来的产业发展方面占有一席之地，引领行业发展。他决定利用工程造价中心（TCCCE）培养专业人才，以培训反哺科研，规范行业准入门槛，走向更广阔的世界。2004 年在 T 理工大学成立的公共项目与工程造价研究所（IPPCE）就是学科建设之外的有力阵地，极大支持了科研，其公共项目管理绩效改善及相关研究成果成功应用于多个重点项目。2017 年，Y 老师卸任 T 理工大学管理学院院长，专心研究所和培训所工作，从事行业培训指导工作，继续为工程造价事业提供支持。

2. Y 老师专业素质发展叙事

(1)Y 老师的教育理念

教师的教育理念是指教师自己选择、认可并确信的教育观念或教育信念。一般情况下，教师有自己的信念体系，或从自己教学实践经验中逐渐积累获得，或由外界直接接受而来，或是经过深思熟虑并富于理想色彩的教育理念。由经验式、无意识的教育信念向以知识、系统理论为基础的教育信念的不断演进，甚至构建清晰、理想的教育理念，并不断发展更新是教师逐渐走向专业成熟的一个重要维度。① 教师的教育信念包括教育观、学生观和教育活动观等。教师的教育观念的形成是自我建构的过程，产生于教师的直接经验。② 教育观念是教师作为独特个体在经验与实践过程中形成的观念的集合，体现时代性与地域性，是理论化系统化的体系，彼此之间密切联系，包括理性认识与感性体验，影响教师的价值选择。③

①Y 老师的教师观。教师观即教师对教师职业、教师角色的认识和看法，包括教师角色观、教师自我效能感等。④ 谈到对自己的定位是教师还是一位工程造价事业的追求者，Y 老师将自己定义为高明的教师。他给出的解释是将教

① 参见叶澜等：《教师角色与教师发展新探》，教育科学出版社 2001 年版，第 231 页。

② 参见辛涛、申继亮：《论教师的教育观念》，《北京师范大学学报》（社会科学版）1999 年第 1 期。

③ 参见易凌云、庞丽娟：《教师教育观念：内涵、结构与特征的思考》，《教师教育研究》2004 年第 3 期。

④ 参见易凌云、庞丽娟：《教师教育观念：内涵、结构与特征的思考》，《教师教育研究》2004 年第 3 期。

师作为本职工作，用社会实践活动与学科建设工作来指导教师的各项具体工作，将对社会的责任感渗透到教学实践中，不仅教给学生具体知识，更要培养符合社会需要的人才。他用作诗来类比，不仅要掌握作诗技巧，也要心怀远方，有高远的意境，寓教于乐，寓教于工作。他认为教师要有时代精神与创新精神。Y老师一直在倡导弯道思维，即互联网思维，他研究过“呱呱叫”“呱呱洗车”“饿了么”这些互联网平台，认为这些虚拟的网上平台迅捷、便利，优于实体平台，对T理工大学管理学院大量服务类的专业，比如工商管理、营销来说是极大的挑战，在新的时代背景下教师要更新观念，积极应对挑战。

②Y老师的学生观。教师的学生观是教师对教育对象即所教学生的基本观点和基本看法，教师对教育对象的认识与看法决定着教师的教学行为、教育态度、教学所采取的方式方法。教师的学生观广义上表现为教师的学生发展观，具体体现为教师的人才观和对学生的期望等。[①] 教师的学生发展观与对学生的期望，决定了教师教育学生的方式，影响着学生的发展。长期关注学科前沿，并承担一系列工程项目，加之与业内人员的交流，Y老师对本专业要培养的学生有明确的定位，即将学生培养成符合产业需求和专业规范的、有社会责任感的专业人士。T理工大学管理学院2015级新生开学典礼上，身为院长的Y老师给这些刚刚踏入大学校门的同学们泼了一盆冷水。他对同学们提出质疑，问他们是否可以做时代的弄潮儿和行业的领袖，直言考到这样的学校来，他们与一流大学的学生是有一定的差距的，要弯道超车，超过一流大学的学生，要虚心学习。Y老师承认，自己表明所带领的学生和老师，学科专业素质没那么高，对他们会造成伤害。但是指明事实的背后是一份责任，他自觉有责任坦白地告诉他们，戒骄戒躁，不要以为自己是社会精英，把心虚下来后才能装东西，认识到自己的不足和缺陷，才能专心接受他的专业训练。“浮云游子意，落日故人情。挥手自兹去，萧萧班马鸣”，是Y老师对学生的情怀。当一届届的学生毕业时，Y老师总是很感慨，回首对每一届学生的培养，都有一些遗憾，但若把一届届学生看作生生不息的循环系统，则满怀成就与期许，在对每一届学生的培养方式的基础上有所改进，吸取经验，不断创新，整体形成一个稳定的培养系统，

① 参见辛涛、申继亮：《论教师的教育观念》，《北京师范大学学报》(社会科学版)1999年第1期。

从而不断提高学院培养学生的水平。

③Y 老师的教学观。教学观是教师对具体的教学要素和过程等的看法，包括课程观、教学内容观、教学方法观等。[①] 由于理工大学的性质和管理学院的学科特点，要求学生具有很强的实践能力。经过对学生的观察与了解和对行业需求的深入考察，加之多年在教学中的实践，Y 老师也形成了自己的教学特色——因材施教。他说："因材施教这个词对于教育工作者来说虽然耳熟能详，不论是从事基础教育还是高等教育，广大教师都力图做到因材施教，但真正能把握到精髓，做到的人少之又少。"明确学校的定位，通过课堂观察与学生的交流，对学生学习程度与学习习惯加以了解，加之课上课下的交流反思，Y 老师准确把握住了 T 理工大学学生的学习基础、学习能力以及学习态度，按照其程度来施教。Y 老师认为 T 理工大学的学生与重点大学的学生在学习基础与学习主动性上还有一定的差距，并且作业报告不严谨，没有以专业人士标准要求自己。Y 老师在教学中对学生严格要求，引导学生破除自己是学生，可以不负责任的想法。让学生确立自己是专业人士的观念，考虑所写报告步骤在工程中能否实现，如若不能，就不合格。作为导师他对学生要求很严格，有了问题会严厉斥责，他想让学生提前接受历练，以便适应以后的工作环境，在今后的工作中少走一些弯路。

(2)Y 老师教学能力的发展

①教学设计能力。第一，在了解学生的基础上精心备课。Y 老师在 T 理工大学教学时遇到了困难。由于 T 理工大学学生相较于重点大学学生学习基础薄弱，Y 老师通过课堂观察发现他在上课时有 1/3 的学生是不看他的，这说明学生学习的主动性不高，没有好的学习习惯与学习方法。在了解学生的学习程度和学习方法后，他在备课上下功夫。根据学生的学习特点与基础，Y 老师调整了自己的授课内容。在备课时，他先将知识成体系、分层次列出提纲，每节课都有一条主线，将背景知识、发展脉络、理念以及当前的研究趋势厘清。每个环节怎样联结，每个知识点采用哪些案例，他都反复推敲，在学习过程中学生会遇

---

① 参见易凌云、庞丽娟:《教师教育观念:内涵、结构与特征的思考》,《教师教育研究》2004 年第 3 期。

到怎样的困难，要怎样解决，他都提前做好预设。他在备课中注重与团队的合作，每次备课都会和团队成员共同讨论，大家区分不同年级、不同的学习层次，制作 9000 多页多媒体课件，课件制作精良，思路清晰，配合思维导图将复杂的理念直观呈现给学生。第二，他注重教学内容的更新。他密切关注学术前沿动态，及时补充、更新国内外学科成果的发展信息，关注时事，注意理论联系实践。他通过考察访问，对国外工程造价学科教育的发展状况、历程和趋势进行清晰、深入分析，调研并搜集大量第一手资料，将研究成果纳入课程中。他针对当前管理学科普遍面临滞后性的状况，提出教师要不断反思、更新和调整授课内容。如他谈到现在的零售终端实际上已经变成手机，以阿里巴巴等为代表的电子商务对实体店铺造成冲击，给实体店铺带来巨大挑战，而在课堂上还在教授给学生分销方式，把零售终端定义为商店、分销店、旗舰店，这种授课内容相对于社会发展来说具有滞后性。所以，他注重将教学内容与科研成果紧密结合。他把研究成果应用于教学，给学生传授相关理论，引导学生从有实际应用价值的选题入手开展研究与撰写论文。

②教学实施能力。Y 老师的课堂教学紧紧围绕管理研究范式，结合大量研究实例，提供大量研究数据，帮助学生架构知识。他授课注重逻辑性以及知识之间的联系，介绍理论的背景知识、发展脉络、应用理念以及当前的研究趋势，善于提出问题引发学生思考，再通过生动的讲解，总结课前呈现的定义，使学生对前面提到的理论有了深刻的理解，在这一过程中恰当运用举例帮助学生理解。他善于将理论转化为生活化的语言，运用比喻生动形象、诙谐幽默。他不仅注重知识的传授，更加重视人文观念和行业理念的传递，在举例介绍建筑在工程计价中的范例时用优美的语言介绍其在人类文化史上的价值，培养学生的人文素养。在课堂教学实例中向学生传达工程造价专业人员在行业中应有的坚持，他告诫同学们世界一流水平建筑需要一流工程造价者，即使在解决有无问题的基础领域，也要坚守行业准则，不能一味因为成本而降低原则。他鼓励学生胸怀远大的目标，完善自我，迎接高端业务对造价人员的需求，大胆创新，引领全世界工程造价学科的发展。

③教学反思能力。他会仔细思考当天课堂中自己觉得顺畅以及学生遇到困难的地方，探究成功之处和学生出现困难的原因。对于学生出现困难的地

方，会思考是学生知识基础的缺失还是教师引导不到位，他把这些记下来，在下次讲课时遇到同样的情况就有了参照。长此以往，逐渐做到在备课时就能准确把握学生是否会在这里出现难点。Y老师说教学不是一件容易的事情，对于提高课堂教学也没有一蹴而就的办法，重在要不断地讲、不断地练，在实践中不断改进和提高。他的课堂得益于深厚的基础知识以及长期形成的良好的科研素养。另外他经常与教学团队研究教学，他说大家在一起制定教学目标，讨论教学方法，解答困惑，经常会有思维的碰撞和灵感的迸发。他平时注意搜集课堂案例资料，通过到国外考察访问，对国外工程造价学科教育的发展状况、历程和趋势进行分析、调研，将研究成果融入自己的课堂教学中。

(3)教学科研能力

Y老师以科学研究的方式从事教学研究，他和团队长期关注学科前沿，并承担一系列工程项目。他一直试图寻找一个有利的研究视角，最终确定以经济学范式作为研究视角，区别以管理学范式、技术范式和法学范式的研究流派。以公共项目绩效为研究对象，因与主流研究相悖，他的研究并不受到重视，坐了5年的冷板凳，但Y老师及团队成员坚持下来了，他在向校长汇报时说："再给我两年时间，我将接近项目管理研究的最高水准。"2007年以来，团队大量出成果，其确定的研究领域成为了研究热门。他始终关注工程造价学科的国际教学改革动态，主持参与工程造价课程的开发，并编写教材。他首创执业资格一体化的课程体系，打造适应课程体系要求的精品课，主持并完成跨世纪国家教改项目"面向21世纪工程造价人才知识体系与培养模式研究"，他主讲的课程"项目价值的提升艺术——工程造价"被教育部批准为国家级视频公开课，"工程计价学"被教育部评为国家级精品资源共享课。为了与国际接轨，他还拟将所讲课程改造成双语教学，争取使世界工程造价课程的教学达到一流水准。

(4)培养人才能力

①重视本科生的基础。Y老师重视训练学生的写作，给学生推荐书籍，希望同学们通过阅读提高写作能力。Y老师曾在指导本科生时发现一些毕业生连最基本的管理学知识都说不清楚，对经典理论的代表人物也不了解。这样的状态无法适应未来激烈的竞争，让他很忧心。教师的引导固然对专业学习很重要，但更多要靠学生的勤奋来提升自己，他希望学生能够认真地反思自己在专

业课上是否下过狠心学习。每年从3～6月，学生毕业最后阶段，他对学院工程造价专业全体师生进行集中培训，帮助学生补短板提升长处。由于正值找工作的关键期，学生会提出质疑，但他坚持自己的铁腕管理，力求走出去的学生都能有扎实的功底，符合行业规范。随着成绩的获得，学生也理解了老师的用心。Y老师非常重视本科生的毕业论文，对他们的要求也尤为严格。他几乎每天下午都要指导学生论文，专门使用一台22英寸的电脑显示器，以阅读版式扫描学生的初稿，指出论文的问题，与学生一起讨论，他和学生一起在实验室工作，有了灵感也会随时与学生交流。经过他指导的学生在自己原有的基础上都有了一个质的飞跃。他所指导的学生也异乎寻常地刻苦与努力，虽然过程很苦很累，还受到老师不少的训斥，但学生们特别激动，说没想到自己能写得这么好，再苦再累都值得。提起自己的学生，他也是毫不掩饰的自豪。他写了一篇文章，记录的是他指导的几个本科生准备毕业论文的过程。他对每一个学生的优缺点都悉数掌握，字里行间透露着自豪与关爱。他详细记叙他们论文写作过程中遇到的问题和克服的情况，小到一位同学穿着太过花哨，他认为不符合专业人士标准，要求他改变，但当看到学生研究做得很深入，又爱屋及乌，不再苛求他的穿着。对于一位基础较差的同学却选了高难度题目并且做的结果令他满意，他的心中也是满满的自豪。对那些论文没有得到优秀的学生，Y老师也会认真反思原因。一位考研的学生去C大学面试前夜，给他发来信息，他突然有了灵感，马上编辑了一条很长的信息发给学生。这位同学也按照他的要求准备，后来被顺利录取。一位同学的论文成绩不尽理想，但做了有利于他将来研究发展的工作。通过这件事Y老师总结了经验，认为在撰写论文时从选题到选用研究方法、筛选撰写内容都必须紧密结合，每一个环节都要精心准备。对于敢于挑战难题的学生，虽然没有获得预期的结果，Y老师仍然对他的勇气与创新给予肯定，并希望学生继续努力，突破难题。在Y老师指导的学生中流传着一条定律：学生毕业论文得优的概率往往是与其座位离Y老师的远近成正比。Y老师每年坚持指导10个以上本科生，他们与老师朝夕相处，撰写文稿，演示成果，这对他们学术上的帮助也是极大的。听到他们兴奋地告诉他：老师，这一个月我最快乐了。他也感到快乐与自豪，认为所有的努力与付出都值得。

②培养研究生的能力。他加强对研究生的时间管理。学生一般都要9月

份入学，他的学生 4 月份决定录取后就到学校来接受训练。Y 老师把每天分成 3 个单元，上午、下午、晚上，只允许自己的学生一周休息两个单元，就是星期天的下午和晚上。他变革了学生培养模式，改变过去硕士生自己在自习室学习，与导师很少交流的方式，以师生共同工作的共享空间概念为指导，建了 40 多个研究室，老师和学生在一起办公、学习、交流。他使用考勤打卡方式督促教师和学生，强化硕士生的学习时间。在给本科生上大课时，为了能达到教学效果，他在前台上课，后台有博士、硕士为他助课，做到每堂课都有作业，每份作业都有修改。他安排硕、博士研究生做本科生副导师，辅导他们毕业论文写作。这是他经过实践坚持沿用下来的方法，硕士研究生在协助教师指导学生时，自己的能力也得到锻炼和提高。每年 4 月底至 6 月初，所有来他办公室的老师都会看到 Y 老师与学生围坐在他那张著名的会议桌四周讨论问题，大家称其为“圆桌会议”。学生们也都很怀念那样的学术氛围。他激励学生努力完成梦想，他的学生也敬爱他、相信他，说他“感觉很高冷，但是内心特别温柔，就像父亲一样。在学校他不仅关心我们的学习还关心我们的未来，告诫我们将来要成为什么样的人”。

在欢送首届工程管理毕业生会上，Y 老师情绪激动，哽咽落泪，这是 Y 老师很少的几次流泪。在回想是什么原因使自己伤感时，总结起来就是两点：一是在首届工程管理毕业生即将离开时，心里有一种嫁女的感觉，他们就要离开学校面向一个陌生的社会环境，他担心他们是否准备好。作为他们的老师，反思自己是否教给他们恰当够用的知识和技能，担忧他们是否能胜任新的角色。二是这个教学团队共同努力了这么多年，终于有一些成就，在行业中处于领先地位，毕业生的就业前景也相当好，种种这些都令他百感交集。

③培养青年教师。Y 老师注重对青年教师的培养。他所带领的创新教学团队共有教师 20 名，其中获得博士学位的教师占 85%，而大部分引进的博士都是管理学院自己培养出来的。刚任管理学院院长时，T 理工大学无论是老师还是学生，都不能和重点大学相比。人才有生存发展的环境，学校目前的条件达不到，引进人才非常困难。虽然从 2007 年开始，管理学院拿国家自然科学基金和国家社科基金的数量跟一流大学不相上下，但是无形的成见使大家对这样的学校持怀疑态度。既然引进高端人才的路走不通，就要立足于培养，靠内生的

造血机能而不是靠输血机能培养人才，他说这个过程是非常艰难的，这是靠他和团队教师几十年如一日牺牲休息时间换来的。他同学院青年教师逐一交流，鼓励他们考取博士，每月邀请知名学者和教授来作报告，讲研究方法。每周三的全院大会，他都精心准备，与师生交流学科前沿问题，给管理学院营造优良的学术环境。自 2001 年以来，每周六他固定主持“周末学术论坛”，请学生汇报学术研究心得，并由他亲自点评。

(5)专业态度与动机

专业态度和动机是教师专业态度和行为的动力系统，涉及教师的职业理想、教师对专业的热爱程度(情感、态度)、工作的积极性能否维持(专业动机)和某种程度的专业动机能否继续(职业满意度)等问题。

①对学生的热爱。对于“曾经沧海”的他，对外物已经淡然，唯有成就弟子才能令他兴奋。他桃李满天下，仍不忘初心。他有几句话一直在学生中传诵：第一句是“学生是上帝，老师是上帝，我是上帝的仆人”。第二句是“殚精竭虑，勤勉谦和”。第三句是“虽不能至，心向往之”。Y 老师非常爱他的学生们。他的女儿一直抱怨说他对学生比对她好，Y 老师也默认。这么多年他在学科建设和培养学生上倾注的心血远比家庭多。所谓“爱之深，责之切”，学术上严格的要求是他体现爱的方式，严格以社会专业人士的标准要求学生是为他们快速进入工作领域适应自己的角色、养成良好的习惯打基础。谈起学生他都是对他们的牵挂、惦念和掩饰不住的自豪。

②身为教师的责任。他一直告诫自己的团队成员要善待每一位学生，成就孩子们是教师的本分。师承他的弟子走上各自的工作岗位，继续为这个行业贡献着力量。学生取得成绩就是他的安慰，与学生在一起就是他最好的休息方式，他有很多的身份，他最希望做的还是学生的老师，并希望永远是他们的老师，他说身体会老去，但他培养学生的心永远年轻。

③对理想信念的坚守。他想把工程造价事业做大做强，做到中国第一、全世界第一，将中国的工程造价事业带到一个高峰，让世界都来向我们学习。虽然目标很高，但也是有途径可以做到的，那就是通过培养学生、做学问。通过确定学术体系，可以影响工程造价行业的顶尖人才，他培养的学生可以担当行业优秀人才去引领行业的发展，通过这种方式就能够实现他的梦想。

(6)专业道德人格

①性格直率不妥协。Y 老师取得这样的成就与他的性格有很大关系。不论是在学科建设还是在管理和教学上,Y 老师都成绩瞩目。但取得瞩目成绩的同时,也无法让人忽略他的个性,Y 老师有个性几乎整个 T 理工大学都知道。不管在什么场合,不管面对谁,他对自己的个性几乎都毫不掩饰。他的个性不仅表现在他直言不讳,还有他一年四季只穿白色衬衣,吃饭都只吃那几样菜,理工科出身,但写的影评却很独到。这些都构成了一个丰满独立特性的形象,也颠覆了很多人心目中老师的形象。

第一,对于教育教学,他有一套自己的坚持。对于他认为不妥的问题,他经常直接提出意见。在对学校的办学和教育上,Y 老师说他自己有很多的看不惯。首先,看不惯工作状态。学院很多设备一到放假就贴上了封条,禁止使用,到假期结束后启封。在一流大学,越是放假,这些设备运用的效率越高,因为要大量接受外面来的访问学者或者研究生。放假以后,尽管停止了本科教学,但大量科研和培训工作却上来了,这个时候把实验室和教室封上,对科研和培训等社会服务都是一个影响。培养人才、科学研究、社会服务是高校的三大职责,对管理学院来讲,社会服务的责任更是重中之重,其中很重要的一个方面就是培训。B 大要负责到 20 年后中国发展,T 大和 N 大至少要负责到 10 年以后的事情,T 理工大学是应用型大学,至少要管到 5 年以后。一些先进企业这时候要做 5 年以后的事情,这些先进企业就是我们要培训的目标。这种一到放假就要真的放松的方式,是需要改变的,要从观念和行为上进行彻底改变。到了这个大学,他就有责任去引导,如果不引导教师就缺乏做学术的主动性,就可能会对学生不负责任。其次,Y 老师对高等学校办学浮躁现象很反感。他在学校专业论证会上跟校长提出了自己的建议,使学校申报新专业的院长很尴尬。他直言,听完各位申报新专业的院长陈词之后有小猫钓鱼的味道,这个地方没鱼,换个地方再钓,再没有就再换。为什么不去考虑是什么原因钓不到鱼,从而去改进以谋求长远发展,用匠人精神十几年二十几年如一日去打造一个品牌、一个专业。他的坚持第一源自责任心,他说一些一流大学的管理学院院长仍然保持陈旧的思维,无法很好地向学生传授管理经验。

第二,Y 老师直言自己想“出名”,不想默默无闻。因为在高等院校的评价体系里，其中一个主观指标就是请全国的人来给学校打分，这个评分占20%的比重。知名院校评分很高，而普通院校即使个别专业竞争力完全不输一流院校，但评分依然很低。对评价结果的不服和对于学科的责任感，迫使其必须“出名”。

第三就是Y老师性格使然，从不愿意退缩，不愿意藏着掖着。Y老师性格直率，说话不留情面。经常因此得罪人，也正是因为T理工大学领导和老师们的包容，才让他能够在一个宽松的环境下认真做学问、踏实带团队。教师跟学校有着互相依存的关系，Y老师很感谢学校对他的宽容，并且支持他进行学科建设。

②执着求索不动摇。在他身上有着一定的英雄情结，他直言自己有一个英雄梦。Y老师写过三篇关于电影的评论，第一篇是《巴顿将军》，第二篇是《林肯》，第三篇是《教父》。他觉得他自己特别像巴顿将军，带领一支一流团队打仗。人民群众按照生产力的逻辑来创造历史，历史上，往往是少数几个英雄人物站在历史的转折点，顺应历史，创造历史。这种历史使命感促使他分析、把握未来的方向。他钟爱《史记》中对孔子的评价，“虽不能至，心向往之”，也经常用这句话来激励学生。孔子周游列国恪守“克己复礼”的梦想，一生都没有放弃自己的理想。Y老师敬佩孔子坚守自己的理想，用此来激励自己克服困难实现梦想，他说他远不及孔子，只能以他为榜样，学习阿甘的傻气，一辈子不怨不悔追求自己的事业。

Y老师认为80%的成功要靠努力，只有20%要靠机遇。回看和团队走过的道路，检阅获得的成果和荣誉，酸甜苦辣：失败的痛苦、对家庭的愧疚、难眠的夜晚、不曾休息的周末、东奔西走的旅途。每年50多次的飞行记录，到过全国45%的城市的记录，临近而不得入的风景名胜名录，都是他辛勤的佐证，也是成功的参考路径。

Y老师充满个性而又自认高明。罗杰斯说很多用心良苦设计的方法之所以没有成功，是因为他们没有建立起良好的师生关系。Y老师和学生情同父子，真正做到了因材施教。而鲜明并且有棱角的个性，是成就了Y老师还是影响了他取得更大的成绩，也很难评说。在这个尊重多元并且提倡创新的世界，老师应该鼓励学生们发展个性，而前提是老师自己要有个性。

3. Y老师专业成长综合分析

(1)Y老师专业成长特征分析

Y老师的专业发展体现了呈阶段性发展的特征。Y老师的专业发展大致经历了三个阶段，分别是入职前的学习阶段，这一阶段是其打下坚实的专业基础时期。第二个阶段是入职后专业能力的发展成熟时期。这一时期，是理论知识与教学实践相结合时期，随着教学实践与反思，他的教育信念、专业态度、专业精神、教学能力不断完善。第三个阶段是迎接挑战继续寻求发展阶段。Y老师急流勇退，卸任行政职务致力于专业服务与咨询，为工程造价事业持续发展提供动力，将中国的工程造价事业做大做强。Y老师的专业发展一定程度上符合费斯勒(R. Fessler)的教师生涯循环理论[①]，但并不完全按照其八个阶段的过程进行发展，经历了入职前的准备、职后的能力建立、经历挫折、成长、挫折、成长、稳定发展等过程，呈现在各个阶段不断进入退出的状态，说明每个教师的发展并非机械按照各个阶段呈线性发展，而是在大致相似的情况下又各具个性化特征，是一个不断变化的动态过程。Y老师在专业发展成熟后，仍在不断寻求突破，他的专业发展伴随其教师职业生涯的始终，从纵向看整体呈现能力不断上升的趋势。从横向看，教师专业发展是一个多维度发展的过程，教师的专业能力、心理、社会化全方面发展。

Y老师专业发展处于较高的水平，具有教学名师具备的普遍特征，即有较高的学术造诣，突出的教学成就，高尚的师德，在同行或社会中有较大的影响力，而成为教学名师不是一个一蹴而就的过程，需要经过长时间的发展。教师专业的成熟是成为教学名师的基础，而不断进行超越是成为名师的真谛。

Y老师的发展符合多元智能理论所持的人的智能是可以经过学习或训练在后天得到发展的。多元智能理论的意义在于对人的潜力的开发，扩大学习领域知识表征方式，从而发展人的智力。该理论承认遗传对人的智力有影响，但通过一定的培训，经过恰当的指导，人的多种智能可以得到发展。[②] Y老师在专

---

① R. Fessler, J. C. Christensen, *The Teacher Career Cycle: Understanding and Guiding the Professional Development of Teachers*, Boston: Allyn and Bacon, 1992, p. 22.

② 参见裴新宁、张桂春:《“多元智力”:教育学的关注与理解——华东师范大学课程与教学研究所“多元智力”博士论坛综述》,《全球教育展望》2001年第12期。

业成长过程中经过实践与学习，不仅锻炼自己逻辑—数字智力，而且有意识锻炼自己的语言—言语智力以及自知—自省智力。在Y老师的专业成长过程中，最突出的特色是他另辟蹊径，根据学校定位与专业特色，大胆革新人才培养方式。培养创新型人才，教师自身首先需要具有创新性。从多元智能理论角度分析，在培养学生过程中，应在面向全体学生的基础上看到学生的多样化，尊重学生的个体差异，因材施教，并有意识发挥学生的创造力，重视学生的主体地位，通过严格的专业训练和要求使学生养成主动学习的习惯，发挥学生的能动性，促进学生的多元发展。Y老师在对学生严格要求的同时，尊重学生的个性，了解学生的特点，给学生以个性化的指导，让学生在自己感兴趣的领域进行学习与发展。

Y老师的专业成长体现了教师主动发展的特征。成人学习理论视角下，Y老师专业成长过程中体现出很强的主体学习意识，他在每一个发展阶段都在有意识学习专业知识，将理论与实践相结合，了解研究的前沿动态。他的学习动力源自自身成长的内部需求，为完善其作为教师这一社会角色，更好履行教书育人的职责，从而实现其培养具有行业领先水平的人才的愿望。将中国的工程造价行业建成世界领先水平，这一动机基于自我实现、自我需要，不断激励其主动向更高水平发展。Y老师在认知过程中以经验为主，原有经验帮助其理解新知识并将新知识内化为已经掌握的知识。Y老师在学习过程中善于将理论与实践相结合，关注理论在实际问题中的应用，从而构建自己的知识网络，如他在实际生活中接触到网络电商平台，思考网络电商平台的运营方式，与实体销售进行比较，分析各自的优缺点，将这些思考与研究融入课堂教学中，更新教学内容。这种经验在个体不断成熟与实践活动不断丰富的过程中不断累加，为其扩大知识网络提供基础，随着年龄的增加，他与同龄人之间的个别差异也在不断增加。

(2)Y老师专业成长影响因素分析

名师成长是各种因素综合作用的结果，最重要的因素是教师个人积极主动寻求发展。同时，教师的专业发展总是处在一定的社会环境中，受一定的社会环境所影响，从宏观制度上，教师的发展受到教育政策等的影响；在微观的环境中，教师发展受到学校环境、家庭、课堂氛围的影响。[①] Y 老师的专业成长也受到内外因素的影响。

①Y 老师的个人因素分析。自我专业发展需要和意识是教师自我专业发展的内在主观动力，自我发展需要和意识促使教师实践终身学习理念，弥补教师教育中对教师自我需要方面关注不够的不足，促使教师有意识寻找自我发展的机会，通过自我学习推动专业能力更进一步发展。[②] 影响教师专业发展的个人因素包括知识、能力结构、性格品质、专业发展态度与动机等。

一是扎实的学科知识的积累，多学科知识相结合。杰出的教师非常了解他们所教的科目。他们都是活跃在学术一线的成就卓著的学者、艺术家或者科学家。不管有无专著出版，杰出的老师在各自的领域内追求重要的智力和科学或艺术的发展，从事调查研究，对他们所教的学科有重要而独到的见解，经常广泛涉猎其他领域(这些领域有时跟他们自己的领域相距甚远)，持续重点关注他们学科中更为概括性的一般性问题。[③] 广博扎实的学科知识是他们成就一位名师的基础。工程师的基本训练加上经济学素养为 Y 老师打下坚实的方法论和知识基础。Y 老师深厚的学术功底源于其勤奋钻研和庞大的阅读量。每一个阶段，Y 老师都在不断学习充实自己，密切关注研究前沿，所走过的每一步，都有扎实的理论作支撑。扎实的专业基础知识的积淀与跨学科的背景，使其理解管理的实际问题更为容易。

二是性格品质。教师的性格品质是内在稳定的因素，影响着教师的价值选择及行为方式。作为教师，Y 老师与传统中人们认识的教师形象有所不同，他另辟蹊径、看似不近人情、性格桀骜，但他也有着勤奋、坚毅、友善，赢得了人们对他的尊重。Y 老师能够取得这么多的成绩与他的勤奋与坚毅分不开，可以说勤奋、坚毅占了很大的比重。异于常人的勤奋与终身学习是 Y 老师在学术和事业上成就非凡的根本原因。对于学生，他拥有着一个优秀教师的所有的品质。美国教育协会通过调研归纳了 18 项优秀教师的品质：健康而有活力、智慧、好

---

① 参见叶澜等：《教师角色与教师发展新探》，教育科学出版社 2001 年版，第 265 页。

② 参见叶澜等：《教师角色与教师发展新探》，教育科学出版社 2001 年版，第 240 页。

③ 参见[美]肯·贝恩：《如何成为卓越的大学教师》，明廷雄、彭汉良译，北京大学出版社 2014 年版，第 16 页。

学、情绪成熟及平衡、爱儿童、同情、对教学发生兴趣和爱好、乐观和幽默感、友善态度、良好的工作习惯、能与人合作、广泛的兴趣、容忍、明快、公正、良好的仪表、讲解清晰的能力、人格——以上品质的综合及其他。① 与Y老师的接触过程中，从他的字里行间、动作表情中都能看出他的自信，甚至是有一些自傲，但他又有着"铁汉柔情"的一面：对学生要求严格，甚至给人不近人情的感觉，又会在毕业生欢送会上洒泪。他记得指导过的每届的本科生，经常与学生一起讨论、研究到深夜，甚至通宵熬夜。对于学生取得的成绩，他也不吝赞美。这种与学生的亲近和对学生的爱放在这样一个自负的人身上，形成强烈的对比，也正是这样的性格，促使他大胆创新。创新型教师就是指具有创新的素质和行为，以培养创新人才为己任，教育成果卓著的教师。他们对教育活动有自己独特的理解，对学生有特殊的发现，在教育工作中取得了显著的成绩，作出了卓越的贡献。教师的创新行为有利于学生的个性张扬，有利于学生潜能的发挥、学生创新能力的培养、生命质量的提升。② 从培养模式到对学生的要求，都体现了他的创新性。

三是责任感和对教育的理想。他经常对学生说的三句话："学生是上帝，老师是上帝，我是上帝的仆人。""殚精竭虑，勤勉谦和。""虽不能至，心向往之。"这一句话恰好也概括出了他的精神。他对自己的定位是教师，并且喜爱教师这一职业。他说工作就是他的乐趣，与学生在一起就是他最好的休息方式。他的性格中也有着个人英雄主义成分，不甘于平庸，坚持自己的教育理想，通过培养人才，将中国的工程造价做到世界第一，这是他专业发展持续不断的动力。

②外部因素分析。一是学校的环境与政策支持。学校政策环境的支持，为教师专业发展提供了物质及精神力量。在尊重学术、尊重学习的学校氛围中，教师之间相互交流，提高自己的专业水平。另外，学校为教师创造宽松的学术氛围，使教师能够根据自己的兴趣进行科学研究，取得成果，将研究转化为课堂教学。Y老师因为自己的性格常常得罪人，正是T理工大学领导和老师们的包容，才让他能够在一个宽松的环境下认真做学问、踏实带团队。

---

① 参见王连声：《教育概论》，(台北)五南图书出版公司1988年版，第275～276页。

② 参见李永梅：《教师角色与行为艺术》，东北师范大学出版社2010年版，第36～37页。

二是重要他人的影响。本科时期教师教学的严谨和对学术的尊重为Y老师奠定了严谨的治学态度和不屈服于外界、不屈服于困难的学术风骨和学术理想。X教授对Y老师的职业生涯有着重大的影响，他的职业生涯的转折就是应X教授邀请到T理工大学工作。这迫使他承担起责任，不断更新自己的专业素养，带领团队进行学科建设和教学工作，客观上推动其专业发展。

三是团队成员的共同努力。Y老师取得这些成功与团队人员的支持与合作分不开。大家齐心协力，发挥各自专长，致力于人才培养、科学研究和社会服务。他们放弃节假日、放弃自己的休息时间做学术研究，与学生共同学习、研讨，并进行教学科研，在相互交流与帮助中共同进步。

(3)Y老师的专业成长路径分析

Y老师的专业成长过程体现了教师自主成长的路径。教师的专业态度与动机为教师专业发展提供动力，教师自我专业发展的需要与意识促使教师不断学习与实践，实现职业生涯的突破。作为国家级教学名师，Y老师的成才之路是可以复制的，要有强烈的使命感和高成就感。他说自己不是一个绝顶聪明的人，他一路走过来，有过一个个头衔，都是一步一个脚印、踏踏实实走过来的，他奉行“生活工作快乐，快乐工作生活”，把工作看成是自己生活的一部分。他工作作风严谨，工作中要求严格，这种长期的专业实践使他领悟到研究的真谛，具备高水平学者、教师、管理者的特质。另外，长期从事学科建设工作，使Y老师对本专业课程目标、培养目标理解更深入，在课程改革的研究与实践中，推动其教学能力的发展。

(二)Z老师的专业成长叙事与分析

Z老师于1936年5月生于上海，1951考入上海市南洋模范中学，1954年考入B大学数学力学系，师从名门，受到了严谨而系统的专业训练，打下了坚实的数学学科基础。1959年毕业后留校任教。1978年升为副教授，作为国家第一批公派留学生到美国访学交流，经著名数学家介绍在美国顶尖数学研究所——柯朗研究所学习，后到美国及欧洲多个著名大学访问、讲学。1981年夏天回到祖国，从事数学教育及科学研究工作。2007年获得国家级教学名师奖，编写并出版教材《泛函分析讲义》(上、下)、《非线性分析方法》等。

1. Z老师的成长经历

(1)入职前的准备阶段,从兴趣出发走上数学之路

Z老师于1936年出生在上海一个书香门第家庭,父亲对文学、历史和经济都很有研究,Z老师受到潜移默化的熏陶,自小就开始习读古典文学。Z老师数学生涯的起点是他的中学时代。他就读的南洋模范中学历史悠久,该校学习环境宽松和注重个性发展,注重人格教育,学校师资力量很强。教师深入浅出、生动活泼的教学方式,使他对学校里的课程都很感兴趣,白天利用休息时间把作业做完,晚上回家就阅读各类书籍。他非常喜欢逛书店,到了周日就去书店买书看书。在中学时代Z老师就已经显露出了数学才华,他喜欢解数学难题,觉得解数学题就像玩智力游戏一样有趣。高二时他偶然看到《数学通报》“问题解答栏”栏目,每期都会面向读者征集数学难题答案并刊登做对题目的人,他对这个活动非常着迷,据他的同学回忆说,Z老师经常能解出每期出的五道题目。他的中学数学老师赵老师是一位有丰富教学经验、风格独特、勇于探索的老师,是南洋模范中学的名师,他爱惜他的才华,支持他报考数学系。

1954年,Z老师顺利考入B大数学力学系。在B大学习阶段是他专业知识的学习和能力建构阶段,通过专业训练与刻苦学习,他积累了扎实的数学学科知识基础,逐渐掌握了数学研究方法。B大数学力学系大师云集,很多教师都是海外留学归来的人才,并且也有为祖国培养人才的事业心。他周围的同学都是来自全国各地对数学有浓厚兴趣和热情的优秀学子,学习氛围浓厚。来到B大不久,由于学校实施因材施教,实行导师制,Z老师师从程先生学习“数学分析”,程先生一丝不苟的治学态度、深远的战略眼光、博大的胸怀、无私的奉献精神都深深地影响了Z老师。同学们都非常聪明,入学初期,在轻松完成课堂任务后大家就在课下发展业余爱好,Z老师也在课余时间读一些文学著作。老师们发现了学生的问题,找他们谈话,要他们课下多读一些数学文献。他在老师的引导下转变学习方法,从纯粹做题转向加深对数学理论的理解。那时候住在大的集体宿舍,Z老师每晚都到开放教室阅读数学分析文献直至关门,回到宿舍熄灯后也常常思考问题。阅读文献拓宽了他的眼界,使他认识到了数学的意义与价值,对学好数学产生了更强烈的愿望。他开始写一些读书报告,初露锋芒。第一学期他的报告提出了用双边有理数序列建立数学概念,紧接着对不用

测度理论的黎曼可积性充要条件进行了初等证明。他每写一篇习作都会拿给程先生看，程先生肯定他的成绩的同时也教导他不要急于求成，把基础打深、打宽，功夫下到了自然水到渠成。他明确了学习方向，扎实积累专业知识。他与同学成立了读书小组，探讨数学问题。通过这一时期的积累，他对数学也有了更深刻的认识，为数学高度的抽象性和严密的逻辑性折服，认识到数学是一切科学的基础，也是解决问题的有力工具，同时数学的美感也使他感到惊异，漂亮的证明、精妙的解法，在漫无头绪中一旦抓到问题的关键，就能迎刃而解，这更激发起他探索数学世界的热情。随着学习的深入，他发现数学是一个有机整体，各分支有着密切的联系，在不同的领域架起桥梁。Z 老师越来越喜欢数学，越来越觉得自己懂得太少，想更多、更全面地了解它。

(2)入职初期的探索与曲折

1957～1976 年，B 大经历了一系列政治运动，教学、科研受到冲击甚至中断。Z 老师毕业前被分配到“近代物理”组，他了解到许多重要物理观念的形成都与数学有着不可分割的关系，加深了数学是一切科学的基础这一信念。他仍然利用一切时间学习数学。他想用自己的所学为社会作贡献，但问了很多家工厂后得到的回答却是都不需要数学。Z 老师回忆说这么多年来，这件事情对他的影响非常大，正因为这样的经历，他后来在研究中很关注数学的应用。1959 年，Z 老师大学毕业留校任教，这之前，他已经做好了被调到偏远地区从事与数学无关的工作的准备，这对于酷爱数学的 Z 老师来说是一件幸运的事。刚参加工作时，学校教学的工作量很大，最忙的时候同时教四个班的数学习题分析课，每周两次，课后要改 100 多人的习题本，还要讲一门高年级的专业课。为了积累经验，他和学生一起听大课，晚上到学生宿舍去答疑。他花费了大量时间在教学中，刚开始课堂效果不太理想，他就向其他教师请教，他说他还是喜欢教课。在物质匮乏、经济困难时期，冬天他住在学校 18 楼集体宿舍，每天傍晚打一瓶开水，在茶杯里洒点茶叶末，靠水杯来取暖，坚持读书，发表了两篇在业内引起很大反响的学术论文。

1962～1964 年，学校恢复了教学和科研的正常秩序，Z 老师参加了程先生组织的调和分析讨论班，老师鼓励学生们向偏微分方程方面发展，他选定了微分算子的普理论作为研究的方向。那时候接触实际生产比较多，在实践中遇到困难，他探寻理论根源，寻求问题的答案，解决了几家工厂的实际生产问题，并将成果撰写成论文发表。中美恢复外交关系后，陆续有国外教授来华讲学，Z老师积极去听讲座，了解学术发展动态。1978 年 5 月，Z 老师由助教破格晋升为副教授，随即被学校遴选赴美学习。

(3)留学期间研究取得突破性成果

Z 老师作为国家首批访问学者前往美国学习阶段是他进行学术突破，学习国外人才培养模式积累教学经验的时期。1978 年底，他与 B 大同窗 J 被国家选为首批公派访问学者，前往美国进行学术交流。B 大数学系的老师写信给在美国的陈教授，请他帮助这两位老师联系在美国的学校。了解 Z 老师的研究兴趣后，陈教授向当时世界此研究领域的两位国外著名专家推荐了 Z 老师。在研究所期间，Z 老师有机会与来自世界各地的专家学者进行相互学习和交流，对数学的全貌和发展前沿有了深入了解，寻找到了学术研究新的突破口，使自己的学术水平和研究成果达到一个新的高度。Z 老师白天听课、听讲座、上讨论班，夜晚看书、读文献、做研究，每天都学到半夜并经常通宵达旦。Z 老师就自己在国内的一些研究成果向尼伦伯格教授作了汇报，这些研究以实践为依据，解决方法也有独到之处，被尼伦伯格教授在 1979 年举行的国际学术会议上介绍给了更多的研究者，引起很大反响，Z 老师被邀请到其他国家作了多场报告。之后他没有停留在眼前的成绩，利用研究所先进的条件，研究非线性分析兴起的新方向，解决了莫尔斯理论应用到渐近性方程的多重解问题。经尼伦伯格教授推荐，这一研究成果发表在《纯粹与应用数学通讯》，这一期刊在数学界具有很大的影响力，此论文是有关该研究问题新应用的第一篇，也是 Z 老师的成名之作。此问题是美国威斯康星大学数学研究中心主要研究的问题，他们邀请 Z 老师到该中心去做访问研究一年。Z 老师在美国的两年时间，在数学研究领域已经获得了认可。

回忆起首次出国学习的经历，Z 老师深怀感恩之心。他说："出国留学改变了我们这代人的学术命运，使我们来到世界学术中心，学到了本领，施展了才能，增强了信心。"另外，与陈教授的交往令他受益终身。陈教授在 Z 老师留学期间对他提供了很大帮助，他的数学造诣令 Z 老师钦佩，后来 Z 老师到陈教授主持的美国国家数学研究所工作，二人交往渐多，了解愈深。Z 老师更加敬佩陈教授的为人，他对人谦和，平易近人，对祖国怀有浓厚的感情，尽自己所能帮助年轻人，为他们创造条件。Z 老师也严格按照陈教授的标准要求自己、激励自己。

(4)归国后的学术研究与培养人才之路

1981 年，Z 老师于结束国外的访学，回到祖国。Z 老师在国外深入了解数学的发展趋势和动向，更加明确了自己的研究方向和目标。他把自己在国外的学习和研究成果介绍到国内，继续归国前莫尔斯理论对偏微分方程解多重性的研究，全面详细地发展了该理论，并成功地将其应用于许多偏微分方程问题。1983 年，他在加拿大蒙特利尔大学高等数学讲习班举行的会议作报告，此次报告引起重大反响，他的讲义作为该研究问题的第一部著作，1985 年在蒙特利尔大学出版社出版。随着几何分析的兴起，他一边进行原有研究工作，一边开始几何分析的研究，并与合作者在该领域取得有影响力的成果。

在出国访学期间，他深感国内数学教育的不完善，加之出现人才断层，Z 老师意识到他们这一代人所肩负的承上启下的使命与责任，作为国家第一批派出进修的访问学者，他认为有责任将自己所学传授给学生，为祖国的数学事业培养人才。这时他想的不再是个人出成果，而是如何振兴祖国的数学事业。他开始将重心转向人才培养工作，他的教育信念、教学能力等随着教育实践活动与不断反思，逐渐发展成熟。

2. Z 老师专业素质发展叙事

(1)Z 老师的教育理念

①Z 老师的教师观。在谈到更愿意做一名教师还是数学家时，Z 老师说这两者之间没有矛盾，世界各国大多数的数学家都是教授。他喜欢研究数学，揭示纷繁事件内在联系，探索隐藏在表象背后的实质，去寻求未知问题的解答。他将数学当作一种乐趣，在探索的过程中会遇到许多困难与挫折，会因投入了大量精力和时间后发现徒劳无功而沮丧，而征服难题获得成功的成就感让他更振奋。好的数学教师应该也是一名好的学者。当今世界数学被应用到一切领域，教师要对数学的发展趋势有一定的了解，才能了解数学的前沿，才知道该把学生往哪里引导，培养学生掌握哪些方面的知识和能力。作为教师，Z 老师喜欢这一职业，他喜欢讲解数学，他认为好的数学结果一定是美的，讲解这些成果

就像鉴赏艺术品，他喜欢与大家共享其美。当看到台下一张张全神贯注、紧张思索的面孔时，他也总会被感染得精神振奋、情绪激昂。

②Z 老师的学生观。讲课不是教书，是教人。所以他上课并不只满足于把逻辑推理交代清楚，把定理讲解完毕，而是重视培养学生的素养。他认为教师要了解学生现有的基础、理解问题的难点，要让学生能真正把所讲的内容变成他们自己的知识，这才是成功的教学。数学是一种文化的熏陶，受过数学思维教育影响的人，在观察世界、思考问题的时候会有不同的角度，数学给人提供一个更为空旷的空间。但是对数学理解和接受的程度取决于人的数学修养，教师要培养学生的数学修养。数学修养对经营者和决策者尤为重要，借助数学思维方法经过数学计算再作决策能够尽量减少或是避免不必要的损失，甚至是大大提高生产效率，提高经济效益。

③Z 老师的教学观。教师在课堂上要注重培养学生的数学兴趣，兴趣是学习的基础，有了数学学习的兴趣，才能激发更大的潜能去攻克难题，学生也有能够克服困难坚持下去的决心。在数学教学过程中教师要避免走入形式化教学的误区，注重传授数学方法与学习方法，教与学的方法相配合，将数学之美呈现给学生，引领学生在数学的领域里去探索。有了得当的学习方法，对学习数学产生浓厚的兴趣，数学不那么突出的人一样也可以学好数学。教师在课堂教学中应有的放矢，按专业需要讲授数学。数学是一切科学的基础，在当前信息化、数字化的时代，人们也认识到数学对社会的重要性，许多大学的很多专业都开设有数学课，但是很多学校数学课开设的成效都没有达到预期。这是由于学科专业不同，对数学在该学科的应用以及实际的运用有着不同层次和不同程度的需要。在授课前，非数学专业学生的教师要了解专业的需求和学生的需要，才能做到有的放矢。而作为一种普遍使用的技能，在数学教学过程中更重要的是培养学生将实际问题与数学问题转化、逻辑推理、抽象思维、计算、几何直观等能力。教师要对具体通过哪些内容培养学生哪些或哪几方面的能力做到心中有数。

(2)Z 老师教学能力的发展

Z 老师的教龄已经超过 50 年，在三尺讲台上，他殚精竭虑教好每一门课，讲台下，教导学生为学、为人之道。“我的学生应该驰骋在更广阔的天地”——这是他始终坚持的原则。通过课堂讲授、编写新教材、举办讨论班、培养研究生、改革研究生教育、创建研究团队等，他把年轻人推向世界数学研究前沿。

在国外他有心多听多看，有意识了解许多国外大学培养人才的经验，为了培养学生，他花了大量时间学习自己本来不太熟悉的分支，关注国际主流数学研究信息。虽然科研任务繁重，但他从未离开讲台。有重要会议与上课时间冲突，他一定事先通知学生，过后再补课。他教过许多门不同内容的本科生课程，还通过专题课、讲座形式介绍研究前沿。

①给学生搭梯子。Z 老师说，我起初讲课不是太好，但我很喜欢讲，非常想把自己懂的而且认为是漂亮的东西都讲给学生听，跟他们一起欣赏。下课铃响了，我还想讲，经常拖堂。初当教师时，习题课出的题，自己觉得很容易，但对学生来说太难。当时的大课老师闪教授教我给学生"搭梯子"，循序渐进地引导他们做题。他说："你不能站在楼上对学生喊'上来，上来'。要帮他们搭梯子，让他们一步一步地走上来。"后来我慢慢明白：教学不是你会什么就能教什么，还必须了解学生的状况，了解他们的接受过程，有些地方自己觉得很容易，但对学生来说可能是难点，要多和学生交流，了解他们的难点，然后自己花力气想办法让学生在原有基础上提高。为了能够给学生传授成体系的课程，Z 老师专门了解国际前沿主流方向的研究信息和重要分支，为学生搭建桥梁，开拓学生的国际视野。在每次备课时，他都会精心思考学生可能会遇到的困难，反复琢磨，想好几个方案帮助学生解决难点。在上课时，他会有意识观察、反思，课后再进行总结，这样慢慢了解了学生的思维习惯，帮助学生建立数学思维。Z 老师说，他课堂教学水平提高的过程就是一个反复琢磨和练习的过程，还要通过学生的作业及课上课下的反馈来了解学生。从一开始向有经验的教师请教教学方法，到慢慢有了心得体会，找到自己的教学方法，他认为教学是一件需要踏踏实实认真去钻研的事情，学无止境，教亦无止境。

②启发式提问。通过教学实践，Z 老师慢慢体会到要上好数学课，特别是本科生的数学课，不能单纯只讲讲义、定理和公式，不讲背景、典型例子和应用，不能只讲逻辑推理，不讲其中的实质和思想。有人认为数学只是逻辑，Z 老师说，如果一堂数学课，只讲成一个推理的过程，即使推导很严密、很清楚、很干净也是不够的。因为数学不仅是逻辑推理，它有很深刻的内涵，它从"量"和"形"的方面反映事物的规律，反映变量之间内在的深刻的关系，逻辑只是工具，是手

段，他要教给学生的是活的东西。他讲课时会关注许多更本质的内容，引导学生思考定理的原始形状是什么，有什么典型的例子，是怎么发展和推广的，要解决什么问题，它揭示怎样的事实，能有什么样重要的推论，怎么应用，等等。通过提问一步步引导学生了解所学知识的本质。课上有问有答的互动，是启发学生思考的过程，对Z老师来说，他喜欢看到学生们听课时聚精会神的样子，喜欢有人能回答不时发出的启发式提问。“答得对不对没关系，重要的是让我知道他们在思考，这样我会很高兴。”课堂上学生的反应，不仅给他带来愉快，也会激发他思想的火花，在讲课中获得灵感，甚至对他的研究工作有所帮助，所谓教学相长。

(3)教学科研能力

①主持数学研究所。回国工作后Z老师主持的B大数学研究所在教学和科研相结合方面取得了突出的成绩。他认为在数学学科，真正重大的突破与创新的成果是通过对学科充分的理解和认识之后才能产生的，教学和科研可以相辅相成，并且二者的结合非常重要。该研究所是数学与应用数学教育部重点实验室，其建立的指导思想是一切从实际出发，按学科自身规律办事，对准世界研究前沿，坚持高标准，努力工作，出成果，出人才。该实验室参照世界研究型大学数学学科所采用的模式，以科研流动编制为主，成员实行两年轮换制，实现2/3以上成员流动，将教学和科研结合起来，教师边教学边做科研，既经济又对学科发展有利。编制外教师需要集中精力做科研时就写研究计划申请来实验室工作，经过批准可以一两年内专门从事研究工作，不教学。两年后轮换出去的教师边教学边继续科研，如果研究需要，还可以继续申请留在实验室两年。在这样的共识基础上建立的实验室，虽编制不多，但效率很高。实验室对外开放招收访问学者和博士后，这些成员也是流动的。研究所评选学科带头人带领青年教师科研，培养青年教师。为保证教学和研究的纯粹性，Z老师不赞成研究室的研究者为了功利性目的做一些项目和研究，为了保证研究所成员能够专心做研究，Z老师多方筹措经费，用于招收博士后和补贴博士生助学金。Z老师说自己是一个典型的学者，一身书生气，筹措经费过程对于他来说很难，几番努力下得到学校的帮助和一家香港企业的赞助，总算解决了经费问题，为研究所成员科研项目顺利进行提供了保障。为提高成员的学术水平，研究所组织多种

类型学术活动，如学术报告会、杰出数学家讲座、特别数学讲座，使研究工作保持在一定水准上，不断活跃在前沿。研究所创造宽松环境，鼓励年轻人戒骄戒躁，给年轻人更多的机会；提倡开拓创新，在宽松和谐的氛围中交流思想，碰撞思维火花。在科研成果上不追求数量，注重质量，让人才在国际竞争中自然涌现。

②主持并推动教材编写工作。Z 老师备课时要阅读大量书籍和最新文献，把数学的前沿发展以及最新的研究成果通过课堂介绍给学生，引领学生走到研究前沿。泛函分析、非线性分析等课程他讲了很多次，做了大量工作进行课程建设，并编写、出版了教材。他编写的《泛函分析讲义》（上、下册）被评为全国高校优秀教材，这本书在国内数学教学和研究领域产生很大影响。这门课程他教过多遍，对课程很了解。他编写泛函分析教材的想法酝酿了很久。他在入职初期教过几遍泛函分析课，发现指定的教材内容过于形式化，虽然逻辑清楚，证明方法也精巧，但真正核心的数学思想被逻辑推理掩盖了，缺乏典型例子和应用，导致绝大多数上过这门课的学生遇到可以应用泛函分析方法解决的问题时，不会灵活运用。10 多年后，泛函分析在许多领域取得重要的应用，他对这个学科的认识也更加深入了，但还是没有找到一本合适的教材，于是着手编写新教材。因为教材体系变动较大，又添加了许多背景材料，还要考虑到学时的限制以及学生的可接受程度，写书时遇到了很大的困难，他花了大量时间和精力，一遍一遍地修改、试用、再修改、再试用。在最终出版的《泛函分析讲义》里，展示了这门课中若干重要的概念、理论的来源和背景，沟通了这些理论在其他分支中的应用，特别是介绍了泛函分析方法的特点：从分析学的具体问题出发，抽象出其中的代数、几何结构，在更高的层次上找出内在的关系，从而得到更一般的结论。这是一本从体系到内容都很有新意的教材。这套教材一开始只在 B 大学试用，不久陆续为许多大学所采用，许多人写信表示，学习该书后受益匪浅。对于教材获奖，Z 老师看得很淡，倒是教材的一再重印让他高兴："大家都用这本书，是对我教学理念的肯定，我很欣慰。"他为研究生开设的非线性分析课程讲义也出版成书，讲义将抽象理论和方法与具体问题紧密结合，从方法论角度整理大量文献中的材料，包含理论的发展及解决问题的技巧，以及他本人的部分研究成果和对一些问题的独特的处理方法。

③推行课程改革。Z老师推行“变分学”课程的改革与建设。变分学是一门历史悠久、有着广泛应用的数学分支，但到了20世纪中期，因其内容陈旧，便逐渐从大学本科课程表中削减，直至合并到了其他课程中去。随着变分学在近代数学研究领域中的地位日趋重要，其研究在理论和实践上都取得了重大突破，国内外数学界已经意识到本科教学中变分学的重要性。Z老师在B大尝试改革变分学课程。他为本科生举办专题讲座，开发新的变分学课程，并为本科高年级学生和研究生开设这门课程。他通过全面了解变分学在整个数学中的地位以及它与其他分支的关系，决定取舍，确定重点，并有机地把经典理论与现代发展结合起来，编写符合当前研究进展的讲义，讲义既包含经典理论，也有近代变分理论和它的现代发展，根据不同研究问题的难度层次逐步深入，以最经常使用的理论方法作为重点，面向全院各专业。对于教学改革，Z老师总结了自己的体悟。他深谙教学规律，认为教育是一个牵一发动全身的复杂系统，改革要慎重，做改革实验之前必须考虑到可能出现的问题与补救方法，并且教育是一项长期的过程，要经过长久的时间才能看到教育成果，教学改革要循序渐进。每个教师都可以通过自己的教学实践对具体教学内容进行改革，改革的关键在于教师的学术水平和知识视野，改革要避免形式化。关注数学教学的改革，不只关注数学学科学生教学改革，还要重视其他学科数学教学改革，数学教学应面向更多的人，非数学专业的学生学习数学的目的并不是从事专门的数学理论研究，太过形式化的数学教学会使人理解困难，从一开始便产生畏难的情绪，不利于学生数学的学习。

④推动研究生教育改革。在研究生第一年入学时不选导师，全面学习基础知识，一年后再选择研究方向。Z老师于1982年创立的“非线性分析”讨论班专门为研究生开设，介绍国际前沿动态和重要文献，授课方式打破了传统学习模式，学生们在开放、自由的环境中进行学术交流，这门课很受欢迎，容纳200人的大教室坐满后，经常门口和过道也挤满听课的学生、教师、研究人员。这门课使学生感受到数学是一个有机整体，各分支是有联系的，参加过培训班的学生回忆说，学习不再是读一本规范化的书，而是自己动脑筋去思考。这个讨论班坚持了20多年，我国很多“几何分析”和“非线性分析”研究领域的知名学者都是出自这个讨论班。Z老师培养研究生注重其独立工作能力的养成，不希望学

生只跟着自己做研究，而是希望他们独立思考并超越自己。他引导学生思考学习与研究、继承与创新的关系，鼓励学生主动学习，学会提出问题、解决问题，提倡严谨求实的学习态度。他的学生回忆说，在老师门下最大的收获是Z老师一直鼓励他独立思考，他建议学生自己去读一些书、看相关文献，自己发现问题、研究问题。他的一些学生所做的课题许多都已经超出了他自己研究的方向。Z老师的一位学生在其毕业论文的致谢部分仅写下了这样短短的一句话："感谢我的导师Z教授对我的研究选题感兴趣并给予支持。"Z老师评价说其非常确切，数学讲求的就是精确和直觉，也可以看出Z老师平易近人、温和的性格。他喜欢并善于与人交流，这颠覆了很多人对一心研究数学理论不理身边事的数学家的印象。他说国际上很多数学家都很喜欢与人交流，很多的想法就是在交流讨论中激发出来的，他不排斥与人交流。

(4)专业态度与动机

①对数学的热爱。在B大学的生活使他养成对数学执着的理想与信念，使他在困境中坚持希望、坚持做人的原则。总结回顾自己的人生道路，Z老师说我学的是数学，教的是数学、用的是数学、研究的是数学，为之奋斗的也是中国的数学事业。他早年选择数学职业是出于兴趣和自信，随着对数学的了解和深入，认识到数学是人类科学和文化中的重要组成部分，通过大量读书、交流与参加实际研究又加深了这一认识。这些都形成了他对数学的信念：高度的抽象性和严密的逻辑性使数学成为众多学科的基础，应用的广泛性和描述的精确性又使它成为各门科学和技术的语言及工具，庞大的系统内部统一与和谐使它成为人类文化宝库中的一件精美宏伟、天工人代的创造物。随着不断地研究与理论在实际中的应用，他也进一步加深了数学对国家建设价值的认识，数学支持高新技术的发展，是强国的保障，是人类理性文化的核心。Z老师致力于数学人才的培养和数学在各个领域服务、指导和引领方面的实际应用，取得的成果令他欣慰并备受鼓舞。沉浸在数学研究之中，他说，数学不光是他所追求的事业，更是他为人、为师、为友的一种精神追求。

②履行教师的使命。由于童年生活在沦陷区，目睹日军的暴行，加上日后学到的中国近代屈辱的历史，Z老师立志要为中国的强大而奋起读书。作为一名数学工作者，他对科技强国更是有深刻体会。他始终记着"承上启下"是历史

赋予他们这代人的使命,他喜欢教学,喜欢教师这个身份,教师这个职业带给他的培养学生的成就感和使命感是从事其他职业所获得不到的,责任感促使他耕耘不辍,为国家培养一代又一代数学人才。他对青年人也寄予厚望:“我们这一代人所受的教育是不完整的,而现在的年轻人则生活在一个美好的时代,他们没有理由不超过我们。”回顾自己的教学、研究历程,经历的困苦曲折都成为人生的一种积淀,Z老师想告诉青年数学家的是:自信和锲而不舍是成功的必要条件。现代的青年一代遇到的是前人求而不得的工作与学习条件,在信息、技术以及交流方面我们与发达国家相差无几,青年一代要有自信和克服困难的决心。失去的岁月不会再来,对于过往,Z老师有许多的感慨,可能有苦恼与唏嘘,各种滋味也只有自己细细体味。他鼓励有志于数学事业的年轻人,勤奋、坚持,认定目标就不受诱惑,永不放弃。

3. Z老师专业成长综合分析

(1)Z老师专业成长特征分析

Z老师的专业成长同样呈现阶段性特征。Z老师的专业成长分为四个阶段:第一个阶段是入职前的准备,包括家庭环境的熏陶为其打下的古典文学的基础,培养了他的人文素养,以及学生时代对数学产生强烈的兴趣,从而走上数学之路。在B大学读本科期间经过专业训练和数学知识的积累则为他从事数学教学与研究打下坚实基础。第二个阶段是初入职阶段,这一阶段是Z老师专业发展的适应阶段。初入职阶段,Z老师进行教学的探索并遭遇了一些挫折。初任数学教师,Z老师面对由学生向教师角色的转换,还不能完全适应,这一时期的教学是在自己学生时期听课的经验基础上对自己老师的模仿与向有经验的老教师请教,结合自己的教学实践与反思,不断摸索中前进的。Z老师专业发展的第三个阶段是作为国家公派留学生出国进修阶段。这一阶段是Z老师在科学研究上的突飞猛进阶段,他确定了更为明确的研究方向,具备了良好的科研素养,取得了重大研究成果。同时,通过学习与观摩国外优秀教育教学模式以及对优秀教师课堂教学的思考与总结,他的教育教学理念、教学能力在这过程中得到酝酿、更新和重构。第四个阶段是回国后教学实践阶段,这一阶段是他通过实践锻炼,将教育教学理论与课堂实践相结合,教学能力全面发展并趋于成熟阶段。按照卡茨教师发展时期论,Z老师发展的前两个阶段为求生存时期(Survival),在完全没有教育经验的情形下,教师关心自己的生存问题,发现实际教学情况与预设有偏差,是寻求学习与帮助阶段。Z老师专业发展的第三个阶段为卡茨提出的巩固(Consolidation)与更新(Renewal)时期。这一时期教师通过学习与实践,已经掌握了一些教学方法,并巩固经验与方法,开始思考学生问题、关注学生,思考如何更好帮助学生、促进学生学习。在更新时期,教师通过进修等培训活动,与同行交流经验,学习新的教学经验与方法。Z老师专业发展的第四个阶段为卡茨提出的成熟时期(Maturity),这一时期教师习惯教师角色并思考探讨更为深入的问题。与卡茨教师发展阶段理论不同的是,我们发现,经历教师发展成熟阶段,教师专业发展并没有停止,教师通过不断研究、学习与交流反思,各方面能力继续向更为纵深的方向发展。Z老师的专业发展也呈现出过程的曲折性与整体的上升性趋势,并体现了终身学习与发展的理念。

Z老师的专业发展过程始终体现兴趣与钻研。从成人学习理论角度分析,需要和兴趣可以激发成人的学习动机。Z老师在入职后的学习体现以教学实践为中心,经验是其学习的重要资源和导向,通过自己以往听课积累的经验以及向优秀教师请教获得他人的经验与自己的教学实践相结合,经过实践与反思,在经验转化中建构自己的知识网络,提高教学能力。Z老师在学习过程中学习的主体意识强,学习方式是主动学习,学习目的是为了获得自己的教育观念实现角色等转变,内部自我发展与社会责任是驱动其学习的动力。在Z老师对科研的探索过程中,集中体现成人学习的模式,即以问题为中心基于教师经验的自主学习,并在外部环境的支持下实现自我学习与发展。Z老师在成长过程中,注重反思,思考学生的学习方式、结合专业特点与需求,反思自己的课堂教学行为,不断学习,不断提高自己的教学水平。

Z老师专业发展最大的特色是对教学与科研相结合的认识与实践。他以科研带动教学,将学术前沿问题融入课堂教学,注意各分支之间的联系与背景知识的学习,教给学生学科前沿知识和理论,培养学生的数学思维与数学素养。在教学与科研相结合方面的有益尝试是其主持的数学研究所,参照世界大学数学科学研究所采用的模式,以科研流动编制为主,成员实行轮换制,成员轮换进行教学与研究,教师既做科研又教学,将教学与科研结合起来,既提高了效率又有益科研成果在教学中的转化，同时培养了青年教师，为青年教师发展提供更多机会。这是教学学术理念所倡导重视教学的地位，教学与科研相结合在实践中的运用和发展。教学学术理念将传播知识的学术与探究的学术、整合的学术、应用知识的学术列于同等地位，认为这四种学术是相互联系的方面，赋予大学教学以学术的地位，平衡教学科研二元对立的局面。作为高校教师的本职工作之一，教学在如今越来越受到重视，以教学学术理念为代表的教学学术能力成为高校教师专业发展中的一个重要部分。在这种新的学术范式的影响下，通过学术形式的灵活组合来实现教师的全面发展。① 教学学术的另一个要求是强调大学教师对教学的研究，表现形式为课程改革与教材建设。在课程改革与教材建设上，Z 老师做了大量工作。他将授课的讲义整理出版成书，整合大量文献中的材料，将抽象理论与具体问题相结合。这是从教学问题出发，研究教师的教学与学生的学习，在实践中解决问题，将研究成果公开发表用于同行评判与交流的教学学术思想的体现。

(2)Z 老师专业成长影响因素分析

综上所述，Z 老师的专业成长同样经历了长时间的发展与积累过程，其专业发展也源自于自我坚持不懈的努力与外部环境的支持。其中，他对数学的兴趣、作为教师的使命感、自强不息积极进取的精神是其发展的内在动力源泉，外部环境的支持与帮助是实现其发展的必要条件。

Z 老师的个人因素分析如下：

①兴趣是其专业发展的内部动力。兴趣是 Z 老师学习数学的出发点，也是其专业发展的起点。以兴趣为出发点，发现数学之美，并愿意不断学习、不断钻研，从而积累深厚的专业知识和科学素养。他热爱教学，欣赏数学，喜欢把他认为美的东西讲给别人听，与大家共享其美，也促使他不断改进教学，提高课堂教学水平。

②关注实际问题，理论与实践相结合。他关注数学在实际生活中的应用。初任教师那几年接触实际生产比较多，在实践中遇到问题，他探寻理论根源，从理论中解决问题，发表了一些研究成果。这些对实际问题的关注为他后来的研

① 参见王建华：《大学教师发展——“教学学术”的维度》，《现代大学教育》2007 年第 2 期。

究奠定了基础，也让他在国外做访问学者期间显出自身的优势。另外，他将对现实问题的关注运用到教学中，教学中注重引导学生对实际问题的理解和应用，编写新教材，进行课程改革，教学能力得到进一步提高。

③勤奋探索，终身学习。大学教师承担着传播知识、积累知识、创造知识的任务，大学教师不仅要进行知识传播的活动，还要进行科研、参与知识创造的过程。[①] 保持持续的创造力，需要教师践行终身学习的观念，发挥教师作为学习者的主体作用，积极主动寻求专业持续发展。Z老师的专业发展历程是践行终身学习理念的过程，从大学时代的勤奋，到出国进修的钻研，以及回国后为传授给学生成体系的知识，主动学习其他分支，不断思索改进教学。这一过程中他始终以学习者自居，钻研学科领域知识，紧跟世界前沿，将学术前沿知识传授给学生，并加强教育学知识的学习，探索教学以及学习方法，主动发展教学能力，促进专业水平不断向纵深方向发展。

④责任感和对理想信念的坚持。理想信念是教师专业发展的结果和持续发展的基石，是教师通过长期理论与实践学习形成的对教育、教学、教师、学生以及学习的基本观点，在教师专业素养中属于较高层次。教师的专业态度与动机则为教师专业发展提供动力，影响教师专业发展的水平。一个对教育有信念、对理想有追求的教师能够克服在教育教学过程中产生的困难，并积极主动为自己的专业成长寻求发展，这是教师获得持续发展的内在原因。Z老师小时候生活在沦陷区的经历，使他立志要为中国的强大而读书。作为首批公派留学生，在访学期间，他意识到自己肩负着承上启下的重任，这也是时代赋予他们这一代人的历史使命。加之随着研究的深入，他对数学的认识更加深刻，坚定作为基础科学的数学是科学发展的生力军的信念，研究数学、培养数学人才不仅仅是出于个人兴趣，更是基于振兴祖国数学事业，培养数学人才的国家发展的需要。他对青年学生寄予厚望，希望能够通过自己的努力，为国家数学事业培养人才。这是激励Z老师不断求索、获得职业满足感的力量。

Z老师的外部因素分析如下：

费斯勒对影响教师专业发展的环境因素加以阐释，认为家庭因素、组织环

---

① 参见谢安邦、周巧玲：《提升大学教师的专业化发展水平——构建终身的学习型体系》，《中国高教研究》2007年第5期。

境因素对教师的专业发展产生影响。[①]

①家庭环境的熏陶。作为教师专业发展重要的个人影响因素，家庭环境为教师提供内部支援。Z老师小时候在父亲的影响下读古典文学，积累了文学素养，也塑造了他谦厚淡然的性格。有了古典文学的积淀，能让Z老师从更深层次认识到数学的美，并表达出他所发现的数学之美，将数学之美传递给更多的人，从人文角度理解数学是一种文化的存在。家庭的影响也使Z老师养成儒雅谦和的气质，在遭遇挫折和困难时处变不惊，坚持自己的信念，不改初心。

②国家和学校政策的支持。作为组织环境，国家、社会对教师的期望也对教师专业发展有着重大的影响。教师发展受到国家政策、学校制度的支持或约束。留学经历对Z老师的学术研究和专业发展都有着巨大的影响。对于国家而言，派遣留学生出国深造是改革开放战略部署的一部分，对于个人而言，留学改变了他们这代人的学术命运，使他们走出落后封闭的学术环境来到世界的学术中心，在这里学到了本领，施展了才华，增强了信心。他所取得的一系列成绩也得益于在国外接触了最前沿的理论与成果。另外，学校的学术环境、校长的管理风格等也会对教师的发展产生或激励或抑制的作用。B大学浓郁的学术氛围、民主精神和开放的学术思想，都对Z老师产生了很大的影响，在真理面前，教师和学生是平等的，为探求新知，可以自由提出方案和表达意见，双方通过严谨论证达成共识，这是学术繁荣的根本保证。B大学为教师与学生提供了良好的学术交流氛围，保证了师生较为自由充分的发展。

③重要他人的影响。在学生时代，三位老师对他的影响很大，确定了他数学之路以及后来数学研究的方向。中学时代的数学老师发现了Z老师的数学才华，鼓励他报考数学系，这是Z老师走上数学之路的起点。在B大学习数学期间，他师从程教授，程先生在基础数学方面有很深的造诣，程先生在学习上给Z老师以督促和启发，在生活、思想上关心Z老师。在美国柯朗研究所学习期间，尼伦伯格教授欣赏Z老师的才华，在国际性数学会议上介绍Z老师的研究成果，把他的论文推荐给国际期刊发表。Z老师取得的成果与自己的努力和钻

① R. Fessler, J. C. Christensen, *The Teacher Career Cycle: Understanding and Guiding the Professional Development of Teachers*, Boston: Allyn and Bacon, 1992, p. 12.

研分不开，同时也离不开在研究路途中每一步的领路人对他的引导和举荐。工作后与大师的交往让他受惠终身。工作后与陈教授的交往影响着他为人处世的态度。陈教授的数学造诣令Z老师佩服景仰。对Z老师从生活上到研究上陈教授都给予了很大的帮助。出国访学期间，在他的帮助下联系到当时最先进的研究所，Z老师得以在那里学习。陈教授对他的关怀无微不至，安排周到。陈教授对Z老师最大的影响还是他的为人，他对人谦和，平易近人，对祖国有浓厚的感情，自尊、自信，尽自己所能帮助年轻人，为他们创造条件，陈教授将自己整个人完全贡献给了数学。这令Z老师铭记终生，并按照这样的标准要求和激励自己。

(3)Z老师的专业成长路径分析

Z老师的专业发展之路也体现了自主发展的路径。其专业发展的特色是以科研能力带动教学能力的提高。Z老师在数学研究领域取得重大成果，具有良好的学术素养，形成了影响力与凝聚力，他将学术前沿融入课堂教学，推行课程与教材改革，培养了一批批优秀人才。

(三)两位教学名师专业成长的比较分析

1.两位教师专业成长的共同特征

(1)两位教师专业发展呈现阶段性特征，发展过程在曲折中上升

虽然不同的学者对教师专业发展阶段按照不同的标准与角度进行了划分，不同的研究者对教师发展阶段的数量划分也不尽相同，对教师专业发展阶段没有一个统一的标准，但基本认同教师发展有一定的阶段性。其中影响较大的是职业生涯周期与教师发展时期说。第一，从两位教师专业发展纵向时间来看，两位教师职业生涯呈现阶段性特征，大致都经历了职前的准备阶段，这一阶段是专业知识与理论的建构时期，为今后的研究和教学打下基础。他们都经受了严格的专业训练，学习期间所受的学科规训与学术理念，影响着他们的思维方式与处世态度，均在其职业生涯发展过程中产生了深远的影响。第二，两位教师也经历了初入职阶段。虽然两位教师在初入职阶段的发展走向不同，但都经历了重要事件作为职业生涯的转折。Y老师是从在发展前景良好的T大学任教决定到发展起点较低的T理工大学进行工程造价专业学科建设，开启了漫长

的学科建设与人才培养工作，取得了瞩目的成绩；Z 老师在经历了入职初期的适应与调整后，被选为国家首批公派留学生出国深造，在国外学习的两年时间，取得重大学术成果，在该研究领域处于领先地位。第三，在专业发展成熟阶段，随着教学实践，他们的教师信念、专业能力、教师精神逐渐发展成熟。但这过程中他们都经历了曲折，Y 老师人才培养与学科建设工作经历了困难与艰辛，在对学生的培养定位方面由一开始的彷徨不确定，到后来渐渐找到方向，坚持严格要求学生，到后期面对新的发展机遇接受挑战，转变思路进行专业服务与咨询；Z 老师经历初期的适应与磨合，通过反思与实践找到了适合的教学方法，后来又探索教学与科研相结合的方法、进行课程改革。在两位教师专业发展过程中，伴随着一个个问题的出现与解决，不断地进入、退出各个阶段，各方面能力得到持续提高与发展，发展过程在曲折中上升。第四个阶段为发展创造阶段，这一阶段与专业发展成熟阶段并没有明确的界限，可以合称为突破阶段。伴随着教师专业能力的成熟，两位教师的教学与科研又进入了一个新的阶段，即成为教学名师阶段，他们在各自的领域都做出了瞩目的成绩，然而到达发展成熟阶段，两位教师并没有停止寻求发展，通过不断钻研，继续接受新的挑战。

(2)两位教师都有着良好的教育经历，经过长期的发展过程

两位教师都有着较高的学历，受到专业的训练，为后期的发展打下坚实的基础。Y 老师本科就读全国重点大学 T 大学化工科，硕士研究生转读经济学，之后继续博士研究生的深造。Z 老师本科也就读于国家重点大学 B 大，大师云集，同学优秀，后又作为首批国家公派留学生到国外进修，接触研究前沿，并与大师交流。在对国家级教学名师的学历分布情况研究中发现，硕士、博士高学历者比例约为 80%，并且多数获奖的年轻一些的教师学历都普遍较高，说明教师自身的受教育程度影响教师后期的专业发展。①

两位教师成为教学名师都经历了长期的过程，成为教学名师要经历时间的积淀。教师从初入职到各项能力发展成熟以致继续发展成为教学名师需要经过时间的沉淀，这一过程并不是短时间内可以发展完成的。研究表明大学教师

① 参见杜贤兵、姚建青：《高校教学名师的统计学特征和教学特质——以第四届、第五届全国教学名师为样本》，《新课程研究》2012 年第 2 期。

从专业发展初入职的适应期到发展成熟，成为教学名师并没有一个明确的时间界限。一名教师从新手教师成长为教学名师至少需要十年甚至更长的时间。[①]从两位教师初入职场到获得高等学校教学名师奖（2007 年）的年限看，Y 老师当时从教 25 年，Z 老师从教 48 年。

（3）两位教师以专业理念为指导，有良好的科研素养、丰富的学科知识

两位教师均形成自己的专业理念，践行终身学习的观念。教师一般都有自己的信念体系，是教师在长期教育实践中基于理论与经验形成的对于教育教学的看法、观点，包括教育观、学生观等。专业理念在教师能力发展中具有一定的指导作用。两位教师在长期的教育、教学与科研中，形成了自己对教育、教学和学生的一些观念和看法，以此为主线，贯穿于其教学和培养学生的活动中。这些看法是经验的积累和长期思考的结果，尽管还没有上升为理论体系，但能够指导其在职业生涯中各项能力不断发展完善。两位教师在各项能力发展成熟过程中，并没有停止发展，而是通过不断学习，了解学科前沿，进行教学研究，参与知识产生的过程，不断完善与改进自己，并将学科前沿融入课堂教学中，给学生呈现知识之间的相互联系，帮助学生建立知识网络，良好的科研素养为其专业持续发展提供了基础与支撑。

两位教师在实践中积累深厚的学科教学知识，具备将学科知识转化为易于学生理解的情境性知识的能力。根据学者普遍认可的教师知识分类，教师知识包括学科知识、学科教学法知识、课程知识。[②] 科克伦等从建构主义的角度从教与学的互动关系中分析知识的动态发展过程，将舒尔曼强调的知识分类框架拓展为学科教学知识、一般教学法知识、学科知识、学生知识、情境知识。学科教学知识居于中心地位，后四种知识围绕学科教学知识分布，相互之间有着联系，并不断向外拓展[③]，突出学科教学知识在教学知识整体中的重要地位。学科教学知识是教师经过自己的判断将自己积累的学科知识、学生知识、课堂及课程

① 参见樊小杰、张红霞：《国家级教学名师的个人背景分析及启示》，《现代教育管理》2009 年第 11 期。

② L. S. Shulman, "Those Who Understand: Knowledge Growth in Teaching", *Educational Researcher*, Vol. 15, No. 2, 1986, pp. 4-11.

③ K. F. Cochra, "Pedagogical Content Knowing: An Integrative Model for Teacher Preparation", *Journal of Teacher Education*, Vol. 44, No. 4, 1993, pp. 263-272.

知识进行的组合与构建，受教师个人信念的支配，受教师个体经验、价值判断、社会等环境因素影响，体现教师的创造性。[①] 职前或初任职教师在由一般的学科知识向适用于教学的学科知识的转化方面与专家教师存在差距。新手教师缺少学科教学知识或其学科教学知识尚处于理论阶段，并没有内化为实践性知识，专家型教师则经过多年的教育经验及实践，掌握了大量实践性知识，在将知识转化为符合学生认知水平、易于学生理解的情境性知识方面具有丰富的经验，使教师能够应对多变的课堂情境。[②] 通过勤奋学习，两位教师均积累了深厚的本专业的学科知识，在各自的研究领域有着深入的思考，并且取得了瞩目的研究成果。Y 老师区别于传统以管理学、技术、法学范式的研究视角，以经济学范式为研究视角，以公共项目绩效为研究对象进行工程造价研究，在领域内取得很大反响。Z 老师在 Morse 理论应用到渐近线性方程多重解领域取得世界领先水平。并且他们注重关注研究前沿，注重对有影响力的流派的理论学习，将前沿性的成果传授给学生。他们经过实践与反思，在充分了解学生的学习基础上，总结出自己的教学经验，将学科知识转化为学科教学知识，便于学生理解与掌握。

两位教师重视科研与教学的融合。普遍认为的教学科研二元对立的关系在两位教师的专业成长过程中并没有明显的体现，两位教师的成功与其良好的学科专业基础与一流的科研能力有很大的关系，他们均重视教学研究，科研为教学提供了支撑作用，在与学生的交流与课堂教学中，教师也会获得灵感与新的启发，运用于科学研究与课程改革与开发中，提高科研能力，科研与教学相辅相成。另外，教师较高的学术造诣以及对待学术一丝不苟、尊重学术的态度及高尚的师德对学生在精神上有很大的鼓舞作用，在这种精神的辐射下，学生自觉规范自己的行为，愿意付出艰辛努力、在教师的严格要求下学习专业知识、接受教师的专业指导。

两位教师注重反思，形成适用于所教学生的教学方法与培养方式。反思性的实践学习有助于名师的成长，名师在成长过程中需要不断进行反思，通过实

---

① 参见朱德全、杨鸿：《论教学知识》，《教育研究》2009 年第 10 期。

② 参见杨彩霞：《教师学科教学知识：本质、特征与结构》，《教育科学》2006 年第 1 期。

践、反思、再实践模式探索适用于自身发展的路径。两位教师在教学过程中都注重对自己课堂教学的反思。在课堂反思与课后反思的过程中，总结经验，探寻培养学生的模式。Y老师在对学生学习主动性不高、基础有所欠缺的情况了解后，严格要求学生，强调学生基本的专业训练，对学生的作业提出高要求，以时间和努力来弥补差距。Z老师经历了初期课堂效果不理想，寻找原因，调整教学方法，通过给学生搭梯子、启发式提问，讲解背景知识以及知识之间的联系等方式，帮助学生建立起学习数学的方法，并跟随研究前沿，不断调整授课内容，更新教学。

(4)两位教师都有着良好的个性品质，有理想信念的支撑

教师的个性品质对其成长为名师也起着很大的作用。费斯勒认为教师个人性情与意向会影响其行为方式与价值观，这都对教师专业发展产生影响。[①]根据多元智能理论，不同的人智力结构有着不同的组合，由于人的先天条件、经验的积累与社会文化背景、以及各项智能的开发的差异，形成不同的思考问题的方式、价值选择及性格品质，决定着个体不同的做事方式。教学名师在入职前的学习经历、入职后学科专业知识的积淀、教学能力的发展都离不开教师的自我钻研与学习，这其中教师付出了大量的精力与时间，这种学习多是自发自愿的、以提高自身专业素养为目的，出于教师对自我发展的内在需要。两位教师能成长为教学名师，最重要的是靠他们坚毅与勤奋的品质。另外，两位教师成长为名师，也与他们独特的个性有着重要关系。

Y老师特立独行、敢想敢做、铁汉柔情。他颠覆传统意义上大家对教师的印象，坚持自己对教育的主张，随时随地提出意见，不分场合，不论对方是谁。他直言自己想出名，作为学院的学科带头人，应为学科的发展带来更好的支持。他具有英雄主义情结，想要做时代的英雄，将中国的工程造价专业做到引领世界的地位。他在对待学生的时候又是严厉有加，按专业人士标准来要求和培养学生，在培养学生方面别具一格。但他又很感性，发自内心热爱学生，与学生相处融洽，和学生如师如友。凭借个性魅力与扎实的专业基础Y老师深受学生的

① R. Fessler, J. C. Christensen, *The Teacher Career Cycle: Understanding and Guiding the Professional Development of Teachers*, Boston: Allyn and Bacon, 1992, p. 12.

爱戴，也取得了瞩目的成绩。这样的个性在学校与同行中颇受争议，很难说是性格成就了Y老师还是阻碍他取得更大的成就。但回首T理工大学工程造价学科的建立过程与人才培养路径，如果没有这样敢想敢做的性格与魄力，很难取得现在的成绩。当前社会需要具有创新精神的人才，培养具有创新型思维的人才需要打破常规、勇于创新的勇气，教师的思维方式影响着学生的思考方式与行事作风，教师拥有自己独特的魅力与强烈的个人风格，带给学生潜移默化的影响。Z老师儒雅谦逊，性格坚毅，拥有坚定的信念，并立志实现自己的信念，在数学研究工作中取得巨大的成绩，以广博的专业知识、高超的学术造诣和宽厚的品格影响着学生，为数学教育与研究事业作着贡献。早年经历过艰难的时刻，不论环境如何改变他始终没有放弃对数学的信念，躬耕不辍，坚守着作为学者的良知，克服精神与物质方面的困难，在艰苦的条件下从事数学研究，一步一步在自己的研究领域取得成果。在自己取得成绩的同时不忘历史赋予这一代人的使命，为国家建设培养数学人才。他钻研教学方法，进行课程改革与创新，将自己的研究成果与研究的前沿理论编写到课堂讲义中，为数学事业培养了众多人才。能够取得这些成就，与Z老师性格中的坚毅和对学问纯粹追求的单纯不可分割。

两位教师都有理想信念的支撑，热爱学生，热爱教学工作。探寻两位教师从事教学工作的动力发现，他们都以为国家培养人才作为自己的责任，培养学生成才是他们从教中最快乐的事。对教学工作的热爱、对学生的热爱是他们从事教学工作的动力源泉。良好的师生关系并不是名师成长的直接影响因素，教学名师通过自身高尚的师德、良好的人格魅力、高超的学术造诣、精湛的课堂教学和对学生严格的要求与发自内心的关爱，对学生产生影响，学生发自内心崇敬教师，愿意与教师交流。良好的师生关系有助于师生良性互动，促使学生愿意按照教师的要求在各个方面严格要求自己，给学生以学习及发展的动力，有利于教学的开展，客观上有助于提高人才培养的效果，有助于教学名师进一步提升自己。

(5)两位教师的发展都得益于外部环境的支持

两位教师在专业成长的过程中均获得外部环境的支持与帮助。家庭、学校环境潜移默化的影响，国家、学校政策的支持，同事和团队的支持与协作，重要他人的影响都在两位教师专业发展过程中起到了关键性的作用。其中关键事件、关键他人对教师专业发展有重要影响。在高校教师成长为教学名师的过程中，关键他人对教师专业成长有重要影响。对于Y老师，其专业发展受关键他人的影响明显。Y老师职业生涯的转折点是工程造价学科开拓者X教授，应X教授的邀请，Y老师从T大来到T理工大学帮助进行工程造价学科建设，走上了一条更为艰难的路，经历曲折，与团队成员在学科建设与人才培养上取得了瞩目的成就。Y老师本科期间接受的严谨训练与尊重学术的态度也对他的学科基础、学科思维方式以及学术精神和培养学生的方式产生了深远影响。对于Z老师而言，关键事件对他的专业发展影响深远。Z老师职业生涯的转折点是被选为第一批国家公派留学生出国深造，在国内的学习为他打下了坚实的基础并取得了初步的研究成果，在国外的学习使他接触了研究领域的国际前沿，开拓了研究思路，通过交流与学习认定了自己的研究方向，并取得了突出成就，学术水平取得了很大的突破。在国外他接触了先进的培养模式与教学理念，留心观摩优秀教师的课堂教学，对教学又有了新的认识，为Z老师回国教学提供了启发与借鉴。这与对第三届到第五届高等学校教学名师统计学特征分析研究结果一致，研究表明近50%的获奖教师具有国外经历，在发展较快、专业知识更新快的学科，有国外经历的教师的获奖者要比其他学科多。国外经历对于教师的专业发展有着重要影响。①

2. 两位教师专业成长的不同方面

(1)两位教师专业发展呈现出个性化特征

虽然大致都经历了入职前的准备阶段、职后的适应期以及能力全面发展成熟期和突破期，但两位教师专业发展过程中经历各阶段的顺序不同，面临的具体情况不同，并不完全按照职业生涯循环理论模式发展。Y老师在初入职的适应期并没有遇到太多的困难，在教学方面循序渐进，渐渐形成自己的教育教学理念与教学方法。Z老师在初任教师时便遇到了教学困难，教学实践经验的缺乏、对学生认知状况的不了解，使得Z老师在教学初期面临着预设与实际教学

① 参见于晨旭、潘鹏宇：《高等院校高层次教师培养问题研究——基于教学名师获奖数据分析》，《现代教育科学》2011年第5期。

情境不符、授课内容偏难、学生不易理解等困难，加之社会环境的影响，在入职初期，Z老师经历了一个适应期。在专业发展的巩固与更新阶段，直到教学能力全面发展成熟期，Y老师遇到了学科建设进入瓶颈期、人才培养艰难等困难，而Z老师的发展比较顺利，确定了研究方向，在研究领域取得了领先成绩。在教学能力全面发展成熟期，Z老师面对课程内容不能适应学科的发展以及培养人才的需要等问题，着手进行课程改革与教材建设工作。对比费斯勒的职业循环发展八阶段理论，两位教师热心与成长阶段、职业受挫阶段、稳定和停滞阶段，并不是依次发生的，而是伴随着专业发展过程几个阶段所面临的状况交织出现。两位教师并没有表现出明显的稳定与停滞阶段，而是不断克服困难，获得持续发展，体现了专业发展的终身性。

(2)两位教师专业发展路径不同

①两位教师的发展路径不同。Y老师担任管理学院院长，其发展路径也是该学院学科建设的路径，其各项能力伴随学科建设的管理活动发展。Z老师所在的研究在领域走在了世界前沿，通过科研带动教学能力的发展。通过对国家级教学名师个人背景的分析，研究者发现多数获奖教师同时担任着行政职务。针对这一点，不同的学者观点不同，有的学者认为担任行政职务的教师会占用教学与科研的时间，不利于专业发展，而另一些研究认为担任行政职务并不会影响教师的教学与科研的发展，相反更容易在同行与社会中产生影响。通过对两位国家级教学名师的发展历程分析，担任行政职务并不一定制约教师教学与研究能力的发展，担任行政职务客观上激励Y老师带领团队和学院进行学科建设工作，培养行业内优秀人才，是其专业发展的外部动力。

②两位教师行事风格不同。两位教师中一位外放张扬、个性鲜明、坚持自己的学术标准与职业生涯准则，力图轰轰烈烈，在行业内产生影响力，进行学科建设与学生培养工作，立志通过培养学生将中国的工程造价事业做到世界之首。一位教师内敛谦逊、认真严谨、低调执着，认定的事情就不会轻易放弃，不论是在科学研究中还是在学生培养上，都严格执行自己的标准。

杰出的教师具有以下特征：他们非常了解所教的科目，都是活跃的成就卓著的学者、艺术家或者科学家，不管有无专著出版，杰出的老师在各自的领域内追求重要的智力和科学或艺术的发展，从事调查研究，对他们所教的学科有重要而独到的见解，经常广泛涉猎其他领域（这些领域有时跟他们自己的领域相距甚远），强烈关注他们学科中更为概括性的问题。[①] 理解隐身教学名师背后的思想、态度、价值观及其概念，仔细观察别人的事件，之后要着手效仿和改造我们所看到的一切，使之个性化。各人都必须去发现自己的天赋，教师们也必须对每一种观念进行校准，使之适应自己的身份和教学。

三、结论与讨论

（一）高校教学名师专业成长特征

1. 教学名师专业成长的长期性

通过对两位教学名师专业成长过程分析，我们发现教学名师的成长不是一蹴而就的，而是需要经历一个长期的过程。人才的成长需要经历漫长的时间，教学名师作为特殊人才，其成长也需要经过一定的时间。根据费斯勒教师职业周期八阶段的划分，教师成长需经历职前阶段、入职阶段、形成能力阶段、热心和成长阶段、职业受挫阶段、职业泄劲阶段、职业退出阶段。这一过程是一个动态循环过程，并非呈线性发展，是教师在个人及环境的影响下不断进入、退出各个阶段的一个变化过程。[②] 教师在各个阶段的交织中不断学习与实践，实现主动发展。教师从初入职到各项能力发展成熟进而继续发展成为教学名师需要经过时间的沉淀，大学教师从初入职到发展为教学名师并没有一个明确的时间界限。杜贤兵，樊小杰等人的研究与此结论持相同的观点，通过对国家级教学名师个人背景分析，发现获奖教师年龄集中在 41～60 岁，获奖教师教龄在 20 年以上的比例超过 80%。[③] 一名教师从新手教师成长为教学名师至少需要十

---

① 参见[美]肯·贝恩：《如何成为卓越的大学教师》，明廷雄、彭汉良译，北京大学出版社 2014 年版，第 21 页。

② R. Fessler, J. C. Christensen, *The Teacher Career Cycle: Understanding and Guiding the Professional Development of Teachers*, Boston: Allyn and Bacon, 1992, p. 22.

③ 参见杜贤兵、姚建青：《高校教学名师的统计学特征和教学特质——以第四届、第五届全国教学名师为样本》，《新课程研究》2012 年第 2 期。

年甚至更长的时间。[①] 并且教师的成长具有层次性，并非所有的教师都能顺利完成职业生涯的周期性发展，经由新手教师成长为专业能力成熟的教师，还要经历突破，才能成长为专家型教师即教学名师。

2. 教学名师专业成长过程呈现阶段性特征

教师发展具有阶段性规律，教学名师的专业成长也符合教师发展的阶段性规律。很多学者的研究也证明了这一观点，王毓珣认为名师的发展具有阶段性，并将名师发展分为酝酿期、预备期、适应期、成熟期、成名期、鼎盛期、延续期、余热期、影响期九个阶段。[②] 王铁军将教师专业发展分为入职适应期、成熟胜任期、高原平台期、成功创造期、退职回归期。[③] 我们所研究的两位教师的专业发展也呈现阶段性特征。结合国内外学者对教师专业发展阶段按不同标准进行的划分，教学名师的专业成长大致经历四个阶段。第一个阶段为入职前的准备阶段。这一阶段是知识的积累与教学的准备时期。教师在这一阶段还未成为正式教师，通过学习获取专业知识，通过观察自己教师的授课风格与方法积累教学经验，这一时期的学习与准备是无意识的积累过程，并没有明确的目标作为导向。一些受过师范教育的学生即使有教育学知识，也是存在于理论中的认识，还未经过实践内化为自己所掌握的知识。处于这一阶段的教师关注的重点在于自身。第二个阶段是入职初期的适应期，教师刚刚接触教学，关注的重心在于自己能否适应教师角色，在教师这个职位上生存下来。这一时期教师会发现实际中的课堂教学与自己的预设存在偏差，在课堂教学中会出现一定的困难。由于教师个体差异以及所面对的学生等环境因素的差异，教师面临的困难难易程度也不相同。第三个阶段为专业发展成熟阶段，教师的教师信念、教学能力、专业态度和动机即专业精神不断完善。这一时期教师已经掌握了一定的教学经验，能够处理课堂教学中出现的一些问题，开始关注学生、关注课堂教学情境，处于教学能力的巩固与发展时期。教师通过同行间的交流、参加教师培训、讲座等活动，与同事进行教学方法与经验的交流，通过反思与自我监控等

① 参见樊小杰、张红霞：《国家级教学名师的个人背景分析及启示》，《现代教育管理》2009 年第 11 期。

② 参见王毓珣：《名师发展：概念、特征与阶段》，《当代教育科学》2005 年第 20 期。

③ 参见王铁军、方健华：《名师成功：教师专业发展的多维解读》，《课程・教材・教法》2005 年第 12 期。

方式更新自己的能力结构，促进专业能力的发展。有些教师经过几年的时间就可以进入到成熟发展时期，而有些教师的进步则十分缓慢，甚至出现停滞的现象。第四个阶段为突破阶段，有些学者将这一个阶段继续分为高原平台期与创造期。[①] 教师各方面能力逐渐成熟，专业发展可能趋于停滞状态，进入高原期。那些有持续发展动力、专业基础扎实、具有创新精神的教师能够通过交流、反思与学习，不断实现专业的自我更新，获得持续发展的动力突破高原期，进入创造期，发展成为教学名师。第三个阶段与第四个阶段的发展没有明显的界限，可能会呈现交替发展，我们将两个阶段综合，称为教学名师的突破阶段。与教师职业生涯循环论及很多教师发展阶段理论对于教师专业成熟期之后的发展并没有过多的涉及或是教师专业发展成熟期之后就面临着退出期所不同的是，这两位教师在达到突破阶段后，仍然积极求索，通过实践、反思、研究，不断追求职业生涯的新发展。验证了教师的专业发展是一个持续的、动态的、不断发展的过程，伴随教师职业生涯发展的全过程。[②]

与现有结论不同的是，通过对两位教学名师专业成长经历的研究发现，两位教师在专业发展过程中并没有经历明显的平台期或高原期。原因可能是：第一，大学教师专业发展的主体意识更强。与中小学教师发展不同，大学教师拥有更强的自我专业发展意识，对自己职业生涯发展有较为明确的规划，并能够合理利用学校提供的资源主动学习、主动发展。大学教师获得职后教育的途径和方式更为多元化，如继续深造或出国交流访学，能够满足教师专业发展的不同程度的需求。第二，大学教师在教学与研究中拥有更大的自主性，在大学倡导的学术自由氛围下，教师能够在一定程度上根据自己的兴趣进行科研、组织教学内容。第三，相较中小学教师，大学教师拥有良好的科研素养，并且有意识了解学科前沿，以科研支持教学，不断更新自己的专业知识，这是支持教师获得不断发展的源泉。

3. 教学名师专业成长具有显著的个体特征

首先表现为教师在各个阶段发展不均衡，不同教师在各个阶段所表现出来

---

① 参见钟祖荣：《现代教师学导论：教师专业发展指导》，中央广播电视大学出版社 2001 年版，第 276～302 页。

② 参见唐玉光：《教师专业发展的研究》，《外国教育资料》1999 年第 6 期。

的特征不同，有些教师在入职前的准备与初入职时期就达到了很高的成就，教学能力顺利发展。有些教师没有经历明显的在适应期所出现的问题，有些教师并没有经历很长的高原期或没有表现出高原平台期，在经历出现困难、进行反思、提升能力的实践过程中，专业能力持续不断上升。其次表现为同一教师在专业发展的同一阶段，各方面能力发展不均衡，并且呈现独特性与个性化特征。最后表现为教师成长方向多元化，呈非线性发展趋势。从横向看，教师专业发展是一个多维度发展的过程，教师的专业能力、心理、社会化全方面发展，各方面能力不断拓宽。我们所研究的两位教师的发展路径与做事风格都不相同。一位在专业发展过程中以管理经验带动专业能力发展，另一位教师专业能力发展是以科研素养的不断提高为基础。在发展过程中，Y 老师具有鲜明的个性，勇于接受挑战，另辟蹊径，对教育教学直言不讳提出意见，做事自信张扬，坚持把工程造价事业做到世界领先的理想。Z 老师低调谦和，风格内敛，踏实做研究、认真提高课堂教学，践行着要为国家建设培养数学人才的愿望。两位教师不同的发展路径与风格体现出显著的个体特征。

（二）高校教学名师专业成长影响因素

一名初入职教师成长为教学名师不是必然的结果，教师作为社会中的人，与其周围的环境产生互动，深受周围社会与环境的影响。教师成长为教学名师除了自身先天的智能结构的组合、个性品质及个人的努力，还与外部环境的影响密切相关，是多种因素交织下的结果，有着必然的趋势，也有着偶然事件的推动。在对两位教师专业成长影响因素进行分析时发现，虽然名师成长是多种因素综合作用的结果，但最重要的因素还是取决于教师个人努力程度和教师主动寻求发展的愿望，因此高校教师专业成长的根本动因是个人的主动发展。教师处在一定的社会环境中，受宏观制度和微观环境的影响，教师发展受到国家政策、社会期望、学校环境、家庭乃至课堂氛围的影响，因此外部环境的支持与帮助是教学名师专业成长的必要条件。通过分析影响教师专业发展的因素，我们认为个人因素起决定性作用，外部环境为教师专业发展提供支持与保障。张意忠[①]、樊小杰[②]等人对此持有相同的结论。

但前人研究很少关注到的是教师个性特点在教学名师成长过程中发挥的作用。张意忠提到教学名师的成长与教师个人的经历、心智、背景有关，具有鲜明的个性特点。教学名师的人格魅力突出，能够形成辐射力和感召力。[③] 在两位教学名师的成长过程中，教师的个性品质发挥了重要的作用。这一点在Y老师身上体现尤为明显。他特立独行，经常直言不讳提出意见，不分场合，不论面对谁。他骄傲自信，甚至是自负，做事高调，直言自己想要出名，想要做带领士兵打仗的将军，将中国的工程造价事业带到世界高峰。但在背后又付出了超出常人的努力，他对学生要求严厉，又在与学生的细微相处中体现着他对学生真挚的爱，他的学生也发自内心敬他爱他。这些都颠覆了传统印象中的教师形象。这些特质都促使他不断努力，实现他的教育理想。Z老师性格谦和低调，困难与磨砺带给他的是坚韧，他坚持对数学的热爱与信念，坚守对学生的责任，凭借学术威望与谦和的品格受到学生的尊敬与爱戴。

1. 影响高校教学名师专业成长的个人因素

(1)个性品质

人的先天条件、经验的积累与社会文化背景以及各项智能的开发的差异，形成不同的思考问题的方式、价值选择及性格品质。这些特质决定着个体不同的做事方式与做事风格，影响教师的选择。教师发展离不开教师的自我钻研与学习，教师通过主动探究实现教学能力更新，教师进行教学改革与创新、教师专业发展规划都与个人性格决定下的个人选择有关。那些勇于创新，为自己的专业发展源源不断提供动力与活力的教师更容易实现由熟手教师向教学名师的跨越。发自内心爱学生、爱教学，尊重学术、对待学术一丝不苟的教师更能够得到学生的认可与热爱，而良好的师生关系有助于教师专业发展。教学名师以其

---

① 参见张意忠、宋彦婷：《高校教学名师及其生成机制》，《江西师范大学学报》(哲学社会科学版)2011年第4期。

② 参见樊小杰、张红霞：《国家级教学名师的成因条件分析》，《大学·研究与评价》2009年第6期。

③ 参见张意忠、宋彦婷：《高校教学名师及其生成机制》，《江西师范大学学报》(哲学社会科学版)2011年第4期。

高超的学术造诣、专业的教学态度、良好的道德品质，无形中影响着学生的人格塑造。

(2)知识结构

在实践中积累深厚的学科教学知识，并逐渐完善知识结构，发展实践性知识，具备将学科知识转化为易于学生理解的情境性知识的能力。学科教学知识在教学知识整体中居于中心地位，体现教师的创造性。教学名师经过多年的教育经验及实践积累，掌握了大量实践性知识，在将知识转化为符合学生认知水平、易于学生理解的情境性知识方面具有丰富的经验，使教师能够应对多变的课堂情境。

(3)能力素养

包含两个层次的能力，与教学实践相关的能力以及教学科研能力。教师需要在学习与反思中不断提高教学设计能力、教学实施能力、反思能力、教学评价能力。良好的学科专业基础与一流的科研能力更有助于教师发展成为教学名师，科研为教学提供了支撑作用，教学能够促进科研的发展。教学学术思想强调教师研究教学，以问题为中心，解决实践中遇到的教学问题，并发表成果在同行中交流。另外，教师不仅要研究教师的教，还要研究学生的学习，通过对学生认知规律、学习策略的了解，在与学生的交流与课堂教学中，教师也会获得灵感与新的启发，运用于科学研究与课程的改革与开发中，并为科研提供灵感。教师较高的学术造诣以及对待学术一丝不苟、尊重学术的态度和高尚的师德对学生在精神上有很大的鼓舞作用，在这种精神的辐射下，学生能够主动学习，自觉规范自己的行为。从教学名师的成长中可以看到，教学和科研并不是二元对立的关系，而是相辅相成的关系，高超的学术造诣是名师发展的基础，高校教师只有不断发展自己的学术能力才能给自己的教学提供支持，授课内容才能具备厚度与深度，也更能受到学生的尊崇与认可。

(4)教育信念

教师的理想信念保持一个相对稳定的状态，是教师通过长期理论与实践学习形成的对教育、学生以及学习的基本观点，在教师专业发展中属于较高层次的发展。一个发展成熟的教师拥有自己的信念体系，教师由经验式、无意识的信念向知识型、理论型的信念不断升华，构建教育理念，并随变化了的环境不断变化，是教师通向名师的质性飞跃，而教育信念能够指导教师的教学实践，从而促进教师的专业发展。

（5）专业动机与态度

教师的专业态度与动机则为教师专业发展提供动力，包括个人兴趣、社会责任、教育理想、对教师专业和学生的热爱，能够影响教师专业发展的选择、教师工作的积极性能否维持和某种程度的专业动机能否继续。一个对教育有信念、对理想有追求的教师能够克服在教育教学过程中产生的困难，并积极主动为自己的专业成长寻求发展路径，这是教师获得持续发展的内部动力。

（6）专业发展需要与意识

这是教师专业发展的内在主观动力，保证教师不断自觉促进自我专业成长。一位具有自我专业发展需要和意识的教师，会主动思考，明确自己需要什么、思考发展方向、如何发展等问题，成为自我引导型的学习者，促使其始终保持专业发展的不断更新，向专家型教师即教学名师的方向转变。[①] 成人学习理论强调教师的主体地位与教师学习的主动性，教师出于个人发展、实现人生价值的需要主动学习，能够获得持续不断的动力。教师的专业发展需要与意识，促进教师不断寻找方法、积累经验获得专业的持续发展，其途径就是实践终身学习理念。

2.影响高校教学名师专业成长的外部因素

（1）组织制度环境

一是国家政策导向及社会期望。国家政策对于教师专业发展具有一定的导向作用，近年来国家逐渐重视高校本科生的教育质量，通过政策调节，有意识扭转普遍存在的重科研、轻教学局面。国家通过教师资格证书制度、教师评价制度、教师培训制度等规范教师行业，保障教师权利。而社会对于教师普遍具有很高的关注度，在社会形成尊师重教的氛围，提高教师的地位与待遇，在精神和物质方面提高教师的职业满意度与幸福感，能够促使教师主动寻求发展。

二是学校环境氛围的营造。包括人文环境、课堂环境。学校为教师学术发展创造宽松的环境，营造学术自由的氛围，能够促使教师根据自己的兴趣进行

---

① 参见叶澜等：《教师角色与教师发展新探》，教育科学出版社2001年版，第239～240页。

研究，将研究成果转化为教学。学校为教师的继续深造提供平台与机会，如提供交流与培训机会，包括校内交流与校际交流以及出国和培训等，并对教师教学与科研提供技术、资金支持，完善晋升奖励制度对教师进行鼓励。提倡教师间的交流与合作，为教师的交流合作提供机会，重视教学共同体建设，都能够促进教师学习与交流，在师生中营造好学乐学的氛围。课堂环境作为微观环境，对教师的发展也会产生积极的作用。好的课堂氛围，师生热烈交流，师生之间思想的碰撞能够激发师生学习的热情，促进灵感的迸发，达到教学相长。

(2)个人环境

首先是家庭环境的影响。家庭环境对教师性格的塑造与教师早期的知识基础的积累、学习习惯的养成也产生一定的影响，这种影响是无形的，表现为一种潜移默化的熏陶。教师进入职场后，家庭对教师的支持与理解也是保证教师不断发展的条件。

其次是重要他人、关键事件的影响。教师的成长离不开与他人的交流与互动，不论是学习习惯、学习方法的养成，还是早期教学经验的获得、后期专业能力不断更新，都离不开与同行的交流与合作。另外，重要他人的帮助有时在教师的专业成长中起到关键作用，可以加速或缩短教师专业化的进程。关键事件作为教师专业成长过程中的偶发因素，也在推动教师专业成长、促进教师教学反思、为教师发展提供机会方面起着重要作用，能够促使教师专业发展达到质的改变。

(三)高校教学名师专业成长的路径与方法

从两位教师的发展路径来看，一位以学科建设为依托，大胆创新，推行教育改革，在实践中成长为教学名师。另一位在科研领域取得重大成就，在业内具有学术权威，以学术素养作为基础，实行教学与科研的融合，推行课程改革与教材建设，成长为名师。针对前人研究担任行政职务对教师发展是起促进还是阻碍作用的争议，我们的研究结论在一定程度上验证了樊小杰、张红霞的研究①，

---

① 参见樊小杰、张红霞:《国家级教学名师的个人背景分析及启示》,《现代教育管理》2009年第11期。

即担任行政职务不一定阻碍教师专业发展，也可能会促进教师发展，但这可能与教师所任教学科性质有一定的关系。两位教师的发展都支持科研对于教学的支撑作用，这与周红[①]、杨兴林[②]等人的研究成果一致，强调教师的科研能力对成长为名师的重要作用，这也是高校教师不同于中小学教师的特质。教师进行教学研究，实施教学改革，将学科前沿知识融入教学中，促进教师开阔学生的学术视野。

教学名师的成长是内外因共同作用的结果，成为名师之路固然与先天的条件有一定的关系，但是探寻教学名师的成长之路发现，成长为教学名师的决定性因素是个人的努力程度。多元智能理论认为人的智能可以通过后天的锻炼得到发展，因此个人的勤奋与努力、个人的教育信念、专业动机与态度、专业发展需要与意识决定其积极找寻方法、克服困难、获得专业上的不断发展。

1. 勤奋探索，终身学习

知识的管理是高校教师发展的途径。教师通过学习理论知识与实践形成的个人理论是教师管理的新方向，包括隐性知识、个人知识和实践知识，基本方式是生活史叙述和在组织之间的沟通与交流。知识管理的趋向是由个人知识到团队知识，教师要将个人知识在同行与团体中进行分享，相互交流探讨，创新知识。[③] 教师应该掌握扎实的学科专业知识，还应该掌握一定的教育学理论知识，了解教育教学的规律以及学生学习的规律，帮助教师制定课程计划以及教学策略，并在教学过程中应对课堂中出现的问题。教师还应该掌握多学科知识，具有一定的人文素养，在课堂中能够将学科知识融会贯通，引导学生了解本学科知识的同时，让学生对知识有一个整体的理解，理解自己所学知识在整体知识结构中的地位，与其他学科知识的联系，并注重理论知识与实践中具体问题的结合。在培养学生的逻辑思维的同时注重对学生人文知识的渗透，使课堂有温度有深度，提高学生的整体素养，促进学生全面发展。这需要教师的勤奋探索与不断学习，更新自己的知识结构。

名师的成长不是一蹴而就的结果，是个人长期努力获得发展的过程。时代

① 参见周红：《高等学校教学名师内涵辨析》，《煤炭高等教育》2004年第4期。
② 参见杨兴林：《高校教学名师的基本内涵及要求》，《北京机械工业学院学报》2007年第2期。
③ 参见吴振利：《美国大学教师教学发展研究》，东北师范大学博士学位论文，2010年，第19页。

的发展、科技的进步、知识的更新促使每一个人都要树立终身学习的理念，作为高校教师更应如此。在终身学习理念指导下，教师不断进行学习，积累学科专业知识、教育学知识、多学科知识、提高自己的人文素养。教师在每一个发展阶段都要主动学习，加强知识的积累、促进知识的更新。通过文献研究、同行交流、参加学术会议等方式了解学科前沿动态，掌握学科研究领域的新动向。教师要更新教育教学理念，深化对教学的理解。提高课堂教学能力，包括教学设计、实施能力、教学评价与反思能力。

2. 不断反思，开展教学研究

教师基于"实践—反思"模式的专业发展对教师自主发展有重要作用，教师应该在专业成长过程中不断进行反思。在课堂中基于对教学行为的观察以及学生的反馈进行教学研究，观察自己的教学方法、实施环节、提问方式以及改变教学策略所取得的效果，观察学生的思维模式、学生的学习方式以及学生学习的难点，及时作出调整。教师不仅在课堂中要及时进行观察反思，在课后更应该进行系统反思。反思本堂课是否达成了教学目标，课堂中的成功与不足之处，在对重难点的处理上有哪些经验和不足，下次应该怎样改进。反思教学方法是否运用得当。根据学生的作业、考试反馈以及学生课堂的反应及课下交流情况确定学生的学习程度以及学习方式，以便更好帮助学生掌握学习策略。教师不仅要自我反思教学行为及授课效果，还要反思学生自己的学习态度和学习方法、帮助学生形成一定的学习策略，同时还要引导学生进行反思。反思的方法有课堂观察、课后总结、自我评价。博客是支持教师实践反思的一种方式，采用类似博客的方式记叙自己的教育成长故事以及感悟，用教育叙事的形式进行自我反思不仅能够使自己获得深层次反思，还能够给读者以启发。在课堂结束前几分钟留出时间，让学生写一写本节课的收获或是问题，能够有效引导学生进行自我反思，同时通过这种方式的交流也能够使教师看到学生课堂中存在的问题与收获，帮助教师了解学生的学习情况从而进一步改进自己的教学。还可以通过录制课堂视频课后进行观摩或邀请同事观看或听课等方式，帮助教师寻找课堂教学中的问题和优点，在与同行的交流进行反思，提高自己。

提升自己的科学研究水平，关注学科研究前沿，将研究成果以及最新的研究动态编排到教学设计中，教师要积极参与课程改革，向学生介绍前沿知识及科学研究方法，做到研究与教学的融合。在教学中通过与学生交流以及反思发现的问题、产生的灵感能够启发科学研究，通过这种方式实现科研与教学的良性互动，促进教学与科研的相辅相成。教师要树立教学学术的观念，将教学当作一种学术，以问题为中心，进行教学研究，发表研究成果、接受同行评价并与同行进行交流，不断提高自己的教学学术能力。勇于创新，不断思考与实践，探索适合自己以及所教学生的教学方式与培养形式，在培养学生创新思维的同时，教师也应实现课堂的创新。

3. 加强交流，同伴互助

教师要与同伴积极开展交流，向有经验的教师请教自己的困惑、通过课堂观察以及交流探讨，学习课堂教学中的经验，并通过思考与实践探索适合自己的教学方法，与教学团队共同探讨课程与教学目标，交流教学中的问题与经验，互相观摩评课，在教学共同体中不断学习、进步。教师要积极参加教学竞赛等活动，在比赛中积累经验，通过他人的点评有针对性地提高教学能力。同时，应将学生纳入学习共同体中，与学生加强交流，研究学生的学习方法与学习策略、了解学生学习的困惑与收获，针对学生的反馈调整教师的教学，利用网络资源和先进设备辅助教学和交流，在共同体中师生共同进步。

4. 坚定理想，执着坚守

教师应树立新时代人才培养观念，培养具有创新型思维的人才。注重学习学科前沿知识，把握国内外研究的动态，不断更新教学内容，注意理论知识在实践中的运用，灵活训练学生，创建开放型的课堂，培养学生的思维能力。在培养人才的同时还要注重学生思想道德的培养，以自己的德行影响学生，做到言传身教。教师以自己做人的准则、治学的态度、对教育的坚守、对理想信念的不懈追求感染学生，给学生以榜样的力量，在潜移默化中影响学生的思维模式和行为方式。

培育教师专业精神。创造是教师可能从工作中获得“外在”与“内在”相统一的尊严与欢乐的源泉。独立地创造正是人的生命存在的本质方式，给人以尊严的职业，是与人的生命的本质和高级需要的满足直接相关的职业。教师把“人的培育”看作是教育的终极目标，其工作将会是向智慧、人格、能力不断挑战的事业，这也将是其学习、思考、探索、创造的动力。体验到发现、成功的快乐，教师自身也在为事业奉献的过程中不断获得专业能力的更新和发展。① 教师信念比知识具有更强的情感和评价成分，在组织知识和界定教师角色方面起着核心作用。② 青年学生具有可塑性和充分的发展可能，是国家的希望，大学教师的使命在于培养学生成为完整的人。要成为完整的人在于自身的不懈努力和对自己不断地超越，来自生活中对完整人格的持续不断的追求，来自对生活、生命的体悟，来自心灵世界的不断丰富和精神世界的不断壮大。青年学生渴望接受教育，渴望从良师的教导中获益，高校教师担负起了这一使命，他们以高超的学术造诣、高尚的师德、独特的品质，启发青年学生的心智、影响青年学生的言行、塑造青年学生的品格。大学教师将人才培养看作是人生的成就，他们热爱教学事业，将自己从事的教学工作与国家的发展联系起来。站在一个更为宏大的层面看待自己的工作，就会产生成就感与使命感，以此为动力，投入到培养学生的工作中。另外，自己的工作对学生产生影响，甚至改变学生一生的命运，得到学生的认可与喜爱，看到学生成长成才都能够使教师获得满足感。通过学习教育教学知识及开展教育研究与实践活动，在与学生和同行的交流中，教师进一步理解教育的内涵与本质，建立教育信念并结合自身情况将教育理念具体到个人的理想信念与目标中，开展教学实践，通过反思与学习不断更新自己的理念，坚定自己的信念，并为理想的实现不断努力，从而获得职业发展的不竭动力。

四、对青年教师专业成长的启示与建议

随着对大学教师专业发展认识的不断深入，根据前人的研究，大学教师专业发展应从个人发展、教学发展、专业发展、组织发展四个方面开展。通过对两位教学名师专业成长的分析发现，教师的成长离不开其存在的社会环境与组织机构。教师的专业成长包含教育信念（教学理念）、知识、能力（主要指教学能力）、专业态度和动机（专业精神）发展，其中教师个人不断学习、努力是最主要的因素，教师的自主发展是主要动力，而外界环境提供的支持与帮助是高校教

---

① 参见叶澜等：《教师角色与教师发展新探》，教育科学出版社 2001 年版，第 14～17 页。

② D. Makovec，"The Teacher's Role and Professional Development"，*International Journal of Cognitive Research in Science，Engineering and Education*，Vol. 6，No. 2，2018，pp. 33-45.

师成长的重要条件。自高等教育扩招后，各个高校吸纳了大批青年教师，作为教学的骨干力量，青年教师在新时代肩负着承上启下的重任，高校青年教师的发展是提高高等教育质量的重要方面。制约青年教师发展的因素除了教师个体经验与外部评价等管理制度外，还有教师个人原因，需要广大青年教师提高专业发展的主动性，探究教育教学规律，进行教学研究，主动与同行交流寻求帮助，向优秀教师学习，了解教学名师的成长之路。

（一）对青年教师专业成长的启示

通过对两位教学名师专业成长历程的探寻，两位教师热爱教学、热爱学生，通过不断学习提高专业知识与科研素养，注重与团队教师的交流与协作，利用外部环境提供的条件实现自主发展。广大青年教师要从两位教师的经历中总结经验，找到适合自我专业发展的路径。经师易得，人师难求。青年教师要以教学名师为榜样，不光看到他们的成绩，也要看到他们背后付出的艰辛与承受的苦痛，以教学名师的标准来要求自己，以他们的精神作为自己的动力，掌握人生的主动权，做快乐豁达的大学教师，探寻专业成长之路，找寻自己的价值。青年教师可以从以下几个方面努力，提升教学能力，获得专业发展。

1. 培育教师专业精神

做学问要先立人，青年教师要培育自己的专业精神，树立积极的专业发展观，主动寻求自身的发展。首先，在观念上明确自己的发展定位，设定专业发展目标，意识到肩负着为祖国培养人才的使命与责任，不断学习教育教学知识与理念，形成自己的教师观、教学观与学生观，将实践上升为理论，形成自己的教育哲学。其次，突破传统以教师为中心的范式，确立以学习为中心的范式，不断学习更新自己的知识和观念，青年教师专业发展走向反思、发展、合作的新途径。在教学反思与研究过程中，明确以学生为中心的理念，青年教师不仅要注重对教师如何教的方法的积累，还要了解所教学生的学习特点和学习程度，在课堂教学中充分发挥学生的主体地位，尊重学生的个性，善于倾听学生、了解学生，因材施教，培养学生的创新能力和实践能力。教师角色是一个多面体，具有复杂性，是借助若干中介项构成的。作为“介入者”的教师在多元的、多层的“中间领域”中，以人与事物及人与人为媒介；以课堂内外多样的文化为媒介，通过交流与沟通，在学校与课堂里展开构筑文化的公共空间的实践。[①] 最后，热爱教学事业，坚持严格的行业标准与职业准则，坚守理想信念不动摇。青年教师不仅要看到更要切身体会教育工作的深远意义与影响，将个人的理想信念与专业发展结合起来，学习教学名师对真知的求索、对教育信念的坚守，克服困难，不断突破。

2. 坚持终身学习

青年教师要树立终身学习的观念，将终身学习作为教师职业生涯发展的基本理念，不断在实践反思中更新自己的专业知识和教育教学知识，提高专业能力。第一，通过理论与实践学习，积累学科教学知识，锻炼将学科知识转化为情境性知识的能力。第二，丰富自己作为教师的阅历。很多教学名师都有出国留学的经历，留学经历开阔了教师的学术视野，促使教师亲身考察国外优秀教育教学案例，促进国际间的交流与合作，对提高教师的教学以及学术水平有很大的帮助。另外，丰富的教育阅历帮助教师积累更多的实践性知识，能够促进理论知识与实践的融合，并促使教师对知识加入带有自我经历的不同的理解。青年教师要利用学校提供的对外交流机会或积极创造机会，争取出国交流学习的机会，丰富自己的阅历。

3. 加强同行协作

个人的发展离不开他人的帮助，对教学名师的研究发现，他们都注重团队的交流与合作。青年教师应主动寻求外界帮助，积极与同行进行交流并向老教师请教教学经验，与教学实践相结合，勤于思考，找到适合自己与所教学生的教学方法，在共同体的交流与合作中实现自主发展。青年教师可以通过以下途径开展交流与合作：请同事观摩自己的授课过程并进行点评或观摩优秀教师的课堂，从中学习、总结教学方法；积极参加评课比赛，为自己争取锻炼与展示的机会；重视反思的作用，做好课中与课后反思，及时总结教学经验，利用视频录制等方式对自己的课堂进行反思与研究，还要研究他人优秀的教学案例，利用博客等方式记录自己的教学故事与心得，帮助反思；善于运用先进技术和设备辅助教学。青年教师应认识到专业发展的长期性，持之以恒，获得持续发展。

---

① 参见[日]佐藤学:《课程与教师》，钟启泉译，教育科学出版社 2003 年版，第 209、211 页。

4. 教学科研并重

从教学名师的成长中可以看到，教学和科研并不是二元对立的关系，二者相辅相成。高超的学术造诣是名师发展的基础，高校教师只有不断发展自己的学术能力才能给自己的教学提供支持，授课内容才能具备厚度与深度，也更能受到学生的尊崇与认可。科学研究包含两个方面：一是对知识发现的研究，即学术研究。青年教师应培养自己的学术兴趣，积极开展科学研究，提升自己的学术水平，促进教学内容的更新。二是开展对教学的研究，包括对教学内容的研究和对课堂教学的研究。随着教学学术运动的开展，其在世界范围内的影响逐渐加强，加之学校、社会对高等教育质量日益重视，青年教师应该树立教学学术的观念，重视教学作为一种学术的地位，平衡教学与科研的关系，发展教学学术能力，提高自己的科学素养和教学研究水平，为专业发展提供支持。教师还应注重对学生的研究，将学生的学习纳入研究体系，研究学生的学习方法与学习策略，在与学生交流互动中达到教学相长。青年教师积极开展教学研究，加强实践，参与到课程改革与教材改革的工作中，发挥主动性，在教学中要勇于创新，主动开展对课堂教学的研究，促进教学内容的更新，避免研究的功利主义倾向，踏实做学问，研究教学，稳步提高教学和科学研究的能力。青年教师应将优秀教师的经验与自身特点相结合，在借鉴他人经验基础上尝试适合自己的教学方式，还要积累多学科的知识，注重人文素养的提高，注重与学生的情感交流，给学生以人文关怀，使自己的课堂充满灵动与智慧。

5. 完善人格提升师德

青年教师要在行动中严格要求自己，磨炼自己的性格，形成积极乐观的品质，以宽厚坚韧的品性攻克一个个难关。青年教师要重视师德的养成，关心爱护自己的学生，尊重学生的主体地位，对待工作一丝不苟，以高尚的师德感染学生，不仅要关心学生的学习，更要关心他们的成长，重视培养学生具有良好的道德品质，培养学生成为性格完善的人。青年教师要心怀天下，以为国家培养人才为己任，以此作为自己克服困难不断求索的动力，要耐得住寂寞，坚定信心，将教师专业发展与自己的人生价值与意义结合起来，获得持续发展的动力。

（二）对促进青年教师专业成长的建议

高校教学名师的主要发展途径是自主发展，但离不开外部环境的支持，外部环境主要包括组织、制度环境。以高校为代表的学校组织和以国家为主体的宏观政策都对教学名师的发展有着引领与指导作用。

1. 组织协同发展

教师的发展离不开组织环境即学校的支持，高校应从以下几方面为高校教师成长提供土壤与条件。

（1）加强引领教师专业发展的理论体系建设

目前对我国高校教学名师专业发展的研究虽然涵盖概念、内涵、内容、特征及生成机制、名师工程建设、教师发展中心建设等领域，但是并没有形成一个完整的理论体系，大都对国外研究理论的介绍与借鉴，缺乏结合本国实践的本土化发展，我国高校教师专业发展缺乏专门的理论作为指导。高校应进一步完善促进教师专业发展的理论体系建设，以理论为先导，明确教师专业发展的目标与方向，建立多元学术观与发展观，平衡教学与科研的关系，提高本科教学的地位，重视高校教师教学学术能力的发展，从不同维度不同层面促进教师综合发展。重视教师作为个体的能动作用和教师主体地位，促进教师自主发展。

（2）完善促进高校教师专业发展的组织机构

第一，注重共同体建设。构建教师教学共同体以及师生学习共同体，为教师同行之间以及师生之间交流提供空间，定期开展以教师专业发展为主题的研讨会或论坛，为教师相互交流、学习提供机会。重视教学学术的研究，成立专门研究教学学术的刊物，发表教师对于教学研究的成果，供同行评价，在同行之间进行交流反思。将学生纳入共同体中，研究学生的学习，让学生参与教学研究，通过师生交流互动产生新的灵感与火花。第二，完善高校教师教育培训机构。高校教师教育培训的对象应面向全体教师，突出青年教师，兼顾研究生助理，教育培训的内容以提高高校教师教学能力、提高人才培养质量、满足高校教师全面发展需求为内容，[1]关注大学教师发展中心的建设，关注教师职业生涯的持续、生成性发展。在关注教师教学发展的同时，也应关注教师的全面发展。关注教师教学理念的确立与改变，哲学理念层面的改变对教师教学发展至关重要，应促进教师意识形态和教学理念的深层次发展。[2] 借鉴教学学术的多元学术观思想，重视教师的教学研究，依据成人学习理论设计大学教师发展中心教师指导、培训、咨询活动，注重成人经验的重要作用和成人学习的主体性与主动性，了解教师的真正诉求，面向教师个体帮助教师解决专业发展过程中的困难。拓展工作职能，不仅关注教师的教还要关注学生的学，服务于教师教学和学生学习。工作覆盖教师发展的各个阶段，持续关注教师的职业生涯发展。对博士生和硕士生教学能力的培养设计发展计划。设计多样化和多元的活动，活动内容有层次、有重点。面向全体教师，不同发展阶段的教师可以根据自己的需求选择合适的发展计划与帮助。设计活动，增加同行、师生之间的交流。开展大学教师教育培训项目，既有短期性的专题性培训，又有长期的持续发展与指导的课程。

教学名师工程建设依托大学教师发展中心建设，促进教师专业发展是最终目的，教师主体地位和个体差异是考虑因素，评选主体、评价标准多元化。大学教师发展中心设计的活动中也应有指向走向教学名师发展的活动与指导，满足教师的不同需求。利用教师发展档案袋等评价方法，关注教师生成性的、持续性的发展。

(3)营造有利于高校教师专业发展的环境

人才的培养与发展有其自身的内生机制与外在的生存环境，国家与大学要为高校教师专业发展营造良好的氛围，文化氛围的营造可以从以下几方面开展：培育大学精神，将大学精神植根于院系与师生心中，强化教师院校忠诚的信念，形成凝聚力。创建学校环境文化，包括自然环境以及人文环境的建设，树立尊师重教的观念，尊重学术自由，为教师发展创设宽松的环境，营造良好的氛

---

① 参见杨海燕、李硕豪：《回顾与前瞻：我国高校教师专业发展问题研究十年——基于2005～2014年国内高校教师专业发展的文献资料》，《中国大学教学》2015年第4期。

② 参见汪霞、崔军：《高校教师教学发展的理论基础与促进策略》，《中国高教研究》2015年第11期。

围。利用共同体建设,在教师与学生中形成良好的交流互动氛围,促进教学相长。给教师以人文关怀,重视教师在专业发展中的主体地位,尊重教师的个性与自主性,激励教师主动发展。[①] 教师发展由个人发展向团体发展转变,打造教学科研过硬的教学团队,为团队发展提供保障,增强团队的凝聚力,营造合作的氛围,实现教学团队成员的共同发展。为教师展现自己提供平台,多举办交流会、研讨会、报告会、教学比赛等,为教师提供校际以及出国访学交流的机会,学习优秀经验,为教师成长搭建平台。

2. 制度保障发展

(1)对高校教师发展予以政策引导

第一,国家社会对高校教学与教师专业发展要摒弃功利主义取向,对高校发展与教师发展给予正确的引导,明确培养人才在高校职能中的核心地位,尊重学术自由与高校发展的自身规律,给大学以充分的自由,为大学发展提供支持与服务,保障高校依靠自身的内生机制发展,改善学术研究领域市场化的倾向,正确引导大学的竞争。第二,体现分类管理思想,不同类型的大学要明确定位各自的发展目标,通过对学校的定位确定培养人才的类型,确定相应的教师专业发展目标。不同性质课程教学的教师在教学能力和专业发展上也有不同的要求,学校发展目标与教师个人发展目标相结合,明确高校教师专业发展的方向。[②] 第三,确立专业标准,建构大学教师专业发展框架。在教师专业发展中制定教学学术相关内容的规定与标准,树立多元学术观,重视教学的学术地位。引导高校和教师重视教学,进行教学研究,促进高校教师教学能力的发展。

(2)改革高校教师评价制度与职称晋升标准

采取多元化的评价方式,丰富教学方面的评价内容,平衡科研与教学评价比重,使不同类型的教师都能在各自的领域得到肯定与发展。评价方法多元化,教师个人评价、同行评价、学生评价相结合,诊断性、终结性评价与生成性评价相结合,明确评价的目的不是对教师等级的判断,而是为了帮助教师获得持

---

① 参见杨海燕、李硕豪:《回顾与前瞻:我国高校教师专业发展问题研究十年——基于 2005~2014 年国内高校教师专业发展的文献资料》,《中国大学教学》2015 年第 4 期。

② 参见张应强:《大学教师的专业化与教学能力建设》,《现代大学教育》2010 年第 4 期。

续的成长，淡化评价的评判、分等级功能，强调评价的研究与促进教师发展功能。[①] 档案袋方式是教师生成性评价的有效方法。拓宽对教师教学方面的评价指标，强调评价的连续性，形成教师专业发展的测评体系，关注教师持续的发展。拓宽教师职称晋升标准，增加教学学术的标准，对不同类型教师分类进行评价，教学型教师也有相应的不同等级的教学类职称，设立教学学术职称类型，引导教师全面发展。改革教师奖励制度，增加教学类型的奖励，奖励形式包括物质奖励与精神奖励，既有物质、资金方面的项目资金的支持，也有荣誉方面的称号奖励，满足教师的物质和精神需求。

(3)保障高校教师职后教育的开展

首先，要为教师职后教育与发展提供政策、资金保障。为更多的青年教师继续深造提供机会，包括校际交流以及海外访学，促使海外经历大众化，使青年教师有多元渠道与机会参与职后培训，增加青年教师的阅历。其次，教学名师工程建设对教学名师的评选应该扩大参与面，使各个学科、不同年龄阶段教师都能参与到教学名师的评选工作中来，评选考虑学科比与男女教师比例，提高教师参与教学名师评选的积极性。评选的指标平衡教学与科研的关系。在评选的范围与条件上不局限于教授职称，使致力于教学的教师都能有机会参加教学名师的评选。最后，为优秀青年教师获得教学荣誉提供机会，评选层次多元化，奖项设置分学院、校级、市级、省级、国家级，形成名师培养与评选工作网络体系，注意评选后续工作的开展，请优秀教师分享经验、帮助青年教师成长，增加教师教学交流的机会。做好由高校教师评价到名师评选的过渡工作，形成教师评价发展体系，关注教师的持续发展与成长，为青年教师成长为名师提供相应的咨询与帮助。

五、结　语

我们梳理了高校教师、教学名师发展的相关理论及研究成果，在此基础上选取个案进行研究。通过对两位高校教学名师专业成长过程的探究，叙述其知

---

① 参见邹频：《高等学校教师名师评选的研究》，第三军医大学硕士学位论文，2006 年，第 11、12 页。

识、教育信念、教学能力、专业态度与动机的发展，分析两位教师专业成长的特征、影响因素及路径，再对比两位教师专业发展过程中的异同，形成相关结论。通过将这些结论与现有理论和研究进行比较，得出高校教学名师的成长具有长期性、阶段性和显著的个体特征。我们发现：与多数结论不同的是两位教师成长过程中几乎没有出现平台期，这可能与两位教师在专业发展中的主体性意识有关。与中小学教师发展不同，大学教师拥有更强的自我发展意识。在教学名师专业成长过程中，教师个性品质发挥着重要作用，教师的个人魅力能够起到辐射、凝聚、感召的作用。在对影响教师专业成长的因素的分析中发现，教师个人努力是成为名师的主要原因，外部环境因素是必要条件。由此得到的启示是：对教师个体，教师要通过个人努力自主成长；对学校，作为教师发展的组织机构要为教师成长提供支持；在国家制度层面，要保障教师的专业成长。

受研究者个人研究能力等的局限，我们探讨的不少问题更多还是停留在表面，透过表征现象挖掘各影响因素之间的内在关系还不够深入。虽从教师主体角度关注了教师主动发展，但对教师发展过程深入细致地剖析方面还有所欠缺。由于研究条件的局限，我们仅选取两位国家级教学名师进行个案研究，由于高校教师发展的复杂性与个性化，仅仅从两位教师的发展经验中总结出的路径所具有的代表性还有待于进一步探讨，需要广大教师学习者通过仔细阅读他们的成长故事，深入思考他们的成长过程中反映的发展经验和教育智慧，使之个性化以适应自己的情况，而教师也应该去发掘自己的潜能，探寻适合自身发展的成长之路。最后，整个研究过程对于研究者自身来说是一个学习和受教育的过程，在以后的职业发展中，我将以名师为榜样，践行终身学习理念，不断求索，提高自身的科研素养，深化对教师专业发展的认识，为相关理论的建设与完善贡献自己的力量。

第九章　高校教学名师个案研究[①]

一、研究的相关理论基础

（一）教师生涯发展阶段理论

教师生涯发展理论是一种从纵向的角度研究教师专业发展的过程而形成的理论。自 20 世纪 60 年代末美国学者福勒(Frances Fuller)编制著名的《教师关注问卷》(Teacher Concerns Questionnaire)后，拉开了教师发展理论研究的序幕，从此有关教师生涯发展阶段的理论研究开始成为一个蓬勃发展的新领域。[②] 主要探讨的时间段是从教师开始接受师范教育，到踏上工作岗位、接受在职继续培训直到退出教学任务这一整个过程，侧重于考察不同阶段教师的需求和发展等特点。

该理论的发展大体上经历了三个时期：一维线性发展时期、多维动态发展时期和关注个体能动性时期。早期的研究主要呈现两条发展路径：一条是按照教师专业成熟的路径。如格里高瑞克(Anthony Gregorc)将其分为形成期、成长期、成熟期和专业全能期。[③] 麦克唐纳(F. J. McDonald)则认为教师的发展生涯应分为转换阶段、探索阶段、发明试验阶段和专业的教学阶段。[④] 另一条是

---

① 本部分节选自本课题组成员杨柳青的硕士学位论文《高校教学名师成长的个案研究》。全文由张奎明在与杨柳青协商基础上作了全面修改。详见杨柳青：《高校教学名师成长的个案研究——以国家级教学名师 L 为例》，曲阜师范大学硕士学位论文，2019 年。

② 参见连榕：《教师专业发展》，高等教育出版社 2007 年版，第 179 页。

③ A. F. Gregorc, *Developing Plans for Professional Growth*, NASSP Bulletin, 1973, pp. 1-8.

④ F. J. McDonald, *A Theory of the Professional Development of teachers*, paper Presented at the Meeting of the American Educational Research Association, New York, U. S, 1982, p. 79.

按照时间路径，即以教师自然年龄或者教学年龄为依据。这一时期的研究特点是从一个维度看教师生涯发展，认为教师的发展是一个静态的符合一定规律的过程。

而后费斯勒等开始关注教师生涯与外部因素之间的关系，进入多维动态发展时期。早期一维线性的研究者也逐步细化了自己的研究，同时考虑教师的自然年龄以及不同年龄阶段可能会遇到的问题。如冯克(J. H. C. Vonk)以教师专业成熟为视角进行研究时，细化了教师专业成熟的各个不同时期，将其分为前专业阶段、起步阶段、成长为专业工作者阶段、最佳专业水准阶段、自我和专业的再定向阶段、专业再发展阶段和消退阶段。[①] 这一时期的研究认为，教师的发展受到个体环境和组织环境的影响，是一个动态的过程。

由于外部因素的影响多具有偶然性和突发性，研究者开始关注教师发展过程中稳定的、具有持久作用的因素，即教师自身的因素，尤其是自身的能动性，研究开始进入关注个体能动性时期。斯蒂芬(B. E. Steffy)为帮助领导者更好地了解教师，将教师生涯分为预备生涯阶段、专家生涯阶段、退缩生涯阶段、更新生涯阶段和退出生涯阶段。[②] 这一理论重点要求管理者或领导把教师看作一个自我实现的个体，并通过教师赋权、合作和内部激励促进教师生涯发展。并在此基础上提出，教师要批判反思实践、重新定义假设和信念并强化自我价值。最终将教师生涯发展定义为六个阶段，即新手阶段、实习阶段、专业阶段、专家阶段、杰出阶段和荣誉退出阶段。[③] 我国学者白益民等研究者也关注教师生涯发展中教师自身的重要性，建立了自我更新的教师生涯发展模式。他将其分为非关注阶段、虚拟阶段、生存关注阶段、任务关注阶段和自我更新关注阶段等。[④] 申继亮等的研究注重教师自我反思的重要作用，认为可以分为学徒或熟悉教学

---

① 参见[美]费斯勒、克里斯坦森：《教师职业生涯周期》，董丽敏、高耀明等译，中国轻工业出版社2005年版，第45～47页。

② K. Judy, "Review of Career Stages of Classroom Teachers", *Educational Leadership*, Vol. 43, No. 3, 1990, pp. 108-109.

③ E. S. Betty, Michael P. Wolf, *Life Cycle of the Career Teacher*, A Joint Publication of Kappa Delta Pi, International Honor Society in Education, and Corwin Press, Inc., 2000, pp. 26-28.

④ 参见叶澜等：《教师角色与教师发展新探》，教育科学出版社2001年版，第46页。

阶段、成长或个人经验积累阶段、反思和理论认识期、学者期等。[①]

(二)教师专业发展理论

自20世纪80年代以来,教师专业发展研究已成为欧美教育界里蓬勃发展的一个领域。首先,这一概念强调教师这一职业的专业性,教师要想成为一个专门的教育人才,必须通过不断的学习和实践,深入探究教学过程,积累经验扩大其专业内涵。教师的专业发展强调的是要将教师作为专业人士来看待,他们大都会经历从不成熟到相对成熟的发展过程。其次,专业发展理论强调教师应该是一个时刻处于发展过程中的人,他的发展内涵可以是多方面、多领域的,主要包括专业知识体系的构建、教学技能的熟练运用、执教能力的提高、教学方式的创新以及情感态度价值观的转变等。

1. 教师专业知识

教师的职责之一就是传授知识,作为一名教师必须拥有一定程度的专业知识体系以满足教学工作的需要。因此,教师专业发展的过程实质上就是不断学习和积累专业知识的过程。舒尔曼认为,教师教育要强调理解和推理、转化和反省这一教学理念,根据这一理念,教师必备的专业知识至少应该包括以下几个方面:学科内容知识、一般教学法知识,课程知识,学科教学法知识,学生及其特性知识,教育脉络知识,教育目的目标、价值、哲学及历史深渊知识。[②]

多数情况下,人们一般都认为教师在职前和职后的工作学习中应该从三个方面进行专业知识的构建,包括普通文化知识、任教专业知识和教育理论知识。首先,教师的工作所面向的群体是有待于进一步发展和提升的人,普通文化知识本身具有陶冶人文精神、涵盖人文素养的价值,因此明显地具有“人文性”的特点。而教师也只有在具备广博和普遍的文化学识的前提下,才能够满足不同类型学生多样化的需求。其次,教师的劳动具有复杂性和创造性的特点,要想成功地完成教学任务,必须做到精通所教学科的专业知识,只

---

① 参见申继亮、费广洪、李黎:《关于中学生教师成长阶段的研究》,《天津师范大学学报》(基础教育版)2002年第3期。

② 参见孙晨红、张春宏、王睿:《教师专业化发展与教师成长》,东北林业大学出版社2016年版,第90～93页。

有在对自己的所教内容有着深入透彻了解的前提下，才能做到资历深厚，工作起来更能得心应手，才能成长为一个学者或者是学科专家。最后，教师是一种培养人的专门职业，一个教师要想成功地对自己的角色进行定位，除了要具备专门的知识体系，更重要的是要掌握基础的教育理论知识和一定的教育教学能力。做到了这几点，才能更好地了解学生的心理活动，并能做到及时地调整自己的教学方式。

2. 教师专业技能

教师的教学技能是指他能在教学过程中熟练地运用专业知识和积累的经验来顺利完成某项教学任务的技术和能力。因此，一位优秀的教师除要具备最基础的教学基本功之外，还应在牢牢掌握专业知识的前提下，具备从事学科教学的基本功力，锻炼独立进行教学任务的工作技能，并通过长期的实践将其上升为教学技巧。这些技能在理论上应包括：教学设计技能、课堂实施技能、教学多媒体应用技能、课后反思技能以及开展教学研究技能等。

3. 教师专业情意

专业情意是教师专业发展的关键，它不仅是教师专业发展的主要内容，也是教师获得专业发展的动力，更是教育情感来源的核心。这种情感一般都源自教师内在的价值取向，主要体现在教师在教育教学过程中所表现出来的对专业的忠诚、对工作的负责、对发展的追求以及对道德的坚守。[①] 教育的过程是一项随时都会发生变化的非静态活动，所以教师会经常性地面对各种不同的事物和问题，仅凭教师以前所积累的知识和经验是很难达到要求的。教书育人也是一个需要时间验证的、难以“立竿见影”的工作。尤其是在当下社会迅速发展的时代，教师们承受着较之前更大的压力，不仅有来自自身的高要求，还有来自社会的高标准。教师的工作也具有非短期性、繁琐性等特点，在高强度的工作压力下，如果自身的心理素质无法达到可以调节的程度，那么就很容易出现职业倦怠问题。在这种情况下，专业情意的发展就显得尤为重要。专业情意作为教师发展的动力来源，有助于教师在教学过程中产生更加强烈的工作责任感，促使

---

① 参见刘璐：《教师专业情意的意蕴阐释与实践建构》，《现代教育科学·高教研究》2014 年第 4 期。

他们更加努力地提高自身专业知识与专业能力，引领着自己不断地向“名师”这一目标前进。

(三)建构主义学习理论

“教师学习”事实上或明或暗地一直共存于社会和教育领域，但长期依赖于“师范教育”和“教师培训”“教师教育”的流行和遮蔽。[①] 1972 年 5 月，联合国教科文组织出版了《学会生存——教育世界的今天和明天》一书，此后，职后教育、继续教育和终身学习的思想就逐渐发展起来。在此背景下，教师的学习和发展需要日益凸显，越来越多的教师主动积极地根据自身需要去进行职后学习，以满足社会对教师更多的要求，实现自身专业发展。如何促进教师开展有效学习成为重要的研究领域。

20 世纪以来，主流的学习理论沿着“行为主义—认知主义—建构主义”的路径发展。[②] 行为主义学习理论认为学习是受外界环境的刺激，注重外部强化。认知主义学习理论在此基础之上，更加注重“刺激—反应”之间的内部心理过程。传统的学习理论忽视了学习者的内在动机和主观能动性，80 年代后期以来，建构主义逐渐成为许多西方国家教师教育改革的重要理论基础。因强调知识与认知过程的统一，重视知识的情境性和个体性等，建构主义逐渐作为一种“认知革命”登上舞台并得到发展，并自然而然地成为一种主流的学习理论范式。尽管建构主义流派纷呈，不同流派对具体的学习主张也存在很多差别，但在其基本观点上仍具有高度的一致性。建构主义学习理论认为，学习是一种意义建构的过程，个体对世界的认识和知识的学习，在很大程度上取决于个人原有的知识结构。学习者在学习的过程中会受到新旧经验的相互影响，但最终会采用自己的方式来丰富和调整自己的经验结构，是积极建构心理表征的过程。因此建构主义学习理论强调的是让学习者通过利用他们现有的知识和经验来积极地构建新知识。

---

① 参见孙福海：《关于教师学习的理论与调查研究》，华南师范大学硕士学位论文，2005 年，第 14 页。

② 参见张建伟：《建构性学习——学习科学的整合性探索》，上海教育出版社 2005 年版，第 52～55 页。

1. 基于真实情境的学习——教师学习的有效方式

基于建构主义的学习观，学习不是获得某种认知符号，而应是参与到真实情境中去建构知识，获得知识背后的意义。教师的学习属于高级学习，他们已经具备一定的知识体系，也经历过更多的实践，因此在进行学习的时候有自己惯用的思考方式，也会从更多的角度理解新理念、新方法，明显地带有浓厚的个人色彩。也正因这一特点，教师才更容易形成各种不同的教育习惯或观点。越是经验丰富的教师，这一特征就越明显。

2. 基于合作交流的学习——教师学习的基本途径

在社会建构主义看来，“学习就是知识的社会协商”，学习的过程实质上就是不断合作和交往的过程。教师这一群体往往是以职能共同体的形式出现，不同的教师具有不同的个人风格或特点。即便是教授同样的学科甚至同样的内容，也能感受到他们在实际操作时更多地展现的是自己本身具有的特点而非同质化的内容。这是因为每一位教师在开展教学活动时，首先都会从自己理解的角度出发。因为他们的经历不同，所以看待事情的角度也不尽相同，即使面对同一个问题，也很可能会产生不同的感悟。正是从这种层面上出发，“个体性”特征就显得越发重要。因此，我们应鼓励每一位教师充分发挥自己的特色，既要表达出自己的观点，又不能只拘泥于眼前的所见，更要乐于接受别人与自己的不同，了解甚至采纳其他人的观点。只有这样，才能做到全方位地了解事情的全部，才能更好地发挥群体的作用。也因此，我们提倡每一位教师都应不断地挖掘自己独有的特点，每位教师的不同都应该得到充分地尊重。

3. 源于自我建构的学习——教师学习的理想与归宿

教师是具有一定专业知识储备和教学经验的成年学习者，因此，他们在学习过程中时常表现出强烈的能动性和积极性，他们可以明确且主动地提出需要哪些学习内容，也具备一定的整理和归纳能力。因为在接受新知识的过程中，他们原有的经验会对新内容的吸收产生一定的影响，可以较快地以自己的方式得出理解，因此带有非常鲜明的“个人特色”。也正是出于这种原因，教师的学习才更有实现“自我构建”的可能。从这个角度来看，可以将教师视为学习者的中心来进行继续教育，依据就是他们原有的经历、主动提出的需求和一些心理活动。

4. 基于反思性实践的学习——教师自我发展的关键

建构主义教师教育强调“反思”或“反省”的重要作用，认为可以将“反思”或“反省”看作一种学习的手段，是学习者新旧知识发生反应的催化剂，当人们在吸收那些与原有知识体系中不一致的内容时就需要反思。杜威曾指出：“相信一切真正的教育从经验中产生，并不意味着一切经验就真正地具有或相同地起着作用。经验和教育不能直接地彼此等同起来，因为有些经验是不利于教育的。”①教师作为学习者，是已经具备了一定的专业知识、技能和教学经验的学习者。在已有经验的基础上开展学习活动，不可避免地会受到原有经验的影响。在这种情况下，通过反思可以帮助教师们从已有经验中筛选出有利的信息，并通过实践到反思再到实践的这样一个不断循环的过程，最终形成自己独有的教育理念，实现自身专业化发展的愿景。

二、L 教授成长历程的叙事探究

L 教授，男，1944 年出生于 H 省 J 市。1961～1965 年就读于 Z 大学数学系，本科毕业后被分配至 J 市某中学任数学教师。次年开始经历“文化大革命”。1977 年，中断了 10 年的高考制度得以恢复，他也于 1979 年重新考取了 Z 大学数学系硕士研究生，1981 年毕业后留校任教。任职期间，他一直承担着本科生与硕士生的培养任务，主要包括低年级本科生的公修课和基础课以及研究生的专业课程。他学术研究的主要方向为“孤立子与可积系统”，1994 年晋升为教授后逐渐成为 Z 大学该领域的学术带头人。在此期间，除了基本的教学任务，L 教授还参与了多个教学项目，承担了国家教学指导委员会的课件制作和教学内容改革的子项目。在工作之余，他甘为人梯，充分发挥引领和带头作用，为学校培养了一支优秀的数学专业教师队伍。2012 年正式退休。

他执教 40 余年，常年奋斗在教学第一线，积累了丰富的教学经验，在课程建设和教学研究方面颇有建树。他治学严谨、热爱教学，不断地改进和创新教学方法，并取得了丰硕的成果。1994～1997 年、1998～2001 年期间，连续两届获 H 省优秀教学成果一等奖；2001 年由他主讲的“高等数学”获得省级优秀课

---

① 赵祥林、王承绪：《杜威教育名篇》，教育科学出版社 2006 年版，第 102 页。

程，同年获得“全国模范教师”称号；2003 年获得全国首届高等学校名师奖。L 教授是该年度 H 省唯一获此殊荣的教师，被媒体称为“H 省名师第一人”。

（一）L 教授成长历程的阶段性叙事

1. 职前准备阶段

这一阶段主要是指教师在正式踏上工作岗位之前的经历，他们在这一阶段进行了基础理论和专业知识的学习，或许也经过了一定时间的实习训练。简言之就是指在基础教育阶段的学习和专业教育阶段的学习与实践。以最终开始教学工作为结束的标志。职前的准备主要集中在师范教育时期，这一阶段的学习直接影响着他们以后会成为怎样的教师，在这一阶段所形成的知识和能力等基础，在一定程度上昭示着他们不同的未来和职业生命力。L 教授在走上高校教师岗位之前，有过一段时间的初中任教经历。所以，考虑到研究对象“个性特征”的因素，以及我们主要的考察范围是高校时期，笔者将 L 教授入职高校这一起点作为划分他职前和职后阶段的标志。

“兴趣是最好的老师”，出于对数学的热爱，L 教授在进入大学时选择了这一专业。在学生时期，除了要掌握基本的理论知识和学科知识，教师必备的教学技能也不能忽视。“那个时候没有现在的计算机、PPT 这类的辅助工具，只能靠老师自己的板书和教案。所以做学生时，有时间我就会练字、练普通话，也会模仿老师自己做一下板书设计，锻炼一下这些基本功。”大学毕业后，L 教授被分配至 J 市某中学教书。得益于大学时的锻炼，有了扎实的教学基本功，他的板书设计一直是同龄教师学习的榜样。后来受“文化大革命”的影响，全市学校开始大范围、长时间的停课。在此期间，学校的授课进度被迫中止。“在中学只完整地上了一年的课，后来就是断断续续地进行。”

高考制度恢复后，L 教授选择了继续深造，重新回到 Z 大学攻读硕士学位。在读书时期，L 教授遇到了对自己产生影响深远的老师，也就是导师 C 教授。C 教授是 H 省教学指导委员会的成员，也是数学界以教学而著名的老师。“C 教授是一位标准的严师，也是数学专业的人才。他的教学非常有自己的特色，就是从生活中最常见的例子着手，能够把非常难的内容讲得让学生特别有兴趣。”在导师的严格要求下，L 教授在做学问上极其地严谨，研究生期间不仅完成了第二语言的学习任务，还在老师的带领下阅读了大量的专业文献。“我们高中时学的外语是俄语，一开始接触英语的时候只知道 26 个字母。但是我的导师就要求我半年之内必须做到能够阅读英语文献，所以当时在学习上也是下了很大的功夫。包括后来做毕业论文的时候，导师也告诫我一定要用心，因为越是做起来简单的东西也就越不值钱。”导师对待学术的态度和教学风格也直接影响了 L 教授后来的治学和教学。由此也证明，一个有着良好素养的执教者一定会给学生带来正面而持久的影响。

在这一阶段，L 教授的成长历程可以归纳为以下几点：首先，在学生时期主要是以习得书本知识为主，通过系统的专业学习掌握了基本的专业知识，打下了较为坚实的理论基础；其次，本科毕业后，L 教授有过一段时期的从教经历，在实践中积累了基本的教学技能和初步的经验；最后，读研究生期间，受到了导师的严格要求，无论是学习能力还是专业知识的储备上都得到了很大的提升。

2. 职后适应阶段

适应阶段一般是指教师走上工作岗位后，从缺乏一定的实践经验到初步适应教学工作再到掌握基本的教学能力和形成一定的教学素养的过程。在这一阶段，教师应做到基本适应了从受教育者到教育者之间角色的改变，也实现了从间接经验到直接经验的转换。他们在这段时间内以掌握教师素养为主要目标，其内容包括熟悉学校的常规制度和工作环境，对教材达到一定程度的掌握，能够熟练地实施备课和上课。在这一阶段，他们通常被称为“新手教师”，适应阶段结束后则可以成为“合格教师”，其结束的标志就是教师能够胜任日常的教育教学工作。

1981 年硕士研究生毕业后，L 教授选择了留校任教。按照学校的管理制度，刚入职的教师不能马上承担教学工作，而是要从最基础的助教做起。助教期满后，再由学校分配至非专业学院讲授低年级的基础公修课，经过锻炼，最后才能承担本院系的专业课程。这样一个职后的培养体系，每位老师都得经历，L 教授也不例外。也正是因为这样一个循序渐进、由低到高的过程，L 教授在后来的实践中才能快速进入教师角色，完成从学习者到教育者的转变。在做助教期间，L 教授的主要工作就是跟随有资历的教师上习题课、帮助学生做辅导、为系里学生的期末考试出试题。尽管都是些琐碎的工作，但学校的管理制度也是非常严格的。“就拿试卷来说，并不是出卷人一人就可以完成的。它需要经过系里主任的评判，对题量的多少以及难易程度都要做一个严格的评估，然后才能给学生使用。可以说八九十年代的时候，学校对教学这方面还是非常重视的。”得益于学校高质量的把控和严格考核，L教授较快地进入了高校教师这一角色当中。尤其是对教材有了相当程度的掌握，对于完整的教学流程也有了直观的认知。1年后助教期结束，L教授开始为非数学专业低年级的学生讲授公修课，讲授“线性代数”“高等数学微积分”“数学物理方法”等基础课程。“基础课程的教学内容不是很难，多是一些基础性的知识，所以刚开始的教学任务不是很重，正好也给了我一些可以去学习的时间。”在这一时期，如何才能上好一堂课是L教授经常思考的一个问题，他认为衡量的标准就是学生是否听得懂。“大学的课程内容和中学相比比较枯燥且繁琐，所以课堂就以讲为主。数学又是一门抽象的艺术，化繁为简是难点，只有自己弄懂了，才能自信地讲给学生听。”为此，他在钻研教材上下足了功夫，为的就是弄清楚教学内容之间的联系和逻辑，找出每章节之间的衔接点。再根据关键点和难点来设计上课方案，有所侧重地进行讲解，在课堂上也尽量采用通俗易懂的语言来进行表述。尽管他之前做过中学教师，但初到高校任教时，发现高校的很多教学要求与中学都不一样，尤其是到了具体实施的环节中，感到自己的教学实践经验相对不足。为了弥补不足，他开始主动学习和积极借鉴。一是向经验丰富的老教师们学习。“一些最基础的教学方法都是从导师身上学来的，平时也会去听其他老师的课，观察和学习人家的课堂教学。”二是向学生们学习。在课后，他还经常与同学进行交流，询问他们在学习上的难点，然后不断地改变讲课方法，尝试从新的角度进行教学。L教授认为，大学数学相对于初中课程而言，其内容更加地抽象难懂、解题方式也更加多样化，课堂上也很难帮助学生即时地处理问题。因为内容偏多，学生接受起来也比较慢，会产生极大不适应的感觉。因此，他沿用了本科时期自己老师的教学模式，提倡让学生在作业上留下自己的问题，然后平均1～2周会抽出一节课的时间专门用来答疑，这样也给了学生一个缓冲和理解的时机。“答疑课上你会发现学生的问题是多种多样的，甚至有一些在老师看来就不能称之为问题，但也正是因为这些看似不像问题的问题更能反映出学生真实的情况，而且在给学生解决的过程中可以很好地作反思。我的教案就是用来作反思的，我会把学生的问题都标注在上面，在下次讲课之前就要反复推敲，补充完善。”这样一来，就能很好地了解到学生对课程的掌握程度。

总体来看，处于适应阶段的L教授比一般的新手教师要更快地转变和适应了自己的角色，并且能够在实践中及时地发现自己的不足并作出了适当的调整。从以上的叙事中可以发现，他的转变和发展与学校的培养体制、个人已有的经验以及向其他教师的学习等都有很大的关系。此时的L教授主要的关注点有两个方面：首先是课堂教学效果，如何“上好课”、如何更好地向学生传授知识是他首要的目标；另外就是在实践的过程中进行反思，不断探索改进自己的教学。

3. 职业成熟阶段

这一阶段是教师发展比较关键的时期。指的是教师在做到初步胜任教育教学工作后，继续在实践中锻炼自己的教学能力，提升综合素质，以期达到熟练程度的过程。尤其是教师在进行过一段时间的工作后，低层次的目标基本实现。于是开始对自己提出更高的要求，以满足较高层次的发展需求，希望自己能够成为更加优秀、更有经验的教师。除了主动要求进步的内驱力，学校和学生等外部环境也会对教师的教育教学水平提出更高、更严格的标准。此时，教师们开始注重对教学实践的理论总结和反思，能够尝试着进行一定的创新，朝着形成自己教学风格的方向发展。

相对于专业课来说，公修课的学习内容比较浅显，但因为面对的学生来自不同的专业，基础也千差万别，这就要求授课教师要具备更加全面的学科知识和更强的综合素质。随着年复一年的教学，L教授在授课中察觉到自己原有知识的陈旧和不足，他意识到若仅仅着眼于现有的教材和教参，只会使自己沦为一个书本知识的搬运工。这在调动学生的学习兴趣、培养学生的自主学习能力等诸多方面都存在着极大的弊端。因此，他开始在工作之余不断地阅读大量的书籍以扩展自己的知识层面。“数学也要博览群书，只有广泛比较，才能发现教学中的问题。我后来除了要钻研本专业的课本，另外还要找来专业性更强的教材以及自己上学时期学的比较经典的教材，甚至是数学专业之外的课本。之后进行对比，根据学生情况，进行更好的设计。博览群书就能更好地体会到哪个讲法更合适，更适合学生听讲。不学习就永远不会发现问题，实现超越。”此时，他又承担了为时3个学期的数学专业重头基础课“数学分析”的教学任务。实践的机会随之增多，也给了他更多基于实践进行反思和改进教学的可能。实践中，他发现大学生与初中生之间存在着明显的差别，刚刚进入大学课堂的青年学生，一旦脱离了高中那种高强度的学习环境，思想上一般都会有所懈怠。因此他意识到，如果只关注课堂教学是远远不够的，学生的心理状态和学习特点都不能忽视。为了解决这一问题，他尝试着在开学第一堂课上和学生谈论中学与大学学习方式的不同，这样做不仅拉近了他与学生距离，也能帮助学生更好地适应大学生活。除了逐步地向关注学生转变，L教授在教学方法的改进上也作出了努力。他逐渐发现，低年级的基础课因为学生人数偏多，学习内容又较枯燥，上课时不容易调动学生的积极性。为了更好地吸引学生的注意力，L教授开始就教学过程中出现的一些问题展开行动研究。“教材是重要的课堂资源，是最主要的教学内容，但不等价于教学内容。学生就是想听与教材内容不一样的东西，你讲得跟课本不一样，也就更容易引起学生的兴趣。”因此在选择教学内容时，应以教材为基础，但又不能完全依赖于教材。除了要注意内部结构，更要注意与其他课程的联系。例如：线性代数中的应用矩阵可以作为讲多元微积分的工具。这样不仅会增强讲授的效果，还能将几门课程合理整合，产生连贯性，学生也就更容易接受。在教学方法上，为了吸引学生的注意力，他将案例法运用到了数学课堂，从生活实际入手，更容易引起学生学习的兴趣。“启发式”和“讨论式”也是L教授常用的教学方法，关于“启发式教学”，L教授有着自己独到的见解。在课堂讲解“行列式”这一问题时他发现启发不能简单地等同于问答，也不一定要求学生回答，而是应该让学生在老师的引导下克服一些困难，也就是在“启”下“发”。“‘启发式’的关键就在于教师要设计一个好的方案，要给学生足够的思考时间。”对于一些比较有难度的问题，他会在上一节课的结尾提前提出让学生们课下预习，然后在下一节课开始时采用让学生自由讨论的方法引出授课内容，引导他们获取新的知识，同时也培养了学生主动学习的能力。在学生方面，L教授开始注重学生，关注学生的学习特点，重视发挥学生学习的主体性。他注意到非数学专业的学生在刚接触大学数学的时候普遍会觉得比较难接受，而数学又是一门逻辑性较强的学科，一环套一环，连贯性较强。因此，他意识到在讲课的时候不能忽略学生原有的知识体系。例如在“线性代数”课程中，“线性相关”这一概念被称为该课程的一“关”，学生理解起来比较困难。他联想到学生在高中时期学过的几何，于是就改变了传统的授课方式，从几何背景出发再自然地引出此概念，学生理解起来就比较轻松。除了讲课的内容和方法，L 教授在授课的形式上也作了一番研究。他认为，教师的语言表达技巧应是第一位的，语言是吸引学生听课注意力的重要技能，教师对自己讲课的语速、肢体语言甚至面部表情都应该做充分的准备。除了不断地完善教学方式以上好自己的公修课，L 教授还经常利用休息时间去听大量的公开课，甚至包括一些非数学的课程如法律、医学等，以此来启发自己更好地改进教学中的每一个环节。

可以看出，L 教授在职业成熟这一阶段进行了大量的实践研究和反思性探究，也相应地就教学环节中出现的问题进行了行动研究，总结积累了独有的经验和体会。值得一提的是这些经验不是向他人借鉴来的，而是从自己的实践过程中直接获得的。他也从一开始的侧重关注课堂教学效果逐步地向关注学生特征、培养学生学习能力转变，这个过程也让他逐步地摸索出学生更喜欢的教学方式，总结出了一些教学上的规律，开始形成自己的教学风格。

4. 职业探索阶段

这一阶段可以说是教师持续发展并逐渐步入稳定状态的一个时期，L 教授在积累了一定的教学经验后，学校对教师的发展提出了更高的要求。20 世纪 80 年代末，L 教授开始承担研究生的专业课程，讲授“泛函分析”等。除了日益繁重的教学工作，他还开始参与一些校级的非科研的教学项目，与学科教师组成教学小组，探讨如何使基础课程的设置更加合理，相互交流讲课心得，相互借鉴学习。90 年代起，计算机辅助教学开始进入课堂，课改的呼声也愈来愈强。L 教授作为 H 省第一位“国家高等学校数学与统计学教学指导委员会非数学类专业数学基础课教学指导分委员会”委员，开始参与如何对数学课程进行改革的研究。1992 年起，开始承担教学指导委员会组织的“计算机辅助教学”项目，至 1994 年两年的时间里，一直负责“全国高等学校理科高等数学 CAI 系列课件”的研制工作，制作了“一元微积分质疑与自测”课件。并在筹备项目的过程中，组成了一支 6 人的核心团队，为学校培养了一批教学上的优秀教师。关于多媒体在教学课堂上的使用，教授也有着自己的看法。“在数学上，不是所有的内容都适合用PPT讲,它应该是一个辅助的工具,不能喧宾夺主。像数学里的定理推导和公式演算就得靠老师亲自在黑板上演示,这样效果最好。”1994年晋升教授职称后,L教授开始承担科研项目,确立研究方向为“孤立子与可积系统”,并逐渐显露学科教学领头羊的能力。繁重的工作量挤压着教授的时间,尽管科研会占用一定的时间,但他认为适当的科研可以更好地服务于教学。“科研和教学是可以相互促进的,科研是教学的源头活水,教学可以让你知道到何处去‘开源’。”“其实说实话,尤其是基础课对科研的作用并不是很大。所以也有一些朋友劝我放弃公修课,少教基础课,让我把时间投入到科研中,或者多出一些论文去做博导。但是没有办法,自己对教学还是一种热爱吧,心里还是放不下教学。”

自己有了初步的教研体验后,L教授在教学上也开始注重培养学生的创新意识。“学生有没有创新能力是我在当老师时一直在思考的问题。事实上,我认为只有少部分的有天赋的学生才能做到完全的创新。我们老师所能做的就是培养他们的创新意识。”那么如何培养学生的创新意识? L教授在听取一堂历史慕课后得到启发,他将自己放置在学生的角度去思考,并将这种过程分享给学生,逐步引导、启发他们进行思考。也就是让学生跟随老师的思维比较自然地走完一个认知过程,从过程中学习一些思维方法,提高探索未知和自主创新的能力。在教学方面,他做到了因材施教,对本科生和研究生上采用了不同的教学方法,“本科生刚进入大学的时候,脱离了高中高强度的学习环境,在思想上多处于较为放松的状态。而大学的课本内容又比较多且粗糙,对他们来说一时难以接受,所以本科是以讲为主。而研究生已经具备了较强的学习能力和自主意思,所以就以培养能力为主”。他还主动让研究生参与到自己的科研当中,带领他们进行研究。在这一时期,因为教学成果突出,L教授成为了最受学生欢迎的教师之一,他的课堂也吸引了很多非数学专业的学生,学生对他的评价是“一个将线性变换变得奇妙的教师”。

进入职业探索时期后,L教授已经完全胜任了教学工作,在开展教学研究的过程中逐渐琢磨出一套适用于自己的教学理念,形成了独具特色的任教风格,教学能力也趋于成熟和完善。另外,他更加意识到关注和发挥学生主体性的重要性。他的教学目标开始向培养学生的创新意识转变。同时,在具体的实施过程中做到了因材施教，对本科生和研究生采用不同的教学方式。除了教学，他还进行了一系列科研活动，并坚持认为科研应该是辅助于教学的，二者不能被割裂开来。

5. 专家教师阶段

成为专家教师时，就表示他们除了可以熟练地胜任教学工作，还能够独立地进行科学研究活动，能够承担重大的教学以及科研项目。同时，他们在社会上也获得一定的声誉与名望，更重要的是能够作为示范来鼓舞或指导年轻教师，对年轻教师的成长起着引领作用，成为了大家学习和模仿的榜样。

自 1995 开始至 2000 年的 5 年时间里，L 教授参与并主持了“面向 21 世纪理科非数学专业数学教学体系与教学内容改革”这一国家级项目的子项目，与清华大学、西安交通大学、内蒙古大学等在内的 12 所全国重点高校进行交流，主要致力于如何使教学内容和课程设置更加合理的探究。这是当时 Z 大学数学系的第一个国家级教学改革项目，也是 H 省第一个且唯一一个面向 21 世纪教改的数学立项项目。而后又与各大高校一线教师合作，在进行大量的一线调研和集体测评的基础上，组织编写了《微积分》和《线性代数》的新课本，分别在 2000 年和 2001 年由高等教育出版社出版。新教材融入了几何原理，使之与《解析几何》三者互相渗透，使学生接受起来更加地容易，课程内容和课程设置也因此设计得更加合理科学。和其他院校合作交流的过程成为 L 教授重要的学习机会，他欣赏上海交通大学让学生在毕业后对教师进行评价的做法，并将其介绍到了自己学校。2000～2005 年，L 教授被任命为 H 省教学指导委员会“大学数学教学分会”的会长。任职期间接触、学习到了很多新的东西，例如精品课程。在他的主持下将其引入了学校，随后又指导参评国家级精品课程，以互联网为基础，将最新的教学资源与社会共享。

作为教学梯队中的领头人，L 教师不仅注重个人能力的提高，还十分愿意帮助学校培养青年教师。他多年来一直担任着数学系高等教学指导组的组长，工作任务主要是负责全校数学公修课的教学管理和研究工作。从 1996 年开始，学校决定在理工科的公修数学课上采用学校自主编制的教材。这期间，为了帮助学校教师更快地了解新教材的内容，他主动将青年教师组织在一起，通过对新旧教材之间进行比对的方式，和所有的教师一起对新教材进行逐章讨论。类似这种的教研活动基本每周都要举行一次，但L教授从未缺席，直至退休之际，他还一直坚持。“教学项目是一项很占用时间的任务，有时候我都得亲自去联系才能把教师组织到一起，学校方面呢也会给予一定的报酬，也还好。”L教授笑着说道。他的热心不止体现在对自己教研组的年轻教师给予帮助，对于来学校进修学习的其他学校的教师，他也同样愿意给予关心和支持，经他指导的青年教师很多都在教学比赛中取得了优异的成绩。年轻教师更容易接受新鲜事物，更容易和学生产生共鸣。和他们相处，L教授也学习到了很多新的教学方式。“教师的学习应该是互助的，不同的教师有不同的特长，通过群体交流，相互借鉴。”因此，提起建设教师队伍，L教授认为教师的发展应该以自身特点为基础，“我也一直在思考一些教师教学大赛到底有没有存在的必要性，我们不能用单一的标准去衡量一个教师教学水平的高低，因为每个教师都应该有自己的个性，一支好的教师梯队也应该支持有不同教学风格的存在”。

出色的教学和科研能力也让L教授收获了很多的荣誉，包括H省优秀教学成果奖、优秀课程奖和模范教师的称号，并在2003年获得首届“国家级教学名师奖”。面对来自社会上的无数赞誉，L教授表示并没有觉得自己有多么厉害，他一直婉拒了为其他学校讲课的邀请，包括自己多年好友的考研培训班，理由是不够资格。他甚至谦虚地认为“当时和自己一起参评名师奖的另一个老师更胜一筹”。

通过分析可以看出，这一阶段的L教授已经具备了专家型教师的特征。除了能够熟练地胜任基础教学工作和科研任务，他还将较多的时间用在了承担教学改革项目上，能够为学科的发展进行深入探析。另外，他还具备了较强的引领能力，能够帮助和培养年轻教师，为学校打造一支学术上的中坚力量。

（二）L教授成长历程的综合性分析

1. 从教师生涯发展阶段理论来看

L教授的成长历程呈现出了明显的阶段性特点，在进行划分时，除了以教师生涯发展阶段为理论依据外，同时还兼顾到人的“个性化”特征。因此我们从L教授的实际情况出发，将其成长历程分为了五个阶段：职前准备阶段、职后适应阶段、职业成熟阶段、职业探索阶段以及专家教师阶段。L教授在初中任教时受到了特殊环境的影响，关于这段经历其本人不愿多作说明。因此，在充分尊重受访者隐私的前提下，我们将他正式进入高校执教这一事件作为区分他职前和职后阶段的标志。而另外三个阶段之间划分的依据则是他综合能力水平的高低变化，总体来说是一个由低到高渐进式的过程。

首先，在职前准备阶段，主要以师范学习和基本功的训练为主。L 教授经过两次在学校的学习，建立了系统的专业知识体系，掌握了基本的教育教学理论，形成了正确的职业观。在此期间，数年的初中教学经历又为他后来掌握扎实的教学基本功打下了基础。由此可以看出，知识和实践经验在教师发展过程中起到的重要作用。

其次，在职后适应时期，我们以 L 教授的角色转变为考察点。他之所以能够较快地进入到工作状态，发挥重要作用的就是学校的培养体制。Z 大学尤其重视教师的教学能力，所以对刚入职的新手教师并不给他们安排教学任务，而是通过和老教授"一对一"的方式来进行学习和锻炼。这给了 L 教授一个非常宝贵的过渡期。在这一阶段，L 教授还有一个比较明显的特点就是以关注课堂为主，教学方式多采用参考和借鉴的办法，缺乏自己的特色。

再次，职业成熟阶段是 L 教授综合能力发展较快也是成长历程中较重要的一个时期。在这一阶段，学习是 L 教授提升自己的主要途径，在不断地学习中开始显露出"反思型"教师的特征。这其中还包括他针对教学环节中出现的各种问题积极开展的教学行动研究，在教材的选择、教学的方式甚至教学的技巧等方面进行了新的尝试并取得了良好的效果。大量的实践和反思帮助他完成了由模仿到创新的转变，逐渐地在教学上形成有特色的思想体系，并且能够用教学理念来指导实践活动。除此之外，他的关注点也由课堂向学生转变，注意到学生的心理特征，以此为依据整合教学内容，进行课堂设计，采用更适切的教学方法培养学生的学习能力。

另外，L 教授在职业探索阶段开始承担相应的教学项目，也承受着来自教学和科研双重的压力。但他对二者的关系有着清晰的认知，也很好地把控了二者之间的"度"，保持了平衡。在教学上，他对处于不同阶段的学生采用不同的方法，做到了"因材施教"，也更加注重培养学生的创新意识，对于教学和科研都有着自己独到的见解。这个阶段的 L 教授已经具备了较高水平的工作能力，得到了大家一致的认可，脱颖而出成为教学经验丰富、科研成果突出的骨干教师。

最后，在专家教师阶段，L教授成为了大家眼中的“学者”和“模范”，教学、科研等各方面的能力都达到了一定的高度并能发挥“领头羊”的作用。L教授除了要完成学校最基础的工作之外，更多的是在为数学学科的发展和教师队伍的建设而努力，同时也获得了更多来自社会的关注和荣誉。

2. 从教师专业发展理论来看

L教授作为国家级教学名师呈现出了高度的专业性，拥有完备的专业发展结构。首先，在专业知识方面，L教授在学生时期接受了系统而完整的师范教育，掌握了基本的学科知识和教育理论知识，初步具备了成为一名教师的基本素养。而后随着教学实践的开展，尤其是在进入高校后，为了更好地向学生传授知识，L教授不断地更新自己的知识体系以适应时代的进步。最终不仅精通所教学科，还能总结教育规律并将其升华为自己的教育观和学生观。其次，在专业技能方面，L教授在早期就拥有扎实的教学基本功，包括粉笔字的书写和板书的设计。在职后的发展过程中，又通过开展教学研究的方式提升自己的教学能力。在教材内容的选择、课堂环节的实施、教学方法的运用、语言表达的技巧以及肢体动作的配合等方面颇有自己的心得。20世纪90年代引入多媒体教学后，通过参与课件的设计熟练掌握了应用多媒体进行教学的技能，并能做到合理地运用计算机辅助教学。最后，在专业情意方面，L教授始终怀有坚定的理想信念，这种情感源自他对工作和学生的热爱，贯穿了他整个教学生涯。他一直认为教师应该是一个具有高度责任感的职业，即使是在教研任务最繁重的时期，教学依然是他放不下的工作，培养学生始终是他心头最重的责任。而事实也证明，只有在人格魅力和学识两方面都能做到兼顾的教师才能成为学生终身铭记的名师。

3. 从建构主义教师学习理论来看

现代社会赋予教师的角色，不仅是知识的传授者、学生的引导者，更是终身学习者，学习也正是L教授不断发展的关键。从建构主义教师学习理论的视角来回顾L教授的职业生涯，可以发现他的成长历程实质上就是一个不断学习的过程。他的学习途径包括自我构建、反思性实践以及和教师群体的合作交流。首先，当L教授在教学过程中意识到自己现有的知识体系已无法满足教学需求时，便产生了主动学习的内在动机，表现出积极的主观能动性。同时，L 教授作为学习者，是已经具备了一定经验的成人学习者。在继续学习的过程中能够对所得到的信息进行自主整合，能够通过新旧经验的相互作用来丰富和调整自己的经验结构，最终得出具有个体性特征的结论，因此是一种有意义地自我构建。其次，经验是 L 教授一直所强调的关键，他的快速成长与发展离不开丰富经验的积累。这个经验不仅包括他个人学习和工作经验，还有来自对同行和前辈的思考。正是因为有了丰富的经验，才能转化为教育理念形成中的重要资源库并不断地反馈给自己。另外，实践是积累经验的重要途径，也是检验真理的唯一标准。通过实践形成自己的教育理念需要经常性地反思，L 教授进行反思性实践这一特征尤其体现在职业成熟阶段。他在教学上开展了诸多研究并将结果运用在课堂上，根据学生的反馈不断地加以调整。调整的过程也就是不断反思的过程，L 教授通过反思将新旧经验联系在一起，从中筛选出对自己有用的信息，分析原因，寻找对策，这是一个螺旋上升和创新升华的过程，同时也是教师的学习过程和专业成长过程。最后，教学团队和科研团队的建设对教师的成长起到推动作用。教师这一职业不能脱离群体而独自存在，教师的成长也不是独立的个人式的发展，而是应该作为一个群体共同学习、相互交流。L 教授不仅在校内积极参与教学项目、悉心指导青年教师，还走出校门与各大高校一线教师共同进行教学改革。合作交流让他看到不同教师之间的差异，也学到了更多新的东西，受益良多。

三、L 教授成长历程的影响因素分析

每个人的实践活动都离不开息息相关的生活环境，环境对人的发展起着重要的作用。教师既是独特的个体，又是处在社会中的人，教师的成长同样需要一个良好的外部环境的支持。

（一）L 教授成长历程的外部影响因素

1. 国家的引导与支撑

任何一种行业或职业的发展都与国家层面的政策引导有着千丝万缕的联系，政策体现的往往是时代大环境的总体要求。在教育方面，国家政府也逐渐

加大了对教育事业的支持，并做到了不断提高教师的社会地位，给予教师越来越多的权利保障，等等。这些无不体现出政策上对教师成长的倾斜。

回顾L教授的成长历程可以发现，时代大环境的变化对他的职业生涯起着重要的影响作用，主要体现在职业的选择、职后的进步以及名誉的获得上。在职前适应阶段，当时的国家处于计划经济体制时期，对师范生的培养以及大学生毕业包分配政策在一定程度上鼓舞了L教授选择教师这一职业，为他以后的成长和成功打下基础。后来受"文化大革命"的牵连，L教授度过了一段人生低谷期。随后恢复高考政策的颁布，让L教授重新把握了自己的命运，选择回到高校继续深造，这在无形中推动着他走上名师之路。在职后稳定阶段，促使L教授进行创新改革的除了有自己不断反思教学的原因，更重要的是政策要求下教改的推行，国家政府对教师的教学技能和创新能力提出了更高的要求，为了适应时代的进步，高校教师必须即时地做出转变，为教师的职业发展注入新鲜血液。

荣誉的获得来自社会对教师这一职业的尊重，实行改革开放政策以来，国家采取了一系列措施用以提高教师的待遇。伴随着社会各界对教育的日益重视，教师这一职业获得了社会上广泛的认可，包括舆论在内的人民大众也给予了教师高度的评价和期望。这样的评价和期望对每一位寻求成长的教师来说，或多或少地有利于他们增强自我职业的认同感，也更能帮助他们深刻地理解从事教育工作的意义，产生更多的责任感和光荣感，不断地激励他们去完善自身的专业素养，加快专业成长的速度。正是因为国家对高校教师这一群体的重视，教育部于2003年设立了"国家级教学名师"这一奖项，L教授才能有机会一步步地走上名师的道路，并被社会所认可。"虽然这个奖现在不再评了，但我觉得它当时的设立是很有必要的，对高校一线教师，尤其是像我这样教基础课的教师来说是很好的激励。"

2.学校的培养与支持

学校作为教师职后最主要的工作和学习场所，是教师实现专业成长的主要阵地。学校的自然环境、人际环境、文化环境、管理风格、制度建设等对教师的专业发展起着重大的影响作用。综合实力强、拥有更多优质资源的学校在教师的职前学习和职后发展过程中更能起到积极的推动作用。纵观L教授的成长历程，可以发现学校的管理和文化氛围在其发展过程中起着重要的作用。Z大学在建校伊始就受到了教育部的重视，由全国多所院校共同负责并提供师资。1996年正式列入国家“211项目”院校进行重点建设。作为H省唯一一所入围的高校，综合实力毋庸置疑，享有良好的声誉和优质的资源。L教授在学习期间受到了完整且系统的师范教育，研究生期间又师从著名学者C教授，专业知识和专业素养都得到了扎实的训练。正式开始高校教师工作时，L教授也并没有在教学上感到无所适从，反而是快速地适应了教师角色的转变。究其原因，除了自己有过短暂的中学教学经历外，更大程度上得益于学校对教师教学基本功的重视以及对教学能力的培养。Z大学促进教师成长的培养机制建设并不是固式化的，它主要是针对教师所处的不同阶段来进行有计划的开展。以教师在不同发展阶段的不同特征为依据，采取不同形式的培养方案。以L教授为例，作为新手教师时，受老教授的“传、帮、带”制度的影响，能够稳定地度过适应期，快速地进入工作。胜任教学工作后学校又为其提供交流和晋升机会，鼓励他“走出去”向优秀同行请教，参与一系列教学项目并给予一定的经济报酬。这样的激励机制不仅有利于促进教师在不断的学习过程中积累实践经验，也有助于提高自身的专业素养。“学校一直以来都鼓励教师申报或者参与一些教学项目，不管是在人力或者财力上都非常支持。参与教学项目是非常费时的，而且严格来说并没有什么报酬。但学校为了鼓励教师积极参与，也会给予额外的资金奖励。”处于成熟期时，学校又支持他承担相关的教学改革项目，通过与同行之间的切磋来不断地完善自己的教学方式，帮助自己形成具有个人特色的教学理念。同时，学校也为其提供了更多的奖励机制，鼓励他向着研究性教师的方向发展，让L教授可以有机会将自己成功的实践经验进行理论升华并加以推广，从而推动整个教师群体的共同发展。“在申报名师奖时，上至学校，下至系里都非常重视，当时系里就推选了我。包括后来我的申报材料都是先在学校里一遍又一遍地审核、修改，整个过程非常地严谨。总体来说呢，学校的资源给教师提供了一个很好的平台，我能有现在的成就，离不开学校的培养和支持。”

3. 重要他者的示范与帮助

重要他者是指个人在社会化和心理、人格的形成过程中曾对自己产生过要影响作用或者提供过多次帮助的具体人物。[①] 教师也是从学生时期一步步走来的，所以在成长过程中不可避免地会遇到对自己产生激励作用或者提供重要指导的人。

L 教授在学校以对待工作的严谨态度、对待学生的高要求和教学上的创新闻名，于他而言，这些都源自老师对自己的培养。从教道路上对自己影响最大的就是学生时期的老师，尤其是本科和研究生时的两位老师，他们是 L 教授职业生涯的领路人。时隔多年提起自己的老师，L 教授依然充满感激。本科时期的老师是一位非常严格的教师，"老师对我们的作业要求非常的严格，甚至是作业的格式和错别字都在老师的指导范围内。而且整个大一期间，老师每周都会有一天用晚上的时间来给学生答疑，如果碰到自己也不理解的情况，就会很谦虚地跟我们说回去想想，绝不会敷衍学生"。这种答疑方式 L 教授在后来开展教学活动时也用在了自己学生身上，老师谦虚严谨的工作态度也让他时刻铭记。在研究生学习期间，L 教授的导师是以教学闻名的 C 教授，他的教学方法一直是 L 教授学习和借鉴的方向。2000 年，正值教学指导委员会换届之时，L 教授被任命为"大学数学教学分会"的会长，这与 C 教授的大力推荐是分不开的。"没有 C 老师的培养和推荐，我也不会取得今天这样的成绩。"正是因为受到了老师的悉心教导，L 教授始终认为教师对学生产生的影响是终生的，所以他要为学生树立好的榜样。事实上他也是这样做的，做教师 40 余年，在教学和生活中上从未有过丝毫懈怠，一直严格要求自己，以身作则，为人师表。

4. 学生的良好反馈与激励

教师与学生是密不可分的统一体，学生的积极回应与反馈是教师发展过程中一种有效的外在推动力。教学过程应是一种师生互动的双边活动，学生与教师之间的交往大都集中体现在课堂教学的过程中，课堂教学是师生联系最直接也是最常见的方式。L 教授也坦言："因为教学模式的原因，现在都是大班授课，一个班上百位学生，不管是课堂上的互动还是私下的交流，都无法达到理想中的与学生互动的频率。"所以，他非常珍惜与学生相处的课堂时间，在教学上

① 参见周春良：《卓越教师的个性特征与成长机制研究》，华东师范大学硕士学位论文，2014 年，第 46～48 页。

通过启发式问答、组织学生自由讨论等多种形式活跃课堂气氛，调动学生的积极性，完成师生之间的双向交流，尽量在课堂上做到最大化地与学生互动。而他的谦逊和耐心也让学生觉得他是一个平易近人的老师，私下里除了自己教过的学生，还有很多没有上过他课的甚至外校慕名而来的学生，他都同样热心解答他们的问题。学生带来的反应也直接影响着教师的积极性，与学生的良性交流也给他带来过很多启发，不断激励着他更好地向前发展。他也连续多年在学校网评中被学生选为“最受欢迎的教师”之一，这样互动且良好的师生关系，无疑是对 L 教授教师职业价值最高的认可和评价。

（二）L 教授成长历程的内部影响因素

外因是事物发展的条件，内因是事物发展的根据。实现教师自身真正的成长与发展离不开教师自己充分发挥主观能动性，因此内部因素是促进教师实现成长的内驱力。

1. 行为机制

行为是人的主观意识作用于客观世界的方式。人们将自己的想法、观点或者态度等转变为现实，就离不开具体行为的发生。同样的道理，教师想要实现做名师的梦想，就必须要做到不断改善自己的行为。在对 L 教授成长历程的案例分析中可以发现，树立终身学习的目标、将科研反哺于教学、勤于实践、善于反思是他得以快速成长的外显行为因素。

（1）坚定信念，终身学习

我们处在一个知识信息都快速更新换代的时期，教师作为知识的传播者更要要求自己时刻保持领先的姿态。尤其是受到社会广泛关注的优秀教师，因为他们身上聚集着太多人的期待。因此，作为教师就必须不断地学习新知识，掌握新的技术，就要树立起终身学习的意识，这种意识也应该成为驱使教师们快速发展的源头。“教师个人要有学问，这个学问不是你写了几篇论文，而是要有自己的知识体系。如何构建自己的知识体系，最重要的就是要不断地学习。教师唯有大量阅读书籍，不断地学习新知识、更新知识体系，拓展自己的知识面，才能完善原有的知识结构，做到高屋建瓴。”在学生时期，L 教授就是班级里出了名的好读书、爱学习。参加工作以后，更是将这个好习惯延续了下去。尤其是在90年代初期，学校开始推行多媒体教学，刚开始受到了很多老教师的反对，但L教授没有排斥，反而是认真学习，向年轻教师请教制作课件的方法。纵观L教授成长的五个阶段，从最开始的博览群书，力求掌握交叉学科知识以整合教材，到后来多次参与教改，学习多媒体教学，制作PPT课件，无不体现他终身学习的思想。

(2)参与科研，反哺教学

打铁还需自身硬，教师必须要有较高的学术水平和科研能力。谈论起科研，L教授认为数学上的科研主要是靠自己的钻研，因此做科研首先自己要有兴趣。其次，教学和科研是密不可分的，二者之间的矛盾在于时间的分配，不应该是向某一方倾斜，厚此而薄彼。科研的过程也是学习的过程，教师有了一定的科研经历，反而会更好地服务于教学。有人认为教基础课不需要搞科研，但L教授认为，做科研可以更好地提高教学能力。“没有科研，教学就没有经历，教学就没有味道。首先，科研要用到基础知识，会用了才能对基础知识有更好的理解，掌握得更加熟练。其次，搞科研需要根据你研究问题的需要学习新的、更深层次的知识，学得多，学术水平相应增高，观点也就高了，高屋建瓴，教起来的效果就大不一样。另外，科研是一个探索和创新的过程，如果教师本人没有这种经历，就不好去培养学生的创新意识与能力。有科研经历的教师会更注意讲探索的过程，提高学生的学习兴趣。也会注意研究方法的培养，教师以自己解决问题的经历鼓励学生适当做些难题，以培养探索能力。有了科研才能驾驭本学科的学术发展进展与前沿情况，才能把新成果传播给学生。”

(3)勤于实践，积累经验

教师是实践性与操作性都比较强的职业，理论可以从书籍中获得，经验却要在实践中形成。教师的实践，既包括作为知识传播者的实践，也就是通常说的“上课”；又包括作为研究者的实践，即针对教学环节中出现的问题开展行动研究。二者同等重要，缺一不可。教师的成长离不开课堂实践活动，课堂是最容易出现问题和发现问题的具体环节，从课堂实施过程中得到的启示是最直接和最能够锻炼教师能力的。每一次教学能力的提升、教学方法的改进以及教育理念的更新都是在不断的实践中逐步确立和形成的。如果没有足够的实践进行打磨，就不会有对问题的发现和探索。“一堂课只有上过两三遍之后，才会形成自己的体会和感悟。然后再总结、改进、再实践，不断地滚动。经验就是这样慢慢积累的。”L 教授常年坚守在教学的第一线，大量的实践让他逐渐摸索出教学自身具有的一些规律。针对自己在教学过程中经常遇到的一些问题，他在实践中也积极地进行了研究。对教材的整合、教学方法的改变、教师表达技巧的提升等方面都作了一番探究。在 L 教授成为名师的过程中，如果当初在遇到问题时没有积极地进行实践探索，就不会有后来从关注课堂教学到关注学生的转变，也更不会在求索与反思中提高教学水平并总结出适用自己的教育理念。正是因为他在教学实践中孜孜不倦地进行探索的精神，才最终推动着他逐步走向名师的发展道路。

(4)善于反思，不断进取

反思是教学过程中的一个必要环节，是教师总结教学经验、改进教学方法、提高教学能力的重要途径。教师的成长源自于不断积累的经验和善于反思的能力，二者相互依存，缺一不可。没有反思的经验也能称之为狭隘的或者肤浅的经验，也不能有效地帮助教师形成自己的教育理念。所以，教师应具有相当程度的自我反思能力，教学也应该以自己的经历为出发点，将其视为一种开放的、灵活的、能够与自己的经验进行交互的过程。① 通过反思来正视自己本身在教学过程中出现的问题，然后从根源出发对其进行研究与评估，达到快速提升自己的目的。

一般来说，教学是教师进行反思的主要内容，是根据一定的参考标准，对自己教学活动中出现的问题及其影响因素提出的理性思考，并且能够对由此产生的结果进行归纳和总结，最后达到提升自己教学水平的思维活动。② 同样地，积极做好教学反思是 L 教授成长、成功的关键因素。在他看来，每一节课所面对的学生不同，课堂表现是灵活多变的，所以现实中很难将每节课都做到“毫无遗憾”，即使是非常优秀的教师也难做出保证。因此，他一直要求自己要做到“灵活多变，与时俱进”，不断地对自己的教学进行反思。“我们可以采取很多种方

---

① 参见杜华:《名师成长的影响因素分析——以首届全国高校教学名师获得者于洪珍教授为例》,《煤炭高等教育》2006 年第 6 期。

② 参见罗晨:《本科高校国家级教学名师专业成长的案例研究》,南昌大学硕士学位论文,2017 年,第 51 页。

式来进行教学反思，比如你课堂上观察学生的反应，批改他们的课后作业，甚至期末考试成绩，都能够看出来一个老师的教学成果。”教学过程也是一个不断思考的过程，需要教师以批判的眼光来看待自己的教育理念和实践活动，不断地总结成功经验，吸取失败教训，然后再运用到教学实践当中。只有经过这样不断累积、车轮式循环的过程，教师才能真正地成长为一名教育者。除了对课堂实施环节及时作出反思外，L 教授在学习过程中也时常进行思考。但是只仅仅做到反思是远远不够的，最重要的是教师需要对反思过程受到的启发和经验进行总结，形成有据可查的理论性总结。在经验的获得中做到善于发现问题，从而实现教师自身专业化的发展和提高，最终成为一个反思型的教师。

2. 人格特质

人格特质是一个人在不同时间与不同情境中保持相对一致的行为方式的心理倾向，它可以决定人们行为的产生，具体包括个人的知识、能力、情感、意志、兴趣、动机和信念等多种因素，它是构成一个人的思想、情感以及行为的特有的统合模式，这个模式包含了一个人区别于他人的稳定而统一的思想品质。[①]教师有符合其教师角色的人格特质，是作为教育工作者应该具备的共同的心理特征。

(1)爱岗敬业的信念

作为人民教师，首先要热爱教育事业，具体来说就是热爱学生，热爱教学，做好人才培养工作。教师要无愧于“人类灵魂的工程师”的称号，要真正做到对学生极端热忱，对工作极端负责任。

爱事业，表现为教师的敬业乐教。L 教授除了长期承担着低年级的基础课和数学系专业研究生课程之外，还担负着科研以及众多的教学项目。但他并没有因此而占用教学的时间，依然把“教书育人”视为自己的首要职责。爱学生，表现为理解、尊重和亲近学生。“一个良好的师生关系应该是真诚且平等的，你必须先做到尊重学生，才能换来学生的尊重。教师也应该具备亲和力，让学生愿意并乐意和老师相处。”L 教授对所有学生一视同仁，学生 Q 并没有上过他的课，但因为教授出名的教学能力，学生 Q 经常找他请教问题。在辅导过程中，他

① 参见张厚粲：《心理学》，南开大学出版社 2002 版，第 185 页。

发现这位学生反应比较灵敏，对数学也充满了热爱。出于爱惜人才的目的，由他举荐和指导，成功地将 Q 学生保送至南开大学数学系攻读硕士学位。时至今日教授还保留着学生 Q 给他的来信，信中说道："如果没有您的无私帮助，我不会有今天这样的成绩。"这封信也时刻提醒着 L 教授，教师的态度甚至可以改变学生的命运。

教育，应该是一项充满爱和热情的事业，需要教师大量地投入自己的情感，倾注对学生的爱心。教师的爱，既包括对事业的热爱，也包括对学生的关爱。这份爱可以有效地帮助教师审视自己的行为，提高自己的能力。满怀热爱能够让教师在教学实施过程中对相关的任何事情都充满激情，也一定能够能帮助教师实现成长，走向成功。

(2)严谨治学的态度

教学是一门科学，也是一门艺术，只有尽心尽力、精益求精，才能把教学工作做好。教学也是一项严谨的工作，自踏上讲台的第一天起，L 教授教书育人的信念就从未动摇。"教学是我的第一责任，人民群众最大的愿望就是把他们的孩子教育好，中国人历来重视教育，'望子成龙，望女成凤'是每一个家庭的愿望。成才，也是每一个年轻人的最大愿望。"在访谈过程中，L 教授一直反复强调教学不是一件简单的事情。为了上好每一堂课，教学过程中的每一个环节都要求自己做到精益求精，丝毫不得马虎。在讲每一门课之前，他都要认认真真地研究教材、吃透教材，以达到理顺内容、逻辑关系的目的。这样一来，就能够比较容易地找出每堂课所讲内容的重难点所在。最后在上课之前还要进行反复斟酌，确定用最好的脉络和方法来进行这门课的讲解。L 教授的每一节课都一定是经过了他的精心准备，从内容的选取到语言的表达，从讲解方法到板书写法，每一个过程都不曾马虎，处处都体现着他的用心。对于课堂中要讲到的每一个知识点，他同样都要经过一番精心策划。为了让学生更好地理解，他坚持做到由具体到抽象、由简单到复杂。一堂课结束后，他会以学生所呈现出的真实状态，尤其是自己事先没有考虑到的地方为依据，精心修改教案，进一步完善，并标明下次如何改进。

(3)甘为人梯的奉献精神

L 教授在求学以及入职初期都受到过有经验教师的帮助，因此，当自己有了丰富的经验后，在工作之余他也十分乐于向青年教师传授教学心得。L 教授常年担任 Z 大学数学系高等教学指导组组长，除了最基础的教学工作之外，还承担着大量的教学研究工作。但这并没有影响他对青年教师的培养工作，“相处时间最长的反而是一些年轻教师，因为要指导他们的基础教学，还要带领他们开展教学研究”。抛开工作，他私下还经常和青年教师谈心。他认为每个教师都应该坚持自己的教学风格，因此他并不提倡大家教学模式的标准化，反而一直鼓励年轻教师要根据自身的特点有所发展。他能做的也是帮助他们更好地发挥自己的优势，使他们能够在较短的时间内成长为教学中的模范，同样在科研中也能取得不错的成绩。经过他悉心指导的青年教师 P，不仅在全校举行的青年教师大奖赛中获得了一等奖，还曾两次获得霍英东教育基金会青年教师奖。除了对自己院校的同事倾心帮助外，对于那些来 Z 大学进修的外校教师，L 教授同样给予热心的指导。

(4)优良的师德风范

德国教育家第斯多惠强调：“一个具备了丰富的普通和专业知识以及高尚的品德品质的人才会有可能成为一个好的教师。”①“十年树木，百年树人”，教师不仅要做知识的传授者，更要为学生树立一个好的榜样，要对学生产生好的影响。

L 教授认为，教师做得好不好，关键在于其是否对学生的成长起到了推动作用。除了向学生传授基本知识，他还注意学生思想上的变化，经常与学生交流学习生活等各方面的问题，帮助他们解决就业上的困难。另一方面，教师成为学生的引路人，并不在于他时时刻刻都在讲大道理，教师自己也要在生活中树立自身形象，要真正做到“学高为师，身正为范”，事实上他也是这么做的。在教学上有了一定知名度后，就有不少学校和教育培训机构高薪聘请他授课，但都被他拒绝了。“当时就有人就说我架子大，其实不是。是因为我觉得自己没有那个经验和资格，所以我不愿意轻易地、随便地就去给学生上课，我认为这是作为一个教师最基本的原则。”在他看来社会给予他的荣誉只是一份鼓励，自己能做的只是把学生教好。而抛开教师这层身份，生活中的他待人温和、态度谦

① 董菊初：《名师成功论》，科学出版社 2003 年版，第 38 页。

逊，笔者在整个访谈过程中也能真切地感受到L教授的人格魅力，他的亲近与和蔼，让人如沐春风。

四、结论和启示

（一）结论

我们以教师生涯发展阶段理论、教师专业发展理论和教师学习理论为理论基础，通过质性访谈的形式收集一手资料，与前期查询到的文字信息以及教授自己发表过的文章相结合，采用叙事研究的方式重新展示出L教授从接受师范教育到成为国家级教学名师40余年的成长历程。论文的最后，从外部和内部两个方面对L教授成长过程中的影响因素进行了讨论。通过研究可以看出，L教授的成长既具有一定的规律，又带有鲜明的个性化特征，是一般性和特殊性相统一的结果。

一般性主要体现在成长的阶段性、专业发展的内容和学习途径三个方面。我们以L教授自身的个性化特征为考察依据，将其划分为五个阶段：职前准备阶段、职后适应阶段、职业成熟阶段、职业探索阶段以及专家教师阶段。采用叙事性的分析，整理后可以看出，他的成长是一个由低到高的过程，在不同的时期体现出不同的教学侧重点和发展特点，教育理念也随着时间的推移逐渐清晰，具有明显的阶段性特征，符合教师生涯发展的大致规律。

在专业发展方面，L教授在职前接受了系统的师范教育，掌握了基本的专业知识和教育理论，形成了正确而坚定的教师信念。在职后，为了更好地开展教学活动，树立了终身学习的意识。在教学上，经过不断地实践、反思和研究，形成了自己的教学理念，教学能力和技能也通过教师的行为获得了提升；在科研上，L教授摆正了心态，坚持科研与教学相互辅助，宁愿牺牲自己的休息时间，也要妥善处理好二者之间的关系。除此之外，L教授还有着高尚的品德，不管是与年轻同事还是学生的交往中，他都能做到尊重对方。总体来说，他的成长集中体现在专业知识、专业技能和专业情意三个方面，是教师专业发展的基本内容。

主动学习是L教授不断取得进步的关键。作为有着一定经验的成人学习者，其原有的知识结构能够和接收到的新的信息产生相互影响，并根据自己的需求进行整合。在实践环节中加以持续地反思和改进，不断提升个人的专业化程度、拓展专业知识、提高专业技能，从而成为一名有经验的教师，并继续发展为综合素质相当完善的专家教师。L教授的学习意识来源于自己的需求，属于内在的驱动力。他的成长既离不开大量的实践和反思，也离不开与同行的相互交流。他的学习途径与建构主义教师学习观提倡的基本理念具有相当的一致性。

L教授成长过程的特殊性则表现在他没有经历明显的“瓶颈期”或“高原期”。他的发展虽不能用“顺风顺水”来形容，但也没有过停滞不前的时期。在他自己看来，教学是一个需要个人不断努力的过程，遇到困难的时候应从自身寻找原因，外部因素的影响不能成为借口。正是这种积极、乐观的心态帮助他在实践中及时地调整自己的状态，不断地学习、探索和反思。

（二）启示

名师的成长是一个漫长而又复杂的过程，既离不开国家的引导和学校的培养，也离不开教师自身的改进和完善。因此，在启示部分，主要从个人、学校和国家三个层面来进行讨论，希望能够为推动高校教师的发展提供建议。

1.个人层面——教师发展的关键

(1)端正态度，坚定信念

教育是一项崇高的事业，教师在其中扮演着重要的角色。做一名优秀的教师，必须要树立坚定的理想信念。既要对教育事业充满热爱，又要对学生怀有高度的责任感。教育是一个动态的过程，可能会面临各种不同的问题。信念是教师发展的动力来源，教师一旦对自己的职业和劳动产生共鸣，就会主动地把教育当成自己要为之努力的事业而不是简单地将其视作获得生存的手段。坚定信念有利于教师牢固地坚守自己的理想，对教学任务和学生产生更为强烈的责任感、更加端正自己的态度。

(2)终身学习，改进课堂

教师的首要任务是向学生传授知识，因此教师必须要拥有一个强大的知识储备体系，不仅要有精深的专业知识，还应具备广博的文化知识，这样才能满足学生多方面的需求。所以,作为教师一定要树立起终身学习的意识,在教学中也要做到主动学习、向同事学习、向学生学习,时刻以学习者的姿态审视自己的教育教学工作。另外,在具体的实施过程中,如何做到“驾驭课堂”也是考验教师能力的重要环节。上好一节课首先要求教师为学生创设一个自然的、批判性的环境,激发学生思考的兴趣,引领他们进入学习的情境。其次,上课的过程中要善于运用教学技巧,对教材的讲解要遵循“由易到难,由具体到抽象”的原则。此外,语速的快慢、语调的高低、肢体动作的运用等都应有一个完备的设计。最后,课后的反思也应该是持续性的,学生的课堂反应情况、作业的完成度、考试成绩的高低等都是需要教师进行深入分析的部分。

(3)勤于反思,开展教研

保证教学任务的同时,教师还要积极地参与一些教研活动。既包括在教学实践中针对相应的问题而展开的教学行动研究,又包括与研究方向相关的科研活动。行动研究要求教师要从研究者的角度审视自己的课堂教学,基于教学基础环节中出现的具体问题,寻求解决的途径。有利于教师将“研究”与“教学”紧密结合,帮助转变自己单调的教书角色的观念。而科研一方面可以帮助教师获取到更多最前沿的理论或者热点,将其运用到教学当中能够带领学生了解更多的前沿知识,培养学生的创新意识,更好地提高自己的教学能力。另一方面,通过学术研究,有利于教师及时地发现自己的不足,也是进行教学反思的重要途径。科研的过程实质上也是一种回顾的过程,教师既要做到在“教学”中“研究”,又要用“研究”反馈“教学”,做到教研相长。因此,教学和科研二者之间应该是相互补充、相辅相成的一个关系,不能厚此薄彼。

(4)为人师表,以身作则

除了教学工作,教师还承担着“育人”的职责。教师要做到为人师表,要在学生心中树立起一个良好的形象。这就要求教师在生活中必须严格地要求自己,时刻注意自己的一言一行,不断地锻造自己的师德风范和高尚的品质。

2.学校层面——教师发展的保障

(1)打造重教氛围,注重综合发展

“校风”是校园文化最高层次的体现,因此学校要加强校园文化建设,营造一个良好的重教氛围。这个“重教”指的就是要重视教学,尤其是在现在“重科研而轻教学”思想风靡的环境下，更要鼓励年轻教师做到“乐于教学”“善于教学”。

(2)关注教师需要，完善培训体制

促进教师的发展需要学校完善“职前培养”与“职后培训”相配套的措施。在职前，应为师范生或意向成为高校教师的学生提供更多的实习机会，让他们提前感受高校的教学氛围，为以后能够更快地适应职后生活打下坚实的基础。对于职后的再教育时期，学校的培养方案应该根据教师所处的不同阶段以及自身发展程度的高低来进行设计。尤其是对刚入职的新手教师，最好能够为他们留出一定的时间空档期，在这个期间尽量不给他们安排大量的教学任务。建议沿用老教师的“传、帮，带”这一模式的培养方式，而非让他们匆匆地走上教育岗位。通过课堂观摩学习，在老教师的带领下，逐步熟悉上课程序，获得教学经验和技巧。这样可以帮助新手教师更好地度过适应期，在以后具体的实施过程中也能更快地站稳讲台，转变角色；对于积累了一定经验的青年教师，学校要为他们提供更多可以展示自我能力的机会和空间，鼓励他们参与教学项目，“走出去”与同行多交流，并在进修期间给予一定的经济资助；对于教学达到成熟阶段的专家型教师，学校应支持他们参与教学改革，充分发挥领头人的作用，通过建立教师学习共同体来进行辐射式培养，扩大名师的示范效应，从而推动教师群体的共同成长。促进共同发展需要加强教师团队之间的相互合作，既要鼓励相同年级或者相同学科一起创建共同进步的团队，又要支持不同年级、不同学科之间进行交叉式的探讨，保证每一位教师都能在团队中做到相互学习、合作交流。

(3)增加考评弹性，加强师德建设

教师的发展也具有多样性，学校也应尊重不同教师不同的教学方式，鼓励他们以自身优势为出发点来进行新颖的教育改革。因此，在考核和评比的标准中应该适当地增加弹性措施。如：区分“教学型”和“科研型”教师，均衡教学成绩和学术表现在职称评选上的比重，缓解“重科研轻教学”的倾向。另外，还要加强师德师风的建设，通过自评、他评、量化考核、成绩公示、奖优惩劣等一列规范而严谨的方式来全面提高教师尤其是名师、教学骨干的师德素养，营造以德从教、以德治学的良好氛围。

3.国家层面——教师发展的方向

国家对教师的发展起着引领作用，主要体现在政策的变化上。首先，要完善能够公平评判“名师”标准的奖项制度，要为每一位渴望成为名师的一线教师在心中刻下了一把标尺。正如我们所选取的“国家级教学名师”这一对象，在举办之初成为了各大高校为之努力争取的目标，也为广大教师的发展提供了可以参考的标准。因此，国家应继续完善相关的政策，打造“名师工程”以激励教师的发展。其次，国家要给予名师政策上的倾斜。这一政策倾斜包括，保证他们能够享受到更好的待遇和一定的补助，能够受到更多社会上的优待，保证教师们有坚实的物质基础和足够的精力来发展自身能力。最后，要继续在社会上营造一个“尊师重道”的舆论氛围，把更多的正面关注给予名师，加强对名师成长过程的关注，可以采取报道的方式让更多的人了解名师成长的相关事迹，为那些立志成长为名师的广大教师群体提供一些参照和借鉴的办法，从而持续推动教师这一群体的共同成长与发展。

第十章　美国高校教师发展中心的研究及启示[①]

高校教师发展中心是为促进高校教师教学能力等的发展而建立起来的专门机构。美国自 1962 年建立第一所高校教师发展中心后，经过半个多世纪的发展，不单在数量上不断增多，而且服务领域不断扩展，运行机制日益合理，服务人群越来越广泛，项目活动实施方式方法也在不断成熟完善，为促进高校教师的发展发挥了巨大作用。我国高校教师发展中心自 2011 年在相关政策牵引下开始建立，但由于建立和发展时间短、缺少经验，并没有真正起到促进高校教师发展的功用。因此，积极探索、学习和借鉴美国高校教师发展中心的发展经验，对于推进我国高校教师发展中心建设具有现实意义。

一、美国高校教师发展中心建设与发展历程

(一)建立背景

苏联于 1957 年成功发射第一颗人造卫星震惊了美国朝野，自此，教育问题成为了美国各界关注的焦点，拉开了此后十余年间美国高等教育大变革、大发展的序幕。[②] 教师作为开展教育的关键一环，其发展状况也越来越受到美国各界的广泛关注，而高校教师发展中心则是 20 世纪 60 年代的美国为推动教师发展逐步而生的“产物”。我们将从以下几点来分析促进美国高校教师发展中心建立的背景因素。

---

① 本部分节选自本课题组成员高玉鑫的硕士学位论文《美国高校教师发展中心的研究及启示》。全文由张奎明在与高玉鑫协商基础上作了全面修改。详见：高玉鑫：《美国高校教师发展中心的研究及启示》，曲阜师范大学硕士学位论文，2020 年。

② 参见陈学飞：《美国高等教育发展史》，四川大学出版社 1989 年版，第 154 页。

1. 国家发展对教育的需求

20 世纪六七十年代，第二次世界大战后美国一枝独秀的局面逐渐被打破。恐慌的政治局势、萧条的经济危机，这种不稳定的社会变化影响到了美国的教育事业，财政危机、生源危机等因素使得美国民众降低了对高等教育机构的信任度。“教育，国之根本”，为了帮助国家度过危机局势，寻求生存和发展空间，美国高等教育开始思考国家对人才的需求，希望为国家输送切合局势发展所需的人才资源。1965 年，美国《高等教育法》第一次明确规定联邦政府要给各公立大学提供长期的资助，1968 年《高等教育法》修正法案，继续决定扩大向大学提供资助的范围和规模。① 这样，美国联邦政府希望通过立法的形式支持高等教育的发展。教师是高等教育人才培养的关键，进而美国高校开始把目光对准教师，高校教师发展成为国家应对危机的一项重要的变革举措。1984 年，美国教育部为改进本科生的教学，提出了 27 条通过促进高校教师发展和管理的建议。② 由此，高校对教师发展的不断探索，推动了诸多教师发展中心的建立。

2. 多元化的学生群体对教师的要求

20 世纪 60 年代早期，美国“婴儿潮”一代纷纷进入大学，使得此时大学入学人数剧增，美国高等教育机构迎来了新的挑战和压力——大学生数量增加、大学教育质量下降。入学学生不仅在数量上变多，而且包含了更多少数族裔学生、国际留学生以及第二次世界大战结束后选择入学读书的退伍军人，因而高校教师面临的学生群体由单一向多元转变，导致学生个体间差异加大、整体状况更为复杂。如何应对生源的变化以及满足公众和学生对教育质量的要求，高校在科目类型及课程设置方面进行了多方面的调整和变革。因而，高校回归培养人才的教育初心，开始对“需要什么样的教师”“如何帮助教师适应学生群体的变化”等问题进行思考和重视，希望通过帮助教师提高自身能力来保证和提升高等教育的质量。

3. 高校教师对自身教学能力的追求

除去多元化学生群体对教师教学的要求外，随着多媒体和计算机网络等信

① 参见符娟明：《比较高等教育》，北京师范大学出版社 1987 年版，第 24 页。

② 参见王立：《美国大学教师发展研究：历史的视角》，华东师范大学博士学位论文，2012 年，第 60 页。

息技术的出现和发展，知识渗透范围随之扩大，获取渠道呈现多样化，这同样给教师教学带来新的思考，引起了美国教师发展者的关注。这一时期，教师开始反思自己的教学方法、变革传统的教学方式，开始尝试将计算机技术引入教学中。教育技术进入课堂前，一方面，教师需要学习如何通过信息技术呈现教学内容；另一方面，教学技术引入课堂后，教学目标、教学任务、教学方法要做出怎样的改变，如何利用教学技术为学生创造更多的学习机会，以及教学成果应达到什么样的要求等，也是教师需要关心的问题。高等教育的这种变革，使得高校教师渴望追随时代变迁提高自身教学的能力，这也催生了高校教师发展中心的建立。

（二）发展历程

根据每个阶段高校教师发展中心的演变特点，结合学者索西莱尼（Sorcinell）等人对高校教师发展不同时段的解读，我们将高校教师发展中心的发展划分为以下五个时期：

1. 初现时期（20 世纪 50～60 年代）

20 世纪 50～60 年代，美国高等教育迎来了发展的“黄金时期”——高等教育规模急速增长，影响迅速扩大。虽然设有高校教师发展项目的院校较少，对于高校教师发展的研究还处于萌芽阶段，但高校意识到了促进教师发展的必要性，开始开展一些促进教师发展的活动。大多数高校教师发展活动主要是为教师提供：学术休假、教师入职培训、专业会议或类似活动、教师讲习班和研究支持等项目。① 这一时期，促进教师发展的活动一般由高校人事部门或学术管理部门发起或组织开展，旨在帮助教师成为优秀的教学者。第一个建立高校教师发展机构的是美国密歇根大学，它于 1962 年率先建立了专门服务于教师发展的学习与教学研究中心（The Center for Research on Teaching），这标志着美国开始拥有专门促进高校教师发展的组织机构。②

---

① A. B. Smith, *Faculty Development and Evaluation in Higher Education*, Washington: American Association for Higher Education, 1976, p. 3.

② 参见徐延宇：《高校教师发展：基于美国高等教育的经验》，教育科学出版社 2009 年版，第 30～31 页。

学校优秀教师或是对教学感兴趣的教员是早期中心主要的工作人员，他们致力于解决教学发展中存在的问题，研究如何提升教学质量。中心发展所需资金一般是学校根据需要提供资助，专门为教师发展提供支持的基金会并不多，所以大多数中心发展所需资金并不充裕。尽管初建时期，专门为学校教师发展而建立中心的高校不多，且这些中心对教师发展的认识和把握不全面、获得的资金支持也有限，其组织化和制度化程度较低。但高校教师发展中心的出现，为高校教师提高教学能力提供了专门的场所，缓解了外界对高校教学质量的担忧，有助于高校教学质量的提高。

2. 迅速发展时期(20 世纪 70 年代)

20 世纪 70 年代，因经济滞胀爆发的严重经济危机，美国联邦政府无法继续对高等教育给予更多的资助，严重的财政危机降低了美国高校教师的流动性，加之学生群体差异性的加大，致使教师产生了如何在这种形势下进行教学的困惑和焦虑。[①] 教师对如何教的困惑、学生对教学质量的不满，引起了高校的重视。美国很多高校在改革教学质量的压力下，纷纷组建专门的教师发展中心，期冀通过此方式帮助教师解决教学中的困难。

截至 1975 年，在美国公认的有学位授予权的高校中，有 40%的学校根据自身情况，建立了各种类型的教师发展机构[②]，教师发展中心的规模在此阶段得到扩大，发展速度远快于 60 年代。同时，已成立的中心纷纷尝试开设较为多样的教师发展项目，例如，各个中心普遍开展、提供以“教学”为主题的各种短期培训课程以及专题工作坊(讨论活动的学术活动)等。此外，这一时期的中心获得了较多私人基金会(例如丹佛斯基金会、布什基金会、卡内基基金会以及福特基金会)和联邦基金会的支持，使其具备了继续发展的资金条件。因而，依靠充裕且稳定的资金支持以及较为多样的教师发展项目，美国高校教师教学发展中心在七十年代得到了迅速发展。

3. 稳步发展时期(20 世纪 80 年代)

高校教师发展中心建立伊始，主要目的是通过支持教师发展来改善教学、

---

① M. Freedman, *Facilitating Faculty Development*, San Francisco, Washington, London: Jossey-Bass, 1973, p. 3.

② J. A. Centra ,“Types of Faculty Development Programs”, *Journal of Higher Education*, Vol. 49, No. 2, 1978, pp. 151-162.

提高教学质量，然而教师发展不是一蹴而就的事情，一些高校因在短期内没有看到中心项目活动的明显效果，以及缺少资金支持发展，所以被迫选择了放弃中心的后续建设，致使80年代初期，中心发展出现了小的波动，在已成立的高校教师发展机构中，有28%的中心被迫取消。[①] 但从整体来看，此时尽管存在预算紧张、科研设备和个人差旅经费减少等问题，大部分中心还是从多方面努力，依然坚持并不断探索解决的办法。

这一时期，高校教师发展中心并没有延续70年代的快速发展，而是从多方面寻求突破，逐渐趋于更深层的稳步发展。在项目活动方面，中心开始与学校进行合作，比如与学校负责本科或研究生的院长进行教师发展课程计划方面的探讨，以此来扩大中心的影响力。在资金支持方面，除了寻求基金会和联邦政府的支持外，高校本身进行了长远规划，逐步增加资金支持力度，以此来保证中心的进一步发展。在工作形式上，更多采用专职为主、兼职为辅，专职与兼职人员相结合的形式。随着中心各方面的逐步完善，对促进教师发展的积极影响不断加深扩大。此时的高校教师发展中心成为美国提高教师教学能力、提升教学质量的重要举措，中心之于教师、学校、教学质量的重要性得到了广泛的认可。

4. 蓬勃发展时期(20世纪末)

进入90年代，美国学生群体的构成和对教育的需求更为多样，由此对高校教师的能力发展有了新的要求。同时，有些协会开始设立奖励基金来吸引人们的注意、调动教师主动参与项目活动的积极性。例如，1993年，教师保险金协会——学院退休公平基金(Teachers Insurance and Annuity Association-College Retirement Equities)设立西奥多·赫兹伯格奖(Theodore M. Hesburgh)，旨在对成功的高校教师发展项目进行奖励。[②] 这一举措，使更多高校人员意识到了高校教师发展的重要性，以及建立教师发展中心的必要性。在上述政治及教育需求背景的推动下，美国高校教师发展活动日益繁荣，与此紧密关联的教师发展中心再次出现持续增长的局势。艾伦·赖特于1994年对美国

---

① W. Toombs, "Faculty Development: The Institutional Side", *New Directions for Institutional Research*, Vol. 1983, No. 4, 2010, pp. 85-94.

② 参见徐延宇：《美国高校教师发展的特点与启示》，《高等工程教育研究》2008年第3期。

165 所高校调查时发现，有 68%的院校设立了专门的教师发展中心。[①]

与 70～80 年代不同，90 年代中心的发展不仅仅是数量的增长，更多的是质量的提高。很多中心的服务对象由原来的“教师”扩展到“教师、博士后、研究生”，项目活动由针对“教学”转变为“教学、科研，甚至涉及教师的生活层面”，项目活动增加了个体咨询服务、出版教学刊物等形式。中心对促进教师发展的积极态度以及教师对自身发展的渴望，是促进这一时期高校教师发展中心不断丰富的重要因素。

5. 逐渐完善时期(21 世纪至今)

随着 21 世纪网络时代的到来，社会变革的速度日益加快，人们对大学教育的需求也日渐增加，“以学生为中心”成为大学教育的重点，“促进院校改革”成为教师发展的新任务，教师发展由此进入了新的发展阶段。

这一时期，美国高校教师发展中心与教师和院校其他部门的联系日益普遍，内外部的构建朝着科学有序的成熟阶段过渡。此阶段的高校教师发展中心开始变革发展理念、革新发展内容，在项目活动设计上更加关注学生的需求和变化。其中，多媒体技术更多地应用于教育活动中，诸如传统视频录像技术以及新兴的微课、博客等多媒体软件，逐渐被高校教师发展中心融入项目活动中，力求为教师发展提供紧跟时代需求的帮助。与此同时，独立的高校教师发展中心开始出现，各中心之间的合作越来越密切。除了院校建立的发展中心在不断更新完善外，“地区性的高校组织也开始建立，专门提供教师发展服务的公司对高校的影响力也逐步扩大”[②]。例如，2010 年成立的国家教师发展和多元化中心(National Center for Faculty Development and Diversity)，该中心就是独立于高校之外服务于教师发展的机构，虽然建立时间不长，但高质量的项目服务吸引了美国众多名校在拥有自己教师发展中心的同时，又分别加入其中成为它的机构成员。

纵观整体，当前美国高校教师发展中心已具有了较为成熟的运作体系，进

---

① Emily C. Wadsworth, “To Improve the Academy: Resources for Faculty, Instructional, and Organizational Development”, *Journal of Scholarship of Teaching & Learning*, Vol. 18, No. 3, 2007, p. 386.

② 徐延宇:《高校教师发展:基于美国高等教育的经验》，教育科学出版社 2009 年版，第 44 页。

入创新发展阶段。因此,美国作为高校教师发展中心的经验家,成为许多国家学习借鉴的模板。

二、美国高校教师发展中心组织模式与实施方式

(一)组织模式

美国各高校为促进教师发展成立的组织机构——高校教师发展中心,由于中心建设受到院校领导因素(经验、兴趣、个人专长等)、学校环境因素(学校规模、类型等)、教师需求因素、资源支持因素(人力、物力、财力等)以及实施项目时长等因素的影响,致使各中心在组织规模、人员配备、经费支持以及服务对象等特点上存在差异。基于高校教师发展中心在院校中所发挥的作用和所处的地位,赖特将中心的运作模式划分为四类:多校区合作模式(Multi-campus Co-operation Program)、单一校园中心模式(A Single Campus-wide Center)、特殊目的中心模式(the University with Special Purpose Center)和院系教师发展模式(Development Components of other Academic Program)。[①] 伴随信息时代的到来,高校教师发展中心除了跨院校合作外,还开始了跨国家的合作,基于此,中心增添了新的类型——国际合作模式(International Cooperation Center)。[②]

1. 多校区合作模式(Multi-campus Cooperation Program)

在一个州的大学系统(Statewide system of higher education)内或是一定范围里,愿景相近的院校,自愿组成促进教师发展的联盟中心就属于多校区合作模式。例如,加州州立大学研究所(California State University Institute for Teaching and Learning)、五大湖学院联盟教师发展项目(Faculty Development Program, Great Lakes College Association)、威斯康星大学系统专业与教学发展办公室(Office of Professional and Instructional Development University of

---

① Kay Herr Gillespie, ed. ,*A Guide to Faculty Development: Practical Advice, Examples, and Resources*,Bolton, Massachusetts: Anker Publishing Company, Inc. , 2002,pp. 24-34.

② 参见王中奎:《美国大学教师发展中心研究》,华东师范大学博士学位论文,2012年,第87页。

Wisconsin System)等,都是实施多校区合作模式的高校教师发展机构。

这种模式下的高校教师发展中心通常有既定的一个中央协调委员会(System-Wide Office),负责协调和管理联盟中院校的教师发展项目和资源,并且在每一个院校(分校)中均有负责这个校区教师发展项目的协调专员。中心成员是各个学校(分校)的教职员、学术管理者和研究生,委员会主席负责管理、分配中心资源,以及协调各院校(分校)的教师发展项目。除了中央协调委员会之外,联盟下的各个院校(分校)都有负责自己校区的教师发展委员会和资源中心,以便更有针对性地来开展本校区的教师发展项目。当然,如果各院校没有设置咨询委员会,中央办公室便会发挥协调作用,邀请校外学者对其院校进行如何实施教师发展项目的指导,如:开展关于教学的演讲、咨询等活动。

由于多校区合作模式采取的是一个大学系统或同地域的多个院校合作建立的方式,所以形成了服务对象数量多、运行管理费用大的特点。为加强不同院校教师在教学、科研等方面的交流互动,多校区合作模式的中心开展了周末会议、假期工作坊、研讨班以及网络电子公告等活动。这些活动的开展在最大限度在共享资源的同时,还能分享各自开展项目活动的经验,有利于减少项目活动的成本,高效率开展教师发展工作。

2. 单一校园中心模式(A Single Campus-wide Center)

单一校园中心模式下的高校教师发展中心只负责一所院校的教师发展工作,为提高全校的教学质量等学术目标提供一系列服务。由于这类中心获得资源的支持力度以及发展目标、教师需求存在差异,致使其具有不同的组织功能。如:华盛顿大学教学发展和研究中心(Center for Instruction Development and Research, University of Washington)是将媒体技术与教师发展、教学发展相结合;而得克萨斯大学教学效率中心(Center for Effectiveness, University of Texas)则专注于为教学和专业发展提供支持。

单一校园模式的中心一般隶属于学校学术办公室,由分管学校学术事务的副校长或教务长总体负责。中心一般由一名主任、副主任或是助理主任、教学协调专员、教学顾问、新媒体技术人员以及多名兼职研究生组成。其中心主任通常是在全校教师中择优选聘对教师发展有兴趣、具有较强专业素养以及管理能力的教师。当然,也有中心主任是由学校副教务长兼任。中心负责项目活动的教学顾问或协调专员等工作者,都来自学校不同院系,均是拥有较强专业背景以及丰富工作经验的教师。其发展资金大多来源于本校支持,所获得的外部资金(如基金会)支持是浮动变化的,没有固定的金额,所以中心的发展主要依赖于所属院校的预算。因学校规模以及对教师发展重视程度的不同,不同学校所建立的中心规模也有差别。

这类中心除了为本校教职人员提供不限于教学的多方面(科研、职业生涯规划、校际交流等)服务外,还为本校学生提供积累教学经验的技能服务以及考试评价等。值得一提的是,中心发展项目的设置越来越重视与学校其他部门以及各院系间的合作,比如会在评估学生成绩、跨课程写作、教学技术支持等方面进行合作服务。此外,很多中心为教学成绩突出的教师设置了教学奖励,为他们提供奖金、差旅学习机会等,以此来鼓励教师保持教学热情、继续进行创新教学等。

由于单一校园模式的中心是基于本校教师发展情况所建立,因而具有较强的专一性,更能根据需求设计具有针对性的项目活动。而且,只针对本校提供教师发展服务的中心,便于学校汇总其存在的发展问题,更合理地满足其需求,尤其是在资金方面,学校可以最大限度地根据预算情况为其提供财力支持。

3. 特殊目的中心模式(the University with Special Purpose Center)

围绕有限的目标进行教师发展活动的高校教师发展中心就属于特殊目的模式,此类中心相较于前两个模式下的中心所要完成的任务要单一,就其特定的项目,不仅可以服务于一个学校,也可以为多个学校服务。有些规模较大的学校会根据不同的任务,分别设立多个该模式的中心,以此来聚焦发展,为教师提供针对性服务。例如,堪萨斯州立大学教师发展与评估中心(Center for Faculty Evaluation & Development),主要举办全国性的工作坊,为教师、系主任和院长提供关于评估方面的咨询服务。①

该类中心工作人员一般较少,只有一到三名针对单一任务选任的专长人员,以及一些助理人士。其经费大部分来自学校预算,基金会给予的支持则较少。为寻求更多发展资金,有些中心会通过对外服务赚取运作成本。特殊目

① 参见王中奎:《美国大学教师发展中心研究》,华东师范大学博士学位论文,2012年,第72页。

的中心模式下的教师发展中心为教师发展提供服务的主要途径有：出版时事通讯、举行研讨会和提供学习资源。因其任务单一，中心开设的项目活动目的相同、形式有限，又因为聚焦，所以项目效果好，能够以营利的方式为外校提供高质量服务，遂而成为中心资金来源的一种渠道。

4. 院系教师发展模式(Development Components of other Academic Program)

院系教师发展模式与上述三种模式在高校教师发展目标、活动形式等方面相近，但该模式下的教师发展中心所开展的项目活动，是由学院办公室或学校教师发展委员会领导，由假期中的教师或院校其他管理者负责管理，经费数额根据项目服务对象数量以及辐射范围决定。

美国目前采取该模式的高校已不多，一般是规模小的文理学院或社区学校会采用这种模式。例如：圣·托马斯大学成立的教师发展中心(Faculty Development Center)，它隶属于教师发展委员会(Faculty Development Committee)，主要负责具体促进教师专业发展项目的实施。

因院系教师发展模式主要为本院系教师提供专业发展支持，所以，该类中心通常具有服务范围小、经费需要相比其他模式少以及便于管理等特点。

5. 国际合作模式(International Cooperation Center)

在信息全球化、知识全球化背景下，为紧跟时代对教育的新要求，扩大影响力，越来越多的美国高校教师发展中心打破地域限制，开始与他国高校教师发展中心进行跨地域的项目合作、为其提供服务。不同国家间，高校教师发展中心的这种跨国界的合作方式被称为国际合作模式。此类中心通常规模较大，具备运作成熟、资金充足、项目活动丰富且效果良好的特点。

在美国高校诸多教师发展中心中，密歇根大学"学习与教学研究中心"(Center for Research on Learning and Teaching, CRLT)是国际合作模式最典型的代表。其历经半个世纪的探索和实践，不论是在中心本身建设，还是在开设教师发展项目活动方面，都积累了丰富的经验，成为美国乃至世界高校教师发展中心首要学习的对象。据 2017～2018 年度报告概述，CRLT 为 102 所学院和大学的外部客户，以及国内外的 10 个协会、基金会和其他组织提供了 2433 项服务，包括专题讲座、讲习班以及咨询活动等项目，内容涉及如何开发一个新的教学中心和评估其项目、如何与研究型大学的教员合作、如何将包容性教育纳入教学中心的工作等。①

中心进行跨国间的合作，一方面，有利于彼此“取长补短”，互相学习在促进教师发展方面的有效举措；另一方面，以一个中心为辐射点展开的合作和服务，能够扩大该中心在其他国家的影响力，传播本国的教育理念、教育文化。

6. 小结

上述五种高校教师发展中心的模式都各具特色。新时代网络通信以及网络技术在教育中的应用比重越来越大、覆盖范围越来越广，使得教师发展的实践活动随之扩大。随着信息时代的到来，规模较大、组织建设成熟完善的中心的一些项目活动开始对全球高校教师开放，发展模式逐渐向国际合作模式靠拢。因多校区合作模式能共享资源、促进交流以及节约项目活动成本，成为当前中心采取的主流模式。而单一校园中心模式以及院系教师发展模式的中心则逐渐在减少，特别是院系教师发展模式，因辐射范围小，仅存在于规模较小的文理学院或社区学校之中，在学习资源获取便捷、知识共享的今天正逐渐被时代淘汰。

（二）实施方式

随着美国教师发展内容的不断丰富，服务于教师发展的高校教师发展中心，在设计和实施项目活动上也呈现出多样化的形式。布兰德(Carole Bland)对 1965～1985 年间美国关于高校教师发展的研究文献进行了分析，其中提及最多的教师发展方法有工作坊(Workshop)、学术休假、专业发展规划等。② 赫利尔(Sandra Hellyer)和博施曼(Erwin Boschmann)于 1993 年对美国 94 所高校教师发展中心的项目活动进行了调查，结果显示中心项目最常采用工作坊、咨询会、研讨会等形式。③ 2006 年，索尔奇内利(M. D. Sorcinelli)、奥斯丁(A. E. Austin)等人

---

① “About CILT Annual Report: 2017-2018”, 2019-11-04, http://crlt. umich. edu/sites/default/files/AnnualReport_CRLT_2017-2018. pdf. ,

② C. Bland, C. C. Schmitz, “Faculty Vitality on Review: Retrospect and Prospect”, *The Journal of Higher Education*, Vol. 59, No. 2, 1988, pp. 190-224.

③ S. Hellyer, E. Boschmann, *Faculty Development Programs: A Perspective*, Stillwater, OK: New Forums Press, 1993, pp. 217-224.

的研究表明，尽管学校在类型、规模及目标上存在差异，但教师发展都有一些相同的方法：工作坊、咨询、主题讲座、奖励金及拨款、提供学习资源以及出版刊物等。① 从不同时期的调查可发现，研讨会和咨询会是高校教师发展中心最普遍的方式。

工作坊是依据教师发展的内容确定一个主题，组织教师一起讨论、交流学习关于教学知识、教学经验以及教学技巧的校内外活动。通过研讨会，能够帮助教师探索创新的教学思想和教学方法，促进教师之间关于教学、科研等方面的交流。研究证实，教师们在研讨会中对所遇问题的探讨，不仅是促进教师间交流和合作最有效的方式，而且对如何提高学生成绩同样有很好的启发。② 申淳(J. A. Centra)的调查表明，教师参与工作坊的程度达到了 65%，是促进教师发展活动中参与程度最多的方式之一。③ 而咨询会则是教师为解决自身教学、研究以及职业发展中的问题，对教师发展工作者提供指导建议。咨询一方面可以帮助教师解决当前的困惑、提供专业方面的建议，另一方面能启发教师更全面地认识自己的工作、帮助教师实现全面发展。1982 年，索尔奇内利通过实证方法研究教师咨询的作用，结果显示，通过咨询教师教学能力得到了提高，同时教师实现了个人成长。④

除上述在高校教师发展中心项目活动中普遍存在的两种方式外，每个中心在服务教师发展的使命、目标以及愿景指引下，还采取了诸多其他特色的项目实施方式，并融合时代特征逐渐普及化。如：教师交流社区、建立教师发展的学习资源中心、建立教师教学档案，以及基于网络背景开发的在线课程等。

---

① M. D. Sorcinelli, A. E. Austin, P. L. Eddy, et al., *Creating the Future of Faculty Development: Learning from the Past, Understanding the Present*, Bolton, MA: Anker Publishing Company, Inc., 2005, p. 28.

② K. E. Eble, W. J. Mckeachie, *Improving Undergraduate Education through Faculty Development: An Analysis of Effective Program and Practices*, San Francisco, CA: Jossy-Bass, 1985, p. 205.

③ J. A. Centra, "Types of Faculty Development Programs", *The Journal of Higher Education*, Vol. 49, No. 6, 1975, pp. 151-162.

④ M. D. Sorcinelli, *Effect of a Teaching Consultation Process upon Personal Development in Faculty*, Stillwater, OK: New Forums Press, 1982, pp. 147-157.

三、美国高校教师发展中心的案例研究

康奈尔大学、卡内基梅隆大学和印第安纳大学是美国著名的研究型大学，三所高校的教师发展中心都是依托良好的院校背景建立和发展，主要为本校教师发展提供服务。三所中心都拥有明确的发展理念、合理的人员分工、丰富的项目活动以及较为稳定充裕的资金支持，良好的运作模式值得我国高校教师发展中心学习借鉴。

（一）中心建设理念及人员设置

1. 康奈尔大学教学创新中心

（1）中心建设理念

康奈尔大学于 2017 年顺应新时代高等教育对信息技术的需求，将学校原有的卓越教学中心（Center for Teaching Excellence）和学术技术部门（Academic Technologies Unit）合并，使教学与新媒体技术相融合，成立了新的教师发展中心——教学创新中心（Center for Teaching Innovation, CTI），CTI 隶属于学校教务长办公室，由教务长领导。

CTI 愿景是建立一个接受学习研究、促进创新教学实践的教学社区，其使命是致力于以学生为中心，探索和培养包容性的教学实践，营造充满活力、富有挑战性和反思性的学习环境。同时，CTI 以五点价值观指导中心的发展：①敏捷的思维和适应性（Agile Thinking & Adaptability）。以合作方式在现有资源条件下针对不断变化的环境寻找创造性的解决方案。②尊重（Respect）。建立尊重的关系是中心工作的基础，在实践中重视思考、保密、倾听、非批判的服务意识。③好奇心（Curiosity）。培养寻找机会和贡献新知识的动力，研究和探索有关教学和学习的问题。④实践（Experimentation）。重视反复实验的过程，将失败作为进一步学习的经验，同时参与批判性反思的实践，并用数据来指导中心的决策。⑤关系桥梁（Connectiveness）。CTI 是学校与教职员之间的桥梁，通过支持教职员的实践活动，来促进学校的教学。[①] 此外，CTI 是通过跨学术发

① "About CTI", 2019-07-25, https://teaching.cornell.edu/about-us/mission-vision-values.

展、角色转换的形式，实现为康奈尔大学教学社区成员提供全方位、个性化服务的目标。

综合中心使命、愿景、价值观以及目标的确立，可以看出 CTI 的发展理念是借助新媒体技术，落脚于“教学”来开展项目活动，主要帮助康奈尔大学教学社区成员探索和培养包容性的教学实践，通过创新教学方式来促进教师在教学方面的发展。

(2)人员设置

目前 CTI 管理者、行政人员和具体项目管理者共有 30 人，一名执行董事，负责对 CTI 的监督和决策 CTI 运作的战略任务，直接对教务长汇报工作；中心有一名主任，负责 CTI 的整体运行发展；五名中心副主任，分管 CTI 不同的项目活动；若干名教学设计师，负责项目活动的设计和开发工作；此外，还有一名行政助理以及若干名提供新媒体技术支持的人员。

CTI 工作人员拥有硕士及以上学历，不论是领导层还是其他员工都专职为中心发展服务。如若有高等教育教学经验和研究生工作经验者，中心在选聘时会优先考虑。CTI 因为是两个部门合并的新机构，因而工作人员较多。两个部门人员的汇集，使得中心融合了两种不同的文化，能够更好地帮助教职员工进行教学技术的创新，以及传播和实施有关教学和学习本身的新研究。

2. 卡内基梅隆大学艾伯利中心

(1)中心建设理念

卡内基梅隆大学艾伯利卓越教学与教育中心(Eberly Center of Teaching Excellence & Educational Innovation)是为教师、博士后和研究生提供教学相关服务的院校机构。该中心的使命是提炼教职员工和研究生的学习研究成果，并与他们合作设计和实施有意义的教育举措，帮助教师把枯燥的科学知识以有趣的艺术形式呈现，争取为学生创造更有利的学习条件。

为落实中心使命，艾伯利中心采取了以下方法：①以学习者为中心——帮助教师、博士后和研究生制定课程目标、评估内容和教学活动，共同支持和促进学生的学习和表现；②制定教学决策——中心不仅提供教学技巧，而且帮助受助者深入了解有效学习和教学的基本原则，使其能够为教授的课程作出适当的教学决策；③合作——中心与教师、博士后和研究生密切合作，帮助他们明确自己作为教师的优势，并共同制定课程改进和教学创新的策略；④反馈——提供建设性和实用性的建议，帮助学校教职员工进阶为成功的教育工作者；⑤整合多方信息——通过收集课堂观察、学生焦点小组和教材考试的信息，帮助教员、博士后和研究生确定教学问题的根源，以及找出解决问题的方法；⑥开展研究(Research-based)——从一系列学科中提炼、综合和应用研究成果，帮助教师和研究生设计和教授更有效的课程，同时帮助教师在存在差距的学科中开展教学研究。①

在教学发展方面，艾伯利中心对于教职员来说不是评判者，而是他们教学的支持者。因此，中心的发展理念是基于"教学"，在思考原有教学经验的基础上，打破传统教学模式，加入科学和艺术元素，融合教育技术，将更具包容性的实践内容纳入项目活动中，促进专业发展规划中的包容性教学，以此来帮助卡内基梅隆大学的教职员提升教学能力。

(2)人员设置

艾伯利中心规模较大，目前有22名工作人员——行政团队4人、教学顾问团队6人、评估小组2人、技术增强型学习团队10人，都具有硕士及以上学位。中心服务于大学委员会，人员分工明确、职责指向性强。作为大学内部建立的教师发展中心，艾伯利中心在全美高校教师发展中心中属于员工较多的机构，除与学校层次高、规模大相关外，还源于近几年中心增加了教学技术团队。人员配备"术业专攻"，满足了中心自身发展和为教师团队服务的双重需求。

3.印第安纳大学创新教学与学习中心

(1)中心建设理念

印第安纳大学创新教学与学习中心(Center for Innovative Teaching and Learning，CITL)为印第安纳大学伯明顿分校的优秀教学提供全面服务，它由本科教育副教务长办公室和大学信息技术服务部合作建立，为学校提供领导力和专业知识，以促进课程的不断创新、满足课堂内外需要的技术支持和教学法的实施。CITL主要通过开展独特的项目活动，为教师提供课程咨询、教学技术、服务学习、写作教学等内容的服务。同时，因CITL位于图书馆的地理优势，能够与专门从事信息处理的图书馆员密切合作，确保中心不断充实关于教学的知识资源。

---

① "About Eberly Center", 2019-08-02, http://www.eberly.cmu.edu/approach.

CITL 的使命是以追求变革性的学习体验来支持有效教学。愿景是专注于教学创新，力图成为高效创新教学的领导者、倡导者和教学合作伙伴。遵从使命和愿景的引领，中心完成了多个角色的融合——它既是教师的实践社区，也是个人和学术单位的合作伙伴，同时又是宣传教学和学习的机构。为在日常工作中更好地发挥上述角色的作用，CITL 各项工作始终围绕以下八点内容展开（见表 10-1）。①

表 10-1 工作准则

	具体内容
①	提供综合的教学发展方法，把“教学咨询、服务学习、教学技术和写作”等多个领域融合起来
②	以受助者为中心，提供灵活的服务，满足教师、学校和部门的需求，包括在线、课堂和办公室服务
③	鼓励各级教学创新，从个人采用新的教学方法到开发超越个人课堂的前沿教学方法
④	提供转型方案，让教师积极参与到反思性教学和专业发展的过程中
⑤	促进学习成果和评估技术融入所有教学情境
⑥	参与以教师为中心的战略决策，把教师需求和机构目标置于项目和服务的核心位置
⑦	把中心项目和服务也纳入评估中，以此确保学校教师自身的价值，并使得中心能够持续不断地改进
⑧	坚持最高的专业标准，包括为受助者的咨询保密，遵守专业和组织发展网络为教育开发人员制定的道德准则

（2）人员设置

CITL 由 15 名专职职员和多名兼职学生职员组成，为教学发展和中心发展服务。其中，专职员工都有很强的专业背景，在工作中利用“专长”为中心发展服务。例如，中心现任主任格雷格（Greg Siering）博士拥有英语博士学位，主修修辞和写作，基于自身的教学背景，他在中心的工作重点是开发一种全面的教学发展方法，以便对印第安纳大学教师进行培养，并通过他们来传播创新教学

① “About CITL”, 2019-04-15, https://citl.indiana.edu/about/.

的新方法。其他中心工作人员，不管是行政岗还是技术岗，同样是根据自身专业背景以及所擅长领域，进行“角色”的分工，以确保各项工作的顺利开展。而兼职的学生大多是中心某一项目负责人的助理，服务于中心工作人员，协助他们顺利开展各个项目活动。

（二）中心项目活动及服务对象

1. 康奈尔大学教学创新中心

CTI 虽聚焦“教学”提供服务，但服务对象并不仅限于有授课任务的教师。它为康奈尔大学教学社区的所有成员提供服务，包括助教、研究生、博士后研究员、讲师和教授。因服务对象不同，中心会“因人而异”，根据不同的对象来开展不同的项目活动。

对于教师和讲师，中心为他们提供了一系列与学科内外的同事一起讨论教学和学习的机会，在中心指导下，他们可以探索在任何学习环境中能够执行的想法和技术。可参与的项目活动有：个人咨询、研究院（Institutes）、期中反馈计划和研讨会等。对于研究生和博士后研究员，中心将带他们用多种方式来探索如何将理论知识融入教学实践。开设的项目活动有：GET SET 计划、研究院、教学课程和国际助教计划（ITAP）。

（1）咨询会（Consultations）

CTI 面向教师个人、教学团队（例如：一门课的记录教员和助教）和部门（例如：跨课程实施学习评估策略的教职员）提供形成性的、保密的教学咨询。如若需要咨询，教职员工可以先通过邮件联系中心工作人员，中心会在接收后，与咨询者约定时间，进行面谈或通过网络（Skype，Zoom）进行视频会面。

教职员在中心进行的咨询涉及教学的方方面面，例如，如何调动积极的课堂氛围、如何把新媒体与面授课堂完美结合、如何设计学生学习成果的评估和评价等。[1] 常规咨询是根据问题展开探讨并给予解决建议，而更为专业的咨询服务过程则跨度比较大，还会包括三方面内容：课堂观察加上观察前后的讨论、关于中期反馈计划的讨论，以及与致力于教学相关项目的倡议小组或委员会举

---

① “About CTI”，2019-07-25，https://teaching.cornell.edu/programs/faculty-instructors/consultations.

行会谈。具体内容见表 10-2。

CTI 咨询服务是在保密谈话基础上针对“教学”相关内容开展的交流活动，咨询时间和方式都比较灵活，可根据咨询者的实际需要采取面谈或视频会面的形式。CTI 咨询服务具有保密性强、针对性强和灵活性强的特点。

表 10-2　咨询实例

咨询实例	开展的内容
实证学习的最佳练习 (Best practices in evidence-based learning)	·通过实践证明教学策略能够主动吸引住学生 ·面对面和混合或在线课程的设计和创新 ·有效的团队合作和协作学习的策略 ·大班教学法
建造包容性课堂气氛 (Building inclusive classrooms)	·探索和应对课堂上人口结构变化的方法 ·吸引力课堂的设计原则 ·支持全球和跨文化学习 ·引导讨论的技巧
评估和评价的最佳实践 (Best practices in assessment and evaluation)	·学生学习的评估设计 ·学生学习评估与课程学习目标的协调策略 ·设计、实施和评估作业的包容性实践 ·学生反馈的反思和借鉴(例如，期中和期末学生对教学的评价)
技术 (Technology)	·讲解以学生为中心的教学法的使用，如民意调查、小组合作、同行指导和同行评审 ·将新技术融入课堂以提高学习效果

(2)研究院(Institutes)

CTI 开设的研究院不仅面向教师和讲师，还对研究生和博士后研究员开放。考虑到两者之间需求不同，中心所开设的研究项目也不同。研究院给教师和讲师提供在项目中体验身临其境的机会，通过社区学习中的互动交流打破个人固有的思维定式，探讨和创新授课方式，以此来提高他们的专业能力。而对于还没有真正走到授课岗位的研究生和博士后研究员，中心则给他们提供能丰富教学和学习的机会，帮助他们在参与中积累教学经验，使其在工作后能够快速融入教学。为教师和讲师开设的项目内容[①]，见表10-3。

表10-3 教职员项目活动

	活动内容	时长	申请限制	活动目的
课程设计学院(Course Design Institute)	是开展讨论的会议和网络活动，关注课程设计、促进学生参与和积极学习、评估学生学习和教学大纲设计	为期两天的工作会议	鼓励所有学科教师参与，但限制人数，一期15人	①构建和评估课程的学习成果；②确定适合学习的积极学习策略；③调整课程评估、主动学习策略等
在线设计学院(Design for Online Institute)	讨论在线学习和混合学习的好处、在线参与和评估如何构建有效的在线课程计划	为期一天的面对面探讨	①向所有康奈尔大学教职员开放；②面对面讨论，一期限制为20人	①掌握在线学习的最佳做法；②创建有效的在线课程计划
教与学参与学院(Faculty Institute on Community-Engaged Learning & Teaching)	学习如何将兴趣转化为行动，把课程设计得更有吸引力	为期两天的同行交流	终身教职员工(尚未将社区参与服务学习作为其教学重点，但有兴趣了解如何实现这一目标的教师)	①创建或重塑教学大纲；②探讨基础阅读、教学工具等

① "About CTI", 2019-07-25, https://teaching.cornell.edu/programs/faculty-instructors/institutes.

续表

	活动内容	时长	申请限制	活动目的
多样性学院 (Faculty Institute for Diversity)	与跨学科同行小组合作，探索如何创建和支持包容的学习环境	为期两天与跨学科同行小组的交流	任何在康奈尔大学教授有学分、学期制课程的教师	①探索精选的重复教学策略，创造包容的学习环境；②与同行一起完善课程；③创建或修订一门课程以响应和参与多样化的课堂等
新教员学院 (New Faculty Institute)	参与者可以练习和培养教学技能，讨论平衡学术和教学的方法，并与强大的教师网络建立联系	为期一天的系列研讨会	①入职时间为两年内的教职员；②最多可以向20名新教师和教师开放	①为新教师提供基于研究和节省时间的教学策略；②加入教师学习社区中，享受社区为学习者提供的教学资源

从上表中可以看出，CTI研究院为教职员开设的学习项目都是短期活动，能够使学习者在集中时间里学到期望掌握的教学知识和技巧。同时，中心为了鼓励学习者坚持参与完活动，有两个项目为教师提供学习津贴：课程设计学院为教师提供500美元的学习津贴，新教员学院在课程结束后也会为参与的教师提供研究津贴(数额未定)。此外，这些活动设定了申请参加的条件(人数、入职时间等)，这样既有利于保证活动开展的效果，也便于教师根据需要筛选参与的学习活动，避免学习的盲目性。

为研究生和博士后设置的具体项目活动内容见表10-4。其中涉及的主动学习策略是指通过激发学生的动机、好奇心和元认知技能，要求学生参与到组织者制定的学习计划中。[①] 诸如写作、讨论、反思或解决问题等活动可以帮助学习者构建知识结构，与他人进行交流，通过实践练习记忆，把知识记忆得更牢固。

表 10-4　研究生、博士后项目活动

	活动内容	时长	活动目的
主动学习研究院（Active Learning Institute）	探索主动学习策略，并根据当前的教育和认知研究，探索它们如何帮助学生更有效地学习	为期一天	①针对不同的教学情境，实施主动学习策略；②提出解决实施主动学习活动时可能遇到的挑战想法
包容性教学学院（Inclusive Teaching Institute）	探索促进多元化与促进教学和学习包容性的策略；思考作为教师应如何教、教什么以及如何营造良好的学习环境	每年春季提供为期两天的研讨会	①学习包容性教学；②探索社会身份和生活经历，提高对教学的认识；③确定促进归属感和参与度的教学策略；④练习跨差异沟通的对话技巧
教学组合研究院（Teaching Portfolio Institute）	参与者将作为一名教育工作者，反思并总结自己的发展；探讨专业教学组合在学术求职中的价值等	为期一天	①创建教学理念陈述的方法策略；②为将来的课程建立一个样本教学大纲；③构建有效的简历；④策划教学评估

① “About CTI,”2019-07-25，https://teaching.cornell.edu/grads-postdocs/institutes.

续表

	活动内容	时长	活动目的
课程设计学院（Course Design Institute）	指导学员了解课程设计的基本要素以及如何促进学生参与、评估学生学习和创建以学生为中心的教学大纲的策略	为期一天	①构建评估和评价学生在本科学习情况的想法；②根据对学生学习方式的研究，确定吸引学生的学习策略；③概述以学习者为中心的教学大纲的组成部分

与教职员研究院项目一样，CTI针对研究生和博士后的研究院项目同样是短期活动。与教职员研究院项目不同的是研究生和博士后没有活动津贴，开设课程或组织研讨会的内容，更多是针对未来有从事教师意愿的研究生或博士后而设定的。

（3）期中反馈计划（Mid-Semester Feedback Program）

期中反馈计划是帮助教员在学期中获得学生对课堂情况的反馈。根据课程人数的多少，获得反馈的方法有两种：小组学生教学反馈（少于50名学生的小班）和个别学生教学问卷（人数超过50人的大班），这两种方法都包含三个步骤①，如表10-5所示。

表10-5　期中反馈计划步骤

	反馈方式	步骤
小组学生教学反馈	通过15分钟的小组讨论，总结学生对于教师上课的感受	①首先与CTI顾问（亲自或通过电话）进行简短联系；②实施反馈过程：CTI顾问在定期上课的前15分钟领导小组讨论，课后要求学生以小组形式，讨论他们对教师授课方式的感受（教师良好或需要改进的地方），总结后列出共识想法；③工作人员会与教师会面总结实施反馈的内容：CTI顾问根据教学和学习相关的研究主题，汇总学生的反馈并向教师呈现学生意见

① "About CTI", 2019-07-26, https://teaching.cornell.edu/programs/faculty-instructors/mid-semester-feedback-program.

续表

	反馈方式	步骤
个别学生教学问卷	收集学生的反馈信息，并利用 Qualtrics 工具进行在线调查	①与 CTI 顾问进行事前联系；②用 Qualtrics 工具调查，通过电子邮件向教师发送调查链接，以便教师与学生共享链接；工作人员会监控调查完成情况并通知教师回复率，当响应率达到 70%时，结束调查；③与教师会面，分享学生的反馈意见：CTI 顾问向教师提供一份报告，按照教学和学习相关的研究主题排列学生意见

对于学生的反馈，CTI 建议教师在感谢学生的同时要对反馈的问题及时回应。通过上述两种方式的反馈，中心会帮助教师发现和总结学生在课堂中出现的问题，有利于他们在后期调整授课的速度、方式和内容等，以提高教学质量。同时，教师通过反馈结果向学生表达对他们学习内容和方式的关注，可以促进师生间的互动，通过双方想法的沟通让教与学更融洽。

期中反馈计划因是保密计划，不会涉及教师职业评定问题，因此，它是纯粹促进教学的项目活动，反馈结果兼具客观性和真实性。这种方式让教师可以没有顾虑地接受审视，能够真正吸引教师通过此方式来提高个人教学能力。

(4)研讨会(Workshops)

研讨会是教师们在一起探索既定的主题并思考如何在实际教学中应用它们。每学期研讨的主题会有所变动，参与人数和参与条件没有明确的限定，详细信息需要参与者提前通过电话或邮件与中心人员取得联系。

通过研讨，参与者可以从中学习到应对教学的一些方法。以 2019 年 12 月的“让我们变得真实：关于多样性和教学的对话”主题研讨为例。CTI 会在中心官网上发布本次研讨会的基本信息：时间、负责人、主要讨论内容等，参与者可以提前登录查看，做好研讨的准备。本次研讨会，参与者将一起探讨：①把积极地倾听和有目的地表达作为沟通策略，以增强理解、反思和自我发现；②讨论与社会身份和生活经历相关的隐性偏见、冒名顶替事件和两者相关的权力动态；③探索羞耻、脆弱、同理心和适应力之间的关系。这次主题研讨会的目的是帮助教师通过促进对话的方式，反思教学和学习中的群体动态。其中类似于“在学习环境中，老师和学生的社会身份和生活经历是如何发挥作用的？教师的文化世界观和个人经历是如何塑造他们的意识?”的问题是研讨的重点，中心希望教师们能够通过研讨会养成自我反思的习惯，并能够通过知识体系的建立，充实康奈尔大学的教学。

(5)GET SET 计划

GET SET 计划是一个 75 分钟课程的教学系列研讨会，它为研究生、助教、博士后研究员提供了每周参加高等教育教学研讨会的机会。如 2019 年春季的研讨主题有:“教你的学生如何批判性地阅读原始文学”“利用课堂评估技术评估学生的学习”“跨差异的教学和指导”等，学员可通过不同主题的课程，掌握不同的教学技巧，积累教学的经验。

GET SET 系列研讨会设有 8 种类型的证书，研讨主题不同证书类型不同，只有当学员达到所参加研讨会获得证书的要求后，才会拿到研讨课程的证书。获得的证书不仅可以记录学员参加本系列课程的情况，而且可以证明他们对提升教学和专业发展所做的努力，这些经历在他们今后的学术求职中占有很大比重。所以，学员在积极利益的驱动下，会主动参与 GET SET 计划的研讨会。此外，GET SET 计划开展的活动无固定日期，较为灵活。

(6)教学课程

教学课程旨在系统地加深学员的知识，并通过课程和活动证书记录学员对教学发展的努力。[①] 该课程包含高等教育研究生课程和多元在线课堂的教学，具体内容如表 10-6 所示。

---

① “About CTI”, 2019-07-26, https://teaching.cornell.edu/programs/graduate-students-postdoctoral-fellows/teaching-courses.

表 10-6 教学课程

	时间	适合人群	课程目的	预期成果
高等教育研究生课程	为期七周的课程	目前正在康奈尔大学教学和准备高等教育职位的研究生	提高教学和公共演讲的场景技巧和提高高等教育教学能力	①加强教学和公共演讲的场景技巧;②掌握高等教育学的理论知识和积累实践经验:明确高等教育机构发展理念、构建并阐明作为未来高等教育教员的教学理念等
多元在线课堂教学	为期四周、自定进度的在线课程	对康奈尔大学所有学科教学人士开放;不是学校人员也可因兴趣申请	围绕“教与学”提供给学员多元化专业知识的在线课程;探讨包容性课程设计、社会认同和自我反思的策略,以及有效支持学生参与和归属感的教学实践	①与同行面对面讨论教学的相关内容;②帮助学员储备多元化的教学视角

上述课程都需要提前申请注册,每个课程体系都由不同形式的分支课程组成。“教学课程”项目所开设的课程内容和授课形式尽可能满足不同需求的学员,力求从不同角度发展学员的教学能力。

(7)国际助教计划

国际助教计划(The International Teaching Assistant Program, ITAP)是一项为非英语国家学员设计的专业发展计划,包括语言评估、国际教学助理课程和国际助教暑期课程,具体内容见表 10-7。ITAP 为国际助教提供支持,帮助国际助教获得完成教学任务需具备的英语口语能力,同时确保他们能够积累丰富的教学经验。[①] 因参加 ITAP 课程的都是非英语国家的学员,所以国际助教

① “About CTI”, 2019-07-28, https://teaching.cornell.edu/international-teaching-assistant-program.

暑期课程和国际教学助理课程都包含语言评估，对学员英语口语的评估是ITAP课程开始的前提。这有利于中心了解学员的真实水平，以便为他们匹配适合的课程。其中，国际助教语言评估和国际助教暑期课程这两门课，虽然在课程内容和实施方式上有所区别，但两者预期成果相同。此外，国际教学助理课程形式多样，包括小组讨论会、与教师的双月例会、音频期刊和教学实习，每个分支课程都包含口语交流、跨文化课堂交流和教学技巧这三个主要的部分。

表 10-7　国际助教计划(ITAP)

	适合人群	课程目的	做法
国际助教语言评估	没有参加 TOEFL iBT 或口语分数低于 28 分的国际助教；没有参加雅思考试或成绩低于 8.5 分的国际助教	①旨在确定国际助教(ITA)的英语水平是否满足在康奈尔大学学习的最低要求；②设计ITAP课程作业并确保学员分配到适当的教学任务	填写语言评估表，并准备一个简短的自我介绍(背景、兴趣、自己专业等)
国际教学助理课程	国际研究生助教	①通过专注真实学术环境中的互动活动，发展和完善口头交流；②了解跨文化高等教育环境中的教学问题(尤其是康奈尔大学)；③通过真实或近似真实的教学环境，通过微型教学演示、角色场景扮演等方式，帮助国际助教提高交流和教学技能	提供秋季和春季学期课程
国际助教暑期课程	国际助教(英语非母语)	一项强制性夏季培训课程，旨在为第一语言不是英语并在秋季学期担任助教的国际学生，熟悉校园文化、提高他们的口语交流和教学技能	学生将参加语言评估，并根据评估结果，参加指定的口语或教学法课程

2. 卡内基梅隆大学艾伯利中心

艾伯利中心服务于卡内基梅隆大学的教师、博士后和研究生，根据他们的需求特点，开设一系列项目活动来支持他们的教学。这些项目活动因面向人群的不同，大体分为两类：对教师的支持和对研究生的支持。面对教学的复杂性和挑战性，中心为教师开设了高效的项目活动：教学咨询、教育技术、研讨会和特殊兴趣小组（SIG）、教学观察和早期课程反馈（学生调查和焦点小组）。[①] 同时，面对有别于教师群体的研究生，中心开设了不需要有任何教学经验的项目活动：研讨会和讲习班、一对一教学、教学反馈、未来教师计划和探索教学资源。[②] 同时，艾伯利中心提供的服务具有自愿性和保密性特点，学员自愿加入、中心对其情况进行保密。

（1）教学咨询

A. 支持教师

艾伯利中心为教师提供量身定做的关于任何教学问题的个人保密咨询。中心通过收集相关信息、帮助教师解读信息以及与教师合作生成有效的解决方案，促进受助教员解决复杂的教学问题。例如，帮助受助教员做以下工作：

- 修改或重新设计课程或教学大纲。
- 确定符合教学目标的教学策略。
- 高效实施实证教学策略。
- 为课堂活动和作业设置革新创意。
- 制定评估准则，以便衡量和提供相应的学习反馈。
- 计划和实施与教育有关的资助方案或研究评估。

如果教师想与此项目负责者一对一讨论教学的相关问题，教师需要提前联系中心，中心会在对外保密的前提下，给予受助教师针对性的教学咨询。同时，为帮助受助教师更好地解决问题，中心会记录教学咨询的过程，以便教师在需要时随时查看。因此，对教师的教学咨询，具有极强的针对性、保密性和程序性特点。

B. 支持研究生

---

① "About Eberly Center", 2019-08-02, https://www.cmu.edu/teaching/services/faculty/index.html.

② "About Eberly Center", 2019-08-02, https://www.cmu.edu/teaching/services/graduate-students/.

因研究生没有丰富的教学实践经验，所以中心鼓励研究生与中心的教学顾问进行一对一的教学咨询，研究生向教学顾问提出问题、与之讨论想法，内容涉及教学的任何方面。最常见的一对一咨询内容如下：

· 如何进行第一次的授课准备？

· 如何应对具有困难或挑战性的教学情况？

· 如何创建或修订教学大纲？

· 如何回应早期课程评估和期末评估？

· 如何进行教学说明或获取教学效果的反馈？

一对一咨询，一方面可使教学顾问更加清楚研究生学员对于教学的认识和需求，另一方面帮助研究生学员在经验不足的情况下，储备解决教学问题的能力。

(2)教育技术

艾伯利中心是技术强化教学领域的帮助者和项目支持者，此项目活动的目标是定制教育技术支持以满足受助教员的需求。提供给受助教师关于教育技术的计划服务包括：指导其选择满足课程需要的平台和工具、定制的讲习班、有效在线学习体验的模型，提供课程设计支持，提供项目评估支持(例如项目的设计、实施和持续改进)以及为调查教育技术的影响而进行的拨款建议和研究咨询。

以下是中心指导个别受助教师进行的活动：

· 如何选择适当的教育技术并将其有效地纳入课程中。

· 如何进行翻转课堂以最大限度地提高学生的学习能力。

· 如何利用收集到的数据信息反复修正教学策略。

· 如何设计新的交互式学习体验或数字教学材料(视频、教程等)。

· 如何优化使用大学支持的教育技术(Blackboard、TurnItIn 等)。

以上是该项目提供的部分指导事例，主要就某一教学问题或教学技巧提供技术支持。此外，如果教师需要一对一的教育技术指导，可与工作人员联系，中心也会根据教师个体的需求提供更具针对性的帮助。

(3)研讨会和特殊兴趣小组(Special Interest Groups，SIG)

A. 研讨会

①学院研讨会——支持教师

学院研讨会是 90 分钟的互动课程，对所有学科和级别的教师开放。特别是为照顾新手教师的需要，每个学期研讨的主题都会涉及新手教师的教学。研讨目的是通过聚集不同学科的教师，进行各自经验教学策略的示范和交流分享，以便综合提炼有关教与学的研究成果，传播创新教学模式，以此促进参与者在“教学”上的互动。

②教学研讨会——支持研究生

在秋季、春季和夏季学期，中心会举办一系列研讨会和讲习班。研讨和讲习的内容涵盖教学、学习和职业发展等，研讨会采取互动式，综合了各种教学策略；讲习班则为学员提供实践机会，通过参加实践活动，学员能立即获得有关教学具体内容的反馈。

此外，研讨会时长 2 小时，参加者不需要有任何教学经验，对所有研究生免费开放。艾伯利中心有专门研究生课程协调员，可以为个别部门或项目的研究生，提供更为需要的研讨会和讲习班。

B. 学院特别兴趣小组(SIG)

SIG 将小型、多学科的教师团体聚集在一起，通过主题教学的探索，来帮助培养社区教学。该项目允许参与者参加多个课程，小组成员们在活动期间深入探讨教学和学习主题，研讨的内容很丰富，超越了单一、独立的研讨会。并且在活动开始前，项目负责者会根据卡内基梅隆大学教师的需求，为参与者量身定制课程，以帮助参与者在活动中收获所需。

上述两种形式的研讨课程，每学期的研讨主题都会在中心网站发布详细信息(时间、地点、主要内容等)，需要者可在相应主题下进行注册申请。

(4)教学观察

教学观察是对课堂效率的观察，对教师和研究生都开放，会对被观察者的情况进行保密。当受助者参与这项活动时，中心会安排专门人员对其进行课堂观察。教学观察员从外部角度，为被观察者提供关于课堂教学行为以及学生可观察行为的客观数据。其中，对于研究生来说，完成两个教学观察符合参加未来教师计划的要求之一。该项目活动流程如图 10-1 所示：

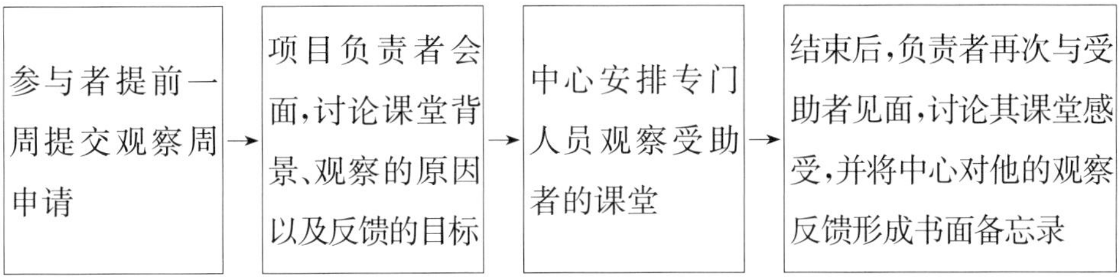

图 10-1　教学观察的过程

(5)早期课程反馈

早期课程反馈有学生调查和焦点小组两种形式，该项目为教师和研究生提供服务，具体内容和流程如表 10-8(早期课程反馈内容)、图 10-2(学生调查流程图)以及图 10-3(焦点小组流程图)所示。

表 10-8　早期课程反馈内容

	是什么	为什么	怎么做
学生调查	是一种可以从学生那里收集有关课程如何支持学习的有效方法	①通过早期课程评估，教师可以从学生那里获得反馈，以便在后续课程中进行相应调整；②调查是获得此反馈的一种相对快速简便的方法	①将参与者的早期课程评估安排在开课后的 3～5 周，或 2～3 周的小型课程，保证学生有足够的课堂体验，同时教师仍然有时间进行调整；②在课堂上给学生 10～15 分钟完成评估
焦点小组	是在参与者课程进行中，从学生那里收集关于其课程如何支持他们学习信息的有效方法	①可用于收集有关特定问题的信息，或作为课程进展的一般"签到"；②所获反馈是坦诚、富有启发性和建设性的，因此参与者可以在后续课程中进行有针对性的调整	①可以在学期任何时候寻求焦点小组的帮助。但是，建议在整个学期课程中学生学习 3～5 周后，或在小型课程中学习 2～3 周，保证学生有足够的课堂经验，同时教师仍然有时间进行调整；②需提前一周与中心人员联系，确保有一位活动人员有档期

上述活动中学生回答都是匿名保密，其中，在进行“焦点小组”活动时，负责人员将在受助者不在场的情况下，与学生进行非正式的面试，询问学生关于他们在受助者的课程中学习的体验和看法，以期从不同的观点中提炼信息，评估提出的每个讨论点的共识。

准备调查：开放式问题可能会引发更多有启发性的反馈 → 在课堂上分发：鼓励学生写在于教员的授课信息，这往往会产生更具建设性的评价 → 列出学生的回答：将结果转变成变更的建议及讨论的结论 → 对上述结论作出回应：考虑将要维护的课程和要调整的课程的各个方面 → 与学生讨论：参与者向学生解释要维护的方面和计划要改变的理由，并对学生的参与表示感谢

图 10-2 学生调查流程

参与者与活动负责人员会面，讨论参与者的课程并确定学生反馈的问题 → 活动负责人拜访参与者的班级，与学生进行 20～25 分钟的交谈 → 活动负责人员编写学生评论，并与参与者会面讨论后续工作，此外，中心还提供给参与者总结反馈的书面备忘录

图 10-3 焦点小组流程

(6)教学反馈

邀请某人在授课时观察自己，并在之后给予反馈，这是发展和洞察教学最有效的方法之一。因此，中心为研究生提供了三次机会，让他们获得关于教学的反馈：课堂观察、早期课程反馈和微教学讲习班。因前两种前面已讲述，故在此只对微教学讲习班进行分析。

在秋季、春季和夏季学期，中心提供了几个微教学讲习班，让研究生有机会及时获得同行对教学的反馈。每名学员都会从他们所教学科中提供一个关于概念或术语的五分钟(“微型”)课程，并从其他学员和两位主持研讨会的中心顾问那里获得建设性的反馈。中心鼓励参与者与中心顾问进行一对一会谈，观看

和讨论他们自己课程的视频。

(7)未来教师计划

未来教师计划是帮助研究生发展和记录他们的教学技能,为他们毕业后教师职业生涯做准备。本课程的参加者通过该计划的研讨会,学习有效的课程设计和教学原则,从教学咨询中获得反馈信息,并将所学应用于完成课程和教学大纲设计以及教学理念陈述项目。

作为涵盖了前几个活动的大类项目,完成该计划有四点要求:

①研讨会:参与者必须参加至少 4 场核心研讨会和至少 8 场一般性质研讨会。

②教学反馈咨询:参与者必须完成 2 次教学反馈咨询,其中至少有 1 项是运用了观察法。

③课程设计项目:参与者必须为所在学术生涯中的某个阶段的课程制定或实质性地修改教学大纲,可以是一门正在参与或将要担任助教或讲师的课程。

④教学理念项目陈述:参与者必须写一份 1~2 页的教学理念,该文件通常作为学术工作申请的一部分;学员与顾问在反复合作中,会产生一份符合评估准则概述的声明。

未来教师计划作为服务于研究生的综合类项目活动,花费时间比单项活动要长,需要几个学期连贯完成,但具体需要多少时长,取决于个人在每个要求上花费精力的情况。此项目的 4 个要求没有具体的完成顺序,但大多数研究生发现在开始任何一个项目之前参加一些研讨会,可以帮助自己尽快融入其中。

参与该计划的研究生与中心工作人员会面了解内容、制定计划来参加该项目的所有活动。在该项目结束后,学员除收获教学知识和提高教学能力外,还会获得艾伯利中心活动的成绩单(例如参加的研讨会、完成的项目等),在完成整个未来教师计划后,学员研究生可用合格的成绩单来证明自己的专业能力,为今后申请工作加分。

3. 印第安纳大学创新教学与学习中心

CITL 服务对象主要是有教学任务的专职或是助理教师,根据他们对教学需求的不同来提供相应的教学支持,使教师能够从“教”和“学”两方面得到提高。例如,在“课程开发”方面,中心主要根据服务对象的工作特性,来细化项目活动——中小型课程的教师、大班教师、本科教学助理以及所有班级规模的教师。此外,中心认识到教学创新往往涉及对教学的重大反思,因此在继续加强对诸如教师学习社区(Faculty Learning Communities, FLC)这样的长期变革性项目的关注外,还在广泛的教学探索过程中为教师团队提供持续的指导。

(1)教师学习社区(Faculty Learning Communities, FLC)

FLC融合了不同学科和研究领域的教师,主要对教学各方面内容展开主题探讨活动。这些社区的教职员工参与学术教学和以学生为中心的学习,提出有关教学和学习的问题,尝试教学创新、评估学生的学习,创建新的实践模型以及讲述他们如何获得工作奖金。FLC成员每月举行一次或两次会议,参加者可获得750美元用来支持专业发展需求。印第安纳大学所有全职教师,包括终身制和非终身制,都有资格参加FLC。在2016年(2015～2016学年第二学期和2016～2017学年第一学期),CITL为19个教师学习社区提供了资助。教师学习社区关于教学的研究活动每年都会有数量和主题的变化,从2016学年报告中可看到,2015～2016学年,教师学习社区举办了10个主题研讨活动;2016～2017学年则举办了8个。[①] 两个学年的主题不同,对教学关注的内容同样有所变动。

为了尽可能让学校教师都有机会参与促进教师发展的活动,中心限制一人只能参加一个CITL资助项目,这些项目包括教师学习社区和其他付费项目(例如,当参与者获得SOTL补助金后,则无法获得参与FLC的资金)。关于FLC的基本信息(主题、主要内容以及注意事项等)可在中心官网查询,教师可根据需求,选择要参加的主题活动。

(2)课程开发

CITL专注于"教学",因此关注课程开发是该中心最首要的项目活动,指导这一项目活动的原则是逆向课程设计[②](见图10-4)和学科模型的解码。逆向设计方法是指教师基于期望学生完成的学习成果,来构建课堂的教学内容以及课

---

① "CITL Annual Report 2016", 2019-05-07, https://fanyi. baidu. com/# it/zh/CITL%20Annual%20Report%202016.

② "About CITL", 2019-05-05, https://citl. indiana. edu/teaching-resources/course-design/backward-course-design/.

堂上的师生互动。

中心课程顾问经常与教员和助理教师会面，帮助他们设计新课程或丰富现有的课程。所有涉及课程开发的研究所都是高效活跃的多日活动，是通过同行小组来帮助促进这一进程。如果教师有计划开发或调整自己的课程，可以通过申请来参加符合自己需求的项目。课程开发的所有项目都是免费提供给印第安纳大学任何学科、任何部门以及任何级别的教师，以帮助他们获得更适合学生吸收所授知识的课程讲授模式。

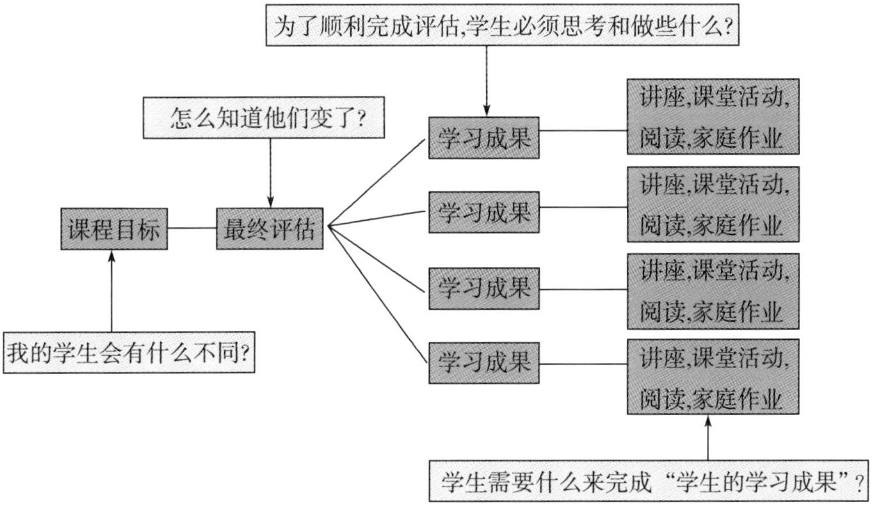

图 10-4 逆向课程设计模型

“课程开发研究所”项目根据教师授课规模和教师自己的时间大致分为五个课程开发体系，具体内容如表 10-9 所示。

表 10-9 课程开发研究所

	时间	面向人群	形式	目的
中小型课程开发	9 天内 4 次 3.5 小时	中小型课程的教师	晨会	讨论新课程或修改现有课程
秋季课程开发	为期 6～8 周的课程中，举行 4 次 2 小时下午课程	传统课程教师	每周不同步的在线活动	讨论新课程或修改现有课程

续表

	时间	面向人群	形式	目的
大型课程开发	5 次 3.5 小时(夏季末召开)	大班教师或本科教学助理	晨会	以实施逆向设计方法来开发新课程或修改现有课程
翻转学习课(网络课程制作)	3 次 3.5 小时会议	所有教员	晨会	探索学校提供的用于创建教学视频的方法、工具和支持
网络课程开发	五月的 5 天内会面 5 次,每次 4 小时	所有教员	在线授课	讲述如何设计和在线授课

中小型课程晨会和大型课程开发晨会,从某种程度上来讲,这两种类型虽在开设时间、时长上存在差异,但期冀的目的相同,都是希望参与者可以为他们正在开发的课程制定基本日程,对布置给学生的作业以及对作业的评分策略进行调整,以激励学生获得他们所期望收获的学习成果。

(3)课程评估

CITL 的课程评估从学生和教师这两个群体入手,但只针对教师教学成效进行衡量,目的是为了增强教师的授课效果、提高学生的学习能力,并不涉及教师职业评定的正式教学评估。

A. 课堂观察和反馈

选择该项目的教师,可以与 CITL 顾问进行合作,课程顾问将基于研究方法来反馈给教师所观察和记录到的课堂情况。① 一般程序是:首先,课程顾问将与教师个人进行讨论所希望观察授课的目标,以及教师希望顾问关注课堂的哪些特定内容。然后,顾问将来到教师指定的班级并在课堂上做好笔记。在观察几天后,顾问与教师再次会面,审查录音,讨论教师授课的进展情况。最后 CITL 顾问通过咨询和课堂观察,提供给教师形成性书面反馈,帮助教师更好地

① "About CITL", 2019-04-15, https://citl.indiana.edu/consultations/class-observations-feedback/.

实现设定的课堂教学目标。

基于保密情境下的观察和反馈，使得教师们不必担心会影响到部门同事间的关系。许多教师发现在这一前提下得到的反馈信息，对他们成长为更好的教师很有帮助。

B. 程序化评估

程序化评估涉及一系列活动，这些活动帮助部门或学校如何成功实现课程目标。在完成程序化评估后，根据总结的问题对课程进行调整，以提高学生的学习能力。评估内容包括核心课程和普通选修课程，有四个关键步骤：确定计划目标、确定学习成果、课程规划和总结报告。[①] 具体内容如表 10-10 所示。

表 10-10　程序化评估的步骤和内容

步骤	具体内容
确定计划目标	是程序化评估第一步，目标根据教师对他们课程中所重视的内容以及教师希望毕业生离开学校时能够思考和做的事情来确定
确定学习成果	可以帮助教师明确自己讲授的内容对学生而言吸收了多少，这有利于教师及时调整授课策略
课程规划	在前两者已确定的情况下，审查授课成果和课程是否一致，需要对计划目标、学习成果和计划课程进行重要讨论
总结报告	是在课程规划完成后，CITL 顾问帮助工作组分析课程计划优缺点，项目负责人编写一份最终报告，概述进展情况并确定接下来教师要进行的工作，包括实施和研究任何课程的变动

（4）校园写作计划

校园写作计划是将写作作为提高学习和教学水平的工具，致力于提高学生的教育水平。该计划强调写作不仅为学生提供作文基本技能的额外练习，而且帮助教师以适合学科的方式来提高表达、讲解知识的能力。校园写作课程有三项任务：①通过咨询和讲习班，协助教师把写作融入课程中；②通过写作小组，帮助学生满足课程要求；③促进跨课程写作和学科写作，并研究这两者所具有的作用。其主要功能是就课堂写作的使用向教员提供咨询，并对写作教学的效果进行研究，以此来帮助教师提高授课能力，让学生更好地吸收课堂知识。例如，开展“如何制作有效的写作作业、如何将简短写作整合到课

① “About CITL”，2019-04-15，https://citl.indiana.edu/consultations/programmatic-assessment/.

程中以及如何将写作过程构建到课堂中”等问题咨询。[①] 面对学生，该项目则强调写作不仅是为了让学生在基本写作技巧上获得更多的练习，而且致力于提高学生的教育水平，旨在培养学生以恰当的、科学的方式表述复杂工作的能力。如：帮助学生制定强有力的论文陈述、解决语法问题、训练书写有效考试论文答案的能力等。

此外，校园写作计划提供课程开发补助金，主要用于对写作教学功效进行研究。同时，这一项目对后期效果十分关注，会定期调查写作教学服务(Writing Tutorial Services)中提供辅导的有效性，包括调查学生、采访使用写作教学服务的教员，以及通过各种方式了解导师与学生之间的互动。

(5)研讨会

CITL 研讨会活动在中心官网都会及时更新和发布研讨的主题、时间、主讲人等信息，教职员工或研究生可以根据需求进行相应选择。需要特别注意的是，参加研讨会的成员要先进入中心网站的研讨主题下注册个人信息，而且每个 CITL 主题研讨会都有参与要求。例如：2019 年 4 月 26 日举行的“精读写作圆桌早餐会议”(Intensive Writing Roundtable and Breakfast)要求经验丰富的教师参加；对于研究生的申请要求，则是参加过中心提供的“教育学理论”和“课堂教学技巧”活动。

CITL 在其网站上关于“研讨会”的活动有两大板块陈述分列——“即将举办的研讨会”和“过去的研讨会”，不管是已举办过的研讨会还是即将开始的，浏览者都可以很清楚的查阅到关于每个主题研讨会的相关信息。

(6)服务学习计划

服务学习计划向教师提供关于在课堂上使用服务学习和社区参与式教学的咨询，并在服务过程中将社区(非营利、公共或私营部门，支持服务的资助商、教育、艺术和市政单位)与校园资源联系起来。该计划的使命是通过了解校园和社区确定的需求，加强校园和社区之间的课程服务联系，通过社区参与式教学来促进学生的公民发展。

其中，社区参与式教学可用于各种场景的教学中，包括基于学科、基于项目的课程，以服务为中心的实习，大学生社区行动研究以及针对额外学分的定向学习等。每种模式都将学术理论与实际生活经验相结合，让学生对课程内容有更广泛、更深入的理解，培养他们的公民参与感，并强化他们对自己在社区中地

---

① “About CITL”，2019-04-15，https://citl.indiana.edu/programs/writing/.

位的洞察。

(三)中心服务资源和奖助金支持

1. 康奈尔大学教学创新中心

(1)服务资源

在促进教师教学发展上,中心提供了很细致的资源支持,包括教学策略支持、教学技术支持以及帮助教职员发展的发展金支持。

A. 关于教学的策略支持

在教学策略方面,内容涵盖了课前、课中、课后。课前主要是如何编写教学大纲、如何使用教学工具以及评估学生的先验知识等;课中是如何调动学生组织有意义的讨论、安排学生进行合作学习、主动学习等;课后则回归到对学习成果的评估,即如何开发符合课程学习成果的有效测试题等。每个教学策略都有详实的介绍:是什么、如何做以及优点。有些策略还进一步提供了理论资料,这些理论资料都有清晰的题名、作者、出版社,教师可根据需要自行学习查看。

部分教学策略的具体内容如表 10-11 所示。

表 10-11 教学策略

	是什么	做法	优点
建立文档教学	收集教学信息(如课程评价、教学反思笔记、期中反馈、课堂观察材料等),并对这些信息进行反思和汇报,促进教学发展的进行	①收集教与学相关材料;②把来自中心课堂观察、期中反馈计划的信息、中心研讨会和教学机构材料记录在教师个人教学档案中;③定期排序和选择教师最佳教学效果的素材;④帮助教师反思建立的教学档案	①阐明和完善教学实践;②提供以学习者为中心的环境;③定义教师个人风格;④帮助教师总结经验;⑤明确教师对教学的承诺;⑥关注学生学习过程和课程目标的实现;⑦很好地解释了这样教学的原因
破冰者(Icebreakers)	有趣的互动活动,旨在帮助人们相互了解	让学生熟悉课程内容和学习目标	①创建轻松的学习环境,让学生分享想法,更充分地融入课堂;②建立学生之间的融洽关系,营造高效的学习环境;③让学生做好合作学习的准备

续表

	是什么	做法	优点
包容性教学策略	是指满足具有各种背景、学习方式和能力，满足学生需求的各种教学方法	为学员提供包容性教学策略的相关咨询，同时为学员提供自行探索学习的资源：CTI 的多样性学院项目、美国高校多元化与民主学会、康奈尔大学学术多样性倡议办公室等	①教师可以和各种学生进行互动交流；②教师可以提前为材料中的“热点”问题做好准备；③学生可以更享受课堂包容的学习氛围；④学生更有可能通过这种包容的学习方式获得成功
通用学习设计(UDL)	是一种教学方法，能够满足所有学习者的需求，并消除学习过程中不必要的障碍	开发一个灵活的学习环境，在这种环境中，信息以多种方式呈现，学生可以通过各种方式进行学习	①可以增强包容性学习环境；②可以满足学生更广泛的学习需求，消除潜在或不必要的学习障碍；③为学生提供多种感知和表达其学习的方法，使学生能够以最有利于他们的方式进行学习，以弥补技能不强的领域
翻转课堂	是用更多以学生为中心的学习策略取代传统授课的过程，例如主动学习、讨论、基于问题的学习，以及其他形式的小组工作和同伴教学。教学内容通常是在课堂外以视频的方式进行传递	翻转课堂没有固定的做法，举例：①教师将 5～10 分钟的实践学习活动整合到课堂上，从而减少 5～10 分钟的授课时间；②教师设计了一个课程，其中内容完全通过视频片段、课前阅读和练习进行传递，而课堂时间完全用于小组合作学习	①将内容安排在课堂外，可以把更多课堂时间用于组织学习活动，如“同伴指导”或“主动学习”；②互动式教学方式可以增强学习效果；③打破传统课堂面授，教师可以用视频、播客或在线学习等形式把知识教授给学生

B. 关于发展教学的技术支持

在教学技术方面，CTI 设有技术实验室，是用于准备课程材料或开发课程的教学技术资源。中心欢迎教职员和研究生教学助理使用 CTI 技术实验室提供的最先进的计算机、信息软件和其他多媒体设备。技术实验室有专职员工顾问，可以向学员提供培训和支持他们使用计算机技术进行教学，并且顾问可以帮助学员准备或编辑学员的课程材料。其中为学生助理提供的支持服务有：协助准备课堂或基于网络的多媒体课程内容、协助课堂演示（包括 PowerPoint 演示）、音频和视频服务、播客支持、更新课程网站以及协助使用博客和维基等合作工具等。此外，还有一些软件的应用贯穿于教学过程中，需要学员亲自操作，对于这些，中心为学员提供了详细的介绍和使用说明。

部分技术支持软件的具体内容如表 10-12 所示。

表 10-12　技术软件

	功能	用途	注意事项	优点
Turnitin 软件	是一种剽窃检测软件	把学生作品、出版物和材料与互联网的大型数据库进行对比，扫描学生作业中的匹配文本，以此检测文本质量	仅限于教学目的	一种学习技术工具，可以帮助学生养成学术诚信的品质、学习如何正确引用他人资源
Rubrics	是一种评分指南，用于评估和阐明特定的组成部分以及对任务的期望	可用于各种任务：研究论文、小组项目、作品和演示文稿的评判打分	合理安排构建量规的时间；通常用于评估书面作业，也可用于口头报告等	该软件的优点有很多，对于教师和学生都很有帮助。例如：可以帮助教师通过评估量规结果来优化教学方法；可以帮助学生理解作业的期望和组成部分等
Qualtrics	是一个调查工具，康奈尔大学的教职员工、学生和退休人员都可以免费使用	使用者可以创建和分发关于教学的调查问卷，以此来收集要了解的信息	使用者要确定自己的研究是否需要康奈尔大学机构审查委员会的审查和批准	可以帮助使用者完成调查服务所需的大部分工作

(2)奖助金支持

为了推动教学发展,提高康奈尔大学教职员对教学的重视,调动学员参与中心项目活动的热情,CTI为康奈尔大学教学界提供一系列补助和奖励,以支持创新和实践学习方法的实施和对其他校园计划的支持。中心为教职员、研究生和博士后研究员提供的奖助金不同,教职员获得的奖助金种类多于研究生和博士后研究员。给予教职员的奖助金项目如表10-13所示。

表10-13 教职员奖助金

	申请时间	金额	对象	目的
教师小额补助计划	无明确说明,项目一般预计在授予的一个学期到一个学年内完成	100 ~ 1500美元	康奈尔大学教学的教师(终身教职和非终身教职)和全职教师	旨在支持康奈尔大学教师的课程改进工作,目标是便于小规模实施改进和提高当前学生在课程水平上的学习体验
创新教学奖	根据创新项目进行申请	5000 ~ 25000美元,每个项目申请的金额根据项目类型和实施需要有所不同	康奈尔大学教学的教师(终身教职和非终身教职阶段)和全职教师	探索在教学方面的新工具、新技术、方法和教学策略,以促进康奈尔大学充满活力、富有挑战性和反思性的学习体验。
专业发展资助计划	在授予补助金的学期内	最高可达1500美元	所有在康奈尔大学任教的讲师和高级讲师	加强教学和学习项目的实施

上述教职员奖助金是中心全权根据实况进行分配,此外,国际康奈尔大学课程补助金和孟切尔杰出教学奖(Menschel Distinguished Teaching Fellow Award)是学校其他部门给予CTI项目活动的支持。国际康奈尔大学课程补助金是国际事务副教务长办公室授予康奈尔国际课程的拨款,以支持由教师主导的创新举措,这些举措将扩大康奈尔大学在海外的影响力,为康奈尔大学学生提供高影响力的全球学习体验。虽没有明确的金额说明,但每年都给予教师发

展项目高额的资金支持。孟切尔杰出教学奖由副教务长办公室与教学创新中心合作颁发。获得者是在教学和研究方面有杰出记录的教师,鼓励他们在康奈尔大学校园内发展和推广强有力的教学法。学校每年都会根据表现挑选出一名杰出的教学研究员,来鼓励他们为促进教师教学发展所作的贡献。

给予研究生和博士后研究员的奖助金项目如表 10-14 所示。

表 10-14　研究生和博士后研究员奖助金

	资格要求	奖励	目的
Cornelia Ye 杰出助教奖	在康奈尔大学至少有两学期全日制助教经验,并获得过优秀的教学评估	500 美元	旨在表彰两位在教学方面表现出奉献精神的杰出助教
CTI 研究生教学奖学金	目前正在注册并取得令人满意的学位课程以及在校至少有两学期助学经验的研究生	获得证书和 1000 美元	旨在培养研究生的领导能力、指导和跨学科协作能力
主动学习奖	申请自然科学或社会科学本科课程的研究生,尤其是大型入门级课程的研究生	1000 美元酬金和 250 美元旅行奖励	提高教学助理在康奈尔大学教学中的作用

2. 卡内基梅隆大学艾伯利中心

(1)服务资源

在教学和学习方面,艾伯利中心提供了很多可以学习探索的资源,包含技术资源和线上线下学习资源。

A. 技术资源

艾伯利中心于 2017 年加强教育技术领域内容后,继续微调和增长技术以促进教学内容和工具的融合。对于大部分教师存有的关于"某项特定的技术是否能促进学生的学习"的疑虑,中心始终遵循"工具的学习效果取决于何时、何地、如何以及为什么使用它",因此,中心技术人员会从始至终地协助教师进行教学技术的应用。在教师进行教学技术尝试时,中心技术人员会帮助教师对教学软件进行充分了解,在此基础上,再帮助教师选择与教学目标一致的教学工具,然后协助教师将教学工具应用到教学中。此外,中心也会帮助教师设计和制作多媒体学习材料，包括教学课件、教学视频以及课堂后的作业批改、学生学习效果的评估等。以下是中心技术部门给予教师在教学方面的部分支持，如表10-15所示。

表 10-15 教育技术支持

	教育技术支持内容
①	Canvas 软件——在线学习管理系统，教师可以用它来发布课程材料、分配和批改学生作业，同时支持师生间的交流和学生间的合作学习
②	Turnitin 软件——抄袭检测软件，帮助和简化收集、评估和返回学生作品的过程
③	维基、博客、讨论板——网络平台，通过这些平台，学生可以创建和共享内容，并进行同伴和教师间的学习互动
④	点击器——是一种互动技术软件，教师能够向学生提出问题，并立即收集和查看整个班级的反应
⑤	Skype、Webex、AdobeConnect 软件——涉及教育方面的视频会议软件，方便教师在课余时间与学生进行会面交流，此类软件被称为"虚拟教室"

艾伯利中心 2017～2018 学年的年度报告记录中显示，中心在这一学年帮助了 149 名教职员工使用技术来促进学生学习；同时在咨询项目活动中，有43%的咨询涉及教师如何有效地利用技术教学。[①] 可见中心加强教育技术的决定顺应了新时期对高等教育的要求。

B. 线上线下学习资源

线上学习资源是指通过访问中心网站可直接查找到的学习信息，包含助教的策略资源、教学组合指南和教学与学习主题信息。[②] 具体内容如下：

①助教的策略和资源

艾伯利中心收集了来自经验丰富的卡内基梅隆大学助教和各学科导师的教学策略和建议。例如：《包括智慧集：助教的策略和资源》(Collected Wisdom: Strategies and Resources from TAs for TAs)中提供了 200 多种教学策略以及

---

① "Eberly Center Annual Report: 2017-2018", 2019-08-03, https://www.cmu.edu/teaching/EberlyAnnualReport-AY20172018.pdf.

② "About Eberly Center", 2019-08-03, https://citl.indiana.edu/programs/service-learning/index.html.

应用和调整这些策略的教学原理，并解答了卡内基梅隆其他教学资源常见的问题。[1] 此书在中心网站上可以查看 PDF 版本，需求者可直接在网站查找学习，这不仅方便了本校的教师，也为其他国家的学者提供了便利的学习机会。

②教学组合指南

教学组合指南策略是对教育工作者优势和成就的反思性总结陈述。不仅概述了教学组合的目的和组成部分，还包括了卡内基梅隆大学跨多个学科教学组合的样本文件。这一资源主要是为了帮助被提名获得教学奖项或打算申请涉及教学工作的毕业研究生。

③教学与学习主题信息

网站提供了与教学有关的各种主题的详细信息，教师和研究生可在需要时进入官网查询。对研究生群体而言，特别是创建或修订教学大纲的研究生，他们通常认为最有帮助的版块是"教授你的课程"(Teach Your Course)，包含教学活动、课堂管理和解决教学问题的工具。这一部分有助于找出教学问题产生的原因，以便根据这些原因来量身定制策略。

除上述仅在网站上查看的教学资料外，中心还为学习者提供了一些可下载的著作资源，内容涉及教学原则、教学技巧和教学工具等，故我们将其归纳为线下学习资源。例如：《学习工作原理：智能教学的七项研究性原则》《McKeachie 的教学技巧：高校教师的策略研究与理论》等。其中，《学习工作原理：智能教学的七项研究性原则》这本书是由现任和前任中心成员合著而成，是围绕 Eberly 中心的学习原则来解释如何开展教学工作，以及讲述了支持每个原则的几种教学策略。[2] 其内容是中心工作人员实践经验的总结，为教师提供了巨大的学习价值，受到教育界的广泛认可，被很多国家翻译学习。

(2)奖助金支持

为保持教职员对教学发展经久的热情，中心或与中心有合作关系的组织，会为参与者提供一定的奖助金来支持他们精进自己的教学。如西蒙倡议(The

---

① "Collected Wisdom: Strategies and Resources from TAs for TAs", 2019-08-03, https://www.cmu.edu/teaching/resources/PublicationsArchives/CollectedWisdom/collectwisdom-teachingstrategies.pdf.

② S. A. Ambrose, M. W. Bridges, M. Dipietro, et al., *How Learning Works: Seven Research-Based Principles for Smart Teaching*, Jossey-Bass, 2010, p. 126.

Simon Initiative)和 2017～2018 年度报告中所提及的威默尔学院研究员项目。因赫伯·西蒙是艾伯利中心历史上的中心人物和关键顾问，因此艾伯利中心是西蒙倡议的成员。[①] 两个资助金的具体内容如表 10-16 所示。

表 10-16 奖助金支持

	用途	申请条件	支持形式	金额
西蒙倡议	旨在鼓励教职员工能够从事学习研究或教育实践项目，以提高学生在校内外的学习成果；其中，大约一半补助金用于新入职教师的学习研究	卡内基梅隆大学所有分校的全职教师都有资格申请；项目预算申请可以是 1～2 年内的需资	两种形式：①资金支持：最多 15000 美元（教师工资支持、研究生支持和其他采购）；②人员支持：最多 30 天技术人员时间（多媒体设计、工具开发编程和数据分析）	预计将授予 5～8 个补助金，资金支持最多是 15000 美元
威默尔学院研究员项目	为有兴趣通过集中工作、调整或重新设计课程、创新材料或探索新教学方法来提高教学质量的新手教师设立	参与者根据自己的需要与每个威默尔教员单独合作	全部是助学金支持	无固定说明

3. 印第安纳大学创新教学与学习中心

(1)服务资源

CITL 基于多元化和包容性尽可能提供给教师更多值得学习和参考的资源，所建立的教学资源是为教师提供一些关于教学主题的创新想法，以帮助教师探索教学的各个方面。中心提供关于教学的专业知识，支持教师在课堂中进行创新、课堂内外探索有效教学方法，以提高学生学习的积极性和参与度。此

① “About Eberly Center”，2019-08-04，https://www.cmu.edu/teaching/simon/index.html.

外，教师可以浏览中心网站的“教学资源”版块，寻找需要的资料。

A. 技术资源

学习技术包括大量设备、软件、网站、校园范围的计算机网络服务，各种工具和新媒体软件技术，在教学和学习领域得到了很好的融合，大部分技术资源可以随时随地访问。无论是面对面授课还是在线授课，或是介于两者之间的混合授课形式，教师都可以通过这些技术实现学生间的互动交流、分享资源以及加强师生沟通等，但中心也会时刻提醒教师，在教学和学习中使用技术最重要的是要把学生学习放在首位。

CITL 提供的技术支持有伯明顿评估服务测试（BEST）和课堂技术服务。其中伯明顿评估服务测试是通过咨询方式，基于网络工具，帮助学校教师、学生和管理员进行在线课程问卷的测试和调查。课堂技术服务则是提供视频设备、VCR、DVD 播放器、CD 播放器、计算机设备和数据投影仪以及其他与技术相关的设备。[①] 课堂技术服务又分为课上和课下两种支持。课上支持有学生反应系统、微博工具和协作注释或社会笔记的工具等；课下支持有电子文本（包括视频和音频文件）、在微博或论坛撰写作业以及利用 wikis 为学生创建一个资源共享的空间等。

B. 文化资源

包容性教学和学习实践反映出，不同的观点会影响学生参与课程主题的方式，因此教师面临的一个挑战是如何帮助学生认识自己的文化取向和如何激发他们的观点。校园内的一些文化中心可以用来提高教师的授课技能，这些文化中心可以赞助一些项目，来指导老师向学生发送课程。印第安纳大学有很多的文化中心，如亚洲文化中心、国际服务办公室、第一民族教育文化中心等，这些中心在 CITL 官网的“文化资源”介绍处都有对应的网页链接。此外，中心介绍了一些办事处，例如学生道德办公室、多元文化理解委员会（COMU）、多元文化事务副总裁办公室和平权行动办公室[②]，这些办事处提供广泛的服务，支持印第安纳大学的包容性教学和学习。同样，对此有需求的教职员可以点击相应的网

---

① “About CITL”, 2019-04-15, https://citl. indiana. edu/teaching-resources/instructional-technologies/.

② “About CITL”, 2019-04-15, https://citl. indiana. edu/teaching-resources/diversity-inclusion/.

页链接,查看相关资料。

C. 其他服务资源

基于多元化和包容性的学习资源,CITL 为师生设置了多方面的支持,具体包括学术支持中心、咨询和心理服务学术支持中心(CAPS)、学生残疾服务、Hoosier 在线帮助(H2O)、学生学术中心、学生参与与领导中心、编写教程服务和退伍军人支持服务。每项内容针对不同的受众并且都有一个侧重点,学校师生可以根据自己的困境选择切合需求的项目。

(2)奖助金支持

为支持学校教师开发和创新教学方法,CITL 向学校的全职教师(包括终身制和非终身制)提供了一系列拨款和奖励。为了尽可能给予教师公平的机会,CITL 资助的奖励项目规定,一人只能申请一项。例如:如果一个教师已有了教与学奖学金(SOTL),那么他就无法获得教师学习社区(FLC)提供的奖金。

在 CITL 中 SOTL 计划是重点领域之一,是为新项目和正在进行教学研究的项目提供分阶段的资助。SOTL 计划始于 1998 年,其使命是创建学术教师、改善本科生的学习,为此,它鼓励、支持和宣传由教师定义和实施的以课程为重点的研究项目。SOTL 计划是本科教育副教务长办公室(OVPUE)的一项倡议,由 OVPUE 专业人士进行日常协调和研究工作,他们提供必要的资源和奖学金,来支持各级教员与志同道合的同事合作参与各种教学和学习项目的活动。SOTL 奖学金分三个等级:2000 美元、5000 美元和 12000 美元,[①]申请者可根据自己教学和学习研究项目的预算来申请助学金的等级。

除了 SOTL 奖学金,目前中心还有 5 项奖学金和 4 个荣誉奖项直接对接 CITL。[②] 具体内容见表 10-17 和表 10-18。

---

① "About CITL", 2019-04-15, https://citl.indiana.edu/grants/sotl.html.

② "About CITL", 2019-04-15, https://citl.indiana.edu/grants/index.html.

表 10-17 奖学金

	奖励金额	奖项用途
积极学习奖学金	1500 美元	支持实施教学策略，以鼓励学生参与和积极学习
暑期教学发展奖学金	8000 美元	支持教师们努力提高学生的学习能力，鼓励发展创新的教学方法和可衡量的学习成果
暑期写作教学补助金	1500 美元/每个项目	帮助教师设计本科课程，鼓励以创新和富有成效的方式进行教案写作
杰西·费恩奖学金(Jesse Fine Fellowship)	2500 美元	支持开发新课程和修订课程，以解决整个大学课程中的实践和职业道德问题
服务学习 学生访学奖学金	无明确说明	资助因活动课程需要在国内或国外访学的学生

其中，杰西·费恩奖学金(Jesse Fine Fellowship)各级教师和教学研究生都可以申请，但新课程必须经过申请人所在的部门或学校同意，并提前一学期得到批准。服务学习学生旅行奖学金在春季和夏季两个时间段都可以申请，该奖项没有明确的奖金数额，而是根据学生参加服务学习课程或服务相关活动的具体情况，来确定资助的金额。

所有奖项设置都有明确的申请时间，最新阶段的申请时间可在中心网站查询。社区参与学习优秀学生奖、社区参与学习合作奖和 ACE 奖都没有明确的奖励金额。

表 10-18 荣誉奖项

奖项名称	表彰目的
社区参与学习优秀学生奖	根据在社区学习中所作的贡献，选出 5 名校内学生，表彰他们在社区学习中的优异表现
社区参与学习合作奖	表彰教师和社区合作伙伴之间基于课程的良好合作伙伴关系
ACE 奖	表彰杰出的尖子生，发挥他们的带头作用

（四）三所大学中心的主要特点

1. 康奈尔大学教学创新中心

（1）把学术技术纳入教学中，丰富开设的项目内容

CTI作为教学和学术技术两个部门合并重组的新机构，融合吸收了两者的长处，以技术支持来帮助学员探索创新的教学内容和教学形式。为促进教师专业发展，一方面，新中心不再拘泥于精进传统的教学项目，更多是用媒体技术设计项目活动，在带领学员感受新技术的同时探索媒体技术在传统教学中的应用，例如：提供如何把新媒体与面授课堂完美结合的咨询会。另一方面，中心从学员角度出发，开设了便捷的学习项目，如多元课堂在线教学，是学员能够自定义学习进度的课程。

（2）项目设计针对性强，服务对象多样

CTI虽以“教学”为出发点和落脚点，但项目设计并没有仅限于有教学任务的教员，而是放长远眼光，考虑到了有教师职业取向但没有真正进入工作岗位的研究生、博士后研究员。因此，中心针对不同的服务对象，分别设计了符合人群特征的项目活动。同时，对同一人群也细化了项目活动的指向，如面向教职员的研究院项目。这一项目活动在设计时就考虑到教职员有入职年限、层次水平和授课要求等情况的差别，因此进行了区分设计，进行了精准需求的规划。

（3）有的放矢的奖助金分配，使其最大化发挥作用

CTI发展的焦点在于“教学”，最主要目的是提高康奈尔大学的教学质量，所以，教师是中心首要考虑的对象。因而，在奖助金的分配方面，为了吸引和支持教员参与项目活动，相比研究生、博士后研究员，中心在这方面设置比重则更大，有效激励了教师对创新教学的激情。有的放矢的资金分配，造就了中心的吸引力和影响力。

（4）立足长远眼光，扩大自身影响力

中心为支持国际助教在康奈尔大学的教学活动，设有针对国际助教的项目活动。这一活动的开展，不仅保证了国际助教们对康纳尔大学多元文化的输送质量，而且，也向国际助教传递了康奈尔大学教学文化的价值，扩大了影响力，有利于吸引优秀人才的加入，保障中心更长远发展。

2. 卡内基梅隆大学艾伯利中心

(1)量身定制的项目活动,针对性强

围绕教学,中心向教师和研究生提供有区别的项目支持,根据两个群体在教学方面认知和经验的不同,开展了量身定制的项目活动。例如,一对一的教学咨询和不同主题的研讨会项目,在面对不同群体时,进行咨询的内容和研讨的主题会有很大差别。对于教师,中心会与之共同分析他们当下的教学表现,来帮助找出问题、解决问题;而面对没有或有较少教学经验的研究生,则主要落脚于"辅导其积累更多的教学知识和探讨怎样顺利开展第一次教学"等内容。

(2)高质量的服务,吸引力强

中心有充足的人员配备,不论是行政人员还是项目开发者或项目执行者,都有丰富的工作经验,在促进高校教师教学发展领域有各自的专长,能够保证有质有量地开展项目活动。在 2017～2018 学年,中心支持 570 名教职员参与了中心的项目活动,约占这一年总授课教师人数的一半。此外,有 608 名研究生也在中心得到了对应的帮助。① 由 2017～2018 学年的数据可看出,高质量的服务吸引了卡内基梅隆大学众多教师和研究生的主动参与。

(3)重视中心网站建设,影响力大

艾伯利中心十分重视对中心网站的建设,认同精心设计、信息丰富、对用户友好的教学网站会为高校教学贡献辅助力量。中心希望通过网站向更广泛的教学需求者,传递有针对性、实用性的资源,为他们提供便捷的学习途径。所以,中心网站权限对公众开放。在 2017～2018 学年间,海外大学访问中心网站的点击量超过了 250 万次。② 突破百万的访问量说明世界看到了艾伯利中心的价值,中心顺应新时代学习方式的网络建设,打破了距离因素,扩大了艾伯利中心对世界高校教学的影响。

(4)融入教育新技术,促进教学发展

中心顺应发展形势,打破传统教学方式,是满足计算机时代对高等教育新

---

① "Eberly Center Annual Report: 2017-2018", 2019-08-05, https://www.cmu.edu/teaching/EberlyAnnualReport-AY20172018.pdf.

② "Eberly Center Annual Report: 2017-2018", 2019-08-05, https://www.cmu.edu/teaching/EberlyAnnualReport-AY20172018.pdf.

要求的举措。因此,中心开展了“教育技术”项目来帮助教师以及有教学取向的研究生,探讨如何用技术来促进学生学习。例如,中心与教师一起探讨基于网络的博客、维基和讨论板(discussion boards)平台,如何在教学中进行创建和共享内容、哪些教学内容适用于这些平台以及明确借助这些平台要达到的教学目的等。教育技术融入教学,能丰富教学方式、加强教学内容对于学生的吸引力,高效促进大学教学质量的提高。

3.印第安纳大学创新教学与学习中心

(1)结合时代特点,灵活开展项目活动

CITL的项目导向始终围绕“教学”进行,教师参与项目活动,进行不同形式的课程开发和创新,最终都是为了提高课堂的授课水平,引导学生更好地吸收课堂知识。因考虑到教师授课规模以及教师个人时间问题,设立了课程开发体系、划分成多个课程,并融入时代的网络特点,加入了网络课程的开发,从而帮助教师与时俱进地提高教学水平。

(2)服务对象集中于具有教学任务的教师

不同于其他高校教师发展中心,CITL服务对象扩大到有教师工作取向的博士生、硕士生、本科生和留学生,CITL的服务对象主要针对有教学任务的专职教师和教学助理,因此,中心的项目活动大都是从教师教学的角度开发建设,通过各种方式为教师提供指导和支持,只有少部分涉及研究生或参与教学项目的本科生。

(3)专注于教学的评估

很多高校对教师实施多元化的评估,包括教师教学评估和教师个人职业发展的考量。CITL设有专门的课程评估项目,有明确的评估步骤,不仅对核心课程进行评估,而且对普通选修课程同样给予重视,所实施的评估项目是对学生知识吸收和对教师教学成果的检测,仅针对教师教学质量进行考察和反馈,不涉及学校对教师的职称评定。此外,教师与顾问会在评估过程中进行必要的沟通,评估属于互动式,不是顾问单方面对教学的评判。

(4)制定了机会均等的奖励规则

CITL的奖学金设置多样、扶持力度大,且直接与中心对接,中心可以全权根据申请者的条件进行获奖人员的筛选。同时,中心考虑到教师享受资源的公平性，明确规定教师每人一次只接受一个 CITL 资助的项目，这营造了平等公正的学习氛围，激发了教师学习的热情。同时，这种限定一人一次的奖励举措，使中心资金得到了最大价值的利用。

四、美国三所大学教师发展中心的比较分析

在对教学创新中心、艾伯利中心和创新教学与学习中心，分别进行发展理念、服务对象、项目活动以及服务资源和奖助金支持的探究后，总结出以下共性和个性特征：

（一）共性特征分析

1. 依托大学建立的独立机构

作为依托大学建立的高校教师发展中心，教学创新中心、艾伯利中心和创新教学与学习中心都拥有独立运作管理的权利，皆是发展比较完善的组织体系。从三所中心的发展理念可看出，三所中心确立了明确的发展使命和愿景，虽然在描述上有所不同，但都是以本校教师为主要服务对象，核心是提高教师的教学能力。中心运作方面，三所中心有效地将学术研究和行政管理融合为一体，具备多元化的服务内容、多样化的服务方式、多渠道的经费来源以及明确的服务对象，构建成专门性的服务机构。

2. 中心人员遴选都兼具专业背景和丰富经验

三所中心在全美高校教师发展中心中皆属于员工较多的机构，人员专业背景多元且都以专职为主，不管是行政人员还是项目负责者都拥有对岗的专业背景和丰富的工作经验，能够充分发挥自己专长、促进中心发展。为防止冗员导致人浮于事、效率低下的问题，所有人员都有明确的分工，采取责任到人的管理方式，这是三所中心能够高效率运作的重要原因。值得注意的是，三所中心的工作人员虽是专职为主，但也都注重兼职人员的作用，兼职人员主要服务于中心工作人员，作为其工作助手为中心运作服务。

3. 把教学作为教师发展项目设计的核心问题

美国高校教师发展中心建立伊始，仅关注教师的教学发展，后来随着教师发展内涵的延伸，对教师的组织发展、个人发展等方面开始涉及，但教学发展依

然是美国高校教师发展中心关注的核心问题。在此背景下，教学创新中心、艾伯利中心和创新教学与学习中心没有脱离中心建立的初衷，如同中心名称的体现，依然都把教学放于首位，开展了多样化促进教学发展的项目。针对不同阶段、不同情况的教师（新手教师、专职和兼职、终身制教师、未来教师）细化项目，但项目设计的核心依然是“教学”。其中，研讨会和咨询是三所中心都有的教学发展项目，两者包含的内容均涉及教师课堂教学的设计、教学过程的规划以及课堂教学具体问题的应对等。

4. 实施了富有成效的激励措施

三所中心作为高校教师发展机构，兼具学术和行政的性质，能够充分提供给教师促进教学发展的优良资源。然而作为独立机构，中心存在的意义只是从根本上发展教师教学能力，不参与学校职称评定等职业发展审核，也不会强制教师参加中心项目活动，这必然会让教师产生一定的“抗拒心理”，使他们存在“占据休息时间、加重教学负担、会花费自己金钱”等心理芥蒂。因此，为了不辜负学校筹建中心的初衷，使中心真正发挥作用，三所中心都采取了多样化的激励措施，调动教师参与的积极性。对于教师，三所中心在一些项目活动中（如：教学创新研究、改善教学质量课题研讨等），会给予教师一定的补助金或荣誉奖项，以此来减轻教师为发展产生的经济压力，使教师专注教学发展，坚定他们参与的信心和决心。而对于未来有教学意愿的研究生、博士后，中心为激励他们，除了提供实质奖金外，还会为他们务实地提供“求职推荐”，此证明能够帮助他们向未来的意向单位证明自己为教学工作所做过的准备。

5. 有较为稳定的经费来源

经费不仅是美国高校教师发展中心顺利运作的基础条件，也是发展建设的制约因素。因而，教学创新中心、艾伯利中心和创新教学与学习中心能够在美国众多中心中脱颖而出，说明它们在建设发展中都拥有稳定的经费来源，且经费金额足以支持它们建设所需。三所中心的经费来源，大体可分为外部和内部两种渠道。外部渠道是指政府和私人基金会的资金支持，内部渠道则是中心所属大学自身的预算。当前，内部渠道是三所中心经费来源的主要途径，因三所中心都属于发展中的佼佼者，所以能够争取到尽可能多的外部资金支持。当然为了取得更好的发展、扩大自己在海内外的影响力，三所中心在确保学校给予自身足够的支持外，都在尽可能多地争取外部资金的资助。

6. 注重自己网站的建设和维护

教学创新中心、艾伯利中心和创新教学与学习中心都很重视中心网站的建设，注重与时代的接轨。尤其是艾伯利中心和创新教学与学习中心，虽创建的比较早，但同教学创新中心一样，认识到了网络对于教学和学习的变革，调整了发展战略，不仅在项目内容上增加了教育技术(多媒体教学辅助工具的操作、网络软件在教学中的应用等)，而且在项目开展方面注重诸如在线学习等网络方式的传递。其中，中心网站的建设和维护是最典型代表。当前，三所中心的网站内容都很全面详实，从中心发展理念和人员介绍、开展的项目、教学数字资源的分享到最新学期奖助金的申请，网站同步了中心实际运作教师发展所涉及的全部内容。而且，都做到了及时地更新和维护，有利于中心教学理念的传播。例如，登录三所中心的网站，可查阅它们最新举办过的活动和即将举办的项目信息，这方便教学者随时了解中心项目活动的动态，筛选需要的项目。

(二)差异特征分析

1. 针对教职员的项目设计细化依据不同

教学创新中心、艾伯利中心和创新教学与学习中心虽主要为有教学任务的教师提供支持，但在教师服务项目设计依据上有所不同。有依据教师授课年限，有根据教师授课规模，还有从教师大群体出发，只简单进行了专职教师和助理教师的区分。教学创新中心为终身职位的教师提供了专门的“教与学参与学院”项目，来帮助他们将课程设计得更有吸引力；为新手教师提供“新教员学院”项目，不仅帮助新手教师练习和培养教学技能，而且向他们介绍康奈尔大学晋升制度、获取荣誉奖项的条件等信息，从多角度来帮助他们尽快融入学校、更好地施展个人能力。创新教学与学习中心因主要为专职或助理教师服务，所以根据教师授课的规模，为中小型课程教师和大班教师设置了有区别的项目活动。而艾伯利中心虽没有同前两者一般，对支持教师发展的项目进行更细化的区分，但艾伯利中心相对前两者更加关注未来教师的发展，专门设有“未来教师计划”项目，该项目支持研究生实践理论知识、发展教学技能，为他们毕业后的教师职业生涯打好基础。

2.荣誉奖项设置力度不同

高校教师发展中心设置荣誉奖项是为了调动教师主动参与的积极性，肯定他们为教学所做的努力。三所中心在荣誉奖项的激励上有很大的区别，不仅奖项覆盖范围不同，而且给予的奖金额度也有差别。从对三所中心的奖助金支持分析来看，印第安纳大学创新教学与学习中心给予服务对象的激励项目最为多样，除了为参与者设置了奖学金，还设置了荣誉奖。康奈尔大学的教学创新中心虽只有奖助金支持，却是三所中心中给予服务对象整体奖金数最多的，它的“创新教学奖”最高奖励额度可达25000美元。教学创新中心和创新教学与学习中心与艾伯利中心相比，给予服务对象的激励项目种类多样且金额数值比较大，而艾伯利中心是印第安纳大学伯明顿分校建立的教师发展中心，因而主要为本校区的教师服务，不似前两者面向所有校区，且还涉及研究生和博士研究员，所以艾伯利中心设置的奖项种类比它们少。

3.开展的项目内容存在差异

中心使命的确立源于对教学需求的回应，是中心运作的导航线。三所中心处在不同的学校背景中，中心在确立使命时必然会优先考虑本校对教学的要求和教师对教学的需求特点，因而项目内容会优先补需求短板。三所中心在发展使命上存在差异，所以项目内容上也有所不同。基于学校背景创建的教学创新中心和创新教学与学习中心，如同名称所述，其使命都着重于“教学创新”，所以在开设项目活动时，侧重于帮助教师开发新的教学方法和教学形式。而艾伯利中心的使命侧重于“为学生创造有利的学习条件”，因而项目内容虽然也涉及创新教学，但更多的是提炼教学成果、思考教学反馈。

（三）小结

教学创新中心、艾伯利中心和创新教学与学习中心皆属于依托大学建立的校内教师发展机构，保障本校的教学质量、促进教师教学发展是三所中心最主要的考量。三所中心在人员遴选、经费来源、激励措施等运行管理方面并无明显差异，但三所中心所属的大学教育现状不同，教师在发展需求上存在差异，因而项目设计依据和内容存在较大差别；由于三所大学自身实力不同，所以中心所获经费也存在差异，致使每个中心给予参与者的奖励范围和奖励金数额也不同。

总体来说，基于相同的教育大背景，三所中心的共性特征要多于差异。共性中存在差异，不仅源于中心自身发展的经验，更是相互借鉴和特色发展的结果。依托高校建立的教师发展中心，以学校为主体，满足本校教师发展的需求，独立自主开展工作，同时根据学校教师的需求特点，开展针对性的研讨、咨询以及教学技术支持等项目活动，力求为促进教师发展提供全方位、个性化的服务。由此，对我国高校教师发展中心建设的启示就是要改变“千篇一律”的模式，基于国情、校情，打造具有学校特色的高校教师发展中心。

五、美国高校教师发展中心建设经验对我国的启示

（一）我国高校教师发展中心存在的问题

自 2011 年国家颁布《关于“十二五”期间实施“高等学校本科教学质量与教学改革工程”的意见》，明确提出要“引导高等学校建立适合本校特色的教师教学发展中心，并且重点建设一批高等学校教师教学发展示范中心”，在该政策牵引下，[①]我国高校教师发展中心才开始普遍推行、逐年增多。中心的设立显示了国家和高校对教师发展、教学质量的重视，经过几年的探索发展，也已初见成效，但我国高校教师发展中心因创建的时间短、缺乏应有的学术性、独立性和专业性，在很大程度上并没有真正发挥出促进高校教师发展的作用，还有很多问题亟待解决。其主要原因是：

1. 建设机制不完善，缺乏运作活力

作为服务于高校教师的专门性组织机构，组织机制的建设关乎服务的质量和水平，决定是否能真正起到促进教师发展的作用。当前，我国高校教师发展中心组织建设明显滞后，缺乏应有的活力。首先，在运作管理方面，我国高校教师发展中心虽是独立的服务机构，但在实际运作管理中依然会受到学校行政力量的过多干预，导致行政化趋势严重，缺少对中心发展的自主管理权限。其次，

---

① 参见《教育部、财政部关于“十二五”期间实施“高等学校本科教学质量与教学改革工程”的意见》，2019 年 11 月 2 日，http://www.moe.gov.cn/srcsite/A08/s7056/201107/t20110701_125202.html。

在建设模式方面呈现大同小异的状况。应国家政策要求，在国家遴选和资助下，我国30所重点院校成立了高校教师发展中心，以期为其他院校提供可参考借鉴的模板。然而实际是此后其他高校建立的教师发展中心，大都直接、盲目照搬示范中心的组建模式，没有充分考虑自身优势和需求，并没有依托校情打造出特色。此外，中心应有的组织功能没有发挥出真正作用。我国很多高校的教师发展中心依然延续先前教师培训“换汤不换药”的服务内容和服务形式，并没有在内容和形式上做出实质性的改变，这限制和约束了中心在促进教师发展方面的功用。

2. 发展理念滞后，欠缺与时俱进的指导力

科学合理的发展定位，是所有组织机构长效运行的基石。美国高校教师发展中心都有明确的使命、愿景和发展目标，虽在成立伊始，也仅关注于“教学”，但随着时代变化对教师的新要求，除了“教学”也注意到了教师面临的其他问题，意识到“教学”应是“教”与“学”的平衡，“学”不仅单指学生学习，也应包含广大教师群体的学习，只有保证教师与时俱进的能力，才能应对不断变革的教学环境。反观我国高校教师发展中心，大多数自成立起到现在，发展定位依然固守建设初期的要求，依然落脚于教师教学的专门培训，忽略了教师日益丰富的发展内涵，未随时代变化灵活做出改变，对教师组织发展、学术发展等方面均涉及较少，这种滞后的发展定位导致中心项目内容单一、开展活动效率低下，无法满足当今教师追求全面发展的心理期待。

3. 人员配备不完善，岗位形同虚设

通过以美国三所中心为代表的个案分析，可以看出美国高校教师发展中心人员配备比较完善，涵盖了促进教师发展的多个方面——行政管理、教学顾问、课程设计、咨询评估、项目推广、多媒体技术支持等。采取的是专职为主、兼职为辅的聘用模式，不仅择优选用专业和经验兼具的工作者，而且做到了“对岗分配”，最大限度地发挥了个人所长。而我国高校教师发展中心岗位设置较少，一般是4～5个，且主要岗位多是学校行政人员兼职担任，同时中心缺少不同学科背景的专家，致使行政权力的掌控力高于学术权力，中心项目部门的功用难以发挥有效性。据调查，我国30所国家级示范中心的主任均为兼职，中心的教学咨询团队也很少在中心出现。人员配备不足、职责划分不清晰导致人员不作为

的运作状态，使很多高校教师发展中心的岗位设置形同虚设。

4. 教师对中心项目活动的参与度不高

教师作为高校教师发展中心主要的服务对象，参与程度体现了中心运作的成效。对比美国高校教师参与中心活动的积极性，我国高校教师整体的参与度较低。通过对美国三所教师发展中心的分析可发现，中心不仅开设了针对性强、内容多样的项目活动，而且各中心为调动教师参与积极性，还设置了奖励金和多个荣誉奖项。在满足教师发展需求的同时，肯定了教师为教学发展所做的努力。相比之下，我国高校教师发展中心在这些方面做得都不够好。一方面，我国高校教师发展中心对不同阶段教师群体的关注度有失偏颇。虽在发展理念上面向所有教师，但在实际发展上，对新教师和晋升教师的关注度要多于老教师。此外，项目设计上也多笼统地以教师大群体为主，对不同情况的教师没有进行针对性的区分设计。另一方面，我国在促进教师教学发展上，多以硬性规定来要求教师参与，对于参与活动的教师又欠缺奖励，中心更是没有设置吸引教师参加的奖励举措，这在很大程度上弱化了教师主动参加的欲望。

5. 资金来源渠道比较单一

“经济基础决定上层建筑”同样可应用在中心的发展上，充足的经费支持是所有组织机构顺利运作的前提和基础。美国高校教师发展中心受到政府、基金会和私人募捐等多方面的资助，拥有雄厚的资金来支持中心的运作。而我国高等教育主要依赖国家财政拨款，受这种体质的影响，我国高校教师发展中心运作资金主要来自教育行政部门和学校的专项预算，经费支持渠道较为单一。除原本经费就不足外，我国高校教师发展中心的监管机制还不健全，资金使用上也缺乏合理的规划，原本有限的资金不能好好利用，更造成了效率低下的问题。

6. 网站没有及时维护和更新，影响力较小

美国高校教师发展中心官方网站的内容包括：中心介绍、人员简介、项目活动、关于教与学的资源信息等。其中在项目活动方面，中心网站上都会提前发布关于活动的相关信息（时间、地点、内容等），同时，中心紧跟时代教育潮流，开发了在线学习课程，一些与教学相关的最新内容在网站上都可以查询到详细资料。而反观我国的高校教师发展中心网站，在项目活动方面，仅是发布活动的

通知或活动举办的官方新闻，关于举办活动主题内容的详细介绍则少之又少，在一些项目内容上仅设置了板块，点击进去内容却显示空白。同时，关于中心最新动态，网站更新也比较缓慢，通过对30所国家级示范中心的官网进行浏览查询，发现大多数中心的动态信息滞留在前一年或仅是几条是最近年份的动态。此外，不似美国各高校中心会收录一些关于教学的文字资料，浏览者根据需要直接点击下载，我国中心的网站在这方面几乎没有涉及。

（二）启示与借鉴

大学教师发展和教学改革一直是美国高等教育作为回应社会对高等教育需求的重要举措。[①] 美国为促进高校教师发展成立的教师发展中心，经过半个多世纪的沉淀，不仅数量不断增多，中心各方面的组织建设也在不断成熟完善，对提升美国高等教育的质量发挥了重要作用。反观我国，很多高校虽然为促进教师发展建立起了教师发展中心，一定程度上也初见成效，但并没有真正发挥出应有的促进作用。因而，通过对美国高校教师发展中心背景、组织模式、实施方式，以及以通过对教学创新中心、艾伯利中心和创新教学与学习中心三所中心共性和个性的比较分析，得出以下值得我们学习借鉴的经验：

1. 确立与时俱进的发展理念

发展理念是高校教师发展中心的指路灯，我国高校教师发展中心要想求得进一步发展，必须要转变发展观念，结合新时代对高等教育的要求，确立与时俱进的发展理念。

（1）改变对教师发展固有的思维定式

高校和高校教师都应改变对教师发展活动的狭义认识，不应继续把提升教学能力作为发展的全部，我国高校教师发展中心也应转变一直以来以教师培训作为促进教师发展的做法，学习美国既注重教师教、也重视教师学的做法，结合新时代对教师发展内涵的新界定，在立足教学发展的同时，把个人发展、专业发展、组织发展也纳入中心思考的范围，为我国高校教师发展中心的发展奠定认识前提。

---

① 参见丁妍：《教师发展（FD）的课题——日本的视角》，《复旦教育论坛》2006年第6期。

(2)做到始终以服务为宗旨

高校教师发展中心要切实发挥“服务机构”的功用,学习美国高校教师发展中心始终把满足教师发展需求作为服务宗旨,转变中心人员原有的管理为主的思想,让中心工作者真正树立服务取向的价值理念,在工作中完善和创新服务的内容和形式,从尊重教师主体诉求出发[①],确保为教师提供切实所需的优质服务,满足教师的多元化需要。

(3)扩大服务的对象

当前,美国大多高校教师发展中心不仅为教师群体提供服务,还对未来有教师职业取向的学生提供支持。在上述所分析的三所大学中,康奈尔大学教学创新中心除了为本校教师和学生提供服务外,还专门为国际研究生助教开展了“国际助教计划”项目,以帮助国际研究生助教达到学校的语言要求,使他们尽快适应在康奈尔大学的学习生活。卡内基梅隆大学艾伯利卓越教学中心则为有教师职业取向的学生开设了“未来教师计划”项目,帮助他们积累教学经验,为毕业后的教师职生涯做准备。我国高校教师发展中心特别是在未来职业取向多是老师的师范院校,可以学习美国这种“未雨绸缪”的举措,帮助学校提供给学生更多实践教学的机会,让学生在毕业后能尽快适应教学岗位,在一定程度上均衡促进我国新、老教师发展的资源分配。

2. 优化中心的组织机构建设

从对美国三所教师发展中心的发展分析中可以看出,合理健全的组织机构是其建设成功、运作良好的重要因素。美国高校内部的教师发展中心具有系统化、科学化、组织化特点,并且中心的运作方案和所有项目的实施,都有明确的计划、目标和领导者,因此,我国高校教师发展中心要想改变“不作为”的现状,就要优化组织机构的建设,来更好地推动教师发展。

(1)给予中心独立管理的权限

美国所有校内教师发展中心都拥有独立管理权限,中心能够结合学校自身的特色和拥有的资源,打造高效的独立运作体系,使中心能够根据实际情况及时做出相应的调整对策。因而,我国高校应适当地把权力下放给中心,学校除

① 参见徐向艺:《高等学校教育创新与教学管理研究》,山东大学出版社2004年版,第5~8页。

扮演监督和辅助的角色外，不过度插手中心的管理运作，让中心根据学校教师发展的需求实况，自主进行人员选聘、职责分配等，发挥自主管理的优势，打造高效率的服务体系。

(2)加强中心与外部的联系

高校教师发展中心作为学校的一个部门，虽要有独立管理的权限，但并不是完全独立与学校其他部门之外的自力更生，要像美国高校教师发展中心一样，多与学校其他部门合作，吸收他们的优势；也要走出校门，与其他中心多沟通交流，学习和借鉴它们在管理和项目设计上的有益特色。例如，上文所分析的印第安纳大学创新教学与学习中心，该中心选择与学校信息技术服务部门合作，为学校教师提供融合信息技术的教学内容；此外，印第安纳大学创新教学与学习中心还与图书馆专门从事信息处理的图书管理员密切合作，为中心扩充关于教学的相关资料。因此，我国高校教师发展中心应充分利用学校各部门的资源，加强与它们在教学上的合作，以争取为中心增添形式多样、内容丰富的项目活动。同时，在创建自身特色的基础上，多与其他院校中心进行交流学习，在一些项目上可进行合作设计，以便整合各自资源，为教师发展提供更好的服务。

(3)重视科学合理的评估

科学合理的评估是检验工作成果的有效手段，也是对下一阶段工作的有效激励。我国高校教师发展中心要取得更好的发展，就应把评估纳入其中。对工作人员进行评估，可以对他们起到监督作用；在项目活动中加入评估教师课堂教学，则可以帮助他们调整教学策略、改进教学方法；对中心所开展的项目活动成效进行评估，有助于发现项目设计和实施中存在的问题，及时进行对策调整。我国高校教师发展中心在把评估纳入中心发展和教师发展中时，要想达到评估的目的，有两点需要注意：在对工作人员和中心项目活动进行评估时，应本着客观公正的态度；对教师课堂教学进行评估时，可采取以同行评审为主的方式，做到保密，评估结果仅作为教学改进的参考，不参与学校职称评定。

3.丰富和创新中心项目活动

项目活动的质量是影响教师发展成效的关键所在，美国高校教师发展中心之所以有巨大的影响力，正是因为开设了内容全面、形式多样的高质量教师发展项目。我国高校教师发展中心因处于发展的初期阶段，很多中心仍以讲授培训的形式开展，内容多在于如何提高教学技能方面，内容和形式都缺少吸引力。因而，在进行项目活动的设计时，需考虑不同阶段的教师（新教师、青年教师、老教师）对发展的不同需求；针对“教学问题”进行深层次的思考，不仅把提升教师教学技能作为项目设计的重点，而且要涵盖教学的多方面问题，诸如：如何应对课堂纪律、如何把教育技术融入教学、如何评估教学效果等，为教师提供内容、形式都具多元化和针对性的项目活动。此外，中心在设计项目上除了包含教学的内容，也要紧跟新时代教师发展的新内涵，涵盖教师的个人发展、组织发展等内容。

4. 完善中心的保障体系

（1）拓宽经费获取渠道且科学合理使用

一方面，充足的资金支持是高校教师发展中心顺利运作的基础保障。相比于美国各高校教师发展中心资金多方面的获取渠道，我国高校教师发展中心经费则长期主要来自政府支持，几乎没有类似美国的私人捐赠和基金会扶持。因此，我国高校教师发展中心在今后的发展中，不应把眼光只聚焦于政府给予的资金支持上，而是积极主动探索获取资金的渠道。例如：学习美国高校教师发展中心的做法，向基金会寻求经费支持、以良性的心态接受社会或私人的资金捐赠等。

另一方面，科学合理的经费使用是高校教师发展中心长远发展的基础保障。要想同美国高校教师发展中心一般，在发挥其作用的同时得到进一步的完善发展，就需要中心管理者对接收的所有资金进行科学合理的规划分配，包括中心硬件设施的维护更新、项目开发以及奖励策略等金额的占比和使用。

（2）加强内外部的监管力度

监管分为内部和外部两方面的监管，目的是为了保障中心的良性成长。我国高校教师发展中心自成立起，不仅中心内部缺乏明确有效的考核制度，而且也没有外部对中心整体的监管制度。因此，不管是中心内部对项目落实情况的监管，还是学校对中心整体运作的监管，都需要建立成文性的规章制度，确保监管具有权威性、有章可循，使我国各高校教师发展中心在制度监管下，真正受到重视、起到作用。

5.重视中心网站的建设

计算机网络资源的兴起,让人们可以“不出家门尽知天下事”。美国高校教师发展中心网站,已不再限于消息的发布和推送,而是类似于学校图书馆的学习网站,需求者可以在网站查询到关于“教师发展”的诸多事宜。我国高校教师发展中心要想充分发挥作用,中心官网也应朝着“学习网站”去建设,不仅要充实中心网站的信息,更要做到及时更新中心的活动动态、完善项目活动板块内容,多发布一些关于促进教师发展方面的文章,设置丰富教师专业知识的在线课程等。

总之,我国高校教师发展中心的网站建设要结合时代需求,重视互联网的作用,改变信息更新缓慢、涉及教师发展知识的直接资料收录较少、没有从需求者的角度规划网站布局等问题,利用好互联网在线学习和传播的特点,为浏览者提供切实有效的实时信息。

六、结　语

我国于2011年颁布《关于“十二五”期间实施“高等学校本科教学质量与教学改革工程”的意见》后,在政策牵引下,国内学者对高校教师发展、高校教师发展中心的关注自此增多,我国高校教师发展中心也由此筹建发展,但因发展时间短、缺少经验,并没有真正起到促进高校教师发展的功用。当前,美国高校教师发展中心拥有完善的运作体系、丰富的实践经验,因此,学习借鉴美国高校教师发展中心的经验十分有必要。我们对美国高校教师发展中心的建设与发展历程、组织模式与实施方式进行了梳理归纳,以康奈尔大学、卡内基梅隆大学和印第安纳大学为案例,对三所大学的教师发展中心的理念、人员、项目活动和服务资源等方面进行探究(第三部分),同时对三所中心进行共性和差异的对比分析(第四部分),力图从美国高校教师发展中心的建设经验中得出对我国高校教师发展中心求变革的有益启示。

总而言之,虽然我们对美国高校教师发展中心进行了比较详实的背景和发展历程资料的深入挖掘,同时进行了案例分析,以期拓展先前研究,在理论与实践中分析探究,为我国高校教师发展中心下一步发展提供了参考,但仍然存在一些不足,值得进一步完善和探讨。首先,我们所参考的文献资料是前人的理论和研究成果,加之笔者在此基础上的一些思考和总结,所选取的美国三所高校教师发展中心多是对中心官网资料的深入挖掘,缺少实地的实证调查。其次,由于笔者知识储备以及理论积累的不足,我们提出的对高校教师发展中心的启示与借鉴大多是理论设想,如何把理论付诸到实践、把对策融合为切实可行的操作,需要进一步的现实思考和深入挖掘。

参考文献

（一）中文著作

[1][美]约翰·古德莱德:《学校罗曼诗:一种教育的人生》,周志平、黄文琴、詹丽琼译,教育科学出版社 2010 年版。

[2][美] 布鲁贝克:《高等教育哲学》,王承绪等译,浙江教育出版社 2001 年版。

[3][美]费奥斯坦、费尔普斯:《教师新概念——教师教育理论与实践》,王建平等译,中国轻工业出版社 2002 年版。

[4][美]费斯勒、克里斯坦森:《教师职业生涯周期》,董丽敏、高耀明等译,中国轻工业出版社 2005 年版。

[5][美]伯顿·克拉克:《高等教育系统——学术组织的跨国研究》,王承绪等译,杭州大学出版社 1994 年版。

[6][美]霍德华·加德纳:《重构多元智能》,沈致襄译,中国人民大学出版社 2008 年版。

[7][美]肯·贝恩:《如何成为卓越的大学教师》,明廷雄、彭汉良译,北京大学出版社 2014 年版。

[8][美]欧内斯特·波伊尔:《学术水平反思——教授工作的重点领域》,国家教育发展研究中心编译,人民教育出版社 1994 年版。

[9][美]舒尔曼:《实践智慧:论教学、学习与学会教学》,王艳玲等译,华东师范大学出版社 2013 年版。

[10][美]约翰·古德莱德:《学校罗曼诗:一种教育的人生》,周志平、黄文

琴、詹丽琼等译,教育科学出版社 2010 年版。

[11][日]佐藤学:《课程与教师》,钟启泉译,教育科学出版社 2003 年版。

[12][日]佐藤学:《教育方法学》,于莉莉译,教育科学出版社 2016 年版。

[13][瑞典]T. 胡森:《教育大百科全书:教学、教师教育》第 8 卷,周钧译,西南师范大学出版社、海南出版社 2006 年版。

[14]陈学飞:《美国高等教育发展史》,四川大学出版社 1989 年版。

[15]陈永明:《教师教育研究》,华东师范大学出版社 2002 年版。

[16]傅道春:《教师行为访谈》(一),黑龙江教育出版社 1995 年版。

[17]顾远明:《教育大辞典》第 1 卷,上海教育出版社 1990 年版。

[18]范良火:《教师教学知识发展研究》,华东师范大学出版社 2003 年版。

[19]胡惠闵等:《教师专业发展》,华东师范大学出版社 2014 年版。

[20]教育部高等教育司:《名师颂》第 1 卷,教育科学出版社 2007 年版。

[21]教育部高等教育司:《名师颂》第 2 卷,教育科学出版社 2008 年版。

[22]教育部高等教育司:《名师颂》第 3 卷,教育科学出版社 2008 年版。

[23]教育部高等教育司:《名师颂》第 4 卷,教育科学出版社 2010 年版。

[24]教育部师范教育司:《中国师德风范总卷》,华中师范大学出版社 2005 年版。

[25]李春生:《中国小学教学百科全书·教育卷》,沈阳出版社 1993 年版。

[26]董菊初:《名师成功论》,科学出版社 2003 年版。

[27]李永梅:《教师角色与行为艺术》,东北师范大学出版社 2010 年版。

[28]李有增、谢新水:《名师谈教学(方法篇)》,人民出版社 2014 年版。

[29]李有增、谢新水:《名师谈教学(理念篇)》,人民出版社 2014 年版。

[30]李有增、谢新水:《名师谈教学(素养篇)》,人民出版社 2014 年版。

[31]连榕:《教师专业发展》,高等教育出版社 2007 年版。

[32]刘晋伦:《能力与能力培养》,山东教育出版社 2001 年版。

[33]罗树华、李洪珍:《教师能力概论》,山东教育出版社 2001 年版。

[34]罗树华、李洪珍:《教师能力学》,山东教育出版社 2005 年版。

[35]皮连生:《学与教的心理学》,华东师范大学出版社 2009 年版。

[36]潘懋元:《高等学校教学原理与方法》,人民教育出版社 1996 年版。

[37]时蓉华:《社会心理学词典》,四川人民出版社 1988 年版。

[38]苏霍姆林斯基:《给教师的建议》(下),杜殿坤编译,教育科学出版社 1981 年版。

[39]孙晨红、张春宏、王睿:《教师专业化发展与教师成长》,东北林业大学出版社 2016 年版。

[40]唐凯麟、刘铁芳:《教师成长与师德修养》,教育科学出版社 2007 年版。

[41]唐玉光:《教师专业发展与教师教育》,安徽教育出版社 2008 年版。

[42]王连声:《教育概论》,(台北)五南图书出版公司 1988 年版。

[43]王升:《如何形成教学艺术》,教育科学出版社 2008 年版。

[44]吴金辉:《教师专业发展的理论与实践》,中国传媒大学出版社 2006 年版。

[45]吴遵民:《现代国际终身教育论》,上海教育出版社 1999 年版。

[46]饶从满、杨秀玉、邓涛:《教师专业发展》,东北师范大学出版社 2005 年版。

[47]徐延宇:《高校教师发展:基于美国高等教育的经验》,教育科学出版社 2009 年版。

[48]杨鼎家:《教师职业道德规范与素质修养》,中国言实出版社 2012 年版。

[49]叶澜等:《教师角色与教师发展新探》,教育科学出版社 2001 年版。

[50]张建伟:《建构性学习——学习科学的整合性探索》,上海教育出版社 2005 年版。

[51]张厚粲:《心理学》,南开大学出版社 2002 年版。

[52]张宁:《高校教师专业发展论》,吉林大学出版社 2012 年版。

[53]钟祖荣:《现代教师学导论:教师专业发展指导》,中央广播电视大学出版社 2001 年版。

[54]赵祥麟、王承绪:《杜威教育名篇》,教育科学出版社 2006 年版。

(二)中文论文

[1]迈克尔·康内利、琼·柯兰迪宁、何敏芳:《专业知识场景中的教师个人实践知识》,《华东师范大学学报》(教育科学版)1996年第2期。

[2]曹如军:《高校教师社会服务能力:内涵与生成的逻辑》,《江苏高教》2013年第2期。

[3]陈惠惠:《我国成人学习理论研究综述》,《中国成人教育》2016年第4期。

[4]陈顺理:《教学能力初探》,《课程·教材·教法》1988年第9期。

[5]陈向明:《实践性知识:教师专业发展的知识基础》,《北京大学教育评论》2003年第1期。

[6]陈向明:《教师实践性知识再审视——对若干疑问的回应》,《北京大学教育评论》2018年第4期。

[7]崔颖:《高校课程体系的构建研究》,《高教探索》2009年第3期。

[8]刁维国:《关于对教学模式的再认识——兼论多元统一的教学模式观》,《教育探索》2008年第12期。

[9]杜华:《名师成长的影响因素分析——以首届全国高校教学名师获得者于洪珍教授为例》,《煤炭高等教育》2006年第6期。

[10]杜贤兵、姚建青:《高校教学名师的统计学特征和教学特质——以第四届、第五届全国教学名师为样本》,《新课程研究》2012年第2期。

[11]杜贤兵、姚建青:《高校教学名师的统计学特征和教学特质——以第四届、第五届全国教学名师为样本》,《新课程研究》2012年第2期。

[12]樊小杰、张红霞:《国家级教学名师的成因条件分析》,《大学·研究与评价》2009年第6期。

[13]樊小杰、张红霞:《国家级教学名师的个人背景分析及启示》,《现代教育管理》2009年第11期。

[14]方建华:《名师专业成长的规律、影响因素与机制——基于名师成功人生的解读》,《教育发展研究》2011年第2期。

[15]冯欣欣:《民办高校英语青年教师专业发展现状研究》,《校园英语》2018 年第 21 期。

[16]韩延明:《理念、教育理念及大学理念探析》,《教育研究》2003 年第 9 期。

[17]何阅雄、蒋云良、马志和、朱礼敏:《教学型高校青年教师教学能力“三阶段四协同”发展模式的探索》,《高等工程教育研究》2013 年第 6 期。

[18]侯定凯:《博耶报告 20 年:教学学术的制度化进程》,《复旦教育论坛》2010 年第 6 期.

[19]霍秉坤、徐慧璇、黄显华:《大学教师教学学术的成长阶段及发展策略》,《清华大学教育研究》2013 年第 4 期。

[20]姜美玲、王赛凤:《理解教师实践性知识》,《全球教育展望》2004 年第 11 期。

[21]李春燕、林海、袁虎廷、姚丽英:《推进高校教师专业发展,提高教师教育教学能力》,《中国大学教学》2013 年第 4 期。

[22]李海霞、蔡春:《从经验到实践智慧:教师经验升华的必要性及实现路径》,《当代教育科学》2018 年第 12 期。

[23]李庆丰:《大学新教师教学能力发展研究:核心概念与基本问题》,《中国高等教育》2014 年第 3 期。

[24]李同吉、吴庆麟:《论解决结构不良问题的能力及其培养》,《华东师范大学学报》(教育科学版)2006 年第 1 期。

[25]李晓静、刘劲:《论高校教师教学能力素质》,《当代教育科学》2006 年第 1 期。

[26]李亚文:《高校教师教学能力“高原期”现象新思考》,《辽宁师专学报》(社会科学版)2001 年第 6 期。

[27]林仕彬:《成人学习理论及其教师专业发展的启示》,《广东职业技术教育与研究》2018 年第 2 期。

[28]凌玲:《诺尔斯成人教育学理论的形成脉络》,《中国成人教育》2013 年第 13 期。

[29]刘华东:《试论大学教学学术的内涵》,《中国高教研究》2017 年第 6 期。

[30]刘璐:《教师专业情意的意蕴阐释与实践建构》,《现代教育科学·高教研究》2014 年第 4 期。

[31]卢小青:《多元智力理论对教育评价的价值与启示》,《中国成人教育》2017 年第 22 期。

[32]卢真金:《反思性实践是教师专业发展的重要举措》,《比较教育研究》2001 年第 5 期。

[33]罗晨:《本科高校国家级教学名师专业成长的案例研究》,南昌大学硕士学位论文,2017 年。

[34]毛洪涛:《高校教师教学能力提升的机制探索》,《中国高等教育》2011 年第 23 期。

[35]潘菊素:《构建多元化学习评价体系的探讨》,《中国大学教育》2004 年第 6 期。

[37]潘丽芳:《教师实践性知识构成的调查研究——以上海市小学教师为例》,《开放教育研究》2014 年第 2 期。

[38]裴淼、李肖艳:《成人学习理论视角下的“教师学习”解读:回归教师的成人身份》,《教师教育研究》2014 年第 6 期。

[39]裴新宁、张桂春:《“多元智力”:教育学的关注与理解——华东师范大学课程与教学研究所“多元智力”博士论坛综述》,《全球教育展望》2001 年第 12 期。

[40]齐平:《高校教学模式改革的现实路径研究——基于创新人才培养的教学管理与教师的视角》,《黑龙江高教研究》2011 年第 9 期。

[41]饶从满:《提高教师和教师教育地位,推动教师教育振兴发展》,《华东师范大学学报》(教育科学版)2018 年第 4 期。

[42]饶昊:《高校教学名师专业成长案例研究——以湖南师范大学为例》,湖南师范大学硕士学位论文,2012 年。

[43]饶燕婷:《美国研究型大学的教育改革与创新——以杜克大学为例》,《比较教育研究》2008 年第 9 期。

[44]佘远富:《地方高校青年教师教学能力的现状考察与对策思考》,《高等工程教育研究》2010 年第 5 期。

[45]申继亮、费广洪、李黎:《关于中学生教师成长阶段的研究》,《天津师范大学学报》(基础教育版)2002 年第 3 期。

[46]申继亮、王凯荣:《论教师的教学能力》,《北京师范大学学报》(人文社会科学版)2000 年第 1 期。

[47]宋广文、魏淑华:《论教师专业发展》,《教育研究》2005 年第 7 期。

[48]宋晓芳:《高校教师教学胜任力模型研究》,华中科技大学硕士学位论文,2007 年。

[49]孙福海:《关于教师学习的理论与调查研究》,华南师范大学硕士学位论文,2005 年。

[50]唐玉光:《教师专业发展的研究》,《外国教育资料》1999 年第 6 期。

[51]汪青松:《论高校名师的内涵及其培养》,《广西师院学报》2002 年第 4 期。

[52]汪霞、崔军:《高校教师教学发展的理论基础与促进策略》,《中国高教研究》2015 年第 11 期。

[53]王建华:《 大学教师发展——“教学学术”的维度》,《现代大学教育》2007 年第 2 期。

[54]王立:《美国大学教师发展研究:历史的视角》,华东师范大学博士学位论文,2012 年。

[55]王铁军、方健华:《名师成功:教师专业发展的多维解读》,《课程·教材·教法》2005 年第 12 期。

[56]王宪平:《课程改革视野下教师教学能力发展研究》,华东师范大学博士学位论文,2006 年。

[57]王玉衡:《让教学成为共同的财富——舒尔曼大学教学学术思想解读》,《比较教育研究》2006 年第 5 期。

[58]王毓珣:《名师发展:概念、特征与阶段》,《当代教育科学》2005 年第 20 期。

[59]王长文、王舒然:《高校教师教学能力现状分析及相关对策探究》,《黑龙江高教研究》2014 年第 6 期。

[60]王中奎:《美国大学教师发展中心研究》,华东师范大学博士学位论文,2012 年。

[61]韦忠良、李栋:《浅谈高校初任教师教学能力的培养》,《教育理论与实践》2010 年第 10 期。

[62]魏宏聚:《厄内斯特·博耶"教学学术"思想的内涵与启示》,《全球教育展望》2009 年第 9 期。

[63]温艳红:《基于自我指导学习理论的成人教育教学设计》,《成人教育》2009 年第 4 期。

[64]吴振利:《美国大学教师教学发展研究》,东北师范大学博士学位论文,2010 年。

[65]谢安邦、周巧玲:《提升大学教师的专业化发展水平——构建终身的学习型体系》,《中国高教研究》2007 年第 5 期。

[66]辛涛、申继亮、林崇德:《从教师德知识结构看师范教育的改革》,《高等师范教育研究》1999 年第 6 期。

[67]辛涛、申继亮:《论教师的教育观念》,《北京师范大学学报》(社会科学版)1999 年第 1 期。

[68]徐继红:《高校教师教学能力结构模型研究》,东北师范大学博士学位论文,2013 年。

[69]徐延宇:《美国高校教师发展的特点与启示》,《高等工程教育研究》2008 年第 3 期。

[70]阎光才:《大学教学成为学问的可能及其现实局限》,《北大教育评论》2017 年第 4 期。

[71]杨彩霞:《教师学科教学知识:本质、特征与结构》,《教育科学》2006 年第 1 期。

[72]杨海燕、李硕豪:《回顾与前瞻:我国高校教师专业发展问题研究十年——基于 2005～2014 年国内高校教师专业发展的文献资料》,《中国大学教

学》2015年第4期。

[73]杨兴林:《高校教学名师的基本内涵及要求》,《北京机械工业学院学报》2007年第2期。

[74]杨彦军、童慧:《面向信息化的教师实践性知识发展机制研究》,《电化教育研究》2013年第12期。

[75]杨院:《大学生学习评价的逻辑、实现与优化》,《中国高教研究》2015年第8期。

[76]叶澜:《思维在断裂处穿行——教育理论与教育实践关系的再寻找》,《中国教育学刊》2001年第4期。

[77]易凌峰:《职业领域中的教学和教师教育——舒尔曼在38届CharlesW. Hunt纪念会上的讲演》,《教育发展研究》2000年第3期。

[78]易凌云、庞丽娟:《教师教育观念:内涵、结构与特征的思考》,《教师教育研究》2004年第3期。

[79]丁妍:《教师发展(FD)的课题——日本的视角》,《复旦教育论坛》2006年第6期。

[80]于晨旭、潘鹏宇:《高等院校高层次教师培养问题研究——基于教学名师获奖数据分析》,《现代教育科学》2011年第5期。

[81]余承海、姚本先:《论高校教师的教学能力结构及其优化》,《高等农业教育》2005年第12期。

[82] 虞村:《成人学习理论发展探究》,《中国成人教育》2016年第15期。

[83]张立忠、熊梅:《论教师实践性知识的内涵与结构》,《课程·教材·教法》2010年第4期。

[84]张伟、刘征:《质变学习理论基础、建构及对成人教育的启示》,《中国成人教育》2016年第16期。

[85]张意忠、宋彦婷:《高校教学名师及其生成机制》,《江西师范大学学报》(哲学社会科学版)2011年第4期。

[86]张应强:《大学教师的专业化与教学能力建设》,《现代大学教育》2010年第4期。

[87]张志明:《当前高校青年教师教学能力现状及提高策略》,《邢台学院学报》2010 年第 3 期。

[88]赵菊珊、马建离:《高校青年教师教学能力培养与教学竞赛》,《中国大学教学》2008 年第 1 期.

[89]郑艳芳:《美国“未来教师培养”计划研究》,华中师范大学硕士学位论文,2009 年。

[90]钟启泉:《教师的“教学能力”与“自我教育力”》,《上海教育科研》1998 年第 9 期。

[91]周春良:《卓越教师的个性特征与成长机制研究》,华东师范大学硕士学位论文,2014 年。

[92]周红:《高等学校教学名师内涵辨析》,《煤炭高等教育》2004 年第 4 期。

[93]周钧:《技术理性与反思性实践:美国两种教师教育观之比较》,《教师教育研究》2005 年第 6 期。

[94]朱德全、杨鸿:《论教学知识》,《教育研究》2009 年第 10 期。

[95]朱宇波、谢安邦:《洪堡的“教学与科研统一”原则及其在美国现代大学中的改造》,《教师教育研究》2012 年第 2 期。

[96]朱剑英:《人文教育问题随谈》,《航空教育》1997 年第 1 期。

[97]邹频:《高等学校教师名师评选的研究》,第三军医大学硕士学位论文,2006 年。

[98]《国家中长期教育改革和发展规划纲要(2010～2020 年)》,2017 年 10 月 26 日,http://old.moe.gov.cn/publicfiles/business/htmlfiles/moe/info_list/201407/xxgk_171904.html。

[99]《国务院关于加强教师队伍建设的意见》,2017 年 10 月 26 日,http://www.gov.cn/zhengce/content/2012-09/07/content_5390.htm。

[100]《教育部、中央组织部、中央宣传部、国家发展改革委、财政部、人力资源社会保障部关于加强高等学校青年教师队伍建设的意见》, 2017 年 10 月 26 日, http://old.moe.gov.cn//publicfiles/business/htmlfiles/moe/s6994/201212/145681.html,2017 年 10 月 26 日。

[101]《教育部、财政部关于"十二五"期间实施"高等学校本科教学质量与教学改革工程"的意见》,2017 年 10 月 26 日,http://old. moe. gov. cn/publicfiles/business/htmlfiles/moe/A08_zcwj/201107/122688. html。

[102]《优先发展教育事业(认真学习宣传贯彻党的十九大精神)》,2018 年 1 月 26 日,http://opinion. people. com. cn/n1/2018/0108/c1003-29750040. html。

[103]《统筹推进世界一流大学和一流学科建设总体方案》,2017 年 10 月 26 日,http://www. gov. cn/xinwen/2015-11/05/content_5005301. htm。

[104]《一位普通大学讲师去世　学生千余篇文章悼念》,2019 年 1 月 26 日,http://edu. sina. com. cn/l/2005-04-05/109661. html。

[105]中共中央、国务院印发《深化新时代教育评价改革总体方案》,2020 年 11 月 10 日,http://www. xinhuanet. com/mrdx/2020-10/14/c_139439004. htm。

(三)外文文献

[1] Ambrose, S. A. , Bridges, M. W. , Dipietro, M. , et al. , *How Learning Works: Seven Research-Based Principles for Smart Teaching*, Jossey-Bass, 2010.

[2]Betty, E. , et al. ,*Life Cycle of the Career Teacher*, A Joint Publication of Kappa Delta Pi, International Honor Society in Education, and Corwin Press, Inc. , 2000.

[3]Bland, C. , Schmitz, C. C. ," Faculty Vitality on Review: Retrospect and Prospect", *The Journal of Higher Education*, Vol. 59, No. 2, 1988, pp. 190-224.

[4]Boyer, E. L. , *Scholarship Reconsidered: Priorities of the Professorate*, San Francisco: Jossey-Bass, 1990.

[5]Centra, J. A. ,"Types of Faculty Development Programs", *Journal of Higher Education*, Vol. 49, No. 2, 1978, pp. 151-162.

[6]Clark, C. W. & Peterson, P. L. ,"Teachers thought Processes", in

M. C. Wittroock, *Handbook of Research on Teaching*, New York: Macmillan, 1968.

[7]Cochra, K. F., "Pedagogical Content Knowing: An Integrative Model for Teacher Preparation", *Journal of Teacher Education*, Vol. 44, No. 4, 1993, pp. 263-272.

[8]Sedek, M., et al., "The Development and Validation of a Framework for Teaching Competencies in Higher Education", *Higher Education*, Vol. 48, No. 2, 2004, pp. 253-268.

[9]Douglas R., Miller, Bilkin Gary S. & Gray, Jerry L., *Educational Psychology: An Introduction*, Wm. C. Brown Company Publisher, 1982.

[10] Eble, K E., Mckeachie, W. J., *Improving Undergraduate Education Through Faculty Development: An Analysis of Effective Program and Practices*, San Francisco, CA: Jossy-Bass, 1985.

[11]Elbaz, F., "The Teacher's 'Practical Knowledge': Report of a Case Study", *Curriculum Inquiry*, Vol. 11, No. 1, 1981, pp. 43-71.

[12]Fessler, R., Christensen, J. C., *The Teacher Career Cycle: Understanding and Guiding the Professional Development of Teachers*, Boston: Allyn and Bacon, 1992.

[13]Man, M. F., Facilitating facnlty development: *New Directions for Higher Education*, Vol. 1, 1973, pp. 105-111.

[14]Gillespie, Kay Herr, ed., *A Guide to Faculty Development: Practical Advice, Examples, and Resources*, Bolton, Massachusetts: Anker Publishing Company, Inc., 2002.

[15]Gregorc, A. F., *Developing Plans For Professional Growth*, NASSP Bulletin, 1973.

[16]Hellyer, S., Boschmann, E., *Faculty Development Programs: A Perspective*, Stillwater, OK: New Forums Press, 1993.

[17]Jachson, P. W., *Life in Classrooms*, New York: Holt, Rinehart,

and Winston, 1968.

[18]Judy, K. ,"Review of Career Stages of Classroom Teachers", *Educational Leadership*,Vol. 43,No. 3,1990, pp. 108-109.

[19] Knowles, M. S. , *The Adult Learner: A Neglected Species*, Houston:Gulf,1978.

[20]Dee Fink,L. ,*Creating Significant Learning Experiences:An Integrated Approach to Designing College Courses*, San Francisco: Jossey-Bass, 2003.

[21]Makovec,D. ,"The Teacher's Role and Professional Development", *International Journal of Cognitive Research in Science,Engineering and Education*,Vol. 6,No. 2,2018, pp. 33-45.

[22]Huber Mary Taylor and Hutchings Pat,"Surveying the Scholarship of Teaching and Learning", http://archive. carnegiefoundation. org/scholarship_teaching_learning/CASTL_highed. html.

[23]McDonald, F. J. , "A Theory of The Professional Development of Teachers. ", Paper Presented at the Meeting of the American Educational Research Association, New York, U. S. ,1982.

[24]Philip,Streifer,A. ,"The Validation of Beginning Teacher Competencies in Connecticut", *Journal of Personnel Evaluation in Education*, Vol. 1, No. 1,1987, pp. 33-55.

[25]Simpson, Ronald D. , Smith, Kathleen S. ,"Validating Teaching Competencies for Graduate Teaching Assistants: A National Study Using the Delphi Method", *Innovative Higher Education*, Vol. 18, No. 5, 1993, pp. 133-146.

[26]Schon,D. A. ,"The New Scholarship Requires a New Epistemology", *Change*, Vol. 27,No. 6,1995, pp. 26-34.

[27]Shulman, L. S. ," Knowledge and Teaching: Foundations of the New Reform", *Harvard Education Review*,Vol. 28,No. 7,1987, pp. 4-14.

[28]Shulman, L. S. ,"Teaching as Community Property: Putting an End to Pedagogical Solitude", *Change*,Vol. 25,No. 6,1993, pp. 6-7.

[29]Shulman, L. S. ,*Teaching and Teacher Education among the Professions*,LA: American Association of Colleges for Teacher Education,1998.

[30]Shulman, L. S. , "Taking Learning Seriously", *Change*, Vol. 34, No. 4,1999, pp. 11-17.

[31]Shulman, L. S. ,"Those Who Understand: Knowledge Growth in Teaching", *Educational Researcher*,Vol. 15,No. 2,1986, pp. 4-11.

[32]Smith,A. B. ,*Faculty Development and Evaluation in Higher Education*,Washington: American Association for Higher Education, 1976.

[33]Sorcinelli,M. D. , *Effect of a Teaching Consultation Process Upon Personal Development in Faculty*, Stillwater, OK: New Forums Press,1982.

[34]Sorcinelli,M. D. ,Austin, A. E. , Eddy, P. L. , et al. ,*Creating the Future of Faculty Development: Learning from the Past, Understanding the Present*, Bolton, MA: Anker Publishing Company, Inc. , 2005.

[35]Toombs,W. ,"Faculty Development: The Institutional Side", *New Directions for Institutional Research*, Vol. 1983, No. 4, 2010,pp. 85-94.

[36]Molenaar, W. M. , Zanting, A. , Beukelen, P. V. , Grave, W. D. , Baane, J. A. , & Bustraan, J. A. , et al. ," A framework of teaching competencies across the medical education continuum", *Medical Teacher* , Vol. 31, No. 5, 2009,pp. 390-396.

[37]Wadsworth, Emily C. , ed. ,"To Improve the Academy: Resources for Faculty, Instructional, and Organizational Development", *Journal of Scholarship of Teaching & Learning*, Vol. 18,No. 3,2007,p. 386.

[38]"About CITL", 2019-04-15, https://citl. indiana. edu/grants/index. html.

[39]"About CITL", 2019-04-15, https://citl. indiana. edu/teaching-resources/diversity-inclusion/.

[40]“About CTI”，2019-07-25，https://teaching.cornell.edu/grads-postdocs/institutes.

[41]“About CTI”，2019-07-25，https://teaching.cornell.edu/programs/faculty-instructors/consultations.

[42]“About 3CTI”，2019-07-26，https://teaching.cornell.edu/programs/graduate-students-postdoctoral-fellows/teaching-courses.

[43]“About Eberly Center”，2019-08-02，https://www.cmu.edu/teaching/services/faculty/index.html.

[44]“About Eberly Center”，2019-08-02，https://www.cmu.edu/teaching/services/graduate-students/.

[45]“CITL Annual Report 2016”，2019-05-07，https://fanyi.baidu.com/#it/zh/CITL%20Annual%20Report%202016.

[46]“Collected Wisdom：Strategies and Resources from TAs for TAs ”，2019-08-03，https://www.cmu.edu/teaching/resources/PublicationsArchives/CollectedWisdom/collectwisdom-teachingstrategies.pdf.

[47]“Eberly Center Annual Report：2017-2018”，2019-08-05，https://www.cmu.edu/teaching/EberlyAnnualReport-AY20172018.pdf.